2023年度河北省教育厅人文社会科学研究重大课题攻关项目：

"双碳"目标下河北省农业低碳发展引导策略研究（ZD202306）

博士生导师学术文库

A Library of Academics by
Ph.D.Supervisors

生猪产业协作发展行为、保障机制和案例研究

路 剑 周勋章 张红程 著

光明日报出版社

图书在版编目（CIP）数据

生猪产业协作发展行为、保障机制和案例研究 / 路剑，周勋章，张红程著 . -- 北京：光明日报出版社，2022. 12

ISBN 978 - 7 - 5194 - 7046 - 3

Ⅰ . ①生… Ⅱ . ①路… ②周… ③张… Ⅲ . ①养猪业—产业发展—研究—河北 Ⅳ . ①F326. 33

中国版本图书馆 CIP 数据核字（2022）第 253190 号

生猪产业协作发展行为、保障机制和案例研究

SHENGZHUCHANYE XIEZUO FAZHAN XINGWEI、BAOZHANG JIZHI HE ANLI YANJIU

著　　者：路　剑　周勋章　张红程

责任编辑：房　蓉　　　　　　　责任校对：郭玫君　赵海霞
封面设计：一站出版网　　　　　责任印制：曹　诤

出版发行：光明日报出版社

地　　址：北京市西城区永安路 106 号，100050

电　　话：010-63169890（咨询），010-63131930（邮购）

传　　真：010-63131930

网　　址：http：// book. gmw. cn

E - mail：gmrbcbs@ gmw. cn

法律顾问：北京市兰台律师事务所龚柳方律师

印　　刷：三河市华东印刷有限公司

装　　订：三河市华东印刷有限公司

本书如有破损、缺页、装订错误，请与本社联系调换，电话：010-63131930

开　　本：170mm×240mm

字　　数：450 千字　　　　　　印　　张：24

版　　次：2023 年 6 月第 1 版　　印　　次：2023 年 6 月第 1 次印刷

书　　号：ISBN 978 - 7 - 5194 - 7046 - 3

定　　价：99.00 元

目 录
CONTENTS

前　言

　　生猪产业是畜禽养殖产业的重要组成之一，猪肉是我国百姓"肉篮子"的压舱石。据国家统计局和农业农村部统计，2020 年生猪养殖产业的产值为 13293.7 亿元，占同年全国牧业产值的 39.41%。2021 年全国生猪出栏 16.72 亿头，猪肉产量为 5295.93 万吨，占肉类总产量的 58.91%。生猪产业在保障肉类安全、促进农民增收等方面发挥着不可或缺的作用。《"十四五"全国畜牧兽医行业发展规划》（以下简称《规划》）提出："到 2025 年，生猪养殖基本实现现代化，猪肉自给率保持在 95% 左右，猪肉产能稳定在 5500 万吨左右，生猪养殖业产值达到 1.5 万亿元以上。养殖、屠宰、加工、冷链物流全产业链生产经营集约化、标准化、自动化、智能化水平迈上新台阶。"在非洲猪瘟疫情和新冠疫情影响的现实情况下，生猪产业如何实现《规划》的既定目标，值得深入研究。

　　随着养殖领域分工细化和专业化，全球范围内的产业链分工协作的趋势日益明显，生猪养殖产业亦逐步发展出许多专业化的产业服务公司。在这种形势下，推进生猪产业协作发展势在必行。通过产业协作，不仅能够实现资源的优化配置，节约生猪产业全产业链的生产成本，提高各链条参与主体的实际收益，还能提高生猪产业的核心竞争力，保障猪肉作为"肉篮子"压舱石的地位，进而为《规划》预期目标的实现提供助力。河北省是生猪养殖大省，2018 年以来，生猪年出栏量始终位列全国前十以内。基于上述背景，河北省生猪产业应该如何开展协作，已有的发展实践能否为河北省乃至全国生猪产业协作发展提供助力？作者在对河北省生猪产业全面深入调研的基础上，结合产业发展现状，从养殖主体纵向协作行为、协作模式、协作发展竞争力、保险保障机制、国内外发展典型案例经验借鉴等方面入手，对生猪产业协作发展进行了深入研究。

　　本书研究内容如下：

　　第一章为导论。介绍了本书的研究背景、研究问题、研究目的意义和国内外研究现状，阐述了本书的研究内容、方法、技术路线和创新点。

第二章为河北省生猪产业发展现状及产业协作发展特征。在归纳河北省生猪产业发展现状基础上，按产业链纵向发展思路对生猪产业链上、中、下游企业和主体发展现状进行分析，提炼出河北省生猪产业协作发展特征。

第三章为河北省生猪养殖主体纵向协作行为研究。在对纵向协作行为的概念及其相关理论进行界定的基础上，结合河北省生猪养殖主体纵向协作现状，实证分析生猪养殖主体纵向协作对经济效益的影响，以及生猪养殖主体纵向协作行为的影响因素。综合调研情况和实证分析结果，对河北省生猪养殖主体如何更好地参与纵向协作行为提出对策建议。

第四章为河北省生猪产业"公司+养殖户"协作模式研究。在对"公司+养殖户"模式的概念和相关理论进行界定的基础上，通过对裕丰京安、双鸽集团、正农牧业的深入调研和多名中小规模养殖户的访谈交流，结合线上问卷调查，深入探究河北省生猪中小规模养殖户的经营状况及参与公司合作经营的现状，分析合作经营中存在的问题。构建中小规模养猪场参与公司合作经营行为研究框架，对中小规模养猪场参与公司合作经营决策行为进行实证分析，并针对中小养殖场参与公司合作经营提出建议。

第五章为河北省生猪产业集群竞争力研究。基于河北省生猪产业集群的发展状况，利用GEM相关理论和层次分析法，从基础、企业、市场三方面构建河北省生猪产业集群竞争力评价指标体系，对河北省生猪产业集群竞争力水平及影响因素进行深入分析，提炼影响河北省生猪产业集群竞争力水平的因素，并提出相关对策建议。

第六章为河北省生猪产业协作发展竞争力研究。梳理生猪产业竞争力相关概念和理论基础，选用编码前四位为0203的鲜、冷、冻猪肉进出口额和统计年鉴数据，从国内外两方面分析河北省生猪产业竞争力。然后，利用迈克尔·波特的钻石模型，从生产要素、消费潜力、相关支持产业、企业战略、组织结构与竞争状态等方面，分析了河北省生猪产业协作发展的资源环境竞争力。并基于对生产成本、生产效益和生产效率的比较，分析河北省生猪产业协作发展的生产竞争力。

第七章为河北省生猪产业协作发展的保险保障研究。在厘清生猪保险相关概念和理论的基础上，回顾河北省生猪保险发展的历史背景，分析发展现状，找出生猪保险开展中存在的问题。结合调研情况，分析生猪保险的主要来源、了解程度、购买原因、不购买原因、满意度情况，并对生猪养殖主体生猪保险购买意愿进行实证分析，为后非洲猪瘟时代背景下如何提高生猪养殖主体生猪保险购买意愿提供思路，并提出相应对策建议。

第八章为河北省生猪产业协作发展的数据库建设研究。基于河北省生猪产业协作发展及产业保障机制的运行情况，提出构建线上、线下有机结合机制，实现科研支持链、交易物流链、行政服务链三个维度有机结合的"三链六线"发展模式。基于生猪产业协作发展需求，进一步提出生猪产业协作发展数据库建设的指导思想、原则及数据库信息采集与板块构成。

第九章为京津冀生猪产业协作的销区补偿产区研究。在归纳整理生猪销区补偿产区的理论基础和政策依据基础上，在补偿核算数据、补偿政策执行以及产区、销区界定三个维度上进行了生猪销区补偿产区的可行性分析。借鉴浙江省生猪销区补偿产区的补偿模式与机制、实施办法以及国内外关于销区补偿产区的研究经验，通过调研分析，完成京津冀生猪销区补偿产区的方案设计和测算，并提出了促进京津冀生猪主产区利益补偿机制实施的政策建议。

第十章为发达国家和地区生猪产业协作发展的经验和启示。首先对美国生猪产业发展进程、协作方式和支持因素进行分析，对比中美生猪产业发展差异，并在此基础上结合中国生猪产业发展实际提出针对性建议。其次选取欧洲地区的西班牙、德国、丹麦、法国和俄罗斯5个国家作为研究对象，对其养殖环境、养殖现状和生猪产业协作发展模式进行研究和总结，总结欧洲生猪产业发展优势。最后对日本和韩国的生猪产业历程、现状、产业协作方式和市场供应情况加以研究，分析两国生猪产业发展的成功因素，提出促进河北省生猪产业发展的相关对策建议。

第十一章为河北省不同类型生猪产业协作发展案例研究。首先对河北省5家企业主导型生猪养殖有限公司展开实际调研，分别对各企业的基本情况、运行模式状况进行分析。其次对涞源县、怀安县、蔚县3个政府主导型地区的生猪产业发展优势和产业协作发展模式进行研究。最后总结两种模式的特点，结合当地实际提出相应对策建议。

本书得到光明日报出版社的支持，通过研究河北省生猪产业协作发展相关内容，对河北省生猪产业以及猪肉安全的健康发展具有重要指导意义。分析河北省生猪产业发展现状、产业协作特征以及产业集群发展特征能够为优化生猪产业布局，提升产业协作水平提供理论基础和现实依据；对生猪养殖主体纵向协作行为、"公司+养殖户"协作模式、协作发展竞争力和国内外产业协作发展实践的分析，能够为政府部门优化政策支持条件和推广协作提供借鉴；对生猪产业协作发展数据库建设、销区补偿产区路径以及产业协作发展的保险保障机制进行研究，可为构建疫情防控常态化形势下生猪产业协作健康发展机制提供保障。

本书由路剑教授负责全书的内容设计和组织撰写工作，路剑、周勋章、张红程、丛林、刘振涛等对全书进行了统稿和审定，各章具体分工如下：第一章：周勋章；第二章：张红程；第三章：路剑、张明达、刘振涛；第四章：路剑、梁帆、刘振涛；第五章：路剑、张灿、刘振涛；第六章：邵红岭；第七章：路剑、彭紫瑞、刘振涛；第八章：丛林；第九章：周勋章、申琳；第十章：刘振涛、董璠、王丽娜、赵嘉德；第十一章：丛林。

作者
2022 年 11 月于保定

第一章

导　论

一、研究背景

（一）生猪产业的重要性

"粮猪安天下"，我国既是养猪大国，也是猪肉消费大国，生猪饲养量和猪肉消费量均占世界总量的一半左右。生猪产业是畜牧业中的支柱性产业，生猪养殖业是生猪产业第一环节，直接影响到我国畜牧业的高质量发展进程。生猪产业在全国畜牧产业中的重要地位得到不断加强，同时生猪产业在促进农业发展、农民增收和乡村振兴，带动上下游相关产业发展中起到重要作用。河北省是养猪大省，生猪养殖以小农散户和中小规模养猪场为主，据《中国畜牧兽医年鉴》统计，2020 年河北省散养户和中小规模养猪场数量占总数比重达 99.71%。

近几年，生猪产业在规模化、现代化、集约化方面快速发展的同时，传统生猪产业的上游受到非洲猪瘟等多种疫病冲击，养殖成本居高不下，生猪品种严重依赖进口，不但造成生猪产品同质化严重，且严重影响产业转型升级。这与目前以畜牧业高质量发展为导向，努力提高生猪产业综合效益和竞争力，坚持畜牧业高质量发展的目标相背离。同时，受到国外进口猪肉价格冲击以及生猪重大疫病影响，再加上环保政策、养殖用地政策、金融信贷政策不断调整修正，近几年生猪价格呈现大幅波动的市场特征。生猪屠宰产业居于产业中游，本应起到"上钩下联"的协调作用，但由于其具有相对垄断性，反而一定程度上限制了产业各环节的融合。我国生猪产品深加工企业发展始终比较缓慢，很多企业仍停留在生鲜猪肉初级加工阶段，企业规模小、科技水平低、实力弱，深加工能力有待进一步提升。在现阶段生猪产业发展处于相对松散的初期状态下，上游养猪户收入极不稳定，养殖积极性忽高忽低，价格上涨时一哄而上，价格下跌时又一哄而散，严重影响生猪产业平稳发展，对猪肉产品保供给构成威胁。另外，下游肉类消费环节也出现结构性变化，牛羊肉消费占比逐年提升，猪肉消费比例持续走低，90后和00后新生代消费者对脂肪含量低的牛羊肉更加青睐。由于缺乏必要的"保种"意识，我国地方猪发展一直没有形成较大影响力，地方品牌猪肉发展缓慢，品牌建设处于初级发展阶段，政府在品牌培育、保护等方面投入力度不够，品牌效应始终未能显现。总之，相对奶牛、羊等其他畜牧产业，生猪产业上、中、下游各环节协作关系不够紧密，消费和生产环节脱离，生猪屠宰和深加工环节产业层次较低，猪肉产业发展表现出地位重要性和产业弱势性的矛盾性特征。

（二）生猪产业各环节协作关系松散

畜牧业是农业重要产业，乡村振兴的关键及核心是农业产业振兴，生猪产业作为我国畜牧业的重要产业，如何实现生猪产业兴旺、养猪户生活富裕，是生猪产业面临的主要问题。建立规模化、集约化和现代化的生猪产业必须要有龙头企业作为领航者，需要其与产业各环节紧密合作，实现品种优良化、生产智能化、管理科学化，适应新时代市场消费需求。生猪养殖环节作为现代化生猪产业的重要一环，促进新型畜牧业经营主体构建稳定、紧密型的畜牧业经营组织是生猪产业链协调发展的前提和基础。但在相当长时间内，生猪产业发展仍然处于发展的中低级阶段，中小型养猪户仍然是市场的主体，如何提高其规模化和组织化程度，是实现生猪产业协调发展的核心和关键。以生猪养殖为主业的中小规模养猪户是协作发展、共同富裕不可或缺的主要对象，提高其养殖效益是实现乡村振兴的关键。

研究生猪产业各环节的协作行为和主要协作模式，构建完善的利益链接机制，推动生猪产业各环节经营主体进行密切协作并实现其利益不断提升是实现乡村振兴战略的重要举措。产业链利益链接机制的外在表现在于协作模式的创新。但是在现阶段生猪产业链条中，各环节主体之间纵向协作关系松散，协作模式的级别较低且发展缓慢。养殖环节中广大养猪户，尤其是中小养猪户的利益受市场价格波动影响巨大，盲目跟风扩张和减栏、盈利能力低、抗风险能力弱等现象突出。同时，处于相对垄断地位的生猪屠宰企业往往联合起来控制市场价格，再加上生猪经纪人的推波助澜，出现"压级压价"的现象，传统简单一次性交易大量存在且占主导地位，各产业环节协作关系松散。另外，市场发展不充分、规则不完善、机构不健全，使生猪产业发展处于较低层次，转型升级困难重重，严重限制了生猪产业转型升级和中小养猪户收益提升。加强养猪户与龙头企业、屠宰企业、深加工企业、销售终端的产、加、销紧密合作，构建有效的利益链接机制是保障生猪产业持续发展的关键。

（三）生猪产业链各主体协作关系不畅

养猪户作为生猪养殖者，同时符合理性经济人假设，以实现其经营利益最大化为最终目的。生猪产业各环节利益主体加强纵深密切协作的原始动力在于增加经营收益，并且使利益分配趋于公平合理。2018 年非洲猪瘟造成生猪产业出现经营困难，能繁母猪存栏量大幅度降低，生猪供给数量出现严重不足，导致生猪价格高位持续运行了较长时间。在此背景下，养猪户倾向于通过生猪经纪人或者活禽市场实现经营收益最大化，这成为阻碍生猪产业链各经营主体进行纵向协作的主要原因之一。在国家政策强烈干预下，生猪存栏量和出栏量同步增长，能繁母猪存栏量逐步达到正常年份保有量，生猪价格又出现大幅度降低，养猪户利益受到较大损失。生猪产业收益向下游环节转移，导致生猪养殖和销售环节的利益分配严重失衡。生猪产业链各利益主体利益分配不公平、不合理，不仅影响到生猪养殖的积极性，而且导致其他主体利益受损，饲料、兽药企业产品销售乏力，屠宰企业产能空置，冷链物流量减退，致使整个生猪产业链条出现"梗阻"，进而导致生猪产业陷入"产能不足—产能过剩"反复交替出现的恶性循环怪圈，最终影响生猪产业转型升级。当前生猪产业协作模式尚不成熟，生猪龙头企业、中小养猪户、屠宰企业、销售单位的主动性和能动性尚未充分发挥，尤其是生产环节的中小养猪户处于摇摆不定阶段。只有创新产业协作模式，完善协作保险机制，推动产业集群协作，协调产业链各利益主体的利益分配，使各主体都能得到实惠，纵向协作发展才能真正落到实处。

二、研究目的和意义

（一）研究目的

生猪产业链上中下游之间协作关系松散，尤其在养殖和深加工环节表现突出。深加工企业与养猪户之间缺少相互激励、相互约束的利益机制，各自盲目追求自身收益最大化，致使产业链条终端的消费需求信息无法充分传导到生产环节。大型生猪养殖企业为满足消费者需求，进行全产业链布局，安排生产加工销售。全产业链布局生产模式使企业资金负担加重、流通性风险增加，很难将主要精力聚焦在新品种开发上，并且现阶段规模大、实力强的综合性生猪养殖企业数量也比较少。生猪产业发展主要矛盾已经由数量不足上升为结构性矛盾，生猪产业发展不平衡、不充分矛盾突出，无法充分满足消费者对高质优价产品的需求。同时，在非洲猪瘟疫情等重大动物疫病冲击下，生猪市场价格出现大幅波动，传统市场交易模式下的养猪户收益不够稳定，最终导致产业发展不稳定。如何创新生猪产业协作发展模式，实现生猪产业转型升级；如何加强养猪户与现代生猪产业的链接，增加其收益，是当前生猪产业面临的两大问题。

本书的主要研究目的：1. 从产业协作模式的本质特征出发，以河北省为例剖析河北省生猪产业协作特征，总结适合我国生猪产业发展的协作模式。2. 研究生猪养殖主体参与协作的行为，分析其协作行为对经济绩效的影响并找寻影响协作发展的因素。以"公司+农户"协作模式为核心，讨论我国主要生猪养殖主体——"中小规模养殖场（户）"的决策行为，提出激发养殖户进行协作发展内生动力的对策建议。3. 解构生猪产业协作的典型形式——"生猪产业集群"的发展优势、突出问题、建设经验，从产业协作视角提出促进河北省生猪产业集群的建设对策；对生猪产业协作竞争力进行分析、测度和评价，用于提升生猪产业经营效率。4. 从保险保障和信息数据库建设两方面分析促进生猪产业协作发展的对策建议；立足京津冀地区，基于"销区补偿产区"视角，讨论生猪产业区域协作模式。5. 通过总结美国、欧洲和日韩生猪产业协作发展的经验和启示，为促进我国生猪产业协作发展提供思路；对河北省不同地区和企业生猪产业协作发展模式进行案例分析，为促进生猪产业协作发展贡献中国智慧。

（二）研究意义

1. 现实意义

猪肉产品是生猪从"生产到餐桌"的流通，是自然生产和社会再生产密切配合实现产品和价值增值的过程。生猪产业链各环节主体密切协作机制是链环主体实现原料供给安全、保证产品品质的保障机制和交易费用的节约机制，通过生猪产业链各主体协作生产可以稳定生猪生产，保障产品品质，实现各环节利益最大化。以河北省生猪产业为例，对生猪养殖户协作行为、模式进行研究，分析产业协作的保障机制和竞争力评价方式，有利于从根本上加强生猪产业各链环主体之间的协作和对接，有利于促进生猪产业转型升级，解决发展瓶颈和困难；总结国内外生猪产业协作发展案例，可以为促进生猪产业协作发展提供智力支持，有利生猪养殖户获得长期、稳定和较高综合收益。

2. 理论意义

产业链协作关系一直是国内外学术研究的热点，现有研究成果丰硕。但是当前国内外学者注意力更多集中于产业协作的动因、机制和风险领域，对产业链微观主体的具体协作行为关注不够。本研究主要立足于养殖户微观主体视角，研究生猪养殖户参与产业协作的行为、模式、保障机制、竞争力评价等方面内容，并对生猪产业协作典型区域发展模式——"生猪产业集群"进行了研究。同时也注意运用案例分析方法剖析国内外生猪产业集群发展模式和经验，对丰富产业协作理论的研究视角和内容有一定理论意义。

三、国内外研究综述

（一）国外研究现状

1. 关于农业产业链协作的研究

交易成本理论（Williamson，1979，1987，1993）、企业管理能力理论（Penrose，1995）和制度环境理论（Sauvée et al.，1998）等是国内外学者对产业协作形式以及影响因素进行分析的主要理论。交易成本是影响交易方式选择的重要因素（Hobbs，1997），采用合作、合同或者协议经营生猪等产业，具有能够显著减少经营风险、减少固定资产投入、增加经营收益等多种影响（Kiebensteinand Lawrence，1995）。在产业链协作中，中小规模农户的经营效率相对比较低，通过与产业链各环节主体进行协作可以提高经营效率（Saitone et al.，2017）。消费者对消费产品的需求管理参与程度、生产过程参与程度，供应商在物流和货运管理的参与程度，均与其利益所得呈现出正相关（Sahay，2003）。建立上钩下联的产业链协作伙伴关系，打破简单现货交易模式，能够实现产品价值增值，提高企业竞争力和经营差异化水平，是未来产业链合作的发展趋势（Feame，1998）。信誉良好、覆盖面大的农业生产保险有助于推动产业链、供应链的协调运行（Pei Z，2017）。减少交易成本是食品行业经营者采取协作经营方式主要考虑的因素之一（Frankand Henderson，1992）。交易成本的大小随着交易环境、交易规则和制度等交易特征的变化而改变，交易特征又主要随着产品需求和供给特征变化而变化（Hobbs，1996；Hobbs and Young，2000）。

2. 关于生猪产业协作的研究

从经营收益和经营风险的视角看，美国生猪产业在不同的发展阶段，其产业协作方式不断发生变化，其中养殖户与产业链其他主体采用合同或协议合作生产方式，能够显著降低经营风险、增加收益（Kliebenstein、Lawrence，1995）。利用交易成本理论，采取 MNL 模型和聚类分析方法，对荷兰生猪市场交易方式进行实证分析发现，通过协议合作方式的交易成本显著低于普通市场交易方式（Boger，2001）。

生猪产品深加工企业与养猪户、中间商通过协议进行合作，可以显著提高产品质量安全，有利于企业进行技术创新和采用先进的经营管理模式，能够比较快速回补企业经营成本。在市场经济发展不充分的情况下，养猪户通过产业协作可以改善市场条块分割带来的交易困境，可以通过价格激励、契约保护来提高专业化投资的主动性，有利于生猪产业转型升级。从供应链视角看，中国生猪产业在生产、加工和销售等环节与美国生猪产业发展仍具有相当大差距，尤其是冷链运输环节、冷鲜肉和猪肉深加工产品方面，市场还有很大扩展机会（Pan，Jean Kinside，2002）。中国生猪产业长期以中小规模为主的现实情况使得产业垂直合作困难较大。另外，由于物流管理和交易信息系统的不完善，屠宰市场相对垄断和城乡农贸市场管理缺少规范，造成猪肉供应链运行效率较低，生猪市场价格不稳定，产品质量安全一直得不到有效保障。通过改变生猪市场产业链合作方式，转变组织制度和猪肉产业链运行方式，有利于增强产品质量安全控制能力。

（二）国内研究现状

1. 关于农业产业链协作的研究

国内学者针对农业产业协作的研究领域非常广泛，涵盖产业协作的原因、模式、效率、保障措施和影响因素等多方面。其中，交易成本等理论是对产业协作原因进行分析的主要理论基础。养殖企业主要出于减少交易成本、保障生产原料供给稳定和提高产品质量等目的开展产业链协作和合作（吴学兵、乔娟，2013）。降低交易成本和市场交易风险是中小规模养殖户采取一体化经营模式的主要原因之一（胡定寰，1998；戴迎春，2003）。农产品的质量安全保障程度和消费者消费满意度，与销售渠道协作的紧密程度，呈现显著的正相关性（周峰、王爱民，2007；张立峰，2010）。通过产业协作传递市场供需信息，是交易系统内"非市场安排"和系统外"市场机制"相结合的资源配置方式，有利于产业链各个主体降低交易成本，增加经营收益（应瑞瑶、张兵，1999；席利卿，2010）。

养殖户在选择销售渠道时，主要的考虑因素是价格和货款安全。农户自身特征和生产经营情况对产业协作方式选择有显著性影响（周曙东、戴迎春，2005；王桂霞等，2006）。另外，市场交易信息获取的途径、方式以及农业经营者所在区域的政策环境特征，也会在一定程度上影响其销售合作方式（田露，张越杰，2010）。在相对单纯的市场交易模式下，养殖户更倾向于选择合作销售模式（王桂霞等，2006）。趋同效应、养殖种类、家庭经营者人数、市场结构、养殖收入和风险偏好是影响农业经营主体选择交易方式的主要个体因素（孙艳华，2007）。在产业协作影响因素分析中，结构方程模型（田露、张越杰，2010）、多元 Probit 模型（孙艳华，2010；张莹，2015）是最经常使用的两种分析工具。

产业协作模式效率比较研究也是当前学者的一个重要研究领域。自然资源禀赋和生产要素投入比重，是导致原奶生产企业组织模式选择和经营效率产生差异的主要因素。在我国，中小规模家庭散养模式经济效率反而比大规模养殖场或养殖小区要高，规模养殖场的技术效率和资源配置效率显著高于普通散养户（杨建青，2009）。孙艳华（2007）对肉鸡产业现有三种主要产业协作模式进行分析后发现，合同模式下养鸡户的平均收益最高；市场交易模式和合作社模式主要受市场价格波动影响较大；养鸡户满意程度最高的是合同模式，其次是合作社模式。

2. 关于生猪产业协作的研究

国内学者针对生猪产业协作的研究主要涵盖协作关系、协作方式和模式、影响因素、经济效益等诸多领域。当前生猪养殖与屠宰加工企业之间仍然是单纯市场交易模式为主，既存在生猪供给不稳定、质量难保证等诸多风险，又容易造成养殖户产销失衡，影响经济效益提升（戴迎春，2003）。基于降低交易风险、市场风险和生产风险的初衷，养猪户参与生产协作的意愿比较突出（周曙东，2005）。养猪户采用生猪产业协作模式有利于降低生产和销售风险，通过产业协作可以提高生猪供应链内部组织效率，进而提高生猪产业的整体绩效。通过生猪产业链协作可以有效整合屠宰和零售环节，提高猪肉安全保障水平。现有的"公司+农户""公司+基地+农户""农户+农贸批发市场""公司+农户+批发市场"等模式能显著促进猪肉供应链各个环节整合，从而提高产品质量（戴迎春，2006）。猪肉品质和安全与生猪生产组织模式具有密切相关性。

针对生猪产业协作的经济绩效问题，韩纪琴（2008）指出，生猪养殖企业通过与上下游企业建立垂直协作关系，可以降低原料价格、提高产品质量、保障供给数量，进而提高经济绩效。养殖企业与产业链主体合作关系的密切程度与经济绩效的相关性不显著，但于提高管理水平有利，进而影响经营绩效。生猪屠宰企业、猪肉产品深加工企业与养殖户建立纵向长期协作生产模式，可以稳定生猪产业发展。生猪产业协作还可以减少饲料添加剂使用量，王瑜（2008）研究发现，垂直协作模式下，养猪户违规使用饲料添加剂的影响因素显著增加，在一定程度上抑制了养猪户的机会主义行为，而散养户基于经济效益考虑，饲料添加剂使用比例显著提高。曾碧翼（2008）研究发现不同交易模式下养殖户对药物残留的认知程度有显著差异。

针对产业协作选择的影响因素，学者们从不同视角和层面选择影响因素并进行实证分析。总体来看，影响因素主要分为内部和外部两方面。市场价格、付款方式、商业信誉对养殖户选择销售商有较为显著的影响，降低交易对象的机会主义行为是养殖户选择交易模式的动因之一（戴迎春，2003）。养猪户的个人特征中，年龄、非农收入、非农职业等因素对其产业协作模式选择有显著影响（周曙东，2005）。养殖企业选择垂直协作模式，更多是受到新技术创新、生产商与销售商的距离、原材料运输的质量和时间要求等影响。交易不确定性和资产专用性是影响产业协作模式选择的主要因素。应瑞瑶（2009）以江苏省生猪产业为研究对象，指出不同规模养猪户选择产业协作模式时受到信息成本、谈判成本、交易监督成本的约束。生猪市场价格波动频繁与养殖户和生产商之间松散的交易关系有一定关系，养殖户家庭和社会经济变量在一定程度上约束了产业协作模式选择。

综上所述，随着生猪养殖成本不断攀升，消费者对高质量猪肉产品需求逐渐增加，在新冠疫情影响下，世界经济环境不确定性增强，生猪产业向规模化、集约化和现代化的发展方向不会改变，但现阶段我国中小规模养猪户仍占市场主体地位的现实状况短期内也不会转变。养殖户选择恰当的产业协作模式，对降低交易成本、减少机会主义行为、提高经营效益有重大影响。

（三）研究述评

国内外的相关研究总体有如下两个特点：

1. 研究内容涉及诸多领域且以宏观视角为主

国内外学者对产业协作进行了广泛且深入的研究，内容涵盖产业协作动机、模式、影响因素、机制机理等诸多方面。研究对象包括经济作物、粮食作物、畜牧产品。研究视角多以产业宏观视角为主。国内学者借助交易成本理论、小农户行为理论、产业链理论等对产业协作进行规范和实证研究，其中畜牧领域研究对象包括生猪、肉鸡、肉牛、肉羊等产业。但是现有产业协作多集中于纵向和垂直合作模式研究，影响因素研究主要集中于合作意愿、合作程度、合作方式三方面。

2. 研究方法以定性研究为主，定量研究为辅

国外学者较多使用定量分析方法对生猪产业波动进行研究，产业协作研究主要集中于产业一体化领域。国内学者多以定性分析方法对产业协作进行研究，定量方法以二元选择模型为主，研究的切入点多以屠宰企业为主。在当前乡村振兴、生态农业、小农户利益备受关注的背景下，如何通过产业协作方式提高中小规模养猪户发展水平，使其能够分享产业链升级带来的收益，促进生猪产业高质量发展，是当前生猪产业面临的重大问题。

基于以上分析，本书以河北省生猪产业为例，以中小规模养殖户的微观视角为出发点，研究生猪产业协作。基于宏观和微观调研数据，系统研究生猪养殖户参与产业协作的行为、模式、竞争力、产业集群等多个领域。从保险、数据库和生猪产业区域协作三方面研究保障措施。最后，总结归纳国外典型地区和河北省在促进生猪产业协作发展方面的典型做法和经验，以全新的研究视角

对生猪产业协作相关内容进行了深入研究。本书针对河北省生猪产业协作实际进行研究，其区域性、针对性特色明显，对河北省生猪产业发展具有很强的指导性。

四、研究内容、方法和技术路线

（一）研究内容

1. 课题背景和河北省生猪产业发展现状研究

本部分通过分析生猪产业协作研究的背景、目的和意义，以河北省生猪产业为例，阐述了河北省生猪产业总体发展情况、上中下游产业发展情况、产业链协作情况等，提出了我国当前生猪产业发展中存在的主要问题。

2. 河北省生猪产业协作模式、产业集群和支撑措施研究

本部分是研究的主体，从内容安排上主要分为三个层面。首先，以河北省中小养猪场为例，研究了生猪养殖主体参与产业链协作的行为，对中小养殖场参与产业协作的行为后果和影响因素进行了实证分析，对当前中小养殖场参与产业协作的"公司+农户"典型模式进行研究，通过实证方式研究了养殖户进行产业协作的内生动力和影响因素。其次，通过对河北省生猪产业集群建设的研究，来解构现阶段生猪产业区域协作发展模式的优势、问题和经验，并突出促进河北省生猪产业集群建设的对策建议。提高生猪产业竞争力是促进产业协作发展的原动力之一，对生猪产业协作竞争力进行分析、测度和评价，可以提升生猪产业经营效率。最后，保险机制和协作信息库建设是保障生猪产业协作发展的两个重要支点，以京津冀生猪"销区补偿产区"为例，讨论生猪产业跨区域合作问题。

3. 国内外生猪产业集群协作发展经验和案例研究

在前两部分分析基础上，总结美欧、日韩等国家和地区生猪产业协作发展的经验和启示，对河北省典型地区和企业生猪产业协作案例进行归纳分析，综合本书的研究内容和结论提出促进生猪产业链各主体协作运行机制优化的建议，以利于生猪产业协作向纵深发展，促进产业链主体利益分配趋于合理，促进生猪产业平稳健康发展。

（二）研究方法

生猪产业协作相关研究，不仅涉及经济学的各个分支学科，如农业经济学、产业经济学、环境经济学，还涉及畜牧学等学科。在研究过程中，本书始终坚持理论与实践相联系、规范与实证相结合的研究范式，从经济学的基本理论出发，注重多学科结合，综合应用文献查阅与实地调研相结合、实证研究与规范

研究相结合、系统分析方法和因素分析方法相结合以及经济研究方法与技术研究方法相结合等多种研究方法。本书具体研究方法分为两类：一是项目基本情况和数据信息收集方法；二是项目研究方法和手段。

1. 项目数据及信息收集方法

（1）文献研究法。在大量阅读中小规模养猪场参与协作经营的相关文献与资料、收集政府部门相关文件的基础上，整理、归纳、总结国内外学者的研究方向和研究成果，详细了解该领域研究前沿，明确本文研究主题和重点。

（2）实地访谈和问卷调查法

采用实地访谈与问卷调查相结合的方法，将河北省中小规模养猪场作为研究主体，通过实地访谈和线上问卷调查等方式对 473 个养殖主体进行调研，为本文实证研究奠定翔实数据基础。

2. 项目研究方法和手段

（1）专家访谈和文献分析。用于了解本项研究的前沿动态、当前研究水平，通过文献的比较、分析和研究，识别本项研究的深层次问题，完善、细化研究思路和研究的技术路线。

（2）案例和实证分析。总结国内外生猪产业协作的典型模式，提取其中的经验和启示，用于指导河北省生猪产业协作发展研究，借助结构方程模型、Logit 模型、Probit 模型等多种实证方法，提出实际操作性强的对策建议。

（3）系统分析方法。本书以河北省生猪产业为例，将生猪产业协作发展作为一个整体进行系统研究，在具体研究中将产业协作行为、模式、产业集群、竞争力评价、保障措施、区域协作和国内外案例等作为专题项目进行深入研究。通过专业、系统性研究对生猪产业协作进行宏观和微观上的全面把握，对生猪产业协作发展规律有了更深入的认知。

（三）技术路线

在生猪产业协作发展的时代背景下，以河北省生猪产业为例，从产业协作行为、模式、竞争力、产业集群、保障措施、区域协作和国内外案例等方面进行系统和深入研究，从而促进河北省生猪产业协作发展。本书的技术路线如图1-1 所示。

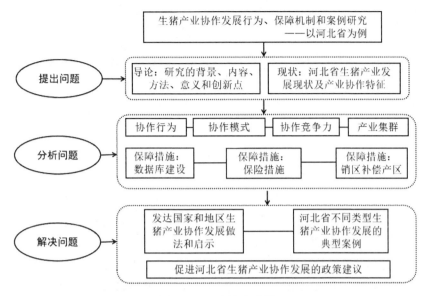

图 1-1 研究技术路线

五、创新点

本书创新之处有以下两方面：

一是研究内容的创新。本书以河北省生猪产业为例，对一个区域性的生猪产业协作发展进行从宏观到中观再到微观的研究。从生猪养殖主体产业协作行为、模式、竞争力、产业集群等多角度、多层面进行分析，并从保险、数据库和区域协作三方面研究了促进生猪产业协作发展的保障措施。本书针对河北省生猪产业协作实际进行研究，其区域性、针对性特色明显，对河北省生猪产业发展具有很强的指导性。

二是研究视角的创新。本书采用内分外统的思路，从中小规模养猪场这个微观主体视角，分析其参与协作行为、模式、竞争力和产业集群，并作为专项进行研究。在此基础上研究促进生猪产业发展的保障措施，通过总结归纳国外典型地区和河北省在促进生猪产业协作发展方面的典型做法和经验，以全新的研究视角对生猪产业协作相关内容进行了深入研究。

第二章

河北省生猪产业发展现状及产业协作发展特征

一、河北省生猪产业发展概况

生猪产业是河北省农业中的优势产业，生猪饲养量常年占全国约 1/20。猪肉产量约占全省肉类总产量的 60%，生猪产值约占全省牧业总产值的 40% 以上，约占全省农业总产值的 20%，因此，生猪产业是河北省畜牧业的一大支柱产业。河北省还是全国重要的生猪生产供应基地，全国 500 个生猪调出大县中河北省占 23 个，占总数的 4.6%，全年仅外调京津生猪及猪肉折合生猪 280 万头，约占全省出栏量的 8%。"十四五"以来，河北省生猪产业发展承压前行，生猪产能恢复好于预期，猪肉产品市场供应充足。

（一）生猪存栏与出栏情况

近年来，河北省正常年份下生猪存栏数量在 1900 万头左右，位居全国前列，如图 2-1 所示。2018 年 8 月非洲猪瘟疫情发生，导致养殖场户清栏增加。河北省 2018 年末生猪存栏减少到 1820.75 万头，2019 年更是进一步跌至 1418.4 万头，同比减少 22.1%，为 2000 年以来的最低值。在中央和省委、省政府全方

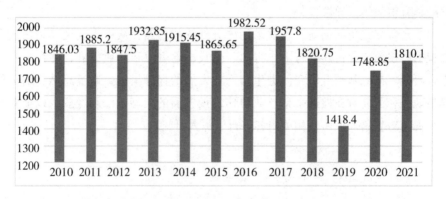

图 2-1　2010—2021 年河北生猪存栏情况（单位：万头）

数据来源：历年《河北省统计年鉴》，2021 年存栏量来自省统计局

位稳产保供的政策支持下，2020 年和 2021 年河北省生猪存栏量连续回升，2021
年末达 1810.1 万头，同比增幅为 3.5%，已基本恢复到非洲猪瘟疫情前水平，
居豫、川、湘、云、鲁、鄂、桂、粤之后，位列全国第九，占全国生猪年末存
栏数的 4.03%。

如图 2-2 所示，从 2010 年到 2017 年，河北省生猪出栏量的总体趋势是波
动增加的。因非洲猪瘟疫情，河北省生猪出栏量 2019 年减少至 3119.8 万头，虽
然疫情得到有效控制，但因能繁母猪保有量下降钳制了生猪产能，导致 2020 年
河北省生猪出栏量进一步下降为 2907.62 万头，较非洲猪瘟疫情发生前的 2017
年下跌了约 1/4。随着中央和河北省一系列稳产保供政策的出台，2021 年河北
省生猪出栏量回升至 3410.6 万头，同比增长 17.3%，基本恢复到正常年份的水
平，居川、湘、豫、鲁、云、鄂之后，位列全国第七位，占全国生猪出栏数
的 5.1%。

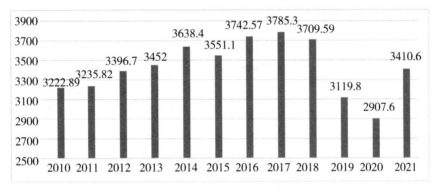

图 2-2 2010—2021 年河北生猪出栏量变化趋势（单位：万头）

数据来源：历年《河北省统计年鉴》，2021 年出栏量来自省统计局

（二）能繁母猪存栏情况

如图 2-3 所示，2018 年之前的几年，河北省能繁母猪存栏量一直维持在
190 万头左右。受非洲猪瘟疫情影响，2018 年和 2019 年能繁母猪存栏量持续下
跌，2019 年末跌至历史低位 141.4 万头。随着疫情得到有效控制及 2019 年下半
年市场行情的高涨，2020 年末河北省能繁母猪存栏量回升至 187 万头，2021 年
末为 184 万头，虽有所回落，但基本恢复到正常保有量，居全国第九位，占全
国能繁母猪存栏量的 4.25%。

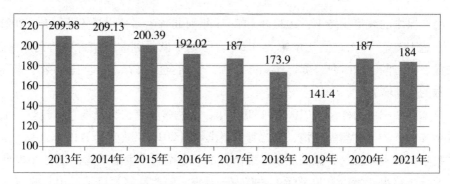

图 2-3 2013—2021 年河北能繁母猪存栏量变化趋势（单位：万头）

数据来源：历年《河北省统计年鉴》，2021 年存栏量来自省统计局

（三）猪肉产量情况

如图 2-4 所示，除 2015 年外，2010—2017 年河北省猪肉产量一直保持递增态势。2018 年受非洲猪瘟疫情影响，猪肉产量小幅下跌至 286.3 万吨。2019 年在非洲猪瘟疫情损失和恐慌清栏下，河北省猪肉产量连续大幅下降。2021 年由于猪价断崖式下跌，猪肉消费需求明显回升，河北省猪肉产量回升至 265.7 万吨，同比增幅为 17.1%，占全国猪肉总产量的 5.0%，居川、湘、豫、云、鲁之后，位列全国第六。

河北猪肉产量占肉类（猪牛羊禽肉）总产量的比重约为 60%，2016—2018年连续 3 年突破 60%。2019 年下半年以来，猪肉价格暴涨对猪肉消费的抑制作用极其明显，伴随着替代品的需求增加，2019 年和 2020 年猪肉产量占肉类产量的比重分别下降至 56.31% 和 54.57%，降幅显著。2021 年因需求带动供给增加，河北省猪肉产量占肉类产量的比重上涨至 57.64%。

图 2-4 2010—2021 年河北猪肉产量变化趋势（单位：万吨）

数据来源：历年《河北省统计年鉴》，2021 年产量来自省统计局

（四）猪肉消费情况

根据国家统计局数据，各省市 2020 年在人均猪肉的消费量上，重庆以 29.9 千克排名第一，紧随其后的是四川的 28 千克，广东则以 26 千克排名第三。排名前十的省份还有江西（24.9 千克）、云南（24.7 千克）、湖南（22.7 千克）、贵州（22.3 千克）、广西（20.7 千克）、浙江（20 千克）、湖北（19.4 千克）。河北以 12.9 千克（其中城镇居民人均 15.0 千克，农村居民人均 10.8 千克）仅位居全国第 22 位，人均消费量不足全国前三渝、川、粤的五成，为全国平均水平（18.2 千克）的 70.9%。

根据各省生猪出栏量，以及国家统计局发布的各省市人均猪肉消费量等数据，推算出 2021 年各省猪肉消费量。生猪需求量全国排名前三的分别为四川7315.7 万头、湖南 5948 万头、广东 4734 万头。需求量超过 3000 万头的依次为湖北（4040.3 万头）、山东（4010.5 万头）、云南（3820.2 万头）、河南（3717.5 万头）、江苏（3560.1 万头）、河北（3170.3 万头）和广西（3127.2 万头）。河北省生猪需求量位居全国第九位。

结合 2021 年各省的出栏情况，推算出 2021 年各省市生猪的调入或者调出情况。如图 2-5 所示，南方水网地区江、浙、粤和四大直辖市受人口密集消费需求大，以及环保、资源（土地、饲料等）等约束因素影响，成为生猪（猪肉）调入大省；生猪调出方面，则主要集中在中部、北部豫、赣、冀、鲁、晋五省，

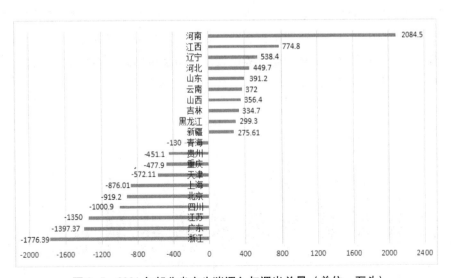

图 2-5 2021 年部分省市生猪调入与调出总量（单位：万头）

数据来源：根据国家统计局公开数据计算

以及东北三省等。河南以超过 2000 万头的调出量一骑绝尘，成为生猪调出第一大省。河北省以 449.7 万头的调出量位居第四，其中外调京津猪肉折合生猪约 280 万头，占河北省调出总量的 60% 以上，约占京津生猪调入总量的两成。

（五）生猪养殖优势产区

在区域布局上，一是依据传统的资源禀赋优势，河北省商品猪生产逐步向京山、京九、京广铁路沿线的传统优势产区聚集，年出栏量达到全省的 50% 以上；二是张承地区以现代化大规模养猪场为主，承接京津养猪企业的转移，规模养殖率达到 70% 以上；三是在太行山、燕山山区发展特色养殖，依托环境优势，生产有机食品为主。同时，近年来，河北省生猪养殖业在发展中逐步形成了以唐山、石家庄、邯郸、保定为核心的四大优势产区。如图 2-6 所示，从生猪出栏情况来看，2020 年唐山、石家庄（含辛集）、邯郸、保定（含定州）四个市的生猪出栏量分别为 426.6、468.3、371.9、380.1 万头，四市生猪出栏总数占全省生猪出栏总数的 56.64%；从生猪存栏情况来看，2020 年唐山、石家庄（含辛集）、邯郸、保定（含定州）四个市的生猪存栏量分别为 278.6、240.3、202.3、261.6 万头，四市生猪存栏总数占全省生猪存栏总数的 56.2%。例如，保定临近京津的区位优势，高档消费市场前景广阔，且拥有易县、徐水、定兴等传统生猪养殖大县（区），使保定市生猪产业发展水平较好。唐山作为河北第一大市，经济实力雄厚，玉田、滦南、遵化、迁安都是有名的生猪调出大县（市），人民生活消费水平较高等因素也为该市的生猪产业发展提供了有力支撑。廊坊、承德与张家口生猪产业不占优势。张承两市由于特殊的地理位置、环保治理、气候等因素导致生猪产业发展缓慢。廊坊市所辖区域面积小，距离北京较近，在国家生猪环保政策的高压下，生猪产业发展受限。

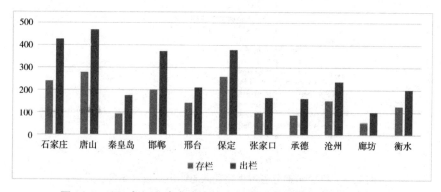

图 2-6　2020 年河北省各市生猪出栏量和存栏量（单位：万头）

数据来源：《河北省统计年鉴（2021）》

2021 年全国共有 498 个国家级生猪调出大县，其中北京、上海、西藏、青海、宁夏和新疆无生猪调出大县。拥有超 20 个调出大县的省份有 9 个，共占全国调出大县的 69%。湖南最多，为 64 个，其次河南 58 个，四川 52 个列第三，以下依次为湖北（43）、山东（38）、云南（26）、河北（23）、安徽（20）、江西（20）等。河北较 2012 年增加了 7 个调出大县，居全国第 8 位，全部 23 个调出大县分别为：石家庄 5 个（藁城、正定、晋州、新乐、辛集）、唐山 6 个（丰南、丰润、滦南、迁安、玉田、遵化）、秦皇岛 3 个（抚宁、卢龙、昌黎）、邯郸 2 个（大名、武安）、保定 4 个（徐水、定兴、易县、定州）、承德 1 个（滦平）、沧州 1 个（盐山）、衡水 1 个（安平）。这 23 个大县生猪生产能力在全省总量中占有重要地位，也使河北省生猪养殖集聚效应更加显著。

（六）生猪价格变动情况

2018 年 5 月—2022 年 3 月为上一轮"猪周期"，河北省在此轮猪周期内的猪价（外三元）如图 2-7 所示。2018 年 5 月生猪价格开始上涨，随后 8 月非洲猪瘟在辽宁暴发并开始在全国蔓延，养殖场（户）恐慌性出栏致使生猪供应增加，打破了河北省猪价的阶段性上涨态势，猪价开始步入下行。2019 年 1 月下旬猪价跌破 10 元/千克，重回本轮猪周期开始时的水平。疫情损失叠加过度提前出栏和清栏，使得河北省生猪产能下降超过两成，从而使得猪价回升并在 2019 年 6 月中旬后大涨，最高涨至 2019 年 10 月下旬的 40.15 元/千克。而后猪价历经 15 个月的高位震荡，在中央和省级各种稳产保供政策支持下，产能释放，生猪供应偏紧局面缓解。猪价于 2021 年 1 月下旬开始波动下行，2021 年国庆节期间跌至 11 元/千克左右，后虽因季节性需求快速拉升至 17.5 元/千克，但过剩的产能释放导致猪价在 2022 年一季度仍持续回落探底。二季度新一轮猪周期开始。

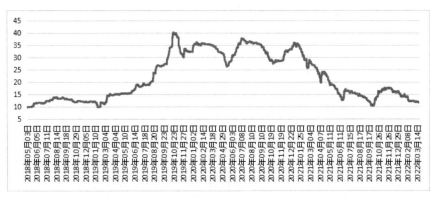

图 2-7　2018 年 5 月—2022 年 3 月河北省生猪价格（外三元，单位：元/千克）

数据来源：布瑞克农业数据库

二、河北省生猪产业上中下游产业及主体发展现状

生猪产业的上游主要为饲料、兽药疫苗、设备制造等产业；中游为生猪养殖业；下游为屠宰加工业、冷链运储、批发零售、终端消费，从而形成完整的产业链。众所周知，企业经营的产业链条越完整，产品质量越有保证、经营风险越小、产品成本越低、稳定盈利能力越强、长期发展空间越大。因此，各环节的企业分别向上游或下游进行延伸，使自身能够上连饲料兽药、下连终端消费市场，从而打通全产业链的生产。通过投资建立集合饲料生产、生猪养殖、生猪屠宰及肉制品加工的全产业链，各环节的竞争将更加激烈。

（一）上游饲料、兽药等产业及主体发展现状

1. 饲料产业及主体发展情况

河北省是全国 13 个粮食主产省之一，大部分地区种植小麦、玉米，为饲料产业的发展提供了充足的原材料。2021 年河北省饲料总产量位居全国第八位。同时，由于河北省很多养殖户处于中小规模分散养殖状态，饲料利用率有待进一步提高。

近年来河北省饲料工业产值情况如表 2-1 所示，2021 年河北饲料工业总产值突破 500 亿元，达 551.8392 亿元，同比增长 14.3%，占全国饲料工业总产值的 4.51%，排名在山东、广东、广西、江苏、辽宁、四川之后，居全国第 7 位。其中，饲料产品产值为 509.7524 亿元（含宠物饲料产值），同比增长 14.9%，占全国总量的 4.65%，居山东、广东、广西、辽宁、江苏、四川之后，居全国第 7 位；饲料添加剂产值为 41.5739 亿元，同比增长 6.9%，占全国总量的 3.60%，位于山东、浙江、内蒙古、云南、黑龙江、广东、宁夏、江苏、湖北、吉林、江西之后，居全国第 12 名；饲料机械产值 5129 万元，同比增长 2.9%，占全国总量的 0.45%，全国生产饲料机械的只有 5 个省份，江苏（108.4918 亿元）占比达 94.2%，其次分别为山东、四川、河北和湖南，河北不足第二名山东（5.5 亿元）的 1/10。

表 2-1　河北省 2018—2021 年饲料产值（单位：亿元）

年份	饲料工业总产值	其中		
		饲料产品产值	饲料添加剂产值	饲料机械产值
2018 年	442.4714	425.1292	16.9105	0.4317
2019 年	405.0572	344.2833	33.3291	0.4868

续表

年份	饲料工业总产值	其中		
		饲料产品产值	饲料添加剂产值	饲料机械产值
2020 年	482.9247	443.5274	38.8990	0.4983
2021 年	551.8392	509.7524	41.5739	0.5129

数据来源：中国饲料工业协会

近年来河北省饲料工业营业收入情况如表 2-2 所示，4 年中只有 2019 年因全国非洲猪瘟疫情饲料营业收入有所减少。2021 年河北饲料工业总营业收入为503.3869 亿元，同比增长 12.0%，占全国总量的 4.31%，排名在鲁、粤、桂、苏、辽、川之后，居全国第 7 位。其中，饲料产品营业收入为 468.2850 亿元（含宠物饲料营业收入），同比增长 11.7%，占全国总量的 4.46%，居鲁、粤、桂、辽、川、苏之后，居全国第 7 位；饲料添加剂营业收入为 34.6243 亿元，同比增长 16.4%，占全国总量的 3.12%，位于鲁、浙、云、黑、内蒙古、粤、苏、赣、吉、鄂之后，居全国第 11 位；饲料机械营业收入 4776 万元，同比增长 0.8%，占全国总量的 0.62%，在仅有的生产饲料机械的 5 个省份中，江苏（71.2454 亿元）占比高达 92.47%，其次分别为山东、河北、四川和湖南，河北不仅与江苏差距巨大，甚至其营业收入不足第二名山东（4.8 亿元）的 1/10。

表 2-2　河北省 2018—2021 年饲料营业收入（单位：亿元）

年份	饲料工业总营业收入	其中		
		饲料产品营业收入	饲料添加剂营业收入	饲料机械营业收入
2018 年	438.4475	422.1056	16.3091	0.3700
2019 年	400.7712	348.0720	25.9210	0.4395
2020 年	449.5607	419.3331	29.7539	0.4738
2021 年	503.3869	468.2850	34.6243	0.4776

数据来源：中国饲料工业协会

河北省是全国 13 个饲料产量超千万吨的省份之一，2018—2021 年饲料总产量如表 2-3 所示。2021 年河北饲料总产量为 1375.8267 万吨，同比增长 1.2%，占全国总量的 4.69%，排名在鲁、粤、桂、辽、苏、豫、川之后，居全国第 8 位。其中，猪饲料产量为 353.9996 万吨，同比增加 7.8%，占全国总量的

2.71%，位于粤、鲁、桂、川、豫、湘、赣、鄂、辽、云、闽、苏、皖之后，居全国第 14 位。从猪饲料占比上看，河北省猪饲料产量占比约为 25%，比全国平均猪饲料产量占比约低 15 个百分点。

表 2-3　河北省 2018—2021 年饲料总产量与猪饲料产量（单位：万吨）

年份	饲料总产量	猪饲料产量	猪饲料产量占比（%）
2018 年	1346.0001	298.7043	22.19
2019 年	1231.0803	208.38	16.93
2020 年	1360.1716	328.3255	24.14
2021 年	1375.8267	353.9996	25.73

数据来源：中国饲料工业协会

河北省 2018—2021 年饲料总产量按类型分类如表 2-4 所示。其中，2021 年配合饲料产量为 1198.6074 万吨，同比增长 1.6%，占全国总量的 4.44%，位于山东、广东、广西、辽宁、江苏、四川、河南、湖北之后，居全国第 9 位；2021 年浓缩饲料产量为 96.1852 万吨，同比减少 8.8%，占全国总量的 6.20%，位于辽宁、山东、黑龙江、云南之后，居全国第 5 名；2021 年添加剂预混合饲料产量为 38.0494 万吨，同比增长 12.6%，占全国总量的 5.74%，位于山东、广东、河南、江苏和江西之后，居全国第 6 位。此外，宠物饲料产量占比较高，邢台市南和县已成为全国最大的宠物饲料生产基地。

表 2-4　河北省 2018—2021 年饲料产量按类型划分（单位：万吨）

年份	饲料总产量	按类型			
		配合饲料	浓缩饲料	添加剂预混合饲料	宠物饲料
2018 年	1346.0001	1130.6400	104.1889	25.3616	42.2612
2019 年	1231.0803	1061.6230	99.1183	27.8938	42.4412
2020 年	1360.1716	1179.4030	105.5021	33.7899	41.4765
2021 年	1375.8267	1198.6074	96.1852	38.0494	42.9847

数据来源：中国饲料工业协会

从《河北省农村统计年鉴（2012—2020）》有关数据来看，近 10 年来，河北省配合饲料产量中，猪饲料占比有递增趋势（从 2011 年的 17.13% 提高到 2018 年的 29.62%，因非洲猪瘟疫情 2019 年大幅降低到 14.41%）；浓缩饲料中，猪饲料占比亦呈递增态势（从2011年的32.85%提高到2015年的54.95%，2018年因非洲猪瘟疫情降至40.07%，2019年又恢复至49.35%）；在添加剂预混合饲料中，猪料占比有下降趋势（从2011年的35.70%降至2017年的28.22%，虽然2018年恢复至35.10%，但2019年又大幅降至23.05%）。

河北省2018—2021年饲料添加剂产品总量如表2-5所示，其中，2021年饲料添加剂产品总量为40.5147万吨，同比增加19.7%，占全国总量的2.74%。山东（311.5万吨）、云南（253.4万吨）、黑龙江（102.9万吨）是饲料添加剂生产前三的大省，其次是湖北、内蒙古、四川、江苏、吉林、贵州、江西、新疆生产建设兵团、广西，河北居全国第13位；2021年饲料添加剂产量为31.2713万吨，同比增长10.2%，占全国总量的2.29%，位于山东、云南、黑龙江、湖北、内蒙古、四川、江苏、吉林、贵州、江西、新疆生产建设兵团、广西、宁夏之后，居全国第14位；2021年混合型饲料添加剂产量9.2434万吨，同比增长12.6%，占全国总量的8.43%，位于山东、广东、江苏之后，居全国第4位。

表2-5　河北省2018—2021年饲料添加剂产量（单位：万吨）

年份	饲料添加剂产品总量	其中	
		饲料添加剂产量	混合型饲料添加剂产量
2018年	23.8505	21.3994	2.4511
2019年	28.8497	25.1222	3.7275
2020年	33.8490	28.3825	5.4666
2021年	40.5147	31.2713	9.2434

数据来源：中国饲料工业协会

河北省饲料工业不仅实现从数量型向质量型的持续转变，而且饲料产品平均合格率连续多年保持较高的水平。近年来饲料产品中苏丹红、三聚氰胺检出率为零，"瘦肉精"等违禁药品检出率一直处于非常低的水平。21世纪以来，河北省的饲料产品结构得到了进一步调整，逐步形成了适应养殖业需求的品种体系。配合饲料、浓缩饲料和预混料的比重不断优化，特种饲料稳步发展，单一蛋白饲料及添加剂的比重也在逐步增加。同时，具有地方特点的饲料产品，如宠物饲料、玉米蛋白粉、维生素添加剂、豆粕、花生粕、棉粕等产量也有所提高。2021年，全省配合饲料、浓缩饲料、添加剂预混合饲料比例为0.90：0.07：0.03，配合饲料所占比例不断加大，并保持持续增长；浓缩饲料保持持续增长，增长幅度较小；添加剂预混合饲料所占比例最小，增减幅度极小。可见，配合饲料依然是河北省主要饲料产品，饲料产品结构变化明显。

作为饲料工业大省，河北省 2018 年底共有注册企业 965 家，各类饲料生产许可证 1199 个，饲料总产量达到 1346 万吨，总产值 393 亿元，居全国第三位。其中，年产 10 万吨以上的生产企业达到 30 家，占全国总数（656 家）的 4.57%。河北省饲料工业已进入转型升级阶段，主要表现在大中型饲料加工企业、农业产业化龙头企业、专业化和特色化企业获得了更多的发展机会，而小型饲料加工企业在激烈的竞争中，其数量将继续减少。

从企业数量上看，河北省饲料企业呈现个数多、产量小的特点。如表 2-6 所示，2011—2013 年这一时期内饲料工业企业数量较高，最高达到 1196 家（2012 年）；2013 年之后随着政府提高饲料企业生产准入机制，加大对饲料产品的质量把关，以及市场需求变动等因素影响，企业数量大幅下降，主要是一些中小规模企业的退出，2016 年之后企业数量有所回升，2019 年达到 993 家。从河北省饲料企业结构比例上看，2011—2013 年私营企业占比最高，超过 60%，其次是股份制企业占比超过 20%；2014—2017 年私营企业数量大幅下降，但仍是最主要的企业类型，占比仍超过 40%；2018 年之后，股份制企业快速增长，成为最主要的企业类型，占比接近 80%。导致股份制企业占比提高的主要原因，一方面是河北省政府提高了饲料行业的准入门槛，本着减少数量、提高质量的原则，加大对违法违规饲料企业的查处力度，鼓励和引导优秀饲料企业的发展，大量缺乏竞争力的私营小企业进行了重组、合并；另一方面，省外一些大型饲料企业借助河北省饲料生产基地优势，与省内中小型饲料企业合并重组，建立分公司。股份制饲料企业由于融资、政策倾斜等优势得到迅速发展。

表 2-6　2011—2019 年河北省饲料企业情况统计表

指标	2011年	2012年	2013年	2014年	2015年	2016年	2017年	2018年	2019年
饲料企业数量（家）	1173	1196	1146	806	820	952	890	965	993
国有（家）	5	5	6	6	10	9	7	10	9
集体（家）	9	8	3	1	4	6	6	3	3
私营（家）	775	795	711	383	402	491	389	154	150
联营（家）	10	10	6	6	1	2	5	2	
股份（家）	299	305	261	399	226	273	307	770	788

续表

指标	2011年	2012年	2013年	2014年	2015年	2016年	2017年	2018年	2019年
港澳台（家）	3	3	6	2	3	2	1	3	5
外商（家）	8	9	8	8	6	5	6	7	5
其他（家）	15	10	7	1	2	2	4	16	33
企业职工数量（人）	41055	40616	35708	27111	29959	28508	25175	42165	42102
企业营业收入（亿元）	316.98	333.5	342.79	389.1	363.88	333.83	391.00	438.00	348.07
企业总产值（亿元）	331.72	349.2	376.13	410.58	407.07	353.07	391.00	442.00	344.28
企业加工产品产量（万吨）	1150.1	1184.91	1145.32	1258.74	1338.04	1342.00	1345.00	1346.00	1231.08

资料来源：河北省农村统计年鉴（2011—2019年）

2011年之后虽然饲料企业的数量减少，但是饲料企业总产值却提高了。2011年饲料工业企业总产值是331.72亿元，到2018年达到了442亿元，年均增长约4.74%。此外，饲料企业加工产品产量也呈上升趋势，从2011年的1150.1万吨增加到2018年的1346万吨，年均增长约2.43%。虽然受非洲猪瘟疫情等影响，2019年相比2018年在总产值和总产量上都有较大幅度下降，但相较于2011年仍有所提高。

从调研掌握的情况看，一是本省生产规模较大的饲料企业大多数拥有现代化畜牧业全产业链。如河北旺族集团有限公司不仅生产饲料，还是集种猪养殖、生猪屠宰、猪肉深加工为一体的全产业链企业。二是外省大型饲料集团通过合营、控股等方式渗透进河北市场。与本土饲料企业相比，外省大型饲料企业具有先进的、现代化的管理经验和饲料生产设备，可以实现全过程机械化的饲料生产，饲料生产的技术含量更高，营销模式更为灵活。例如，泰国的正大集团在河北省秦皇岛、石家庄等很多地方建立饲料分公司；山东六和饲料公司在邯郸、唐山建立分公司；东方希望集团在霸州建立饲料分公司；希望集团在石家庄建立饲料分公司。这些大型外来饲料企业在河北省的饲料年产量均在5万吨以上，挤占了河北省饲料市场。

在猪饲料生产方面，2020年河北省猪饲料产量为328万吨，产值为109亿元，分别占河北省饲料总量和总产值的24.1%和22.6%。2021年猪饲料产量为 354 万吨，同比增长 7.9%，占河北饲料总产量的 25.7%；产值 123 亿元，同比增长 12.8%，占河北省饲料总产值的 22.3%。当前，河北省猪饲料产量前十名的企业如下：广宗牧原农牧有限公司、中粮家佳康（张北）有限公司、新河牧原农牧有限公司、石家庄市扬翔饲料有限公司、廊坊瑞康饲料有限公司、河北鲲鹏饲料集团有限公司、饶阳大北农农牧科技有限责任公司、临西县和兴饲料有限公司、农标普瑞纳（廊坊）饲料有限公司、河北鲲鹏饲料集团沧州有限公司。

2. 动物保健（兽药）产业及主体发展情况

近年来，河北省全力推进以非洲猪瘟为主的重大动物疫病防控工作，全省动物疫情形势总体稳定，确保了畜牧业健康发展和公共卫生安全。在农业农村部组织的全国加强重大动物疫病防控延伸绩效管理评价中，河北连续 6 年被评为优秀省份，2020 年名列全国第一。

根据兽药产品剂型的不同进行分类，兽药产品大致分为粉剂、散剂、预混剂等。依据兽药产品的成效进行分类，分为抗微生物类药品、慢性疫情用药、急性传染病疫情用药等。根据用药动物的不同进行分类，可将兽药产品分为普通畜禽药品、大型养殖动物药品、观赏类动物药品和家庭宠物药品等。河北省兽药产品类型一直比较少，一方面，河北省兽药剂型比较单一，生物制药品主要由活疫苗和灭活疫苗构成，缺乏抗血清药品和诊断试剂；另一方面，化学药品中最多的是制作工艺简单的散剂、粉剂、预混剂、口服剂溶液和消毒液（液体）等，且大部分都是用来治疗的抗微生物类药物，关于慢性疫病和预防性疫病的兽药产品较少，缺乏富含技术含量的兽药剂型。

根据国家兽药基础数据查询系统统计，2016—2021 年全国和河北省化药监督抽检结果中不合格兽药数量如表 2-7 所示，可知 2020、2021 年兽药质量明显提升。此外，2016 年河北省出现 42 种假兽药，2017 年出现 11 种假兽药，但国家兽药基础数据查询系统显示河北省所有假兽药均是"企业回函确认非该企业产品"，说明河北兽药企业存在被盗名生产的现象，亟须引起重视。据国家兽药基础数据查询系统统计结果显示，河北省 2016 年以来无不合格兽药。

表 2-7 2016—2021 年全国及河北省兽药化药监督抽检不合格兽药数量

年份	全国	河北省
2016 年	497	20
2017 年	457	23
2018 年	385	13
2019 年	252	18

年份	全国	河北省
2020 年	200	6
2021 年	205	5

数据来源：国家兽药基础数据查询系统

从河北省兽药生产企业地域布局上看，主要集中在河北省中南部，排名前三位的城市分别是石家庄、邢台和保定，其中有 80 余家兽药生产企业分布在石家庄市。有 6 个城市仅有 5 家或 5 家以下的兽药生产企业，分别是承德、廊坊、唐山、邯郸、秦皇岛和张家口。

截至 2022 年 6 月底，从通过新版兽药 GMP 验收企业的地域分布来看，通过企业数量排名前十的省份为山东省（193 家）、江苏省（75 家）、广东省（74家）、河南省（72 家）、四川省（60 家）、山西省（53 家）、河北省（51 家）、浙江省（48 家）、江西省（47 家）、湖北省（37 家），占全国新通过企业总量（994 家）的 72%。其中山东省领先优势明显扩大，全国首位地位更加稳固。河北省位列全国第七，通过率仅为四成。新版兽药 GMP 提高行业准入门槛，有效遏制兽药行业低水平重复建设，同时加速小型化药企业的退出、淘汰落后产能，这一政策将加速兽药产业集中度的提升。在此背景下，以瑞普生物为代表的头部企业将会获得更好的发展机遇。

截至 2022 年 6 月底，河北省现有 124 家兽药生产企业，企业数量居全国第三位（居山东、河南之后），较 2019 年底兽药企业数量减少了 12 家，2020 年和2021 年年产值约为 65 亿元，占全国总量的 9.3%。兽药制剂年出口超 15 亿元，居全国第一位。按照国家统计标准，河北省兽药生产企业大中型（年销售额5000 万以上）约占 20%，中小型（年销售额 5000 万元以下，1000 万元以上）约占 50%，小型（年销售额 1000 万元以下）约占 30%。河北省兽药生产企业在全国市场占有率名列前茅。2021 年河北省规模型兽药生产企业如表 2-8 所示。

表 2-8　河北省部分规模型兽药生产企业

序号	企业名称	企业特色
1	河北远征药业有限公司（石家庄市）	年产值超 13 亿元，为全国最大兽药制剂生产企业，为全国知名兽药生产企业，拥有国家科技进步二等奖一项
2	保定冀中药业有限公司（保定市）	年产值超 7 亿元，大型中兽药生产企业，中兽药生产全国第一

序号	企业名称	企业特色
3	河北圣雪大成制药有限责任公司（石家庄市）	年产值5亿元左右，大型兽用原料药生产企业，出口额3亿元，硫酸黏菌素生产量全球第一
4	河北威远动物药业有限公司（石家庄市）	年产值约5亿元，为大型兽药制剂、原料药生产企业
5	河北科星药业有限公司（石家庄市）	年产值3亿元以上，大型兽药制剂生产企业，大输液生产量全国第一
6	河北久鹏制药有限公司（邯郸市）	年产值约3亿元，大型兽用原料药生产企业
7	瑞普（保定）生物药业有限公司（保定市）	年产值3亿元以上，为全国十强兽用生物制品生产企业
8	河北新世纪药业有限公司（石家庄市）	年产值2亿元，年出口额约1亿元
9	华北制药集团动物保健品有限责任公司（石家庄市）	年产值2亿元，为大型兽药制剂生产企业
10	河北锦坤动物药业有限公司（辛集市）	年产值近1.5亿元，专门从事中兽药生产

资料来源：河北省农业农村厅

2018—2021年河北省各类新兽药注册数量统计如表2-9所示。河北省兽药研发主体多为与其他企业共同研发，基本上没有进行独立研发新兽药的企业或教学、科研单位。以2021年为例，与其他企业或教学、科研单位联合研发的企业有保定冀中生物科技有限公司、河北远征禾木药业有限公司、河北远征药业有限公司、保定九孚生化有限公司、河北威远药业有限公司、瑞普（保定）生物药业有限公司、石家庄石牧药业有限公司、石家庄华骏动物药业有限公司、秦皇岛摩登狗生物科技有限公司，与其他企业联合研发的教学单位只有河北农业大学。

表2-9 2018—2021年河北省新兽药注册情况

年份	研究成果类别				
	一类	二类	三类	四类	五类
2018年		6	2		1
2019年			4	2	1
2020年		2	4	1	
2021年	1	4	4		

数据来源：根据中国兽医协会数据整理

　　河北省兽药生产企业在全国市场占有率名列前茅。其中，威远公司位居全国兽用原料药生产企业十强之首，保定瑞普名列全国十强兽用生物制品生产企业第三，远征、冀中、科星、保吉安、征宇、新华科极6家企业跨入全国兽药制剂企业30强行列。同时，对外开放步伐加快，河北威远动物药业有限公司、华药集团爱诺有限公司、保吉安（集团）公司、瑞普（保定）生物药业公司、唐山怡安生物工程有限公司分别在新加坡和美国上市。华曙、九鹏、远征、新世纪、威远、科星等企业的产品远销东南亚、南美洲、非洲等地，年出口额超5亿元。本章重点对河北远征药业有限公司、保定冀中药业有限公司和河北威远药业有限公司的基本情况进行介绍。

　　河北远征药业有限公司是我国兽药制剂行业的领军企业之一，是一家集兽药产品研发、生产经营、技术服务于一体的高科技综合性兽药企业。公司总部位于石家庄，现资产总额超12亿元，员工1000余人，河北远征禾木药业有限公司是其子公司。该公司拥有28条GMP生产线，通过引进国内一流的全自动粉针（水针）分装及包装设备、联动灌装设备等500多台套，可生产粉针、水针、粉剂、散剂、片剂、颗粒剂、预混剂、灌注剂、消毒液、口服液、原料药、生物制品十二大系列共200多个产品，可年产兽用粉针8亿支、水针5亿支、粉（散）剂8000万袋、消毒剂1000万瓶、原料药200吨，是目前国内生产规模较大、设备较先进的兽用制剂生产厂家。公司拥有"盐酸沃尼妙林"等国家二类新兽药13个，三、四、五类新兽药15个，拥有发明专利15项。公司产品出口欧洲、南美、东南亚、西亚、中东、非洲等50多个国家和地区，2021年出口额近3亿元。

　　保定冀中药业有限公司始建于1992年，是一家集研发、生产、销售和服务于一体的兽药制剂及原料药制造民营企业，目前在保定高阳、清苑建设有三个自动化、信息化、现代化的兽药制剂GMP生产基地，在邢台内丘建有一个原料药GMP生产基地，公司拥有14个生产车间，26条生产线。在国际市场，公司产品远销东南亚、中东、非洲、南美的四十多个国家。该公司是中国兽药制剂30强，全国最大的中兽药制剂生产企业之一。公司拥有由本硕博专职研发人员80余人。通过与浙江大学、中国农大、西北农林、兰州所、哈兽研等国内各大农业院所开展产学研合作，已取得新兽药证书24项、国家发明专利37项，省科学技术成果33项，主持和参加制定的国家行业标准28项。公司年处理和使用连翘、金银花、黄芩、黄连、黄芪、甘草、板蓝根、大青叶等多种中药材3000多吨，带动中药材种植10000亩左右，惠及农户6000余户。

　　河北威远药业有限公司成立于2002年，坐落于石家庄经开区，是一家集研发、生产、销售兽用原料药、制剂和饲用添加剂于一身的国内大型兽药企业，中国兽用原料药十强企业。公司拥有石家庄和鄂尔多斯两大基地以及原料药、制剂两种生产线，11 条制剂生产线，8 个中药提取物，13 个原料药产品。公司建有国家和省级技术中心，拥有博士在内的高级技术研发人员，取得多项发明专利，拥有 6 个国家二类新兽药和 2 个三类新兽药。通过了中国 GMP、欧盟 COS 和美国 FDA 三大认证，产品远销全球 70 多个国家和地区。

当前，我国重大动物疫病防控形势仍相当严峻，动物产品质量安全监管任务日益繁重。为切实做好动物卫生监督执法工作，必须抓紧明确从事动物、动物产品检疫和其他有关动物卫生监督、管理、执法、兽医工作人员的官方兽医资格。为此，河北省采取积极稳妥措施，全面推进官方兽医重新认定工作。截至 2022 年 6 月底，共计完成 4759 名官方兽医的重新认定工作，各市（其中，石家庄含辛集 37 人，保定市含定州 67 人）重新确定人数如表 2-10 所示。2016 年至 2021 年，河北省各市取得执业兽医师（含助理执业兽医师）人次分别为 418、430、328、431、295 和 370，如表 2-11 所示。

表 2-10　河北省各市 2022 年 6 月底官方兽医重新认定人数

	石家庄	保定	唐山	秦皇岛	张家口	承德	廊坊	沧州	衡水	邯郸	邢台
人数	566	649	568	313	398	449	319	469	237	422	369

数据来源：河北省农业农村厅

表 2-11　河北省 2016—2021 年各市取得执业兽医人次

		2016 年	2017 年	2018 年	2019 年	2020 年	2021 年
石家庄市 （含辛集市）	执业兽医师	418	430（执业兽医师 326 名，助理执业兽医师 104 名）	328（执业兽医师 237 名，助理执业兽医师 91 名）	101	70	95
	助理执业兽医师				51	37	23
保定市 （含定州市）	执业兽医师				48	41	51
	助理执业兽医师				15	13	14
唐山市	执业兽医师				14	8	18
	助理执业兽医师				9	12	4

续表

		2016年	2017年	2018年	2019年	2020年	2021年
秦皇岛市	执业兽医师				12	8	14
	助理执业兽医师				24	4	5
张家口市	执业兽医师				12	6	12
	助理执业兽医师				3	3	6
承德市	执业兽医师				5	3	9
	助理执业兽医师				6	2	2
廊坊市	执业兽医师				13	9	1
	助理执业兽医师	418	430（执业兽医师326名，助理执业兽医师104名）	328（执业兽医师237名，助理执业兽医师91名）	12	2	1
沧州市	执业兽医师				20	12	26
	助理执业兽医师				10	9	10
衡水市	执业兽医师				11	8	12
	助理执业兽医师				4	6	8
邯郸市	执业兽医师				28	16	24
	助理执业兽医师				8	7	7
邢台市	执业兽医师				18	17	22
	助理执业兽医师				7	2	6

数据来源：河北省农业农村厅

（二）中游养殖业主体发展现状

前面章节对河北省生猪养殖产业整体已经做了阐述，现对河北省生猪养殖主体进一步加以分析。

对河北省生猪养殖主体的多样性有不同的界定。可以根据养殖阶段的专业分工分为：专业二元母猪养殖场户、专业育肥场户、自繁自养场户、一体化养殖场户等。也可以根据养殖场户的存（出）栏规模或数量来划分为：散养户、中小场户、规模场、大规模场等。本书按照年出栏数量来划分不同的生猪养殖业主体。如果按照《中国畜牧业年鉴》的划分方法，2018年河北生猪养殖主体可分为9类，如表2-12所示：

表2-12　河北省2018年生猪饲养规模情况

序号	饲养主体	场户及年出栏	数量	占比（％）
1	年出栏数1~49头	场（户）数（个）	511331	85.796
		年出栏数（万头）	783.1450	20.21
2	年出栏数50~99头	场（户）数（个）	43518	7.302
		年出栏数（万头）	319.8757	8.25
3	年出栏数100~499头	场（户）数（个）	31506	5.286
		年出栏数（万头）	920.2676	23.75
4	年出栏数500~999头	场（户）数（个）	6261	1.050
		年出栏数（万头）	467.2272	12.06
5	年出栏数1000~2999头	场（户）数（个）	2488	0.417
		年出栏数（万头）	475.3010	12.27
6	年出栏数3000~4999头	场（户）数（个）	462	0.077
		年出栏数（万头）	185.5271	4.79
7	年出栏数5000~9999头	场（户）数（个）	246	0.041
		年出栏数（万头）	185.9005	4.80
8	年出栏数10000~49999头	场（户）数（个）	151	0.025
		年出栏数（万头）	303.2459	7.83
9	年出栏数50000头以上	场（户）数（个）	25	0.004
		年出栏数（万头）	234.7321	6.06
		全省场（户）总数（个）	595988	100
		全省年出栏总数（万头）	3875.2221	100

数据来源：河北省农业农村厅

根据农业农村部相关标准界定，年出栏数1~49头为散养户；50~99头为小养殖场（户）；100~499头为中养殖场（户）；500头以上为规模养殖场（户）。由表2-12可知，2018年河北省生猪散养户占全省总场（户）比例达85.80%，年出栏量占全省总出栏量的约20%；中小场（户）占比为12.60%，年出栏占比为32.0%；规模场（户）9600余家，占比为1.61%，年出栏量占比为47.8%。形成中小散户和规模场年出栏量基本上形成"二分天下各占其一"的局面。

根据《全国农产品成本收益资料汇编》中生猪规模分类数量标准（Q）：饲养量Q≤30头为散养户；饲养量30<Q≤100头为小规模场（户）；饲养量100<Q≤1000头为中规模场（户）；饲养量Q>1000头为大规模场（户）。因不同年份、不同养殖规模、不同省份的头均出栏体重不同，造成头均成本、头均收益、头均利润出现较大差距，故采用每50千克主产品的收益成本利润情况进行比较，如表2-13、表2-14所示。

表2-13　2015年河北省和全国不同规模生猪养殖成本收益情况

每50千克 主产品（元）	散养		小规模养殖		中规模养殖		大规模养殖	
	河北	全国	河北	全国	河北	全国	河北	全国
平均出售价格（元）	748.25	779.57	745.82	769.51	741.62	772.23	744.24	763.89
总成本（元）	739.61	783.05	663.54	697.40	631.33	669.52	601.08	663.57
生产成本（元）	739.61	782.96	662.37	696.48	630.20	668.36	599.94	662.08
净利润（元）	8.64	-3.48	82.28	72.11	110.29	102.71	143.16	100.32
成本利润率（%）	1.17	-0.44	12.40	10.34	17.47	15.34	23.82	15.12

数据来源：根据《全国农产品成本收益资料汇编2016》数据整理计算所得

表2-14　2020年河北省和全国不同规模生猪养殖成本收益情况

每50千克 主产品（元）	散养		小规模养殖		中规模养殖		大规模养殖	
	河北	全国	河北	全国	河北	全国	河北	全国
平均出售价格（元）	1605.56	1674.71	1570.63	1673.68	1633.53	1644.07	1598.44	1657.82
总成本（元）	1103.46	1176.84	1053.06	1084.89	1016.05	1053.13	952.57	1020.21
生产成本（元）	1103.46	1176.78	1051.65	1084.00	1014.94	1051.91	951.42	1018.46
净利润（元）	502.10	497.87	517.57	588.79	617.48	590.94	645.87	637.61
成本利润率（%）	45.50	42.31	49.15	54.27	60.77	56.11	67.80	62.50

数据来源：根据《全国农产品成本收益资料汇编2021》数据整理计算所得

1. 散养户

散养户有专业育肥和自繁自养两种模式。因其具有"船小好调头"、分散式出栏、资金压力小、抗风险能力强等特点，故一直以来散养户在河北省生猪养殖主体中占据半壁江山。散养户对猪价变动最敏感，猪价上涨时一拥而上纷纷补栏，猪价下跌时一哄而散纷纷清栏。散养户具有天然的"蓄水池"功能，是生猪产能调节的重要支撑。同时，散养户普遍存在"小、低、散"现象，即养殖规模小、技术水平低、养殖场布局分散。在舍饲建设、日常消毒、饲料喂养、粪污利用、病死猪处理等环节中，存在诸多疫病防控漏洞。而且因养殖资金有限，往往在舍饲建设和日常消毒上投入不足，导致生物安全措施不到位，难以达到疫病防控标准。在饲料方面，部分散养户为降低养殖成本，选择厨余泔水饲喂生猪。散养户在对排泄物处理和病死猪处理方面，经常不达标、不规范，甚至出现违法违规行为，进一步加大了病毒传播的可能性。此外，散户养殖因主体众多、布局分散，给行业管理部门造成监管困难，难以达到预期的管理目标。

近年来，由于非洲猪瘟疫情和新冠疫情的双重影响，加上饲料价格持续走高，散养户的盈利空间受到极大的挤压，产能去化明显。根据《中国畜牧兽医统计年鉴（2017）》数据统计，2016 年河北省共有生猪养殖（场）户 1049264户，其中年出栏量 1~49 头的养殖户有 955293 户，占比达 91.04%。另外根据《中国农村年鉴 2021》中的数据，2020 年河北省共有生猪养殖场（户）364067户，其中年出栏量 1~49 头的养殖户有 291053 户，占比为 79.95%。比较可知，四年间，在规模化进程和非洲猪瘟疫情的影响下，河北省散养户数量下跌69.53%，占比下降了 11.09%。

从散养户成本与收益看，如表 2-13、表 2-14 所示。2015 年和 2020 年，河北省散养平均收益（平均出售价格）和总成本均高于本省大、中、小规模饲养平均收益及总成本（2020 年低于本省中规模饲养平均收益和总成本除外），但低于全国散养平均收益和总成本；净利润和成本利润率低于河北省及全国的大、中、小规模饲养的净利润和成本利润率，但高于全国平均散养净利润和成本利润率。结论是：河北省散养与本省大、中、小规模饲养相比不具有优势，但与全国平均散养相比具有一定的优势。

2. 中小规模场户（家庭农场）

中小规模场（户）是河北省广大农村地区生猪养殖的一种主要形式，有自繁自养、母猪场、专业育肥三种模式，二元母猪场占有一定比例。其优势是投资少，劳动力成本低；饲料来源丰富，可充分利用农产品下脚料，春夏秋三季可补充大量青饲料，降低饲养成本；饲养环境（包括卫生防疫等）较易控制。同时，中小规模场（户）亦有劣势，主要是饲养量小，难以做到专业化，不能发挥规模效益；销售渠道不稳定；做不到标准化生产和管理，产品质量难以保证。

从成本与收益上看，如表 2-13、表 2-14 所示，2015 年，河北省生猪小规模饲养净利润和成本利润率低于本省和全国的大、中规模饲养净利润和成本利润率，但差距较小，且远高于本省和全国的散养净利润和成本利润率，也高于全国的小规模饲养净利润及成本利润率。2020 年，河北省生猪小规模饲养净利润和成本利润率仍低于本省和全国的大、中规模饲养净利润和成本利润率，但差距扩大。虽高于本省和全国的散养净利润和成本利润率，但差距很小，且低于全国的小规模饲养净利润及成本利润率。结论是：与散户饲养相比，河北省小规模饲养优势变小，与大中规模饲养相比，其竞争劣势变大。尤其是 2020 年，全国中、小规模饲养净利润差别很小，但河北省中、小规模饲养净利润相差 100 元，与 2015 年相比差距明显拉大。

中、小规模场（户）未来的发展方向：一是走规模化之路。生猪养殖规模化程度越来越高，更多的养殖量掌握在规模场手上，规模场设备先进、管理规范。一些管理水平较高、具有优化升级潜力的中、小规模场（户）可通过"滚雪球"方式将养殖场做大做强。二是与头部猪企合作。采用"公司+农户"形式，利用头部企业的标准化管理和技术，进行统一生产经营。三是走合作化之路。专业合作社可以从生产、加工、流通、服务等各个环节进行资源整合，采取统一的购苗、防疫、供料、技术指导、销售等模式。四是走"特色化、生态化、休闲化"之路。进行生态化模式养殖，向精细化、特色化发展，开创丰富多彩的消费者体验项目。总之，核心就是做小而精的小型集约化猪场（农场）。未来的猪场不一定非得大或者小，但必须规范，规模场管的是人，中、小场管的是猪，各有利弊，但只有做成规范场，才是未来的赢者。

3. 规模场（户）

规模猪场类型的划分因采用的划分标准不同而异。根据养猪场年出栏商品肉猪的生产规模，一般可将规模化猪场分为三种基本类型，一是大型规模化猪场，年出栏 10000 头以上商品肉猪；二是中型规模化猪场，年出栏 3000~5000 头商品肉猪；三是小型规模猪场，年出栏 3000 头以下肉猪，现阶段农村适度规模养猪多属此类猪场。根据规模猪场生产任务和经营性质的不同，又可分为母猪专业场、商品肉猪专业场、自繁自养专业场、公猪专业场。根据专业化方向的不同，一般可将养猪场划分为 4 种类型：种猪场、繁育猪场、育肥猪场

（又称商品猪场）和综合型猪场。种猪场按良种繁育推广体系又分为核心场、良种繁育场；按饲养品种又分为地方良种猪场、引入良种猪场和综合良种猪场。

"十四五"期间，全省生猪核心育种场种猪核心群保有量保持在 1.5 万头以上，最低保有量不低于 1.2 万头。根据 2021 年 6 月全国生猪规模养殖场监测系统备案规模猪场（户）数量，结合生猪规模养殖发展趋势，确定了全省规模猪场（户）保有量为 6600 个（各市规模猪场户最低保有量见图 2-8），位于湖北（12800）、山东（11700）、四川（11000）、河南（10600）、湖南（10000）、广西（8200）、江西（7600）之后，居全国第 8，占全国总量（13.7 万个）的 4.82%。

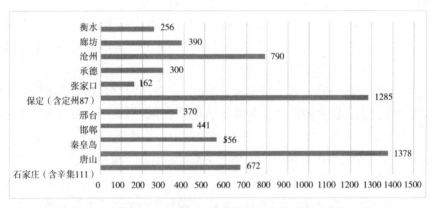

图 2-8　河北省 2021 年各地市规模猪场最低保有量（单位：个）

数据来源：河北省农业农村厅

河北省针对年设计出栏 1 万头以上的规模猪场和国家生猪核心育种场，按照猪场自愿加入并配合开展产能调控的原则，建立国家级生猪产能调控基地。对年设计出栏 0.5~1 万头的规模猪场和省级原种场，按照猪场自愿加入并配合开展产能调控的原则，建立省级生猪产能调控基地。除了一次性临时救助补贴外，还将 51 个试点县扩大到 73 个县（市、区），支持推进"财政+保险+担保+银行"联动保险模式。

从成本与收益上看，如表 2-13、表 2-14 所示，河北省大规模饲养虽然平均出售价格（平均收益）较低，但因成本控制极具优势，故净利润与成本利润率高于中、小规模饲养和散户饲养。而且从 2015 年和 2020 年相比较看，河北省大规模饲养净利润与小规模饲养和散户饲养（尤其是小规模养殖）的差距有扩大的趋势。

　　规模养殖主体因其特有的"抗风险能力+成本管控能力+政策倾向性"等属性，使其在诸如各类疫病的暴发、各类环保政策的出台等外部冲击下屡次脱困而出。据2016年河北主要畜牧统计数据显示，2016年河北生猪年出栏500头以上的规模养殖场为10435个，生猪年出栏500头以下的占全省总出栏量的57.79%，年出栏500~10000头的猪场占33.52%，年出栏10000头以上的占8.69%。2018年河北生猪年出栏500头以上的规模养殖场为9633个，生猪年出栏500头以下的占全省总出栏量的52.21%，年出栏500~10000头的占33.92%，年出栏10000头以上的占13.89%。可知，年出栏500~10000头的猪场在两年间基本上变动不大，年出栏500头以下的猪场减少了802家，年出栏量占比降低了5.58个百分点，基本上被年出栏10000头以上的大型规模化猪场所取代。2021年在非洲猪瘟、新冠疫情、饲料价格大涨、猪价持续走低的负面因素多重叠加影响下，生猪养殖业亏损严重，小散户纷纷离场，头部大型猪企在河北省却加快布局逆势扩张，仅2021年，大北农、温氏、牧原、新希望等大型养殖集团在衡水、石家庄、沧州、邢台、定州等地投资建场27个，设计年出栏量超过130万头。2020年河北省生猪出栏量前10名如表2-15所示。

表2-15　河北省2020年生猪规模养殖出栏量前10名

序号	养殖场户名称	设计年出栏规模（万头）	养殖场地址
1	唐山新好农牧有限公司	100	唐山市丰南区王兰庄镇将军庄村委会
2	河北众旺农牧科技有限公司	100	邢台市临西县下堡寺镇东留善固工业园区
3	黄骅正邦生态农业有限公司	70	沧州市黄骅市齐家务乡新村
4	唐山正邦生态农牧有限公司	60	唐山市汉沽管理区第二十生产队、南泊村
5	四方红（蔚县）农牧开发有限公司	48	张家口市蔚县陈家洼乡白庄子村委会
6	河北新好福承农业科技有限公司	39.7	衡水市饶阳县大官亭镇东刘庄村委会
7	曲阳县瑞达农业开发有限公司	30	保定市曲阳县齐村镇齐村村委会
8	黄骅新好科技有限公司	30	沧州市黄骅市滕庄子乡留老仁村

续表

序号	养殖场户名称	设计年出栏规模（万头）	养殖场地址
9	大名县肥美种养服务农民专业合作社	25.5	邯郸市大名县大龙村
10	邯郸美神养猪有限公司	25	邯郸市大名县孙甘店乡后营村

数据来源：河北省农业农村厅

（三）下游屠宰加工业及主体发展现状

2021 年 8 月 1 日，我国正式施行新修订的《生猪屠宰管理条例》指出，国家实行生猪定点屠宰、集中检疫制度。除农村地区个人自宰自食的不实行定点屠宰外，未经定点，任何单位和个人不得从事生猪屠宰活动；国家鼓励生猪养殖、屠宰、加工、配送、销售一体化发展，推行标准化屠宰，支持建设冷链流通和配送体系。至此，全国各地加快推动生猪屠宰场、生猪屠宰企业资源整合与新建、改（扩）建，生猪宰前检验检疫不断完善，各地生猪屠宰加工能力、精深加工能力以及冷库储藏能力等不断提升，生猪屠宰加工业加速提档升级，取得不错成效，为保障"肉篮子"稳供给提供了有力支撑。

从行业整体上看，河北省中小屠宰企业数量多，行业集中度差。如表 2-16 所示，2018 年河北共计 371 家屠宰企业，其中年屠宰量 2 万头及以下的就有 247 家，占总量的 2/3，规模场（年屠宰量 15 万头以上）21 家，仅占 5.66%。此外，从屠宰产能匹配度来看，河北省屠宰产能远低于其生猪出栏量，非洲猪瘟致活猪禁运加剧了其屠宰产能不足，在 2019 年生猪出栏量下降背景下（河北省 2016—2018 年出栏量均超过 3700 万头，2019 年为 3119.8 万头），2018 年屠宰量（1757.5 万头）仅占 2019 年生猪出栏量的 56.3%，2018 年河北年屠宰 15 万头以上生猪屠宰厂的屠宰量（1020.8 万头）仅占总屠宰量的 58.1%。

表 2-16　河北省和全国 2018 年各类屠宰企业与屠宰量

序号	屠宰企业	屠宰企业数量及屠宰量	河北省	全国
1	2 万头及以下	屠宰企业数量（个）	247	6846
		屠宰量（万头）	134.1	3943.9
2	2 万头~5 万头	屠宰企业数量（个）	53	1291
		屠宰量（万头）	166.8	4224.3

序号	屠宰企业	屠宰企业数量及屠宰量	河北省	全国
3	5万头~10万头	屠宰企业数量（个）	41	657
		屠宰量（万头）	316.5	4695.5
4	10万头~15万头	屠宰企业数量（个）	9	236
		屠宰量（万头）	119.3	2952.3
5	15万头以上	屠宰企业数量（个）	21	446
		屠宰量（万头）	1020.8	18703.6

数据来源：中国畜牧兽医年鉴

近年来屠宰行业整合呈加速态势。与2018年（371家）相比，2019年屠宰企业减少至162家（如表2-17所示），淘汰超过200家，同比减少达56.3%。其主要原因：一是养殖规模化冲击小屠宰作坊的生存基础。非洲猪瘟疫情导致散户退出加剧，小屠宰场面临永久性失去猪源的趋势；同时，规模猪场会更多选择规模屠宰场，而不是非洲猪瘟病毒传染风险较大的小屠宰场。屠宰成本提升不利于小屠宰场。二是"调猪变调肉"改变屠宰企业的生存基础。我国"调猪"向"调肉"转变成为常态，河北作为主产区，有着养殖与屠宰双扩张的态势，河北省屠宰行业的产能利用率通过整合逐步提升。三是政策推动行业整合。2019年11月4日，农业农村部发布《关于进一步加强生猪屠宰监管的通知》，要求从严审批定点企业。小型生猪屠宰场点以县为单位计算，只减不增；关停存在环保设施设备不符合要求、屠宰设施设备陈旧、屠宰工艺落后等问题的企业。这些举措有利于屠宰行业规范化发展。

表2-17　河北省2019—2020年屠宰行业情况

年份	屠宰企业数量（家）	屠宰量（万头）	企业资产总额（亿元）	营业总额（亿元）
2019年	162	1426.21	34.22	163.42
2020年	231	1067.21	36.01	218.02

数据来源：河北省农业农村厅

如表2-18所示，截至2018年年末，河北省生猪定点屠宰厂162个，定点屠宰点240个，生猪屠宰能力约1亿头，2018年全省屠宰量（1757.5万头）的全国排名在广东、山东、四川、河南等8省之后，列第9位。2019年以1426.41

万头的年屠宰量位居广东、山东、河南、四川、江苏之后，列全国第六位。目前，全省所有县城以上城镇定点屠宰率100%，乡镇生猪定点屠宰率稳定在98%以上。近年来，我省畜禽屠宰加工行业发展以市场为导向，立足资源优势，在政策引导推动下，逐步向畜禽优势主产区聚集，行业集中度逐步提高。据统计，年实际屠宰量10万头以上的定点屠宰厂有30余家，屠宰量占全省的比重逐步提升，行业集中度进一步提高，规模化、品牌化经营逐步发展壮大。

表 2-18　河北省 2018 年生猪定点屠宰厂、点分布情况（单位：个）

市别	屠宰厂	屠宰点	合计
石家庄	16	5	21
张家口	16	25	41
承德	13	48	61
秦皇岛	7	17	24
唐山	17	27	44
廊坊	9	8	17
保定	25	11	36
沧州	12	19	31
衡水	10	10	20
邢台	11	22	33
邯郸	19	43	62
定州	6	5	11
辛集	1	–	1
合计	162	240	402

数据来源：河北省农业农村厅

2020—2021 年中国动物疫病预防控制中心公布了三批（2020 年两批分别为 13 家和 42 家，2021 年 1 批 30 家）国家级生猪屠宰标准化示范厂名单，共计 24 个省市 85 家生猪屠宰厂入选。河北省入选 9 家屠宰厂（如表 2-19），在全国位居山东（13 家）之后，占比达 10.59%。

表 2-19　河北省 2020—2021 年国家级生猪屠宰标准化示范厂

序号	企业名称及获得时间	企业简介
1	石家庄双鸽圣蕴食品有限公司（2020）	年屠宰加工生猪 150 万头，日分割能力 100 吨，年产肉制品 5 万吨，是河北省一级定点屠宰企业。被评为"农业产业化国家重点龙头企业""中国肉类食品行业 50 强企业""河北省著名商标"等
2	承德二商大红门肉类食品有限公司（2020）	集生猪屠宰、冷鲜肉加工、冷冻储藏、物流配送、连锁销售为一体的大型国有肉类联合加工企业。设备总量近 1200 台套，年屠宰生猪可达 100 万头
3	河北宏都实业集团有限公司（2020）	年屠宰能力 200 万头（设计能力 300 万头），日可分割猪肉 1000 头，年产分割肉品 15000 吨，分割品种 100 多个，日产中西式高低温火腿肠 50 吨
4	邯郸市金都食品有限公司（2020）	以畜牧养殖、生猪屠宰、肉食品深加工为主，日屠宰加工生猪 1500 头，年屠宰生猪 50 万头，保鲜储存冷库可储存商品 8000 吨
5	唐山双汇食品有限责任公司（2020）	以屠宰、分割、冷藏、肉制品加工为主，年屠宰生猪 150 万头，年产肉制品 4 万吨，现有生猪屠宰产品、低温肉制品、调理产品、炼油产品四大系列，其中屠宰产品包含 500 多种冷鲜肉产品
6	河北安平大红门食品有限公司（2020）	集生猪屠宰、冷却肉生产、冷冻冷藏、物流配送、副产品深加工、连锁终端销售为一体，年屠宰能力 100 万头，年产酱卤肉制品 1500 吨，速冻调制猪肉产品 3500 吨，油炸制品 1500 吨
7	河北千喜鹤肉类产业有限公司（2020）	以屠宰、精细分割、物流配送、低温仓储及销售等为主，设计年屠宰生猪 300 万头，冷鲜肉 20 万吨，高低温肉制品 8 万吨，其冷鲜肉系列产品（白条、红条、分割品、调理食品）品种达 250 种以上
8	河北灵熙食品有限公司（2021）	拥有现代化屠宰流水线 1 套，3700 平方米分割车间 1 座，特化分割能力 1500 头/班，排酸冷库 4 座，冷藏库 10 座 1.2 万平方米，速冻库 1 座，冻结库 13 座，冷藏运输车 10 辆，日屠宰生猪 3000 余头
9	怀安宏都食品有限公司（2021）	集养殖、屠宰、肉品分割、熟食加工、冷链物流、电商于一体，6000 吨省级冷冻库，2018 年屠宰生猪 45 万头，深加工车间可制作肉制品、罐头制品、主食制品、速冻肉制品 4 个类别几十种产品

数据来源：中国动物疫病预防控制中心

（四）终端市场及主体发展现状

生猪产业的终端消费市场主要包括猪肉产品、肉制品深加工产品、副产品加工产品等三大类市场，后两类加工产品销售主要通过农贸市场鲜销（如熟肉、熟食猪下水等），或者利用真空包装（熟或生）通过专卖店、商超、电商等方式售卖。本书主要分析猪肉产品的终端销售情况。

2021 年河北猪肉产量为 265.7 万吨，同比上涨 17.1%，占河北肉类总产量（461.0 万吨）的 57.6%，占我国猪肉总产量（5296 万吨）的 5.0%，位居四川、湖南、河南等 5 省之后，列全国第 6。根据《国家统计年鉴 2021》数据，河北省 2020 年人均猪肉的消费量为 12.9 千克（其中城镇居民人均 15.0 千克，农村居民人均 10.8 千克），仅位居全国第 22 位，人均消费量不足全国前三的重庆、四川、广东的一半，约为全国平均水平（18.2 千克）的七成。

生猪屠宰产品主要分为热鲜肉、冷冻肉和冷鲜肉，其中热鲜肉以其膘白肉红、味道鲜美的优点，目前仍在河北省居民消费特别是农村居民消费中占据主要地位，但其未经冷却排酸处理，易受污染腐化变质，保质期仅为 1~2 天，故销量呈下降趋势，市场份额逐渐缩小。冷冻肉以其安全卫生、便于冷藏运输等优点受到肉类加工企业的青睐，约占市场的 20%，可保存 6~12 个月，价格相对较低，但解冻时营养物质会大量流失。冷鲜肉兼具热鲜肉和冷冻肉的优点，是在 0~4℃ 的环境中脱酸并在后续加工、流通和零售过程中始终保持在该温度范围内的畜禽肉，营养价值相对较高，保存时间为 7 天，价格也相对较高。约占猪肉市场的 10% 左右，且按食用特点进行分割，满足消费者多种需求。其市场的细分程度越来越深，品牌、价格、顾客群等各个因素的差异性也越来越明显，每个细分市场也不易被其他系列所替代，因此冷鲜肉是未来消费升级的主要产品。冷鲜肉的生产需要先进的设备及冷链物流的发展，目前规模较大的企业有能力进行冷鲜肉的生产和运输，因此在健康消费大趋势下，大型企业竞争优势更加明显。目前冷鲜肉在发达国家约占肉类产量的 90% 左右，2020 年中国冷鲜肉产量累计为 2554.1 万吨，约占肉类产量的三成。

据 2016 年的调查数据，河北省屠宰场白条肉（热鲜肉）占出厂产品的 80% 以上，分割肉（冷鲜肉和冷冻肉）仅占 20% 左右。非洲猪瘟后，因生猪禁运政策的实施，"调猪"转变为"调肉"为主，河北省的屠宰厂外销肉均为分割肉，所以屠宰厂分割肉占比不断提高，冷鲜肉生产能力明显提升。不容忽视的是，活猪禁运后，由于冷鲜肉的运输半径达 1000~2000 千米，在京津猪肉供给上河北的优势有所降低，河北省屠宰加工业和冷链运输业将面临辽宁、山东、河南等邻近生猪主产大省的竞争。2019 年冷鲜肉产量全国前 3 名是山东、河南、辽宁，河北居第 4 位。

河北省猪肉销售主要采取两种方式：一是农贸（集贸）市场热鲜肉销售。这是河北省传统畜禽肉品生产销售方式，一般是凌晨宰杀，清早上市。由于加工简单，长期以来热鲜肉一直占据本省鲜肉市场。受非洲猪瘟及 2019 年新冠疫情的影响，热鲜肉销售份额在城镇各类农贸市场有所下降，但在广大农村地区，由于传统消费习惯及条件所限，热鲜肉销售份额仍高达 80%。二是商超及专卖（专营）店销售。近年来，河北省消费者特别是城镇居民需求的改变，带动了食品消费的不断升级，在此背景下，伴随双汇、雨润等大型加工企业对冷链运输的投入，2010 年以来，冷鲜肉销量呈现直线上升的趋势，健康美味的冷鲜肉正越来越多地走上百姓的餐桌。据调查，当前冷鲜肉消费在我省城镇居民中以中青年为主，冷鲜肉市场份额已占 60% 以上。此外，网络的发展让"互联网+"成为生猪这个传统行业的新选择，线上电商平台在冷鲜肉特别是肉制品的终端销售中分得了一杯羹。

为杜绝不合格猪肉流入市场，目前我省已建立了一系列长效监管机制，确保鲜肉质量安全。一是注重整治范围。按照属地管理原则，在各市范围开展肉类及肉类制品销售区域"拉网式"排查。二是注重监管重点。开展鲜肉市场质量安全专项整治，重点检查上市鲜肉是否有肉类及肉类制品检验检疫合格证、定点屠宰印章标志。三是注重科学抽检。确定猪肉及其制品多批次抽样任务，提高监管的规范性和准确性。四是建立市场监管长效机制。联合畜牧、公安等部门，不定期对鲜肉市场开展联合执法。五是注重宣传教育。及时发布消费提示和预警，畅通 12331 投诉举报热线，增强消费者鉴别能力。

"十四五"期间，全省正在加强保定、承德、沧州、秦皇岛、张家口等生猪、肉羊、肉牛、肉禽优势产区冷链物流基础设施建设，加快构建"集中屠宰、品牌经营、冷链流通、冷鲜上市"的肉类供应链体系，打造冷链物流地域品牌。鼓励冷鲜肉生产、流通企业对接农贸市场、连锁超市、社区生鲜店铺、生鲜电商等流通渠道，拓展直营零售网点，健全冷鲜肉生产、流通和配送体系，提高冷鲜肉的肉类消费比重，推动"牧场+超市""养殖基地+肉制品精深加工+超市"等新模式发展。

河北省生猪养殖从业者通过积极挖掘本省地方猪种资源、引进外省地方猪种填补本省市场的空白，逐步形成了直隶黑猪肉、"宝蓄"黑猪肉、"寺坨牌"香猪肉等 7 个本省高端精品猪肉品牌（如表 2-20 所示），2021 年产量近 150 万头，产值约 40 亿元。不仅在本省形成了一定的知名度，还直销京津、华东、华中、华南、内蒙古等地区。

表 2-20　河北省 2021 年高端精品猪肉

序号	高端精品名称	销售渠道	产量（万头）	产值（亿元）
1	（保定市唐县）直隶黑猪肉	直营、超市	2.3	1.5
2	（辛集市）正农牧业宝蓄黑猪肉	超市、餐饮、专营店、集团采购、线上	1.6	0.85
3	（衡水市安平县）裕丰京安年猪肉	直营店	6	2.4
4	（晋州市）奥开无抗猪肉	加盟店	36	9.5
5	（承德市丰宁）满鑫生态黑猪肉	加盟店、京东等线上平台	30.68	6.7496
6	（唐山市丰南区）寺坨牌香猪肉	电商、直营店、高档餐饮业	0.15	0.045
7	（秦皇岛抚宁区）宏都分割猪肉	专营店、加盟店、合作店、电商	70	18
合计		-	146.73	39.0446

数据来源：河北省农业农村厅

（五）产业外部服务与支持情况

1. 科技支撑

河北省作为我国重要的生猪生产基地，是全国生猪主产区之一，但整体养殖技术水平与发达国家相比还存在一定的差距，产业发展亟须转型升级。启动于 2013 年 8 月的河北省生猪产业创新团队（2 期始于 2018 年）成员，充分利用河北省畜牧站及各综合实验站、河北农业大学、河北省农林科学院、河北科技师范学院等省内科研院所技术优势，密切联系京津科技优势资源，旨在突破河北省生猪产业发展技术瓶颈，面对生猪生产实际和关键技术需求，积极对接产业经营主体，将研发集成的新技术、新品种和新产品等科技成果快速"落地"，并通过示范基地在全省规模化猪场推广应用，助力我省猪肉产品的稳产保供和竞争力提升，助力产业提质增效。通过开展非洲猪瘟防控技术集成示范，推广大型养殖企业有效防控模式。充分利用实施好生猪良种补贴，推广人工授精技术。发挥畜牧兽医技术支撑机构、行业协会、生猪产业技术体系的技术优势，分期分批组织生猪养殖技术人员开展培训。

近五年来，京津冀联合开展遗传评估，在联合育种方面取得了重大突破，深县猪新品种培育方案实现了落地；重大疫病防控工作经受了严峻考验，生物安全得到了跨越式提升；在政策咨询上为政府、为社会提供了强大技术支撑；在资源化利用上，培育了新模式，打造了典型案例；在环境控制、产品安全、营养精准调控、抗生素减量化应用及质量安全、产品质量、疫病检测方法上，通过引进、集成、创新，取得了一批丰硕成果，并发表了一批论文、专利，出版了一批著作，优化研制了有关设备设施；在产业扶贫、政府支撑、乡村振兴及技术培训等方面也取得了很大的成效。同时，充分利用生猪产业技术体系专家团队，特别是试验站全省布局优势，对规模养殖场进行现场技术指导，帮助养殖企业解决生产中遇到的技术难题，解除养殖环节的后顾之忧。通过培训讲座、电话沟通、技术手册和入户指导等方式，推广生猪疫病防控、节本增效实用技术。有力的科技支撑使得我省生猪产业的社会效益、环保效益均得到了显著提高。

2. 金融保险服务支持

河北省金融机构不断加大对生猪产业的支持。一是对符合授信条件但暂时遇到经营困难的种猪场（地方猪保种场）、专业合作社、饲料加工企业、生猪规模养殖场和屠宰加工企业，做好相关金融服务，不得盲目惜贷、限贷、抽贷、断贷，对合理资金需求及时予以贷款支持。二是拓宽抵质押品范围。开展土地经营权、养殖圈舍、大型养殖机械抵押贷款试点，积极拓宽抵质押品范围，同时积极稳妥开展生猪活体抵押贷款试点。三是创新产品服务模式。建立健全生猪产业贷款尽职免责和激励约束机制，调动生猪产业龙头企业力量，推动形成"大帮小"、银企农互助。四是针对生猪饲养业普遍缺乏有效担保的情况，银行业机构积极推动与市、县担保公司开展合作，为符合准入条件的客户提供融资担保。地方商业银行引入了"农户联保"贷款模式，有效解决普通饲养农户的"担保难"问题。

河北银保监局提出四项"保险+"措施，增强保险机构持续提供生猪生产全产业链金融服务的能力。一是"政策性保险+商业保险"，支持引导农险经办机构完善产品体系，创新开发商业性仔猪养殖保险、商业性能繁母猪补充养殖保险等产品，提高保险保障范围和水平。二是"保险+科技"，鼓励农险经办机构积极为养殖户提供繁殖和防疫等方面的技术指导等延伸增值服务，增强养殖户的疫病防控能力，降低养殖风险。三是"保险+信贷"，支持协助农险经办机构强化外部合作，在为养殖户提供风险保障的同时，通过"猪险贷"等贷款产品服务方案，为生猪养殖户提供融资服务支持。四是"保险+防疫"，督促农险经办机构建立完善重大疫情风险防范和应对机制，深化保险与病死猪无害化处理的联动机制，积极配合相关部门做好联防联控工作。

生猪"期货"项目的尝试，为河北地区生猪养殖户提供了有效的风险管理工具，对保障农户收益、提高农户生产积极性有良好的促进作用，有利于生猪产业的稳定发展。"保险+期货"试点，一定程度上降低了生猪养殖户的养殖成本，利用市场化手段补偿农户因成本价格波动所导致的收入损失。2021年1月8日生猪期货在大商所正式上市当天，中华财险河北分公司分别在辛集市、邯郸武安市、定州市、衡水安平县四地同时承保生猪价格"保险+期货"，签出全省首单；2022年4月，由招商期货有限公司主导、太平洋财产保险股份有限公司承保的河北省康保县"保险+期货"试点项目顺利赔付；同时，方正中期期货与河北省兴隆、青龙、盐山三县开展生猪"保险+期货"项目，为当地养殖户规避生猪价格下跌风险提供了有力保障。

3. 中介服务支持

目前，河北省生猪产业逐步以生猪龙头公司为依托，基地为示范，家庭农场和农户为主体，实行生产、供销、金融三位一体服务，实现全产业链产前、产中、产后环节全方位全覆盖服务。由简单专项服务向全产业链拓展，覆盖良种繁育—生态养殖—透明工厂—肉品加工—冷链物流—品牌门店—文化旅游等生猪产业所有环节。

专业化服务公司。随着养殖领域分工细化和专业化服务的开展，生猪养殖产业逐步独立发展出一些专业化的产业服务公司，弥补了相关生产存在的短板，企业之间通过协议开展优势资源互补合作，实现能力共享，促进共同发展。如猪场运营托管服务专门从事猪场托管和融资服务，解决了客户资金和技术的核心难题，开创了养殖服务模式的新时代。河北双鸽食品有限责任公司生猪养殖基地——河北双鸽无极养殖分公司，是河北方田饲料有限公司的合作标杆企业，双方的合作模式是"饲料+技术+服务"全程托管，从饲料、营养到养殖管理、技术服务等，方田公司全权负责，双鸽公司则按照双方合同约定所必须达到的猪场生产成绩进行考核验收。

生猪专业合作社。对于生猪养殖的小散户来说，单独采购饲料、兽药、疫苗、设备等生产投入品，议价能力弱，产品质量辨别能力差，风险系数高，严重制约了企业的生产。近年来，河北省生猪合作社遍地开花，采取专业合作联社抱团发展的模式，可以集中采购、集中融资、集中处理粪肥，共担成本，共享资源，最终降低运营成本，提升综合效益。近年来，河北省围绕生猪产业集群发展，支持龙头养殖和加工企业、托管服务组织、基层供销社、农村集体经济组织、家庭农场等各类主体培育创建农民合作社，扩大合作服务范围和生产经营规模，增强市场竞争能力。支持龙头企业领办农民合作社，发挥企业市场经营优势和合作社组织优势，建设和发展生猪供应基地。

冷链物流。"十四五"期间，河北省通过加强秦皇岛、衡水、沧州、邯郸等生猪优势产区冷链物流基础设施建设，加快构建"集中屠宰、品牌经营、冷链流通、冷鲜上市"的肉类供应链体系，打造冷链物流地域品牌。鼓励冷鲜肉生产、流通企业对接农贸市场、连锁超市、社区生鲜店铺、生鲜电商等流通渠道，拓展直营零售网点，健全冷鲜肉生产、流通和配送体系，提高冷鲜肉的肉类消费比重，推动"牧场+超市""养殖基地+肉制品精深加工+超市"等新模式的发展。大型畜牧企业和第三方物流企业，通过兼并联合、战略重组、连锁经营、改扩建等方式优化整合资源，拓展服务网络，培育龙头冷链物流企业；依法合规推动冷链物流平台企业发展；培育专业化冷链物流企业、社会化物流服务主体和冷链物流多式联运经营人。通过形成专业化、规模化冷链物流企业，提升产品附加值，实现终端产品的快速运抵，满足现代消费者的高品质需求。

4. 相关扶持政策

2018 年以来，国务院各部门出台了多项扶持政策，如种猪场和规模猪场流动资金贷款贴息、优化鲜活农产品运输"绿色通道"、仔猪及冷鲜猪肉恢复执行鲜活农产品运输"绿色通道"、保障生猪养殖用地、加大农机购置补贴力度支持生猪生产发展、稳定生猪生产促进转型升级、稳定生猪生产中央预算内投资安排、进一步加强生猪屠宰监管、进一步做好当前生猪规模养殖环评管理、加快生猪生产恢复发展三年行动方案、调整动物防疫条件审查、加快推进第三方兽医检测机构等社会力量参与生猪生产恢复发展和动物防疫工作。特别是在新型冠状病毒疫情防控期间做好防控工作，确保"菜篮子"产品和农业生产资料正常流通秩序，维护畜牧业正常产销秩序，保障肉蛋奶市场供应，压实"菜篮子"市长负责制，做好农产品稳产保供等多方面，全面扶持生猪产业，助力生猪产能恢复。

河北省农业农村厅等部门牢树全产业链发展理念，加强对相关政策的研究和统筹，出台一系列政策，利用生猪调出大县奖励、生猪良种补贴、规模猪场贷款贴息、粪污资源化利用项目、农机购置补贴等支持资金，结合鼓励生猪养殖的环保、土地、信贷等政策，维持限养区，巩固传统区，建设适宜区，在生猪养殖示范区推出"一揽子"支持政策。特别是在 2020 年，实行种猪场和年出栏 500（含）～5000 头规模猪场贷款贴息，支持农产品稳产保供和生猪生产，加大支持力度促进生猪稳产保供，加强生猪养殖企业贷款支持。河北省 2020—2021 年恢复生猪生产工作方案，抓紧批复 2019 年中央预算内生猪规模养殖场建设补助项目，进一步改进和完善设施农业用地管理，从多方面做好本省的生猪稳产保供政策支持和产能恢复政策扶持。

通过发挥政策整体效应，营造产业发展良好经济环境，健全基层动物防疫体系，提升区域疫病防控能力，支持养殖场配备升级粪污处理设施设备，开展粪污资源化利用，支持购置养殖机械，提升养殖机械化水平，落实生猪调出大县奖励，提升生猪养殖积极性，创新保险和金融机制，缓解生猪养殖风险和融资负担，做好新扩建生猪养殖场跟踪服务，促进生产要素快速转化为产能。对生猪养殖企业在新建、扩建、增养等遇到困难时，地方政府积极帮助生猪养殖企业协调解决。各地农业农村部门积极协调自然资源、生态环境等部门，帮助养殖企业解决新建、扩建生猪规模养殖场用地及环评手续等问题；帮助协调银行、担保公司等金融机构解决养殖企业所需养殖资金不足、贷款难问题；加大正面宣传，积极开展技术指导，消除因非洲猪瘟疫情造成的恐慌心理，解决"不敢养"的问题。

三、河北省生猪产业协作发展特征

发达国家的生猪产业已经形成从生猪养殖到餐桌的完整体系。欧、美、日等发达国家生猪产业纵向协作特征可总结为以下几方面：一是实现了产销一体化；二是组织化程度高；三是纵向协作关系紧密。除了纵向一体化外，各环节还通过销售合同（或生产合同，或战略联盟）、合作社、农协等紧密合作。因国情、文化等因素的不同，河北省乃至我国的生猪产业纵向协作关系，在畜牧业现代化建设过程中形成了自身的特征。

（一）后疫情时期产业体系快速整合与重构

21世纪以来，受环保政策、猪病防控等诸多因素影响，生猪产业链上、中、下游各环节主体之间的整合已然开始，河北省乃至全国生猪产业集约化、规模化趋势不减。头部企业从研发能力、金融工具应用、管理、资源获取等各方面，都比中小企业更具备竞争优势和市场抗风险能力。伴随规模企业占比扩大，从上游饲料端、到中游养殖端、至下游屠宰加工和终端消费，整个链条都在发生新变化。

2018年非洲猪瘟疫情在全国多地出现后，生猪产业体系整合越发加快。以中游养殖主体为例，中小散户因疫情普遍经营受困，部分无法持续经营的主体带着生产资料整合进入实力强大的头部企业或专业合作社；各级政府也关注到了标准化、规范化在生猪稳产保供方面的重要作用，开始逐步推动养殖环节优化和整合；中央在部署各级财政承担扑杀补助的基础上，提出"补栏增养与疫病防控相结合"，多个大型养殖主体陆续启动了圈舍和配套设施的固定资产投资；同时，随着新冠疫情防控时间的延长，分散的生猪养殖主体以"公司+养殖户"模式整合汇入大中型企业的现象正在越来越多地同步发生。

除了行业主体持续整合外，产业链各环节的重构也在加快铺开。为进一步完善非瘟疫情防控机制，中央从 2018 年下半年起限制了生猪跨省调运；2020 年中央一号文件提出，引导生猪屠宰加工向养殖集中区转移，逐步减少活猪长距离调运，推进"运猪"向"运肉"转变。这意味着生猪市场格局已发生了重大变化。活猪跨省禁运将迫使我国北方生猪主产区大型养殖主体在继续覆盖生猪产业上游环节的同时，进一步加大对猪肉制品深加工的投资和布局，涉足屠宰、深加工等环节已成定局。东北、山东、河南、河北等北方生猪主产区的屠宰加工能力将明显提升。同时，部分大型屠宰企业也已凭借机器设备和销售渠道优势向上游寻求合作机会。此外，"调猪向调肉"政策的执行对传统物流以及消费形成较大的冲击，消费者对热鲜肉的偏好必将受到影响，冷鲜肉及深加工肉制品的市场供给增加，带来生猪产业链中的冷链物流、仓储、深加工等环节的重构机遇。

伴随互联网、大数据、人工智能、区块链等现代信息技术的广泛应用，融合生猪全产业链资源，围绕集聚资源、便利交易、提升效率来构建生猪产业互联网生态，覆盖生猪养殖、屠宰加工、饲料动保、金融保险等领域，对生猪产业链各环节进行数字化重构，将进一步加速全产业各环节优化和产业整合进程，实现生猪产业纵向协同发展。

（二）产业链内部各环节集中度快速提升

随着畜牧业技术进步及市场竞争加剧，生猪产业内部"马太效应"越发显著，市场格局不断分化，龙头企业拥有资金、技术、规模、品牌等优势，较高的资金投入和装备不断升级使其竞争优势和市场份额不断提升。中小企业被迫逐步退出市场，使得产业内部各环节集中度不断提升。

在上游饲料领域，近年来饲料企业数量整体呈下降趋势，行业集中度逐步提升。根据饲料工业协会统计，2019 年我国饲料企业数量为 5016 家，相较历史最多的 2005 年的 15518 家已经减少了超 2/3。从猪饲料市场竞争格局来看，行业集中度持续提高，2020 年销量市场份额 CR5 在 25% 以上；其中，双胞胎（8.97%）和新希望（7.51%）两家产量合计占全行业产量约 1/6，并与后续若干名均拉开较明显差距。参照德、日等发达国家饲料工业发展历史，这一占比仍存在上行空间，饲料企业通过投资并购实现规模效应，间接推动其市场占有率进一步上升，产业集中度呈现上升态势。

兽药产业行业集中度逐步提升，根据中国兽药协会的数据，2015 年我国共有 1808 家兽药企业，2020 年已减至 1633 家。2020 年国内兽药产品销售规模为 620.95 亿元，其中，中牧股份、瑞普生物等动保前十企业收入约占全国兽药产品收入 20.83%。2016 年至 2019 年，兽用疫苗市场前十名企业集中度均超过 50%，兽用中药市场前十名企业集中度由 13.87%增加至 28.27%。2021 年以来，大型兽药企业相继取得新版兽药 GMP 证书，无法落实整改的中小型兽药企业持续退出市场，有效提升了行业集中度。

中游养殖环节，2007 年全国生猪养殖户总数为 8235 万户，2019 年已减至 2600 万户，猪规模养殖比重由 2010 年的 34.5%上升到 2019 年的 52.3%。截至 2020 年底，全国年生猪出栏五千头以上的规模场为 8847 个，占比仅为 0.04%，但出栏量占比 25.40%；2020 年，13 家上市猪企总计共出栏生猪 5550.45 万头，占全国出栏量的 10.53%。预计 2025 年生猪养殖 CR10 或接近 55%，生猪养殖集中度将大幅提升。

下游屠宰加工环节，2009 年全国 51%的育肥猪是私屠滥宰和自宰自食的，全国约 2 万个定点屠宰企业完成了剩下约 3.2 亿头育肥猪的宰杀。2016 年全国有 1.12 万家生猪定点屠宰企业，其中规模以上屠宰企业为 2907 家；2021 年生猪定点屠宰企业降至 5443 家，规模以上（上年度屠宰 2 万头以上）屠宰企业 1957 家，生猪屠宰量 26484.89 万头，比 2020 年增长 62.9%，占全国生猪总出栏量的 39.45%。随着头部养殖集团入局屠宰业务，中小屠宰场因生存空间受挤压而加速退出，传统大型屠宰通过向深加工转型来提高盈利能力，如双汇发展 2021 年肉制品营业收入占比同比上升，并加速推广预制菜、餐饮食材等产品。

（三）头部企业纵向一体化经营模式凸显

近年来，在生猪产业的纵向整合中，产业链内部不同环节的头部企业通过持续向上游或下游延伸扩张，实现全产业一体化的经营模式。不同于美国大型屠宰加工企业通过一系列并购实现一体化经营（如 Smithfield 公司自 1981 年起通过一系列收购，兼并上游生猪养殖环节，逐步形成种猪繁育→仔猪繁殖→生猪饲养→屠宰加工→终端销售的完整产业链，从而成为目前世界上最大的生猪生产商和猪肉制品供应商），中国的头部企业主要是向下或者向上、向下同时兼并打通产业链。例如，新希望集团公司从早期的饲料加工为主业，不断开拓下游产业，到后来发展为集饲料、养殖、肉食品加工、金融投资等一体的综合型现代化企业集团；而温氏和牧原则以中游的养殖起家，而后开始配套动物保健、农牧设备、饲料加工、种猪育种、屠宰加工、生鲜营销、金融投资等相关产业，全产业链大格局一步步趋向成熟；河北裕丰京安公司以种猪繁育起步，逐步涉及上游的饲料加工，下游与北京大红门食品公司合作经营肉类联合加工厂。

目前我国纵向一体化经营的头部企业数量不多，但其产业集中度不断提升。从相关数据来看，2016 年生猪养殖上市公司 15 家，占全国总出栏量的 6.2%，其中前10家出栏量占全国总出栏量5.8%。至2021年，共有17家上市公司，其中前10家总计出栏生猪11623万头，占比已提升至全国总出栏量的17.3%。头部企业内部的纵向整合不仅有助于减少运输成本，有利于产品数量和质量的供给管理、供应链价差管理，减少现货市场的波动，也有利于新技术、新设备的采纳与应用等。如此垂直的整合通常需要资金的大量投入，小企业力所不逮。未来头部猪企的全产业链经营模式将进一步引领行业潮流，行业集中度将会不断提高。

从整体趋势上看，一体化的头部猪企甚至整个行业的利润结构存在一条"微笑曲线"，即处于两端的饲料加工与肉类加工拥有较高利润，处于中间环节的养殖业则利润较低。加之养殖行业散户较多，议价能力较低，处于较弱势地位，更加剧了这一状况。有时由于各种客观原因，上游饲料价格波动，也会侵蚀下游利润，且这种侵蚀较为隐蔽。

头部猪企的一体化经营并没有完全打破"猪周期"，因为短期内如疫情的暴发、季节性需求旺盛等因素依然会导致猪价波动，并且是决定猪场盈亏幅度的主要因素。从头部猪企的盈利结构来看，利润增长重心逐渐由养殖部门转移到加工等部门，这是因为养殖部门受猪价波动影响盈亏起伏不定。而上下游环节表现得更为稳定，一是因为规模猪场保证了上游饲料加工、兽药制药需求的稳定性，二是因为规模猪场"全进全出"的批次化生产，保障了下游屠宰加工环节原材料供给的稳定性。

（四）生猪产业纵向协作关系以中间商交易为主

当前，河北生猪产业各环节之间的纵向协作方式采取的是市场交易为主，交易渠道多以中间商（经纪人、代理商）为主，因此各环节间纵向协作关系不密切，产业链运行效率低。以生猪销售环节为例，猪经纪人在上下游主体间起到资金过桥作用：猪经纪人到中小养殖场（户）收购活猪，称重后按协商好的价格现场结算；再运输到屠宰加工企业以更高价格卖出，赚取中间差价；同时承担运输过程中潜在的猪生病、掉膘等风险。甚至在2019年之前，牧原公司通过猪贩子实现的商品猪销售收入在营收中所占比例接近50%（2010年），此后两年更是突破75%，截至上市前的2013年上半年，这一比例依然高达66.5%。中间商的存在不仅松散了产业链各环节纵向协作的密切关系，且买卖双方很难形成信任关系和忠诚度。同时，交易的随机性较大，成交价格不能代表未来市场变动情况，因而现货价格缺乏指导生产与经营的导向作用。

在产业的纵向协作下，产业各环节之间的采购交易通过签订长期合同的方式进行更有效率。合同生产模式优势主要有：一是中小散养殖户因资金来源有限，养殖规模难以做大。而在合同生产模式下，头部企业能够为其提供担保及管理服务、猪仔、兽医服务和其他投入，降低了规模化养殖的门槛。二是在合同生产模式下，养殖者收到的是固定回报和生产奖励，实行定向定量的生产，将市场风险很大程度上进行了分散与转移，从而降低了中小养殖户承担的风险。三是合同生产也很好地满足了采购方的需求。养殖户按照合同要求定制生产，生猪供给在品质、数量、时间、地点等各方面都能得到有效保证，产业链运行效率大大提高。数据显示，从 1970 年到 1999 年，美国生猪养殖行业合同生产模式下的出栏比例由 2% 左右上升到 60%，2006 年屠宰加工企业接近 70% 通过提供合同进行生猪采购。目前河北省头部猪企大多采用"公司+养殖户"的合同生产模式。

在河北生猪产业链各环节中，屠宰加工环节位于下游，集中度与其他各环节相比为最高，相比较来看，更适合做全产业纵向协作关系的核心主体，但因中游养殖环节集中度低，养猪场（户）市场谈判能力弱，作为核心主体的屠宰加工企业与养殖环节之间的交易成本与风险较高。因此，一是要促进规模化养殖；二是要通过发展合作社组织中小散户；三是核心主体要发展合同养殖基地或自营养殖基地。目前双鸽等肉制品加工头部企业已纷纷布局自己的养殖基地，牧原也正与双汇开展屠宰加工合作。

（五）生猪产业纵向协作主体利益分配不均衡

生猪产业链较长，从饲料供应到育种养殖，再通过屠宰加工，由活猪变成猪肉及猪肉制品，最后通过零售进入消费者市场。据布瑞克农业数据，整体来看，2020 年全国生猪繁育养殖环节的平均利润率占 54.3%，其次批发零售环节占 27%，屠宰加工环节占 11.4%，饲料原料及加工环节占生猪产业链利润分配较少，为 7.29%。

如表 2-21 所示，近年来全国生猪产业饲料原料及加工环节毛利率在 4%～6%，生猪繁育养殖环节毛利率在 10%～140%，该环节受猪价的剧烈变化在整个生猪产业链中利润波动最大，承担的风险最大。在 2018—2022 年的"猪周期"中，猪价最高时养殖主体出栏一头肥猪盈利 3000 多元；猪价最低时出栏一头肥猪亏损 1000 多元。屠宰批发环节毛利率在 3%～4%，屠宰环节的利润主要表现为猪肉—生猪的价差，并且固定成本占比较高。一般地，屠宰利润与养殖利润负相关，猪周期上行时，养殖户经常采取压栏等方式抢占话语权，收猪难度增加，屠宰量下降，头均成本增加，利润空间明显下降。肉类产业链的利润主要在零售环节，屠宰环节费用占猪肉价格成本构成比例较低，批发零售环节毛利率在 13%～25%。总体来说，饲料、屠宰企业的利润率虽然较低但稳定，终端零售的毛利率较高（25%左右），也较为稳定。

表 2-21　2017—2020 年全国生猪产业链各环节毛利率（%）

年份	繁育养殖	饲料原料及加工	屠宰批发	终端零售
2017 年	34.00	6.20	4.10	24.20
2018 年	6.33	4.50	3.70	22.10
2019 年	127.19	4.00	3.40	25.30
2020 年	146.53	5.00	3.50	13.20

数据来源：布瑞克农业数据库

　　各环节的主体权利不平等，进行博弈的力量不对等，使各主体呈现不平衡发展。养殖主体承担了较大市场风险和疫病风险，收益极不稳定，特别是当前河北中小规模养殖场比例较高，生产效率与组织化程度较低，加上获取信息不及时，劣势更加显著。故如何实现利润在产业各环节间的合理分配，是一个亟待探讨的问题。在实践上，生猪产业链上的大型养殖企业，如河北裕丰京安、双鸽等公司，开启了向上下游延伸的进程，通过延长产业链，抵御产业链利润分配不均的风险，由此带动生猪产业链一体化趋势。而中小散户则是通过"公司+（基地）+养殖户"的产业链主体模式来规避风险，或者通过合作社"抱团取暖"。

　　需要注意的是"公司+养殖户"模式中，大型养殖企业因为具有更强的实力和优势，当猪价下跌严重时，它会以实现自身最大利益为出发点，违约或者不完全履约损害农户的利益，但很少受到惩罚。而大量分散的农户由于实力较弱、信息不对称，且维权成本较高，面对公司的违约行为无能为力。同时，当猪价较高时农户违约也很少受到惩罚。故博弈的非均衡性导致生猪产业链各主体很难达成一致，实现整体利益最优。

第三章

河北省生猪养殖主体纵向协作行为研究

促进生猪养殖主体纵向协作是保障生猪供给数量和价格稳定的必要举措，稳定生猪供应链是促进生猪养殖主体纵向协作的重要举措之一。在非洲猪瘟和新冠"双疫情"的冲击下，我国生猪供应链遭受沉重打击。生猪供应链上游断裂并影响到整条生猪供应链，供应链各主体发生停工停产现象，各个地区生猪产能急剧下降，猪肉市场供不应求，价格飞涨，对人民生活产生巨大影响。增强生猪供应链抵御外部风险能力，提升生猪供给稳定性，成为生猪产业发展的当务之急。非洲猪瘟疫情后，部分地区传统的生猪供应链结构发生改变，传统协作方式被打破，饲料、防疫、仔猪、运输、人工成本等均有不同幅度的提高，拉高了生猪生产环节的准入门槛，生猪养殖被动向集约化方向发展。

河北省生猪养殖历史悠久，是全国重要的生猪生产基地。在京津冀协同发展与"南猪北养"的大背景下，河北省生猪产业具有重要的战略地位。但河北省生猪供应链环节冗长，存在着多种运作风险，养殖主体的传统小农经营方式与低水平纵向协作方式，加上供应链养殖环节高风险、低增值的生产特性，使得养殖环节成为生猪供应链中最为脆弱的环节。因此非洲猪瘟的暴发，率先波及养殖环节，并从养殖环节逐步扩散到其上下游，最终导致供应链难以正常运作，生猪无法及时供给。养殖环节处于中上游位置，承担着生猪供应链各环节上钩下连的作用，养殖主体纵向协作紧密程度直接影响着整条生猪供应链的一体化进程，提升养殖主体协作水平可以提升生猪供应链质量可追溯能力与抗风险能力，对整条生猪供应链增益巨大。经过政府与各经营主体不断努力，河北省生猪产业朝着规模化、集约化快速发展。但在发展过程中，外来资本对本土生猪养殖主体造成"挤出效应"，部分养殖散户与小规模养猪场无法抵抗外部经济环境带来的压力，退出养殖生产，一旦外来养猪资本发生转移或外部疫情压力增大，河北省生猪供应链将再度面临断裂风险。因此，提升河北省养殖主体纵向协作水平，使其适应当前发展形势，从而提升生猪供应链紧密程度，才是解决河北省生猪供应链抗风险能力弱、一体化程度低的根本措施。在河北省生猪养殖规模化、集约化发展的大背景下，本节内容从供应链中最薄弱且处于供应链关键位置的养殖环节入手，探讨如何提升养殖主体纵向协作水平，加速河北省生猪供应链整合，实现从松散的生猪供应链结构向生猪供应链纵向一体化的平稳过渡，促进河北省生猪产业稳定健康发展。

一、纵向协作行为的概念界定及相关理论分析

（一）概念界定

1. 生猪养殖主体

生猪养殖主体也可表示为生猪养殖场（户），养殖主体是对从事生猪养殖活动的散户、小规模养殖户、中规模养殖场、大规模养殖场的总称。通过借鉴已有的对养殖主体的研究成果，本文将养殖主体定义为在生猪供应链中从事生猪商品猪养殖活动的不同规模的农户或企业。《全国农产品成本收益资料汇编》将出栏量作为划分生猪养殖规模的标准：100头以下为散户，101~500头为小规模养殖场、501~2000头为中规模养殖场，2000头以上为大规模养殖场。因此，根据此标准，本文从规模上将养殖主体分为养殖散户与小、中、大规模养殖主体。

2. 纵向协作

Mighelletal（1963）认为纵向协作是指产品由生产到营销之间各环节的协调过程以及联系方式，按照其联结行为，层次从低到高依次为市场交易、销售合同、合同生产、战略联盟和垂直一体化等多种形式。Williamson（1985）将纵向一体化分为销售合同、生产合同、战略联盟等形式，并将对不同形式的治理称为混合治理模式。纵向协作是基于产品数量、质量以及产品交付及时性的考虑，在某类产品生产与销售阶段中的协调与合作行为或活动。Martinez（2002）认为纵向协作形式是指纵向协作的具体方法与表现形式，其包括市场交易、口头协议、书面合同与纵向一体化等。

借鉴不同学者对纵向协作模式的研究成果，本文认为纵向协作是指在供应链中，上下游两个或两个以上的独立企业或部门之间的信息、经济、生产等相关方面的联合。本文根据纵向协作定义以及 Martinez 的观点，将纵向协作行为进行划分，根据纵向协作控制强度由弱到强，依次分为市场交易、口头协议、销售合同、生产合同和纵向一体化，如图3-1。

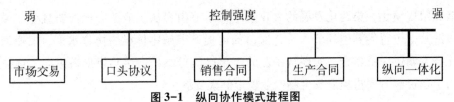

图 3-1 纵向协作模式进程图

数据来源：历年《河北省统计年鉴》，2021 年存栏量来自河北省统计局

（二）相关理论分析

1. 纵向一体化理论

纵向一体化理论是基于交易费用理论和博弈论，阐释某个环节或者组织核心能力在产业或者企业中扩张路径的过程理论。纵向一体化理论指出，纵向联合是纵向一体化过程中的必经之路。纵向联合指的是在生产、加工、流通与分销过程中，两个或者两个以上的环节主体在生产经营过程中所进行的紧密联结。企业或者组织纵向一体化的过程也是制度不断演化的过程。在产业发展初期，各个环节相互独立，接收信息不对称，市场机制的弊端被放大，所生产产品难以进行质量溯源，大部分利润被处于强势地位的环节所掠夺，各环节利润不均等，因此造成了供应链抗风险能力弱、不稳定的现象。当实现纵向一体化后，各环节由核心环节或企业行政力所控制，各个环节各司其职，抵御市场信息不对称所带来的负面影响，整条供应链呈高效率运作状态。供应链的纵向一体化过程是各个环节的联结过程，通过关键环节的联合，实现对其他纵向环节业务的吞并，最终实现纵向一体化。

纵向一体化理论作为诠释企业内部不同部门联合程度演化以及企业核心能力转移的理论科学，应用到农产品领域，具有普适性。纵向一体化理论是本文分析与指导养殖主体开展纵向协作行为的基本理论支撑。同时，纵向一体化理论也是本文划分养殖主体纵向协作行为的重要依据，根据纵向一体化理论，将养殖主体纵向协作行为分为市场交易行为、销售合同行为、生产合同行为和纵向一体化行为。

2. 农户行为理论

农户行为理论是基于行为理论对农户的生产、消费行为进行分析的理论科学。农户行为主要分为生产行为与消费行为。生产行为包括资本投入、规模调整、管理模式选择等行为；消费行为主要是指农户日常生活中的消费开支。农户作为不同生产活动的决策者，对自身行为具有控制性。从经济角度出发，农户在受到某种利益驱动的条件下，容易对自身行为做出调节，以此来实现自身利益最大化，其行为具有自主性。从社会效益的角度出发，农户在实现自身利益的同时，往往会考虑对社会带来的影响。但受到道德观和价值观的约束，农户行为也不尽相同，其行为具有可变性，不同行为选择影响着农户的生产经营活动。

农户行为理论对本文的借鉴之处有两点：第一点，根据农户行为理论，农户行为受到有限理性约束，其行为受内外部因素影响，因此养殖主体纵向协作行为同样会受不同因素影响，通过对内外部条件控制，可以实现养殖主体纵向协作行为的转变。第二点，不同经济行为对经济效益的影响不同，这决定了可以将不同纵向协作模式作为自变量，分析其对经济效益的影响。因此，农户行为理论为本文实证分析部分提供了理论支撑。

3. 交易费用理论

交易费用理论首先由科斯提出，后经威廉姆森等学者发展，成为西方新制度学的重要分支，广泛应用于供应链管理、制度演化与企业管理的相关研究中，作用极为显著。

科斯（1937）在《企业的性质》中针对企业的扩展吞并行为展开了系统性分析，在此过程中提出"交易费用"概念。他认为市场交易费用产生的原因主要分为两方面：第一是完全竞争理论中价格信息既定假设不符合现实交易情况，产品由不确定价格转化为准确价格需要交易人支付相应成本；第二是交易人在交易过程中发生的谈判履约、法律诉讼等行为所产生的费用。威廉姆森（1985）以资产专用性、交易频率与交易不确定性三个维度构建了交易费用理论框架，该理论是搜寻成本、信息成本、议价成本、决策成本、监督成本、违约成本发生的根本原因。当资产专用性、有限理性、机会主义造成交易费用过大，市场交易出现失灵造成交易无法进行时，通过企业内部化来配置资源，进行市场与企业的相互替代，可以有效降低市场交易费用，使生产活动正常运行。降低交易成本有效途径之一便是企业的纵向一体化，将交易不确定性和风险内部化，这也是生猪养殖企业进行纵向一体化的动因。

将交易费用理论引入本研究，主要具有以下两点借鉴作用：第一是为养殖主体纵向协作行为转变提供理论驱动和支持。当市场发生波动时，养殖主体在市场中难以进行交易，密切协作有助于养殖主体降低交易费用，对抗市场风险，从而提高生猪生产过程的稳定性，这便是生猪供应链进行纵向一体化整合的动因。第二是本研究在进行养殖主体纵向协作行为影响因素的实证研究时，纵向协作行为影响因素衡量标准与解释变量指标设立主要参考了交易费用理论的相关概念。

二、河北省生猪养殖主体纵向协作现状分析

（一）河北省生猪供应链运行现状分析

生猪供应链是生猪育肥、屠宰加工与猪肉零售主要环节以及围绕各个主要环节进行的生产性活动所串联形成的网链结构。本节的目的是介绍河北省生猪各节点协作情况与河北省生猪供应链当前的典型组织结构，对其进行概括，以更好地了解养殖主体在生猪供应链运作中的纵向协作情况。

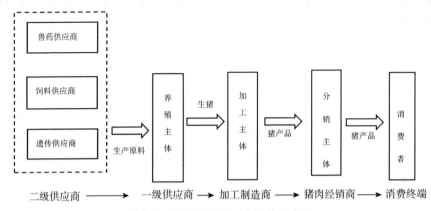

图3-2 生猪供应链基本结构示意图

1. 河北省生猪供应链各节点概况

（1）二级供应商环节（兽药、饲料与种猪供应商）

生猪供应链中的二级供应商包括饲料供应商、兽药供应商与遗传供应商，主要为生猪养殖生产活动提供物质资料与服务，处于生猪供应链的最上游。

①兽药与饲料供应商

兽药供应商即兽药生产企业，通常为私有性质，负责向生猪养殖主体提供兽药产品与服务。饲料供应商通常为私有企业，即饲料生产企业，主要向养殖主体提供饲料产品及服务。

②遗传供应商

遗传供应商的主要活动是向养殖户提供猪种、仔猪及服务，种猪的遗传基因质量影响生猪育肥阶段的利润水平。这一类型生产经营活动进入门槛高，资金投入大，主要分为三种类型：第一种属于国有、集体性质；第二种为个人企业种猪场，大型一体化企业通常建设有服务于自身的种猪繁育机构；第三种为地方猪保种繁育，受国家政策支持。在河北省种猪场发展现状方面，从数量上看，河北省种猪场数量在逐年下滑，大量种猪场被取消，占全国种猪场的比例

不断下降。2013 年为 270 个种猪场，与 2012 年保持一致，2014 年为 242 个，比 2013 年减少 28 个，2015 年为 209 个种猪场，比 2014 年减少 33 个，2016 年为 170 个种猪场，减少 39 个，降幅比去年扩大 7.15%。种猪数量迅速减少，影响生猪产量，数量不足又会导致仔畜价格上涨，养殖成本提高，影响着河北省生猪养殖业的可持续发展。除地方种猪场外，私有企业种猪场数量不断增加，规模较大的生猪生产一体化企业都建设有自身的种猪培育机构。例如，新希望、牧原等企业，这些企业不断提高猪种培育投入，并将其作为企业的核心竞争力之一，投入大量的资金、技术、人才、设备进行发展，私有企业种猪场也将成为未来发展趋势之一。

（2）一级供应商环节（养殖环节）

生猪供应链养殖环节也称生产环节，是指以生猪育肥为核心的生产性活动，在生猪供应链中养殖环节处于中上游环节，是生猪供应链中质量管理的关键环节，所生产的产品质量水平直接影响供应链终端猪肉供给的质量水平。

①养殖主体类别及特征。养殖主体主要生产活动为在仔猪育肥过程中的仔猪、兽药与饲料采购，以及日粮供给、设施安置、疫病防治、废弃物无害化处理等一系列生产活动，在肉猪重量达到一定规模时进行出栏售卖，其出栏重量受到农户机会主义的影响，当售卖价格高时，农户通常会推迟出栏时间。养殖主体按照养殖范围划分特征性更为明显。生猪养殖主体按照规模划分为生猪散户和小、中、大规模养殖主体。按照养殖水平与性质来划分，分为养殖散户和规模化养殖场、纵向一体化企业与农超一体化企业。在养殖主体特征方面，养殖散户生产规模在 100 头以下，生产设备简陋、疾病防控意识较低，养殖方式较为传统，养殖生产具有投机性。大多数散户不注意市场价格预判，猪肉价格高时，盲目扩大规模，猪肉价格低时，缩小养殖规模或退出养殖活动，导致生猪供给的不稳定，增加了猪肉价格的波动性。规模猪场是指已经具备一定规模，以扩大养殖规模，提升集约化水平，进而提升利润率为目标，这类育肥猪场生产基础设备齐全，养殖者具有基本的市场预判的意识，并开始有纵向乃至横向拓展的趋势，但其生产依旧采用传统的生产模式，并没有应用现代的管理模式与智能科学技术。纵向一体化企业是指初步完成了生猪供应链纵向整合，前端拥有属于企业的兽药饲料加工厂、后端有自身的加工屠宰厂或者持股屠宰厂，并拥有自身的分销渠道，这类企业拥有科学的企业管理、智能化设备、完善的生物安全措施，并采取供应链业务型整合策略，围绕生猪供应链进行横向拓展，扩展其业务范围。

②养殖环节特征。生猪供应链是一条高风险供应链，其中养殖环节承担的

风险最高，生猪价格波动更甚于猪肉价格波动。由于养殖主体结构的低集中度，在供应链中养殖环节的抗风险能力较弱，加之传统的纵向协作方式，使生猪供应链的运行承受着巨大风险。养殖环节的特征受养殖主体的构成结构、纵向协作模式、外部环境的影响。

（3）加工屠宰环节

生猪加工屠宰是指生猪屠宰企业通过加工活动将生猪变为猪肉的生产活动，其经营模式主要分为自宰自销模式、待宰模式和混合型模式三种，生猪屠宰加工环节属于供应链中的下游环节，拥有对上、中游主体的核心质量控制职能。

①我国的定点屠宰制度

二十世纪时中国生猪屠宰问题频发，猪肉质量安全缺乏可追溯性。因此，1997 年 12 月 19 日国务院签发第 238 号国务院令，正式发布了《生猪屠宰管理条例》，是我国定点屠宰制度的开端。

生猪定点屠宰厂（场）由设区的市级人民政府设置规划，组织畜牧兽医行政主管部门、环境保护主管部门以及其他有关部门，依照本条例规定的条件进行审查，通过征求省、自治区、直辖市人民政府畜牧兽医行政主管部门意见确定，并颁发生猪定点屠宰证书和生猪定点屠宰标志牌进行设立。

②河北省生猪屠宰环节特征

河北省生猪屠宰标准化特征明显，准入门槛高。从设立流程的复杂程度可以看出，设立生猪定点屠宰厂（场）必须具备雄厚的资金实力、专业的人力资源和企业管理能力。由于其资金实力强大并处于生猪供应链的中端位置，因此大多数屠宰企业在生猪供应链中充当核心环节角色，可对上下游环节进行控制，但由于与养殖环节之间存在中间商，长久以来，屠宰环节对养殖环节的质量控制职能并未充分实现。

生猪屠宰环节具有高增值特征，河北省生猪屠宰处于垄断地位，在生猪价值链中属于高增值环节。在价格低迷时期，屠宰加工环节在价值链中的增值占比为 120%；在价格上涨时期，屠宰加工环节增值占比为 54.7%；在价格平稳时期，增值占比为 39.8%（朱俊，2015）。无论是利好时期还是利空时期，屠宰加工环节增值水平都处于较高水平。当生猪供应链运行发生危机时，加工主体承担的风险较养殖主体小，主要承担生猪产能过剩的风险。

（4）经销环节

生猪供应链销售环节是生猪供应链终端环节，是通过零售、批发等方式，将猪肉销售给消费者的过程，同时也是供应链质量管理的最终关卡。上游环节养殖经营协作特征影响着不同零售模式的产生。通过对河北省 130 家生猪经销商的走访与相关文献资料研究，可按照纵向协作方式将其划分为农超对接、传统销售、一体化零售三种模式。

第一种零售模式为农超对接，特色地方猪养殖企业对接市场，实力较强并拥有市场感知力的养殖主体，通过屠宰加工企业代加工模式，将生猪肉进行直接分销，养殖主体获得所生产生猪肉的销售权；第二种是传统销售模式，即屠宰场与农贸市场、生鲜超市、大型超市、社区便民店合作的模式，屠宰场对养殖主体生产活猪进行收购，再由屠宰场直接向超市销售，由超市进行售卖，此种模式是当前最为普遍的模式；第三种零售模式为生猪供应链一体化企业零售模式，通过创建线上网点或者自营店进行销售，若产能过剩则售卖给农贸市场。农超对接与一体化零售比传统销售模式流通环节更少，供应链后端控制水平更高。当前河北省传统销售模式占据着主导地位，而供应链终端的零售模式与养殖主体模式选择相关。养殖主体的协作模式选择与经营水平直接影响供应链终端零售的质量水平，生猪养殖主体规模较小时，与屠宰场进行直接或者间接的合作，再由屠宰场进行猪肉的零售，此种模式是当前主要的零售模式。由于链条前端的养殖者众多，一旦猪肉出现质量问题，会造成养殖、屠宰主体与零售主体相互推诿、扯皮，猪肉质量难以得到保障。当养殖主体达到一定规模，为实现对自产生猪质量的严格控制，采取代宰模式，直接与终端零售主体进行合作或者建设自营店，此时猪肉质量可溯源，生猪质量得到保障。实现供应链纵向一体化后，纵向一体化企业自营店作为零售环节的主体，省去中间利润分配，产品利润水平与猪肉质量控制水平比前两种猪肉销售模式高。

2. 河北省生猪供应链的运行分析

（1）河北省生猪供应链的典型组织模式与风险分析

在生猪供应链中存在着各种内生不确定因素和外生不确定因素。生猪供应链主要存在安全生产能力风险、安全协作风险和安全信息能力风险，因此，本小节从三方面对河北省生猪供应链运行情况进行分析。

根据问卷中对养殖主体与上下游协作方式的调查与实地走访，总结出河北省生猪供应链典型运行方式，如下图 3-3：

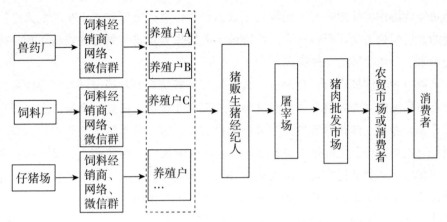

图3-3 河北省生猪供应链典型组织结构（松散市场导向型）

①供应链安全生产能力风险

河北省生猪供应链出栏量由图3-4可知，2010—2014年一直呈稳定上升趋势，2014—2015年受生猪周期影响下滑2.4%，之后呈缓慢上升趋势。2018—2019年受非洲猪瘟的影响出现大幅下降。通过数据可以看出，生猪产能水平并不稳定，结合生猪出栏水平出现波动的年份分析，河北省生猪供应链稳定供应易受到生猪周期以及供应链外部经济环境的影响。

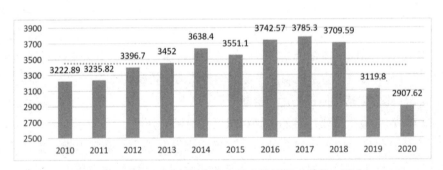

图3-4 2010—2018年河北省生猪出栏情况（单位：万头）

数据来源：《河北省统计年鉴》

②供应链安全协作风险

经过对各地区养殖主体协作情况的访谈与调研，河北省典型的生猪供应链的组织结构为松散型，如图3-3。供应链条长、各环节利益主体完全依靠市场利益联结，养殖生产行为随机、各环节分散且规模小。松散的供应链组织结构提高了各环节交易成本，增加了运输风险、交易风险、安全控制风险。养殖主体结构以散户为主，生产具有随机性，难以与前后端建立长久联系，必然导致供应链前端各个环节相互独立。各个环节主体没有关联性，供应链前端靠流动的中间人进行衔接，各个环节都易出现风险，一旦产生质量事故，各个环节相互推诿，无法进行安全溯源，整个供应链将会受到极大影响。

③供应链安全信息能力风险

由于生猪养殖周期性长的特性，猪肉价格信息传导存在延伸性，而传统的供应链模式延长了价格信息的传导时间，在供应链前端各节点间都存着中间人进行前一环节的生产资料采购，导致供应链信息传导效率的降低，增加了供应链价值流失，影响了生猪的稳定生产。而由于传统松散的生猪供应链中的农户机会主义与价格传导机制，供应链信息传导一直处于滞后状态，影响生猪供应链的稳定运行。

由上述内容可知，河北省相对独立的生猪供应链各主体，共同造成了松散的生猪供应链结构，存在供应链信息传导慢等风险。核心环节控制职能无法得到发挥，导致养殖环节生产的无序性。各环节安全质量难以控制，最终拉低了生猪的安全稳定生产水平。河北省生猪供应链的典型结构加剧了供应链的三大典型风险，三大风险又反作用于河北省生猪供应链，使其转型困难。提升河北省生猪供应链纵向一体化水平是降低供应链风险的关键，提高养殖主体纵向协作水平可以有效缩短链条，降低风险，提高河北省生猪供应链的一体化水平，因此，提高养猪主体纵向协作行为水平是当前阶段供应链治理的关键。

（二）河北省生猪供应链养殖主体纵向协作现状

1. 河北省生猪养殖主体现状

在生猪供应链中，生猪养殖主体作为供应链生产环节的主体，其在供应链中的纵向协作行为受到个体特征、经济环境等因素的影响。因此，本小节从当前河北省生猪养殖现状进行分析，旨在为后续养殖主体纵向协作行为分析提供依据。

（1）河北省生猪养殖现状

①生猪养殖外部环境优厚

河北省是国内生猪养殖的重要省份之一，生猪养殖历史悠久，地处京津冀经济圈，生猪市场需求量大，市场广阔，随着"南猪北养"的政策趋势，生猪养殖的战略地位进一步增强。河北省下辖 11 个地级行政市，市下辖 172 个县（市、区），地处平原，平缓的地势有利于生猪养殖；处于暖温带地区，季风性气候明显，利于生猪繁殖生长。因此河北省在生猪养殖方面具有得天独厚的条件。在政策方面，河北省政府出台一系列促进生猪产业可持续发展的政策，支持力度显著。

②生猪产能波动明显

如图3-5所示，从2010年到2014年，河北生猪出栏量总体呈上行趋势，但增幅有所放缓。受猪周期的影响，2014年河北省生猪出栏量达到3638.4万头，2015年出栏量相较2014年下跌2.4%，为3551.1万头。2017年出栏量为3785.3万头，较上年小幅增长1.14%。2018年非洲猪瘟疫情暴发，由于生猪养殖产能具有传导性与滞后性，河北省生猪出栏量出现小幅下降，较2017年下降2%，为3709.59万头。到2019年，受到双疫情的影响，生猪流通与养殖受到影响，加之2018年部分养殖户积极性受到影响退出市场，生猪产能出现大幅下跌，较2018年下降15.90%。2020年，随着疫情的减轻与政府对市场的调控，出栏量较2019年下降6.8%，降幅趋缓。可以看出，生猪供给水平波动明显。

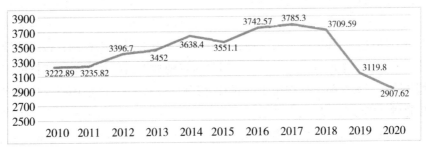

图3-5 河北省生猪出栏情况（2010—2020）（单位：万头）

数据来源：河北省畜牧业生产情况农普核定（修订）数据

③河北省生猪养殖区域性明显

近年来，河北省生猪养殖业在发展中逐步形成了以唐山、石家庄、邯郸、保定为核心的四大优势产区。如图3-6所示，从生猪出栏情况来看，2018年唐山、石家庄（含辛集）、邯郸、保定（含定州）四个市的生猪出栏量分别为592.59、523.99、445.59、594.05万头，四市生猪出栏总数占全省生猪出栏总数的58.13%。四市总出栏量较2017年增加6.7万头，占比下降0.7%。从生猪存栏情况来看，2018年唐山、石家庄（含辛集）、邯郸、保定（含定州）四个市的生猪存栏量分别为341.39、262.5、211.06、289.91万头，四市生猪存栏总数占全省生猪存栏总数的60.68%，四市总存栏量较2017年减少72.15万头，占比上升0.56%。可以看出，河北省生猪产能集中，生猪养殖区域性明显。

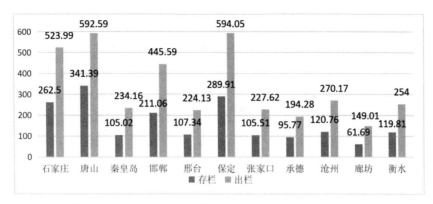

图3-6　2018年河北省各地市生猪出栏情况（单位：万头）

数据来源：河北省畜牧业生产情况农普核定（修订）数据

（2）河北省生猪养殖主体现状

①养殖主体结构地区差异明显

如表3-1，500头以下生猪饲养规模的养殖主体是各地（市）生猪养殖产业发展的主要力量，大规模养殖场占比总体较小。分地区来看，承德市在2019年饲养规模数据统计中，生猪养殖散户比重较为突出，远高于省内其他地市，略高于石家庄，这是由于承德地处河北省东北部地区，东西地势差异大，南北气候差异明显，适宜开展小规模养殖活动。在出栏量1000头以上的饲养规模中，各市差异较大，邯郸、邢台、衡水拥有的大规模养殖场远高于其他地市，其原因在于该地平原地势占比水平高，水源充足，从这里也可以看出生猪的饲养环境是影响各市生猪养殖规模大小的重要因素。在河北省，由于不同地区的生猪养殖规模结构不同，各地区的生猪供应链纵向一体化水平也不相同。

表3-1　2019年河北省各市不同规模养殖主体数量（单位：个）

出栏量	1~49	50~99	100~499	500~999	1000~2999	3000~4999	5000~9999	10000~49999	50000以上
石家庄	63708	4620	2797	610	202	43	13	9	0
唐山	56777	9107	5381	719	292	35	34	7	0
秦皇岛	54898	2697	1455	224	159	30	9	2	0
邯郸	26565	3666	1815	314	87	49	22	17	4
邢台	20040	1964	2475	494	158	49	27	10	3
保定	46670	3098	2359	480	169	30	17	13	2
张家口	4005	2298	1336	154	87	19	14	14	1

出栏量	1~49	50~99	100~499	500~999	1000~2999	3000~4999	5000~9999	10000~49999	50000以上
承德	84898	1860	543	130	56	19	11	9	0
沧州	7791	2832	3015	588	205	27	17	9	1
廊坊	1039	1673	1420	134	68	19	15	4	0
衡水	2470	2878	2396	256	67	57	18	6	6
定州	0	0	1795	46	29	6	2	1	0
辛集	3670	652	1936	45	53	5	9	1	0

数据来源：河北省畜牧业生产情况农普核定（修订）数据

②生猪养殖主体结构以散户为主

根据图3-7可以看出河北省年出栏100头以下的养殖散户占养殖主体总数的91.90%，出栏量101~500头的养殖主体占6.56%，出栏量为500头以上的养殖主体占1.00%，出栏量为1001~3000头的养殖主体占0.38%。从中可以看出河北省的养殖主体结构仍然以散户为主，出栏量与养殖主体数量呈反比。

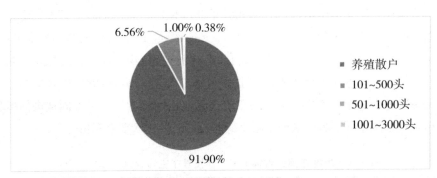

图3-7　2019年河北省不同规模养殖主体数量所占百分比

数据来源：河北省畜牧业生产情况农普核定（修订）数据

③养殖主体数量急剧减少，散户数量减少尤为明显

从图3-8中可以看出，2019年较2018年散户数量下降139830户，同比降幅为25.20%，小规模养殖户同比小幅下降5.94%，中规模养殖户同比下降27.80%，1000~3000头年出栏量的养殖主体数量同比下降31.71%，3000头以上年出栏量的养殖主体数量同比下降16.86%。从中可以看出，散户数量大幅度减少。其原因是非洲猪瘟疫情过后，生猪养殖的质量卫生标准不断提高以及资本集约化生产所带来的市场利润挤压，生猪养殖准入门槛被动提升，散户逐渐

退出生猪养殖市场，规模化成为生猪养殖产业的主要发展方向。

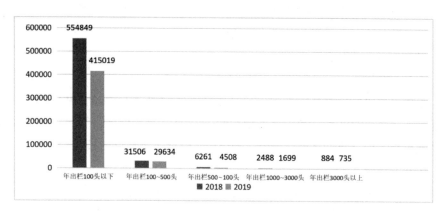

图 3-8　2018—2019 年河北省不同规模养殖主体数量（单位：个）

数据来源：河北省畜牧业生产情况农普核定（修订）数据

综上所述，河北省作为生猪养殖大省，拥有巨大的生猪养殖潜力，其养殖主体结构仍以散户和中小规模养殖场为主，直接造成了供应链供给端产能水平难以进行控制、质量难以把控、政策难以下达、信息传达水平低等问题。再加上生猪养殖价格的周期性问题，非洲猪瘟对生猪供应端的影响被放大。非洲猪瘟过后，由于养殖行业准入门槛的提升与外来资本的进入，河北省散户数量大幅度下降，生猪规模企业开始做大做强，生猪养殖规模化已经成为未来不可阻挡的趋势。散户以及部分养殖场纷纷寻求更加稳定的纵向协作方式，来提升自身在生猪产业中的生存能力。可见，当前时期是提高养殖主体纵向协作水平的重要机遇，也是生猪供应链纵向一体化发展的必然要求。

2. 河北省生猪供应链养殖主体纵向协作行为模式

在河北省生猪供应链中，生产环节与加工环节的集约程度为最低与最高，两大环节所对应的养殖主体与屠宰主体处于完全不对等状态，养殖主体处于弱势，屠宰主体处于强势。养殖主体是生猪产业的基础主体，加工主体是生猪产业的核心主体，生猪养殖环节与屠宰加工环节是生猪供应链最为关键的两个环节。生猪供应链的纵向一体化进程，由二者的协作水平来决定，生产环节与加工环节整合是生猪供应链整合的关键。

家庭农场纵向协作模式分为市场交易模式、契约模式、合作社模式及纵向一体化模式；生猪产业纵向协作分为市场交易、口头协议、书面合同、纵向一体化四类；根据养殖主体与加工主体的协作方式，将纵向协作模式分为市场交易、销售合同、生产合同三类。根据纵向一体化理论及相关学者研究，以养殖主体与加工主体合作方式作为划分依据，将河北省生猪养殖主体纵向协作行为按照纵向协作一体化水平由低到高分为市场交易行为模式、销售性合同行为模式、生产性合同行为模式、纵向一体化行为模式。

（1）市场交易行为模式

①基本内涵

市场交易协作行为是指养殖主体在完全市场竞争下，依靠价格机制，与下游环节形成简单的供需关系，上下游交易的达成由产品价格水平决定，交易方式是随机且不稳定的，此种行为模式是纵向一体化水平最低的模式。

②基本特征

下游加工企业为减少时间与金钱成本，往往通过中间收购商对养殖主体进行生猪采购活动，中间收购商代替了屠宰企业的采购职能。生猪售买双方只进行简单的市场交易，为实现成本的最小化，一般都没有任何形式的合同，生猪质量难以溯源，中间收购商又拉长了供应链条，运输风险大大增加，此时生猪供应链抗风险能力极低，供应链生态脆弱。通过调研发现，在不同的纵向协作行为中，河北省养殖主体市场交易行为占主要地位，一旦外部条件变化或出现生猪质量问题，会对生猪供应链造成毁灭性打击，非洲猪瘟所带来的生猪产能急剧下降便说明了这个问题。但是，由于此行为模式节省了监督成本与组织控制成本，使得收购商的生猪收购价格较高，付款也较为及时，一直是生猪养殖主体最主要的纵向协作方式，长期以来难以改变。但随着生猪产业规模化对散户与中小规模养殖户的成本挤压，这一纵向协作行为有望得到转变。

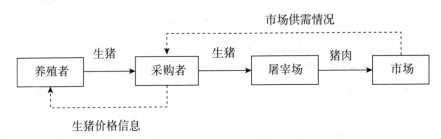

图3-9 市场交易行为模式示意图

（2）销售性合同行为模式

①基本内涵

销售性合同行为模式是指养殖主体与下游企业达成长期战略合作关系或签订生猪收购合同，此时生猪供应链上下游合作较为稳定，在外部环境不变的情况下，生猪质量可溯源，生猪供应链中核心企业的质量控制职能得到部分发挥。

②基本特征

随着养殖户规模达到一定水平或养殖户联合形成具有一定生产能力的合作社，此时屠宰加工主体直接收购的成本小于通过中间商收购的成本，养殖主体与加工主体直接进行交易活动，并形成战略合作或者签订收购合同，此时便实现了养殖主体销售性合同行为模式。而养殖主体与下游达成销售性合同往往取决于养殖主体契约精神的提升。销售性合同协作模式已具备供应链纵向一体化的雏形，节点间联系大大加强，生产与销售活动较为稳定，但各个节点仍然是独立的个体，依旧存在毁约的风险，一旦外部环境出现危机，各节点往往相互推诿，影响生猪供应链的运作效率。

图3-10 销售合同行为模式示意图

（3）生产性合同行为模式

①基本内涵

生产性合同行为模式是养殖主体被大型生猪育肥企业或全产业链生猪企业所雇进行生猪育肥工作。此时生猪养殖者被纳入下游企业，实现了生猪供应链的纵向一体化，供应链稳定性大大增加。下游企业充分利用生猪养殖者丰富的养殖经验，养殖者利用下游企业优质的生产资料与先进的技术，在养殖过程中不需要担心生产资料与外部市场环境，承担风险水平低。但双方呈现雇佣关系，随着选择生产性合同的养殖者的数量增加，核心企业对其控制的成本将不断提高，而养殖者在纵向协作中处于弱势地位，法律意识偏弱，易与核心企业发生纠纷。

②基本特征

在生产性合同行为模式中，核心企业需要养殖主体具有一定的饲养规模用地与较为完善的生猪饲养设备，核心企业为养殖者提供饲养技术指导、仔猪、饲料、兽药及生物安全技术，养殖者按要求进行生猪育肥活动，核心企业对符合要求的活猪进行收购。核心企业成为养殖主体与市场间的桥梁，一定程度上缓解了散养户分散养殖的局限性及风险性，同时减少了猪贩和各级经销商等中间环节的利润抽成，增加了消费者、核心企业以及养殖户的可分配利润。然而，生产性合同行为模式虽然使核心企业与养殖户在资金、劳动力、技术等方面形成互补，但也存在弊端，合作双方在规模与实力上存在较大差异，双方仅依靠传统契约进行协作，缺乏有效机制使双方在波动的市场环境中成为真正的利益共同体。双方的契约精神与生产合同合理性是此种行为模式长期存续的关键。

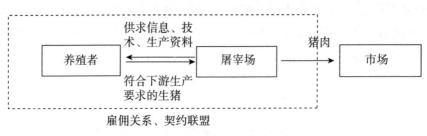

图 3-11　生产合同行为模式示意图

（4）纵向一体化行为模式

①基本内涵

在纵向一体化行为模式中，饲料、兽药、养殖与加工各环节隶属于同一个利益主体，企业内部的行政力与规章制度保证各环节各司其职，此时供应链的质量控制能力被发挥到最大，当纵向整合完成后，企业开始进行各环节横向拓宽，目的是增加各环节的利润水平。

②基本特征

当生猪养殖规模巨大时，一般而言，大型屠宰加工企业希望获得符合特定质量要求与标准的活猪来源，将养殖环节纳入企业内部，实现从养殖、屠宰加工到销售全流程的内部化过程。科学统一的养殖模式保证了活猪质量的同质性，现代化屠宰加工保证了数量与质量的稳定性，内部质量可追溯体系有效地保障了猪肉及其制品的质量安全。整体产业进程推动了企业核心竞争力的发展，在纵向一体化完成的条件下，企业开始将重心转移到种猪培育与后端市场。但由于纵向一体化行为模式对养殖者的生产规模、管理水平与经营理念要求很高，其实现具有一定的难度。

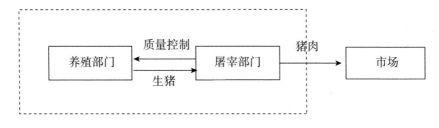

企业内部、地位平等、
风险均摊，利益共享

图 3-12 纵向协作行为模式示意图

3. 河北省生猪供应链养殖主体纵向协作情况调研说明与分析

本节主要通过发放调研问卷，收集调研数据，并基于调研数据对河北省生猪供应链养殖主体纵向协作情况进行分析。

（1）样本选择说明

生猪养殖主体是生猪生产过程中的主要执行者，目前生猪养殖主体主要有生猪养殖散户、生猪养殖企业、（规模）养殖场等。为进一步了解河北省内生猪养殖主体参与供应链纵向协作的实际情况，本文通过实地调研和问卷调查相结合的方式，依托"河北省现代畜牧业发展研究"和"河北省生猪创新团队产业经济岗项目"课题，结合省内生猪养殖实际情况，对包括石家庄、衡水、承德、保定、唐山在内的河北省 11 个地级市的生猪养殖主体纵向协作情况进行调研。为充分了解当前河北省生猪养殖主体纵向协作行为选择现状，问卷采用简单随机抽样的调查方法，不对养殖主体进行刻意区分。问卷调查内容包括养殖主体个体特征、生产经营现状、纵向协作现状以及纵向协作意愿情况。此次调研于2021 年 4 月 21 日开始投放问卷，于 2021 年 7 月 21 日终止问卷填写工作，共发放 489 份问卷。根据填写情况，删除有大面积漏填、错填信息情况的问卷，共获得有效问卷 472 份，问卷有效率达 96%。本次调研涉及河北省所有的 11 个地级市，数据具有一定代表性。

表 3-2 生猪养殖场（户）样本调查基本信息情况

指标	选项	数量	比例（%）	指标	选项	数量	比例（%）
性别	男	407	86.23	养殖场性质	租用	254	53.81
	女	65	13.77		自有	218	46.19

续表

指标	选项	数量	比例（%）	指标	选项	数量	比例（%）
性别	男	407	86.23	养殖场性质	租用	254	53.81
	女	65	13.77		自有	218	46.19
从业经历	村干部	14	2.97	受教育程度	小学	31	2.75
	农民	264	55.93		初中	219	46.40
	公司管理者	61	12.92		高中	105	22.25
	个体工商户	133	28.18		大专以上	117	24.79
饲养方式	自繁自育	408	86.44	年龄	18~30 岁	15	3.18
					31~40 岁	134	28.39
	只育肥	35	7.42		41~50 岁	206	43.64
	只繁育	4	0.85		51~60 岁	106	224.46
	种猪场	25	5.30		61 岁以上	11	2.33
风险偏好水平	风险中立	240	50.85	养殖年限	5 年内	32	6.78
					5~10 年	132	27.97
	风险偏好	170	36.02		11~20 年	160	33.90
	风险保守	57	12.08		20 年以上	148	31.36
存栏量	0~50 头	224	57.46	出栏量	0~100 头	44	9.32
	51~100 头	90	19.07		101~500 头	178	37.71
	101~300 头	80	16.95		501~2000 头	134	28.39
	301~500 头	22	4.66		2001~3000 头	32	6.78
	500 头以上	56	11.87		3001~5000 头	84	17.80

　　如表 3-2 所示，从养殖主体特征看，男性是从事生猪养殖行业的主要角色，占比为 86.23%，女性养殖者仅占比 13.77%左右；养殖主体年龄主要分布在 41~50 岁区间内，占 43.64%，即 70 后、80 后养殖者居多；养殖主体普遍具备一定知识文化水平，初中及以上学历占 93.43%，高中及以上学历占 57.03%。养殖主体的风险意识可以在一定程度上反映其纵向协作行为选择的原因。在调研过程中，50.85%的养殖主体为风险偏好型，风险中立型养殖主体占比为 36.02%，风险保守型养殖主体占比 12.08%。在饲养方式上，自繁自养率达到 86.44%，只育肥的养殖者仅仅占 7.42%，大部分生猪养殖主体与上游遗传供应

商只有简单的仔猪售买关系。从养殖规模上看，所调研养殖主体散户占比为
9.32%，小规模养殖户占比为37.71%，中规模养殖户占比为28.39%，大规模
养殖户占比为24.68%。

由于采取的是随机调研方式，调研样本的生产规模与当前河北省养殖主体
结构存在差异，可能是由于在猪肉价格高位运行的情况下，生猪养殖主体进行
了生产规模的扩张。

（2）样本纵向协作行为选择情况

在调研样本中，对纵向协作行为的选择如表3-3所示。选择市场性随机交
易的样本数量为373，占比为79.02%；与上下游签订销售性合同的样本数量为
35，占比为7.42%。选择生产性合同模式的样本数量为52，占比为11.01%。由于
纵向一体化行为对养殖主体经营规模、基础设施、市场认知等方面要求高，因
此选择纵向一体化协作模式的样本仅有12个，占比为2.54%。

从中可以看出，随机市场交易是当前养殖主体的主要纵向协作行为，销售
性合同与生产性合同所占比重相近，所占比例最低的为纵向一体化模式。随机
市场交易主要通过价格驱动，根据有限理性主义，大部分养殖户只考虑当前原
材料与售卖价格，因此大部分养殖主体会选择随机市场交易行为，这与调研结
果相近；通常具备一定实力的养殖主体会选择销售性合同，与收购方和销售方
进行长期合作；具备一定生产设施，但缺乏技术、生产资料，或者风险意愿保
守、追求稳定收益的养殖主体类型，一般会选择生产性合同纵向协作行为；具
备强大实力的养殖主体为实现对生猪供应链的完全控制，会选择从养殖环节实
现供应链纵向一体化。

表3-3　样本对纵向协作行为方式选择数量与占比

纵向协作行为选择	样本数量	比例（%）
随机性市场交易	373	79.02
销售性合同模式	35	7.42
生产性合同模式	52	11.01
纵向一体化模式	12	2.54

从表3-4可以看出，养殖主体选择纵向协作行为时，第一考虑因素为生猪
价格，样本数量为223，占比为38.99%；其次为是否进行长期合作和是否付款
及时，占比分别为12.71%和13.98%。可见养殖主体在纵向协作行为选择上，
价格、合作的稳定性与信誉程度是其主要驱动因素。

表3-4 样本进行纵向协作行为选择的考虑因素

影响因素	样本数量	比例（%）
熟人情感	47	9.96
是否长期合作	60	12.71
信誉良好	51	10.81
价格因素	223	38.99
付款及时性	66	13.98
交易便捷	25	5.30

饲料与兽药商作为样本上游企业，根据表3-5，直接与上游合作的样本数量有385个，占比为48.09%。根据实地调研，与上游直接合作的方式主要为电话、微信，联结方式较为脆弱。通过中间商（兽药与饲料中间商）与上游联结的样本数量为245，占比为51.91%。与下游通过中间商联结的样本数量为399，占比为84.54%，直接与下游合作的样本数量为73，占比为14.47%。

可以看出，河北省养殖主体与上游联结较为紧密，大多选择就近的饲料与兽药厂，纵向一体化程度较高，而与下游屠宰加工环节主要通过中间人进行联结，一体化程度较低。究其原因，河北省以散户为主的养殖主体结构，使下游收购商通过中间人进行收购更有利于节约成本。生产环节与加工环节的整合难度远远高于生产环节与上游原材料环节的整合难度。但随着河北省养殖主体规模的不断扩大，生产与加工环节联系的日益紧密，这一局面有望得到改善。

表3-5 样本在供应链中与上下游的联结方式

联结方式	与上游通过中间商联结	直接与上游合作	与下游通过中间商联结	直接与下游合作
样本数量	245	227	399	73
比例（%）	51.91	48.09	84.54	14.47

农户认知理论认为，行为、主观态度和认知是决定意愿的主要影响因素。已有研究表明，养殖主体作为理性人，更倾向选择有利于自身的协作行为。通过表3-6可以看出，养殖主体纵向协作行为的优化重点在下游，因此调研问卷对养殖主体与下游纵向协作意愿进行了调查。从表3-6可以看出，希望直接与下游合作的样本数量为164，占比为34.75%；希望通过中间人与下游合作的样本数量为159，占比为33.69%；希望与生猪养殖龙头企业建立生产性合作关系

的样本数量为 93，占比为 19.70%；希望建立纵向一体化关系的样本数量为 56，占比为 11.86%。

表 3-6　样本下游行为选择的意愿调查

协作行为 选择意愿	直接与下游 建立关系	中间人	建立生产性 合作关系	纵向一体化 方式
样本数量	164	159	93	56
比例（%）	34.75	33.69	19.70	11.86

从养殖主体纵向协作行为选择意愿上来看，直接与下游建立合作关系的养殖主体占比最高，为 34.75%；对建立生产性合作关系与纵向一体化方式两种纵向一体化程度较高的协作行为具有较高意愿的样本共占比 31.56%。样本当前的纵向协作行为模式选择与意愿并不一致，养殖主体已具有纵向一体化意愿倾向，但是其现实纵向协作行为远远不及自身纵向一体化意愿倾向。有协作意愿，但无协作行为的发生，是目前制约产业链顺畅发展的突出问题。因此，在下文影响因素实证章节，也会将此情况纳入考虑，进行研究假设。

（三）河北省生猪供应链养殖主体纵向协作中存在问题分析

生猪供应链纵向一体化一直是生猪供应链整合的重点，是生猪生产质量控制的关键，养殖环节作为生猪供应链的中心环节，对形成布局合理、统一有序、流通顺畅的生猪供应链结构起到重要作用。本文基于已有研究成果和实地调研结果，发现河北省生猪养殖主体在供应链纵向协作中存在以下问题：

1. 养殖纵向流通环节过多，市场信息难以传导

在生猪供应链中，养殖主体上下游间流通环节过多，导致养殖主体接受市场信息存在延时性，当外部环境发生变化时，养殖环节难以及时做出调整，造成产过于销或产不应销的现象，影响其生产能力与长期发展。养殖主体就像一个独立的环节，被动地接受着上下游所提供的物质资料与服务，信息难以及时流通，作为生猪供应链中的生产环节，信息接受程度远远达不到应有水平。

2. 养殖主体纵向协作行为过于传统，难以进行质量溯源

由于养殖主体与上游的联系方式主要是微信与电话，与上游建立长期合作的养殖主体仅占 47.8%，大部分养殖主体对上游供应商的具体情况并不了解，只是通过市场价格对比进行上游供应商的选择。养殖主体纵向协作行为以市场交易为主，与上下游纵向联结程度低，因此一旦出现质量问题，难以有效溯源。在与下游屠宰加工商的协作中，中间商的存在，增加了养殖与加工节点的信息

交互延迟。根据上文调研结果，89%的中间收购商仅在收购时对生猪质量进行粗略检验，屠宰环节并不直接对养殖环节进行质量控制，丧失了供应链下游对上游的质量控制功能。

3. 养殖主体纵向协作地位弱势，效益水平低

养殖主体在纵向协作中处于弱势地位，养殖环节在生猪供应链中呈现高风险、低增值的特性，生猪养殖户在市场交易中谈判能力低，往往是被动地接受价格，无法分享流通环节的利润，养殖主体与下游在流通中存在小规模猪贩和大规模猪贩，两个节点之间至少存在三个流通环节，生猪中间人的出现降低了养殖环节与屠宰环节之间的直接交易成本，但如此多的交易环节也分摊了养殖环节利润，传统纵向协作行为模式无法发挥生猪供应链"利益均沾、风险均摊"的机制，导致养殖主体经济效益低，生产风险高。

三、河北省生猪养殖主体纵向协作对经济效益的影响分析

从国内外大量供应链整合实践来看，提高纵向一体化水平是降低内部交易费用，提高经济效益水平的有效选择。根据农户行为理论，农户的不同行为选择导致不同经济效应，生猪养殖主体纵向协作行为如何影响养殖主体的经济效益，会产生怎样的经济效应，国内对此研究较少，鲜有学者对其进行实证研究。养殖环节属于高风险、低收益环节，同时经济效益是影响养殖主体选择纵向协作行为的首要因素，基于此，本节内容将纵向协作水平作为养殖主体经济效益的影响因素，在选取其他控制变量的基础上，实证分析纵向协作行为对养殖主体经济效益的影响情况，为养殖主体转变纵向协作行为提供实证支持。

（一）经济效益影响因素与研究假设

1. 影响因素选择

经济效益是指农业生产中所取得的有效成果与劳动占用和劳动消耗量的比较。讲求经济效益，就是要以尽可能少的劳动占用和劳动消耗，生产数量多、质量好的农产品。在进行效益核算时，把生产的劳动成果称为产出或所得，把劳动占用或消耗称为投入或成本。产出和投入比较的结果，反映了生产经营活动的收益程度。同一项生产经营活动，效益大小同劳动成果或产出成正比，同劳动占用、消耗或投入成反比。单位投入所得产出数量越多、质量越好，经济效益就越好，反之，就表明农户生产经营的效益差。

国内学者对养殖主体经济效益可能的影响因素开展了相应分析，崔姹认为不同的纵向协作模式会对养殖户经济效益产生不同的影响，通过实证分析出纵向协作模式水平会对养殖户效益产生正向影响；杨欣然认为养殖户效益水平受

到个人禀赋、经营特征与养殖规模的影响，将其作为控制变量，养殖规模作为自变量，通过实证得出了养殖规模正向影响养殖户的效益水平；楚红红对农户合作社经营模式与效益水平进行研究，提出了影响效益水平的四个因素：合作社带头人、合作社经营模式、交易成本、产品价格；刘依阳将生产技术效率作为效益衡量的替代变量，并将不同产业组织行为、养殖户个人特征、经营特征作为自变量进行效益实证分析，研究结论指出，紧密型产业组织形式对养殖户生产技术效率产生正向影响；张春丽通过68份问卷数据对河南省生猪产业不同协作行为进行效益分析，将投资回报率作为效益衡量标准，将纵向协作模式与养殖户经济效益进行二元线性回归，得出经济效益水平由低到高的纵向协作模式分别为订单合同模式、市场交易模式、销售合同模式；周勋章对家庭农场经济效益等级进行划分并将其作为因变量，将农场主纵向延伸水平作为核心解释变量，并添加了农场主个体特征、经营特征作为控制变量，对农场主的经济效益进行实证研究，研究成果表明，农场纵向延伸水平、个体特征、经营特征等变量均会对农场经济效益产生影响。

根据以上相关研究，在对因变量的选择方面，本章节将养殖主体年投资回报率作为因变量养殖主体经济效益的衡量标准，也就是将养殖主体年投资回报率作为经济效益替代变量。

投资回报率公式：投资回报率（ROI）＝年利润或年均利润/投资总额×100%

生猪养殖主体资金投入主要有饲料费用、疫病防治费用、饲养员薪酬费用、仔猪费用，收益主要来自毛猪收入、国家补贴与粪污资源利用收入，投资与收益来源指标如表3-7：

表3-7　投资回报率投入与收益指标

指标分类	具体内容
投入指标	饲料费用
	疫病防治费用
	饲养员薪酬费用
	仔猪费用
收益指标	毛猪收入
	国家补贴
	粪污资源利用收入

借助上述已有研究成果并基于本章节的研究目的，本文以养殖主体经济效

益作为因变量，选择养殖主体纵向协作行为水平作为自变量，将养殖主体个体特征、经营特征作为控制变量。具体理论模型如下图 3-13：

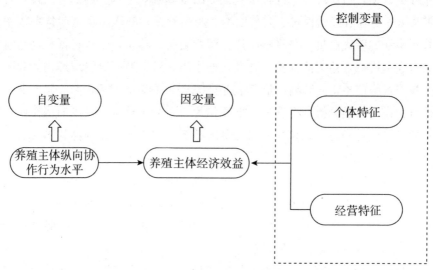

图 3-13　养殖主体经济效益的影响因素研究模型

2. 研究假设

基于以上论述，本章节选择养殖主体纵向协作行为、养殖主体个体特征、养殖主体经营特征、外部环境支持情况等因素，作为生猪养殖主体经济效益影响因素。

纵向协作行为水平与经济效益。张春丽（2014）认为产业纵向协作模式水平会对养殖户产生影响，并通过实证分析证明生产合同纵向协作模式可以有效提高养殖户经济效益水平。养殖主体纵向协作行为按照其纵向一体化程度由低到高分别为市场交易行为、销售合同行为、生产合同行为、纵向一体化行为。一般来说，养殖主体纵向一体化程度越高，越容易实现养殖主体与其他环节之间的资源共享，也能减少中间环节的利益分摊，使利益更多地流向养殖环节，并形成"利益共享、风险均摊"的机制，提高养殖主体抵抗外部风险能力。因此假设：养殖主体纵向协作行为水平与经济效益呈正相关。

控制变量与经济效益。本章选取个体特征变量和经营特征变量作为养殖主体纵向水平对经济效益影响研究的控制变量。

（1）个体经营特征与经济效益。张德元等（2016）将农户个体特征分为性别、年龄、受教育程度、工作程度、生产技能等，结果显示，农户受教育程度、工作经验、生产技能等因素对农场经济效益有显著影响。养殖主体个体特征包括文化水平、风险偏好、职业性质等诸多因素，养殖主体文化水平越高，其对生猪市场认知水平越高，越会追求利益最大化。养殖主体会主动选择更为科学的管理方式与销售方式，从而达到减少成本与提高生产效率的目的，因此将文化水平作为本章的控制变量。养殖主体按照其对风险的认知程度，分为风险偏好型、风险中立型、风险保守型，生猪市场价格波动明显，当利润处于高位时，风险偏好型养殖主体往往会扩大生产，风险保守型养殖主体一般持观望态度，因此将风险偏好作为本章的控制变量。养殖主体兼业化程度越高，其可以调动的资源越多，对生猪市场认知程度就越客观，因此将养殖主体兼业化水平作为控制变量。

（2）生产经营特征与经济效益。梅运田等（2017）将农场土地经营面积、养殖规模作为影响农场经济效益的主要因素，通过建立 Tobit 模型，实证得出土地经营面积会对主体经济效益产生显著正向影响。在本文中，生产经营特征包括养殖年限与养殖场面积。一般来说，养殖场面积一定程度代表了养殖主体的科学管理程度，养殖场规模越大，规模效益越明显，越容易实现成本节约，但其资产专用性也就越高，在交易谈判中越处于不利地位，因此选取该变量作为控制变量。养殖主体养殖年限越高，养殖经验越丰富，市场感知度越高，越容易实现盈利，因此选取养殖年限作为控制变量之一。

（二）研究模型构建与变量选择

1. 模型构建

根据前文的分析结果，本章节主要考察纵向协作行为水平对养殖主体经济效益的影响，养殖主体经济效益（Y）可能会受到以下几个因素的影响。纵向协作行为水平特征：纵向协作行为水平变量（VCB）= X；在控制变量设置选择方面，个体特征：文化水平（EDU）= X1，风险偏好（OCC）= X2，兼职化水平（RA）= X3；经营特征：养殖场规模（FS）= X4，养殖年限（BY）= X5。本文采用截面数据，由于本次研究因变量替代变量为养殖主体年投资回报率，属于连续型变量，因此本章采取多元线性回归模型，所设计模型表达式如下：

$$ROI_i = a_0 + a_1 VCB + a_2 EDBU_i + a_2 EDU_i B + a_3 OCC_i + A_4 RA_i + a_5 FS_i + a_6 BY_i + \varepsilon_i$$

公式中采用投资回报率（Y）作为经济效益的替代变量，i 代表样本个体，a 表示常数项，ε 为白噪声，核心解释变量为纵向协作行为水平（VCB），剩余控制变量依次为文化水平（EDU）、风险偏好（OCC）、兼业化水平（RA）、养殖场规模（FS）、养殖年限（BY）。

2. 变量选择与数据来源

在模型自变量与因变量数据来源方面，依托"河北省现代畜牧业发展研究"

和"河北省生猪创新团队产业经济岗项目"课题所投放的489份调查问卷。由于涉及养殖主体财务数据，数据收集难度大，筛选掉漏填、错填类问卷，仅获得2020年养殖主体投资收益相关有效问卷201份。其中，选择市场交易行为的样本问卷数量为133份，选择销售合同行为的样本问卷数量为31份，选择生产合同的行为样本问卷数量为32份，选择纵向一体化行为的样本问卷数量为9份。通过对不同养殖主体投资总额与总收入相关数据进行收集，将计算得出的每个样本当年投资回报率作为不同养殖主体经济效益衡量标准。

在总结既有研究成果基础上，结合此次调研数据与本章第一节所述研究假设，本研究设立核心被解释变量为养殖主体年投资回报率；核心解释自变量设置依据前文研究假设为纵向协作行为水平特征；控制变量从个体特征、经营特征两方面进行设置。赋值情况如表3-8：

表3-8　不同变量赋值

变量类型	变量类别	变量名称	变量赋值
因变量	养殖主体效益水平	效益水平（ROI）= Y	效益＝投资回报率
自变量	纵向协作行为水平	纵向协作行为水平（VCB）= X	市场交易行为＝1、销售合同行为＝2、生产合同行为＝3、纵向一体化行为＝4
控制变量	个体特征	文化水平（EDU）= X1	小学及以下＝1、中学＝2、高中＝3、大专及以上＝4
		风险偏好（OCC）= X2	风险偏好＝1、风险中立＝2、风险保守＝3
		兼业化水平（RA）= X3	低＝1、较低＝2、中＝3、较高＝4、高＝5
	经营特征	养殖场规模（FS）= X4	0~5亩＝1、5~10亩＝2、10~50亩＝3、50~200亩＝4、200亩以上＝5
		养殖年限（BY）= X5	7年及以下＝1、8~10年＝2、11~15年＝3、16~20年＝4、20年以上＝5

3. 变量描述性统计分析

选取变量数据来源于201份有效问卷，从所选取样本中看，如表3-9，样本文化程度较高，均值达到 2.7466，并且样本兼业化水平较高，均值达到 2.38；从风险偏好水平上看，样本偏向于风险保守，均值为 1.732；从养殖场规模上看，样本均值为 2.732，处于 50~200 亩的养殖场规模范围，说明样本总体上具备一定规模水平；从养殖年限上看，样本均值为 2.420，处于 11~15 年的养殖年限范围内，养殖经验大多较为丰富；样本投资回报率均值为 47.5%，样本盈利水平较高。

表 3-9　不同变量描述性统计表

变量类型	变量名称	变量符号	均值	标准差	最小值	最大值
因变量	投资回报率（Y）	ROI	0.475	0.218	0.113	1.320
自变量	纵向协作行为水平（X）	VCB	1.376	0.745	1	4
	文化程度（X1）	EDU	2.746	0.899	1	4
	风险偏好（X2）	OCC	1.732	0.694	1	3
控制变量	兼业化水平（X3）	RA	2.380	1.383	1	5
	养殖场规模（X4）	FS	2.732	0.774	1	5
	养殖年限（X5）	BY	2.420	1.321	1	5

（三）计量结果分析

1. 模型共线性检验

因模型所用数据为截面数据，在模型回归之前，需要对拟选择变量进行多重共线性检验。本文运用 Stata15.1 计量工具进行检验，结果如表 3-10 所示，VIF<10，可知所选取变量不存在严重多重共线性，说明自变量在一定程度上是有意义的。

表 3-10　模型变量方差膨胀因子检验

变量名称	VIF	1/VIF
投资回报率	1.95	0.512
纵向协作行为水平	1.95	0.512
兼业化水平	1.56	0.641
文化程度	1.18	0.653
养殖场规模	1.53	0.849
风险偏好	1.07	0.933
养殖年限	1.04	0.964

2. 结果分析

通过将解释变量与被解释变量进行多元线性回归，所得结果如表3-11：

表3-11 模型回归结果表

	投资 回报率（Y）	回归 估计系数	P 值显著性	95%置信 区间下限	95%置信 区间上限
自变量	纵向协作行为水平（X）	0.1972***	0.0000	0.1740	0.2205
控制变量	文化程度（X1）	0.0062	0.6320	-0.0194	0.0319
	兼业化水平（X2）	0.0007	0.9410	-0.0175	0.0188
	风险偏好（X3）	0.0261	0.1160	-0.0065	0.0588
	养殖场面积（X4）	0.0240	0.1900	-0.0120	0.0601
	养殖年限（X5）	0.0116	0.1840	-0.0056	0.0289

注：*表示估计系数显著性水平为10%，**表示估计系数显著性水平为5%，***表示估计系数显著性水平为1%

从回归结果显示，纵向协作行为水平作为核心解释变量，对核心被解释变量产生显著影响。在对文化程度、兼业化水平、风险偏好、养殖场面积、养殖年限等变量控制后，养殖主体的纵向协作行为变量通过了1%的显著性检验，证明随着养殖主体的纵向协作行为水平的提高，经济效益会随之提高，养殖主体纵向协作行为每提升一个层次，投资回报率提升0.1972。回归结果符合假设。对此可能的解释有两方面：第一方面，随着纵向协作行为水平的提高，与下游联合会更加紧密，因而提高了其资源共享、信息共享水平，降低交易费用的产生，提高了经济效益的水平；第二方面，发挥了生猪供应链中"风险共摊、利益均沾"机制，使生猪价值链中利益分配更加合理，利益更多地流向养殖环节。

四、河北省生猪养殖主体纵向协作行为影响因素分析

生猪养殖主体是生猪供应链纵向协作行为的选择决策主体。生猪养殖主体依据实际情况有效选择纵向协作行为，不仅可以提高生产者经济效益，而且能保障生产稳定性，进而促进生猪供应链平稳运行。从不同特征、角度出发，研究养殖主体纵向协作行为的影响因素，可以为河北省生猪供应链纵向一体化进程提供理论支撑。涂洪、波鄢采用问卷调查方式对湖北省家庭农场主纵向协作模式选择的影响因素进行了实证研究，得出农场主教育程度、农场主风险偏好

等因素均会影响农场主纵向行为选择，并纳入交易频率等级因素研究其影响水平，研究成果为当地政府部门后续管理提供了现实依据；刘建徽等通过数据调研，从个体特征、市场特征、订单特征及制度特征分析订单农业中农户纵向协作行为的影响因素，所研究结论丰富了当地农村发展理论。已有研究对养殖主体纵向协作选择某一行为的影响因素分析内容较为丰富。

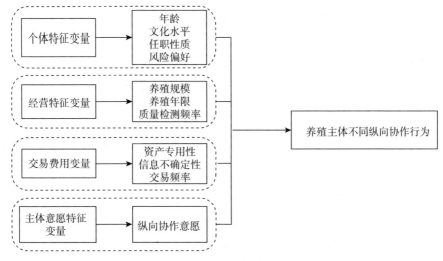

图 3-14　分析框架图

基于上述相关文献借鉴以及运用农户行为理论和交易费用理论，本文将养殖主体个体特征、经营特征、交易费用特征、主体意愿特征等因素作为养殖主体纵向协作行为影响因素。其中，将风险偏好纳入养殖主体个体特征变量中，以养殖主体不同纵向协作行为作为因变量，建立多变量 Logit 回归模型，将 472 份有效调研问卷数据作为模型基本数据来源，运用经济学理论 StataSE15.0 分析工具，对河北省生猪养殖主体纵向协作行为影响因素进行实证分析，研究框架如图 3-14。

（一）研究假设

根据上述养殖主体纵向协作行为研究成果与相关理论，本文提出四方面的研究假设：

1. 个体特征因素

根据周勋章、任丽梅的学术成果，本文从年龄、学历、任职经历与风险偏好四方面度量养殖主体个体特征。一般情况下，随着养殖主体年龄增加，接受新鲜事物的能力会逐渐减弱，对风险感知度更高，在调整自身纵向协作行为时会更加谨慎。本研究预测年龄对市场交易行为影响为正,对其他纵向协作行为选择影响为负;养殖主体学历不同,其风险认知和行为偏好存在一定差异,对于新出现概念的接受和应用能力也会有所不同;职业性质是养殖主体社会背景及自身能力的直接体现,不同职业性质的养殖主体,对不同纵向协作行为的选择意愿不相同;风险意识是养殖主体面对挑战和机遇偏好程度的重要体现,风险偏好型养殖主体对机遇的感知能力更强。预测风险偏好对养殖主体纵向协作行为影响为负。为此提出以下假设:

H1:年龄对养殖主体纵向协作行为具有正向影响;

H2:学历对养殖主体纵向协作行为具有正向影响;

H3:任职性质对养殖主体纵向协作行为具有正向影响;

H4:养殖主体风险偏好水平对养殖主体纵向协作行为具有负向影响。

2. 生产经营特征因素

根据戴迎春、王晶等人的学术成果,从生产规模、养殖经验、产品质量控制水平三个方面度量生产经营特征。规模越大的农户更加倾向于高层次纵向协作模式,养殖规模越大,为获得稳定发展,其对紧密纵向协作行为的倾向会更强,预期影响为正;养殖年限越长,养殖主体对生猪养殖业了解程度也会不断加深,对生猪产业与生猪供应链发展的前瞻性会不断提升,风险规避意识也会不断提高,预测对纵向协作行为影响为正;下游收购商质量检测频率越高,会使养殖主体质量控制成本提高,促使养殖主体选择更加紧密的纵向协作行为,来降低监督成本,假设质量监督频率对养殖主体纵向协作行为影响为正。为此提出以下假设:

H5:生猪生产规模对养殖主体纵向协作行为具有正向影响;

H6:养殖年限对养殖主体纵向协作行为具有正向影响;

H7:质量监督频率对养殖主体纵向协作行为具有正向影响。

3. 交易费用特征因素

根据鄢康、宁攸凉的研究成果,农户交易费用特征是驱动养殖主体选择更高层次纵向协作行为的重要影响因素。本文从威廉姆森提出的资产专用性、交易信息不确定性、交易频率程度三方面来衡量养殖主体纵向协作行为的交易费用。资产专用性是指某项资产能够被重新配置用于其他用途的程度,在养殖生产中养殖场规模资产专用性最强,养殖场规模从一定程度代表了养殖主体经营水平,决定了其资产专用性水平,规模越大管理水平要求越高,资产专用性越强,因此本文将养殖场规模作为资产专用性替代变量进行影响因素衡量,预期养猪场的规模正向影响养殖主体纵向协作行为;交易不确定性主要来自养殖主体对生产与价格的不确定性，养殖主体信息获取度很大程度影响了这种交易不确定性，市场信息获取程度高，会提高养殖主体对市场风险的感知能力，从而选择低风险的纵向协作行为，避免交易不确定性对自身的影响，以此减少其信息成本与搜寻成本，因此本文将市场信息获取程度作为交易不确定性的替代变量。在一般情况下，交易频率等级越高，养殖主体基于节约成本考量，会更加倾向于高层次纵向协作行为来减少交易成本，预测交易频率对纵向协作行为影响为正，为此提出以下假设：

H8：市场信息获取度对养殖主体纵向协作行为具有正向影响；

H9：交易频率程度等级对养殖主体纵向协作行为具有正向影响；

H10：养殖场规模对养殖主体纵向协作行为具有正向影响。

4. 养殖主体纵向协作意愿因素

根据农户行为理论，农户的行为受农户意愿的影响，养殖主体的纵向协作意愿会影响其纵向协作行为转变，预测养殖主体纵向协作意愿对其纵向协作行为产生正向影响，为此提出以下假设：

H11：纵向协作意愿对纵向协作行为具有正向影响。

（二）描述性分析

1. 个体特征与纵向协作行为

不同纵向协作行为受生猪养殖主体个体特征影响。如表3-12所示，从性别上看，男性养殖者在四种纵向协作行为中所占比例均远高于女性养殖者。

从年龄上看，不同纵向协作行为主要参与者年龄段各不相同，市场交易行为与销售合同行为主要参与者年龄段为14~50岁，分别占比31.99%和4.87%，而生产合同协作行为主要参与者年龄段为31~40岁，占比6.14%。可见随着纵向协作程度不断加深，参与者年龄趋于年轻化。

在学历上，通常学历越高对市场把握越准确，越会选择纵向协作程度高的纵向协作行为。生猪养殖主体初中以上学历占比高达93.7%，可见生猪养殖主体整体具备一定经营素质。在市场交易行为与销售合同行为中，初中学历养殖者占比分别为37.5%和4.66%，而随着纵向协作程度不断加深，初中学历占比不断下降，高中与大专学历的养殖者所占比例逐渐增加，生产性合同行为与纵向一体化行为中，大专以上学历的养殖主体占比最高，分别为3.6%和1.06%。

表 3-12 不同生猪养殖主体个体特征下纵向协作行为明细 (单位:%)

个体特征	选择	市场交易行为	销售合同行为	生产合同行为	纵向一体化行为
性别	男	65.68	8.47	9.96	2.33
	女	10.59	1.69	1.06	0.21
年龄	18~25	2.12	0.21	0.21	0.00
	26~30	22.46	2.97	0.64	0.00
	31~40	17.42	0.00	6.14	0.85
	41~50	31.99	4.87	2.12	0.85
	51~60	2.12	1.91	1.91	0.85
	60以上	0.00	0.21	0.00	0.00
学历	小学	4.45	0.85	1.06	0
	初中	37.50	4.66	3.39	0.45
	高中	19.49	1.91	2.97	1.04
	大专以上	15.04	2.75	3.60	1.06
任职性质	村干部	1.48	0.21	0.21	0.21
	个体工商户	19.70	2.27	2.12	0.64
	农户	43.86	3.87	4.87	0.42
	企业负责人	11.44	3.81	3.81	1.27
风险偏好	喜好	28.81	3.18	1.24	1.06
	中立	37.92	5.30	4.57	1.06
	保守	9.75	1.69	5.21	0.42

在任职性质上,农户是市场交易行为、销售合同行为、生产合同行为的主体,占比分别为43.86%、3.87%、4.87%。但随着纵向一体化程度的加深,养殖主体中农户所占比例逐渐缩小,个体工商户与企业负责人比例不断上升,在纵向一体化行为中,企业管理者所占比例最高,占比为1.27%。

在风险偏好上,市场交易行为主体风险喜好、中立、保守分别占比28.81%、37.92%、9.75%。选择销售合同行为的主体中风险中立型占主要地位,占比5.30%;选择生产性合同行为的主体中风险保守型占主要地位,占比5.21%;纵向一体化行为主体中风险喜好型与风险中立型所占比例相同,为1.06%。

2. 经营特征与纵向协作行为

纵向协作行为不仅受到个体特征的影响，更受到养殖主体经营特征影响。养殖经营特征包括：养殖规模、养殖年限等因素，不同生猪养殖主体经营特征下纵向协作行为情况如表3-13：

从养殖规模上看，养殖主体存栏量决定其养殖规模。从表中看出，小规模养殖场是市场交易行为的主体，占比30.08%，养殖散户、中规模养殖户、大规模养殖户分别占比7.63%、2.12%、14.41%。中规模养殖场是销售合同行为的主体，占比4.24%。中规模养殖场是生产性合同的主体，占比5.72%，大规模养殖场是纵向一体化行为主体，占比1.55%。在养殖年限中，选择市场交易行为养殖主体的养殖年限大多处于7年以下，占比21.4%。而在7~10年、10~15年、15~30年三个养殖年限段上分布较为平均，分别占比19.92%、18.01%、17.75%。销售合同行为养殖主体的养殖年限大多处于10~15年，占比3.6%。生产合同行为主体养殖年限7年以下的占比7.63%，远远高于其他养殖年限，纵向一体化行为养殖年限15~30年的占比最高，达1.06%。

在收购商对养殖主体的质量检测频率上，选择市场交易行为、销售合同行为、生产合同行为的养殖主体主要为交货时检测，分别占比50%、5.93%、6.78%，选择纵向一体化行为且质量检测频率一月一次的样本数量最多，占比0.42%。

表3-13 不同生猪养殖主体经营特征下纵向协作行为明细（单位:%）

生产经营特征	选择	市场交易行为	销售合同行为	生产合同行为	纵向一体化行为
养殖规模	100头及以下	7.63	0.42	1.06	0.21
	101~500头	30.08	2.12	2.75	0.15
	501~2000头	2.12	4.24	5.72	0.64
	2000头以上	14.41	3.39	1.48	1.55
养殖年限	7年以下	21.40	2.75	7.69	0.64
	7~10年	19.92	1.91	0.64	0.21
	10~15年	18.01	3.60	1.69	0.64
	15~30年	17.76	1.91	1.06	1.06
质量检测频率	从不	12.50	1.06	0.85	1.69
	交货时检测	50.00	5.93	6.78	0.21
	3月一次	11.02	2.12	2.75	0.21
	1月一次	5.08	1.06	0.64	0.42

生产经营特征	选择	市场交易行为	销售合同行为	生产合同行为	纵向一体化行为
下游付款及时度	及时	67.80	9.11	12.08	2.54
	偶尔不及时	8.26	1.06	1.48	0.00
	不及时	0.42	0.00	0.00	0.00

3. 交易费用特征与纵向协作行为

如表3-14，从交易费用特征看，选择市场交易行为与销售合同行为的养殖主体信息获取难度高，获取难度"很难"和"较难"选项分别占比39.36%、9.90%。选择生产合同行为的养殖主体市场信息获取难度较简单选项占比最高，为4.33%。选择纵向一体化行为主体信息获取难度简单选项占比最高，为2.12%。在资产专用性方面，选择市场交易行为的养殖主体总体上看，养殖场规模较小，养殖场多为5~10亩用地、10~50亩用地，分别占比25.40%、34.92%，资产专用性较低。选择销售合同行为的养殖主体占地大多为10~50亩、200亩以上，分别占比3.08%、3.06%。选择生产合同行为主体占地大多为50~200亩、200亩以上，分别占比3.48%、3.83%，资产专用性较高。选择纵向一体化行为的养殖主体占地大多为200亩以上，分别占比2.07%。在交易频率方面，选择市场交易行为主体交易频率等级低的，占比最高为52.36%。选择销售合同行为的养殖主体交易频率等级低的，占比最高为11.02%。选择生产合同行为的养殖主体交易频率等级一般的，占比最高为2.12%。选择纵向一体化行为养殖主体交易频率等级高的，占比最高为2.75%。

表3-14　不同生猪养殖主体交易费用下纵向协作行为明细（单位:%）

交易费用特征	选择	市场交易行为	销售合同行为	生产合同行为	纵向一体化行为
市场信息获取度	简单	1.06	0.21	4.28	2.12
	较简单	3.53	1.06	4.33	0.21
	一般	6.72	2.12	3.12	0.21
	较难	15.93	4.08	3.85	0

交易费用特征	选择	市场交易行为	销售合同行为	生产合同行为	纵向一体化行为
	很难	39.36	9.90	3.28	0
养殖场规模	0~5 亩	3.18	1.42	0	0
	5~10 亩	25.40	2.93	4.57	0
	10~50 亩	34.92	3.08	2.68	0.42
	50~200 亩	5.54	1.12	3.48	0.05
	200 亩以上	0.44	3.06	3.83	2.07
市场交易频率	等级低	52.36	11.02	0.64	0.21
	等级一般	18.26	10.4	2.12	2.54
	等级高	2.12	1.19	1.48	2.75

4. 纵向协作意愿与纵向协作行为

根据农户行为认知理论，农户的行为决策受主观意愿的影响，养殖主体纵向协作意愿与风险偏好选择意愿都对纵向协作行为选择产生重要影响。

从下表可以看出，市场交易行为纵向协作意愿从弱到强占比分别为：29.66%、39.19%、7.41%，可见市场交易行为主体大部分拥有纵向协作意愿，但因为经营、技术与市场因素，并未选择更深层次纵向协作行为。选择销售合同行为与生产合同行为的主体中主要持有中等纵向协作意愿，占比分别为5.51%、8.47%。纵向一体化行为选择主体具有强烈的纵向协作意愿，占比为2.05%。

表 3-15　不同养殖主体纵向协作意愿特征下纵向协作行为选择明细（单位:%）

	选择	市场交易行为	销售合同行为	生产合同行为	纵向一体化行为
纵向协作意愿	弱	29.66	3.60	1.27	0.02
	中	39.19	5.51	8.47	0.45
	强	7.41	1.06	1.27	2.05

（三）模型构建及变量选择

养殖主体选择何种纵向协作行为，会受到个体特征、养殖经营情况、协作意愿等因素的综合影响。为探究河北省生猪养殖主体选择市场交易、销售合同、生产合同、纵向一体化行为的影响因素，本文选用以分析因果关系为出发点的

Logit 模型进行回归分析。由于模型因变量按照纵向一体化程度由低到高依次为：市场交易行为、销售合同行为、生产合同行为、纵向一体化行为，因此本章采取有序多元 Logit 模型。Logit 模型基本表达如下：

$$In\left[p\left(z_2\right)/p\left(z_1\right)\right] = a_1 + \sum k = 1\beta_{1k}x_k$$

$$In\left[p\left(z_3\right)/p\left(z_1\right)\right] = a_1 + \sum k = 1\beta_{2k}x_k$$

$$In\left[p\left(z_4\right)/p\left(z_1\right)\right] = a_1 + \sum k = 1\beta_{3k}x_k$$

p 表示行为选择的概率，z_1 为市场交易行为，z_2 为销售合同行为，z_3 为生产合同行为，z_4 为纵向一体化行为，a_n 为常数项，x_k 为自变量，β_{nk} 是第 k 个影响因素的系数。

在文献研究基础上，结合此次调研数据与本章第一节所述研究假设，本研究设立被解释变量为市场交易行为、销售合同行为、生产合同行为、纵向一体化行为四大类，并分别赋值"1""2""3""4"。自变量的设置依据前文研究假设，通过个体特征、经营特征、交易费用特征、主体意愿特征四方面进行设置，赋值情况如表 3-16：

表 3-16　模型中的变量选取及解释

	变量选择	变量取值	均值	标准差
个体特征变量	年龄（X1）	18~25 岁 =1，26~30 岁 =2，31~40 岁 =3，41~50 岁 =4，50 岁以上 =5	4.004	0.834
	学历（X2）	小学及以下 =1，中学 =2，高中 =3，大专及以上 =4	2.610	0.947
	任职性质（X3）	农民 =1，个体工商户 =2，合作社负责人 =3，村干部 =4，企业管理层 =5	2.000	1.169
	风险偏好（X4）	风险偏好 =1，风险中立 =2，风险保守 =3	1.873	0.687
养殖经营变量	养殖规模（X5）	0~100 头 =1，100~500 头 =2，500~2000 头 =3，2000 头以上 =4	2.434	0.908
	养殖年限（X6）	7 年及以下 =1，8~10 年 =2，11~15 年 =3，16~20 年 =4，20 年以上 =5	2.405	1.308
	养殖场规模（X10）	0~5 亩 =1，5~10 亩 =2，10~50 亩 =3，50~200 亩 =4，200 亩以上 =5	1.576	0.541

	变量选择	变量取值	均值	标准差
交易费用变量	质量检测频率（X7）	从不=1，交货时检测=2，3个月一次=3，1个月一次=4	1.560	0.963
	市场信息获取度（X8）	少=1，较少=2，一般=3，多=4，很多=5	2.633	0.921
	交易频率等级（X9）	低=1，中=2，高=3	1.390	1.121
主体意愿变量	纵向协作意愿（X11）	不愿意=1，一般愿意=2，较为愿意=3，愿意=4，很愿意=5	1.795	0.700

（四）计量结果分析

1. 模型共线性检验

因模型所用数据为截面数据，在模型回归之前，需要对拟选择变量进行多重共线性检验。本文运用 Stata15.1 计量工具进行检验，结果如表 3-17 所示，容差取值均在 0.1 以上，VIF<10，可知所选取变量不存在多重共线性。

表 3-17　模型变量方差膨胀因子检验

变量名称	VIF	1/VIF	变量名称	VIF	1/VIF
年龄	1.03	0.971	养殖场规模	1.30	0.768
学历	1.21	0.839	养殖规模	1.05	0.956
任职性质	1.38	0.727	质量检测频率	1.49	0.672
养殖年限	1.05	0.956	协作意愿	1.32	0.756
信息获取程度	1.12	0.893	风险偏好	1.04	0.965
交易频率等级	1.13	0.862			

2. 结果分析

本部分构建了三个有序多元 Logit 模型，将市场交易行为作为自然状态下的纵向协作行为变量，检验自变量对因变量的影响水平与方向。模型 1 将销售合同行为与市场交易行为对照进行对照考察；模型 2 将生产合同行为与市场交易行为进行对照考察；模型 3 将纵向一体化行为与市场交易行为进行对照考察。采用 Stata15.1 计量工具进行多元回归分析，LRchi2 为 103.97，Prob>chi2 值均小于 0.01，说明系数至少有一个不为 0，模型整体估计效果较好。多元回归结果见表 3-18：

表 3-18　模型回归结果

指标		模型 1 (Z2/Z1)		模型 2 (Z3/Z1)		模型 3 (Z4/Z1)	
	回归指数	估计系数	P	估计系数	P	估计系数	P
	年龄（X1）	-0.61	0.541	-0.57	0.570	-0.07	0.947
个体特征	文化水平（X2） 任职性质（X3）	1.28 1.82*	0.131 0.069	1.82* 0.19	0.069 0.850	2.44** 2.76***	0.015 0.006
	风险偏好（X4）	0.92	0.358	7.41***	0.000	0.10	0.923
经营特征	生产规模（X5）	1.89*	0.058	0.72	0.471	5.90***	0.000
	养殖年限（X6）	1.99**	0.038	1.84*	0.082	2.20**	0.028
	质量检测频率（X7）	1.30	0.193	0.29	0.771	1.13	0.257
交易费用特征	信息获取程度（X8）	1.83*	0.072	2.03**	0.043	3.22**	0.016
	交易频率等级（X9）	0.16	0.870	0.83	0.598	-0.28	0.783
	养殖场规模（X10）	0.45	0.650	0.16	0.875	2.00*	0.045
主体意愿特征	纵向协作意愿（X11）	4.29***	0.000	4.30***	0.000	1.45	0.146

注：*表示估计系数显著性水平为 10%，**表示估计系数显著性水平为 5%；***表示估计系数显著性水平为 1%

根据回归结果显示："文化水平""任职性质""风险偏好""生产规模""养殖年限""信息获取难度""养殖场规模""纵向协作意愿"变量对被解释变量产生了显著影响。

（1）文化水平对纵向协作行为的影响。根据回归结果，文化水平变量通过了模型 2 中的 10% 显著性水平检验、模型 3 中的 5% 显著性水平检验，且方向为正，在模型 1 中影响不显著，但方向为正，总体上看，服从原假设 H2，即随着养殖主体文化水平素质的提高，养殖主体倾向于更高层次的纵向协作行为。文化水平对选择销售合同行为的养殖主体影响不显著的原因可能是市场交易行为向销售合同行为的转变过程中组织模式并未发生变化，销售合同行为对养殖主体文化要求不高，更多的是对养殖经验的要求，是规模扩大所发生的自然性转变。

（2）任职性质对纵向协作行为的影响。根据回归结果，任职性质变量通过了模型 1 中的 10% 显著性水平检验、模型 3 中的 1% 显著性水平检验，且方向为正，在模型 2 中影响不显著，方向为正，服从原假设 H3，即随着任职水平的提高，养殖主体倾向于更为紧密的纵向协作行为模式。任职性质对选择生产合同行为的养殖主体影响不显著，可能的解释是：生产合同行为体现的是雇佣与被雇佣关系，从事主体大多为普通农户，是为抵抗风险而选择的保守型生产方式，因此任职性质对选择生产性合同行为的养殖主体影响较小。

（3）风险偏好对纵向协作行为的影响。风险偏好变量通过了模型 2 中的 1% 显著性水平检验，方向为正，但对销售合同行为、纵向一体化行为影响不显著，方向为正，服从原假设 H3，即随着风险偏好度的降低，养殖主体会选择更加紧密的纵向协作行为。对此，可能的解释是选择生产合同行为的主体更加注重市场风险，此类主体表现出极高的风险厌恶度，销售合同行为依旧处于市场之中，具有较高的投机行为概率，因此依旧需要具有一点风险偏好度，纵向一体化行为主体因实现了纵向一体化，实现了企业内部的风险转移，但是会伴随着经营风险的增加，因此风险偏好对纵向一体化企业影响不显著。

（4）生产规模对纵向协作行为的影响。生产规模变量通过了模型 1 的 10% 显著性水平检验和模型 3 的 1% 显著性水平检验，方向为正，在模型 2 中影响不显著，方向为正，服从原假设 H5，即随着生产规模的增加，养殖主体更倾向于紧密的纵向协作行为。对此，可能的解释是随着规模的增加，养殖者会更加倾向于各环节的深入合作，实现资源共享，以此来减少成本，生产合同行为对养殖者的要求更多的是基础的养殖设施，对养殖者的生产规模要求不高，因此生产规模对生产合同行为影响不显著。

（5）养殖年限对纵向协作行为的影响。养殖年限变量通过了模型 1 与模型 3 的 5% 显著性水平检验与模型 2 的 10% 显著水平性检验，方向为正，服从原假设 H6，即随着养殖年限的增加，养殖主体更倾向于选择紧密的纵向协作行为。养殖年限越长，养殖经营者对养殖业的认识更加深入，越倾向于选择协作程度更紧密、风险水平更低的纵向协作行为。

（6）信息获取程度对纵向协作行为的影响。信息获取难度变量均通过了模型 1 的 10% 显著性水平检验与模型 2、模型 3 中的 5% 显著性水平检验，方向为正，服从原假设 H8，随着信息获取程度的降低，养殖主体会选择更加紧密的纵向协作行为。对此，可能的解释是随着养殖者信息获取程度的提高，信息不确定性带来的影响会减少，养殖者对市场的了解度与对风险的感知度会不断加深，养殖主体会选择更加稳定的纵向协作行为。

（7）养殖场规模对纵向协作行为的影响。养殖场规模变量通过了模型 3 的 5% 的显著性水平检验，方向为正，未通过模型 1、模型 2 中的显著性检验，但方向为正，服从原假设 H8，即随着养殖场规模的增大，养殖主体会选择更加紧密的纵向协作行为。养殖场规模对选择销售合同行为与生产合同行为的养殖主体影响不显著的原因可能是，选择销售合同行为的养殖主体由于其实际经营水平所限，缺乏纵向扩张的资金与技术，选择生产合同行为的养殖主体作为被雇佣者，雇佣者对其养殖场规模要求不高，其资产专用性较低，导致养殖场规模变量对销售合同行为、生产合同行为影响不显著。

（8）纵向协作意愿对纵向协作行为的影响。纵向协作意愿通过了模型 1 与模型 2 中的 1% 显著性水平检验，方向为正，未通过模型 2 中的显著性检验，但方向为正，在方向上服从原假设 H11，即随着纵向协作意愿的提升，养殖主体倾向于选择更加紧密的纵向协作行为。对此，可能的解释是生猪市场波动明显，选择销售合同与生产合同行为的养殖者为规避风险，会具有强烈纵向协作意愿，驱使其选择更加紧密的纵向协作行为；而选择纵向一体化行为的养殖者已实现纵向拓展，纵向意愿不强烈，此类型的养殖主体会更加关注企业的横向拓展，因此纵向协作意愿对选择纵向一体化的养殖主体影响不显著。

五、促进河北省生猪养殖主体纵向协作的对策建议

以河北省生猪产业相关数据与河北省 472 份生猪养殖场（户）调研数据为依托，结合农业农村部、河北省政府、河北省农业农村厅等部门关于生猪供应链发展的相关政策文件，分析出当前河北省生猪供应链组织结构处于初级阶段；从河北省养殖主体现状以及养殖主体当前纵向协作行为选择现状出发，总结出生猪供应链养殖流通环节过多，市场信息难以传导、纵向协作行为过于传统，难以进行质量溯源，养殖主体纵向协作地位弱势，效益水平低等相关问题。运用多元线性回归验证纵向协作行为水平对养殖主体经济效益的影响，随后运用多元 Logit 回归模型，实证分析了河北养殖主体选择不同纵向协作行为的影响因素。综上，得出以下结论：

通过定性分析得出的结论是：河北省当前的生猪供应链结构是典型的松散农产品供应链结构，流通环节众多，质量控制水平低，风险高，河北省生猪供应链正处于由松散型向一体化型过渡的重要阶段。按照纵向协作水平由低到高，生猪养殖主体纵向协作行为分为市场交易行为、销售合同行为、生产合同行为、纵向一体化行为，当前河北省主要的养殖主体纵向协作行为是低层次市场交易行为。河北省生猪养殖主体纵向协作行为存在纵向协作行为传统、养殖主体处

于弱势地位、养殖主体利益分配水平低等问题。

通过实证分析得出的结论是：河北省生猪养殖主体纵向协作行为水平对养殖主体经济效益产生正向影响，随着养殖主体纵向协作行为水平提高，养殖主体经济效益不断提高。养殖主体纵向协作行为每提升一个层次，投资回报率提升 0.1972，证明了转变纵向协作行为有利于养殖主体收入水平的提高。通过实证分析得出"文化水平""任职性质""风险偏好""生产规模""信息获取度""养殖年限""养殖场规模""纵向协作意愿"等因素都会对养殖主体纵向协作行为产生显著影响，除风险偏好水平变量外，其他变量对养殖主体选择更加紧密的纵向协作行为均具有正向影响。通过总结，选择生产合同行为的养殖主体对风险感知极为明显，但与任职性质、生产规模、养殖场规模关联度不高，可见纵向一体化程度高、风险程度低的生产合同行为对养殖者个人禀赋要求不高，具有普适性。生猪养殖主体对信息感知程度越高，风险规避越明显，其选择的纵向协作行为层次越高。生猪养殖主体规模化驱动选择紧密纵向协作特征明显，随着生产规模与养殖场规模的扩大，为有效降低交易成本，养殖主体往往会选择更加紧密的纵向协作行为。

综上，提出以下对策建议，以促进河北省生猪养殖企业的纵向协作发展：

（一）构建系统化生猪产业信息平台

完善生猪产业信息平台，建设个人、商户、龙头企业与政府的不同板块平台。根据研究结论，信息对生猪养殖主体的纵向协作行为选择具有正向的显著影响，提高农户对当前生猪产业的发展情况、趋势以及相关政策的认识，可以有效促进生猪养殖主体纵向协作行为的转变。部分生猪养殖主体距离城市较远，对信息的感知灵敏度较低，因此应线上与线下相结合，通过政府座谈、建设标牌、宣传标语等形式，提高此部分养殖群体对生猪产业的了解程度。

（二）鼓励生猪养殖主体选择生产合同行为

从研究结论可知，个体特征没有对养殖主体选择生产合同行为产生显著影响，因此养殖主体选择参与生产合同行为的潜力巨大，而生产合同行为模式又是最为稳定、纵向一体化程度高的行为模式。因此引导养殖主体选择生产合同模式，可以有效提升生猪供应链稳定性，提高养殖主体的经济效益，促进生猪产业的稳定发展。

政府需要为生产合同行为模式发展提供政策支持，对企业拟定的生产性合同进行考察，保证合同的合法、合理性；建设此种模式相关的"公司+农户"合作示范点，建设专门的网络平台，对优秀的合作典范进行公示，提高"公司+农户"在生猪养殖主体中的影响力。在农户与企业合作过程中，双方都存在契约违背的可能性，而一般农户的法律意识偏弱，在与企业的博弈中往往处于弱势地位，政府应当为农户提供适当的法律支持并普及法律知识，提高农户契约意识，促进双方长期有效合作。

（三）培养养殖主体风险感知意识

根据研究结论，养殖主体风险意识对纵向协作行为的选择具有重要影响，风险意识越高的养殖主体越倾向于稳定而紧密的协作行为。因此可以建设生猪价格预警、防控防疫相关平台，宣传生猪生产风险防控意识，提高生猪养殖主体风险感知度。通过座谈、讲座等形式，宣讲生猪市场运作规律，提高生猪养殖主体风险意识，再辅以低风险的纵向协作模式宣传，促使供应链中生猪养殖主体发生纵向协作行为的转变。

（四）加大生猪质量管控力度

根据研究结论，生猪养殖主体质量监督成本越高，越倾向于选择更紧密的纵向协作方式，而下游环节质量监督水平影响着生猪养殖主体的质量控制成本。因此政府应尽快完善畜禽卫生质量分级，加强对加工环节中生猪质量的管控水平，提升对收购环节的卫生监管水平，坚持对可溯源的严格要求，从而提高产业流通的组织化程度，促进生猪产业内部有效竞争。这样既提高了生猪供应链的质量安全水平，又促进了生猪养殖主体选择更加紧密的协作行为，有助于推动生猪产业的良性发展。

（五）加强对规模养殖主体的政策支持

长期以来，河北省养殖主体分散、规模小的特点一直桎梏着供应链上下游的紧密协作水平，根据本文研究结果，规模化程度越高的养殖主体越倾向于选择更加紧密的纵向协作行为，因此提升对规模化养殖主体的政策支持，充分利用生猪规模化市场的成本竞争机制，促进生猪散户向合作社聚集或选择生产合同纵向行为，是提高生猪供应链纵向一体化的主要措施。

第四章

河北省生猪产业"公司+养殖户"协作模式研究

2018 年非洲猪瘟疫情的暴发及其后续影响对河北省生猪不同规模养殖主体均产生了较大冲击,规模化进程进一步加快:小农散户养殖生猪作为商品猪参与市场交易属性逐渐弱化,散户逐步退出市场;规模养殖主体中占据主导地位的中小规模养猪场面临严峻发展困境,既要防止大规模养猪场的"挤出效应",又要加快发展壮大自身实力,亟须探索升级转型新路径。在此背景下,2020 年 9 月,国务院办公厅发布的《国务院办公厅关于促进畜牧业高质量发展的意见》中提出,要加大对中小规模养猪场和散户的扶持力度,鼓励新型农业经营主体与中小规模养猪场建立利益联结机制,带动中小规模养猪场专业化生产,提高市场竞争力;提出鼓励龙头企业发挥带动引领作用,与中小规模养殖场和散户紧密合作,形成稳定的产业联合体。这充分说明,参与公司合作经营模式已经成为中小规模养猪场规模化发展新趋势,河北省中小规模养猪场迎来发展机遇期。但从实际调研情况看,河北省生猪供应链主体协作方面问题凸显,中小规模养猪场参与公司合作经营模式仍处在发展初级阶段,养猪场参与模式以合同式为主,形式单一,模式落后,参与程度较低。这些问题直接制约中小规模养猪场参与公司合作经营模式的完善升级,不利于河北省生猪供应链协同稳定发展。

本章从河北省中小规模养猪场角度出发,重点探讨其参与公司合作经营行为的影响机制,以及政府支持和非洲猪瘟外部环境的调节作用,为促进河北省生猪产业供应链一体化发展和农业产业化组织模式优化升级提供参考借鉴。

一、"公司+养殖户"模式的概念界定及相关理论分析

(一)概念界定

1. "公司+农户"模式的定义及类型。中小规模养猪场参与公司合作经营模式,本质上是农业产业化组织经营中"公司+农户"模式在新形势下的发展和延伸。"公司+农户"模式是农业产业化组织经营的基本和主导模式,主要是指农

业龙头企业将其主导产业与农户生产基地相结合，优化资源配置，谋求利润最大化，建立"共担风险，共享利益"的合作契约关系，在促进企业扩大市场份额和占有率，降低农户生产风险，实现农民增收的同时，推动农业产业和农产品市场稳步发展。"公司+农户"模式在实践过程中，由于当地企业布局与资源环境的差别，农户公司合作类型不尽相同，主要可以总结为四种类型：一是农户与加工龙头企业合作，即双方签订契约，农户负责产品生产环节，企业按合同价格回收，经过初步加工或深加工后投入市场销售；二是农户与流通龙头企业合作，即企业大批量收购或委托中间经纪人收购农户生产的产品，再向下游销售，销售对象繁多，有加工企业、批发市场及零售商等；三是农户与批发销售龙头企业合作，将农户生产的农产品投入专业批发市场，其价格与质量标准引导农户进行专业化生产；四是农户与中介组织合作，其典型代表是农业合作社，即农户与企业或消费者以合作社为联系纽带，贯通生产经营与市场销售，完善农业产业链条。中介组织还包括协会、科技服务组织等。四种类型中，最具发展前景和潜力的是农户与加工龙头企业合作模式和农户与中介组织合作模式。

2. 本文对中小规模养猪场参与公司合作经营模式的定义。在中小规模养猪场参与公司合作的经营模式中，与公司合作的对象由普遍意义上的农户延伸为中小规模养猪场。在合作公司的选择上，本文顺应生猪产业供应链的未来发展趋势，选择规模较大、具有较强辐射带动作用、经济社会效益相对显著的公司作为其合作公司进行研究。其具体含义是：公司依托自身技术、人才和品牌等资源优势及生猪养殖模式成熟管理经验，将养殖链条环节进行精确细化和拆分，契合中小规模养猪场发展的迫切需求，统一规划和服务。其中养殖过程中生猪产权仍属于公司，公司负责经营管理、市场销售拓展等业务，最终实现公司与养猪场协同发展，互利共赢。

3. 中小规模养猪场参与公司合作经营模式的具体形式。生猪产业链实现整合发展的关键，在于主体之间利益联结机制的建立与否及其紧密程度。参考"公司+农户"模式中依据双方契约不同利益联结机制的分类标准，总结中小规模养猪场参与公司合作经营的五种具体形式，组织结构由松散到紧密依次为：市场交易式、合同式、合作式、企业化、股份制。（1）市场交易式是养猪场市场交易自由，交易对象自由。优点：价格由市场行情决定，交易自由。缺点：此种模式不限任何经济联系和机制制约，养猪场承担价格和销售风险，公司承担产品来源和质量风险，合作关系不稳定，利益难以得到保障。（2）合同式是指养猪场与公司签订购销合同，确定养殖品种、数量、方式及收购价核算方法等，养猪场负责养殖过程，公司按照合同价收购。该模式是现阶段最主要的合作形式，以契约合同为链接纽带，双方由竞争关系转化为合作关系。优点：养猪场有了固定销售渠道，公司有了稳定产品供应，质量被无形约束。缺点：合同约束力脆弱，缺乏有效监督；利益分配不均，养猪场处于劣势地位；信息不对称，交易费用增加，机会主义和违约行为层出不穷。（3）合作式在合同式基础上引入资本因素，建立自组织多元化利益共同体，稳定性进一步提升。该模式有多种形式，如以多个养猪场组成的合作组织为载体，连接产品生产端和销售端，发展农业产业化。优点：养猪场话语权提高，收益渠道拓宽，双方交易成本降低，机会主义行为减少。缺点：组织时间长且利益关系复杂，价格冲突频发；组织生产水平、规模化程度低等。（4）企业化合作形式是以产权为链接纽带的较为稳定有效的一种合作方式。此模式中养猪场纳入公司的生产车间或部门，公司形成统一管理的完整链条。优点：形成紧密利益共同体，实现养猪场专业化生产，经济效益增加和公司竞争力提升实现双赢；同时也是农业产业化模式发展的创新，有利于高效高质量畜牧业发展。缺点：养猪场缺乏一致性，公司管理任务及费用增加。（5）股份制合作形式是养猪场与公司合作模式发展的理想化高级模式。养猪场个体或合作组织以产品、资金、土地等在公司入股，成为公司股东，享有公司经营管理权且享受股份分红。优点：养猪场由单纯生产者转变为投资者，参与公司管理，决策地位提升，获得生产收入和股份分红。缺点：此种模式对公司和养猪场要求较高，现阶段存在规模小、数量少、制度完善程度有待加强等问题。

（二）相关理论分析

1. 交易费用理论

（1）交易费用理论的基本观点。科斯（1937）首次创立交易费用理论，提出市场制度运行需要付出一定的成本，即交易费用。威廉姆森（1986）从资产专用性、不确定性程度及交易品类三个维度进一步分析了交易成本契约选择的影响因素，交易费用理论及制度经济学体系不断发展完善。其中，资产专用性是指某种资产只有运用于特定用途才能产生的最大价值，并且这种价值极难转移；不确定性包括交易双边行为不确定性与环境不确定性，如由于信息不对称导致违约行为或机会主义行为、市场环境波动等；交易频率是指交易行为于时间轴上的划分，一定程度上还影响到组织制度的选择。交易费用理论认为，市场交易受资产专用性、不确定性和交易频率的影响产生交易费用，交易运行困难，由此决定了企业的存在。企业使市场交易转化为组织内部交易，转移交易费用，促进交易顺利进行。

（2）交易费用理论对中小规模养猪场参与公司合作经营行为研究的借鉴作用。中小规模养猪场作为一个基本经济主体，拥有生猪养殖场区、设施设备及所承包土地使用权等资产，纯粹为市场生产销售，因此具有较强的资产专用性。从交易费用理论角度分析，中小规模养猪场参与公司合作经营主要存在两方面驱动因素：一是降低信息成本。由于养猪场对市场信息把握存在较大劣势，直接导致达成交易的成本大幅增加，总利润大量减少。为弥补利润损失，中小规模养猪场或增强规模实力，提升市场话语权、占有率及信息获取速度，或发展农业产业化组织经营模式，即通过企业转为内部交易，二者结成紧密的利益共同体，降低市场交易费用。二是减少机会主义行为。中小规模养猪场与市场交易过程中，由于获取信息不完整性，可能会存在违约或机会主义行为，导致经济组织问题复杂或引起交易费用增加。参与公司合作经营，使生猪养殖及交易转化为企业内部行为，从而消除原本独立交易双方的机会主义行为。另外，从企业角度来说，企业为实现规模经营，规避生猪收购不确定性及市场波动的风险，也需与中小规模养猪场形成紧密利益联结机制。

2. 有限理性理论

（1）有限理性理论的基本观点。长期以来，以"完全理性"和"经济人"为前提假设的研究占据主流经济学地位，但随着制度经济学和行为科学的发展，"完全理性"假设受到了前所未有的质疑和挑战。以西蒙为代表的一批经济学家指出，现实中完全理性是无法实现的，人的理性是有限的。经济人受限于自身认知水平、态度以及外部环境等因素，做出行为时并不能完全遵循经济理性的两个原则：一致性和最大化原则，因此才会有内生偏好的利他行为产生。经济人只能选择最满意的结果，而非最优解目标。有限理性理论在一定程度上弥补了"完全理论"的缺陷，被广泛运用于经济学中行为研究的多个方面。

（2）有限理性理论对中小规模养猪场参与公司合作经营行为研究的借鉴作用。养猪场作为微观主体，存在有限理性问题，在不同条件下会表现出不同的"理性限度"。中小规模养猪场在是否选择参与公司合作经营及具体参与形式这一行为过程中，如果基于完全理性进行选择，行为主体必须考虑参与公司经营与否及参与形式、程度等的所有可能与结果。然而，中小规模养猪场在实际中并不能掌握完全的信息，做出行为也不仅仅只考虑经济利益因素，无法达到完全理性行为水平。因此，结合有限理性理论，本研究认为中小规模养猪场参与公司合作经营行为是在受自身内部感知和外部环境等因素约束下进行的有限理性选择行为。

3. 计划行为理论

（1）计划行为理论的基本观点。计划行为理论是 Fishbein 和 Ajzen（1975）基于理性行为理论提出的，旨在解决理性行为理论在行为意向和实际行为之间的局限性，被广泛应用于研究个体行为及意愿方面。该理论认为个体行为是由行为意愿直接决定的；行为意愿又受到个体行为态度、主观规范和知觉行为控制的共同影响；外部因素通过行为态度、主观规范和知觉行为控制影响个体行为意愿，进而控制决策行为。计划行为理论为研究人类行为模式的影响因素及相关关系搭建了一个基本分析框架，后续学者在此基础上不断扩展延伸。

（2）行为态度、知觉行为控制、主观规范与行为意向的含义及其对中小规模养猪场参与公司合作经营行为研究的借鉴作用。行为态度指行为主体对特定行为的偏好程度，即对这一行为做出的正面或负面评价。计划理论认为，行为态度直接影响行为意愿，个体持正面态度，执行行为的意向就越大，反之则越小。养猪场在实施参与公司合作经营行为时，会对其可能获得的利好尽可能做出客观评价，评价越积极，做出参与行为的倾向性越强。主观规范是指主体在实施行为时，对其有影响的社会关系人或团体对其采取行为产生的压力。养猪场行为主体所处的主要社会关系有：养猪场负责人家庭、工作人员、村干部及社会团体领导等，都有可能对其参与公司合作经营行为发挥影响。如果社会关系倾向于支持养猪场参与公司合作经营，则行为主体越有可能做出相应行为。知觉行为控制反映实际控制条件对个体行为的影响，即做出特定行为时行为主体所感知到的难易程度。养猪场对参与公司合作经营的进入退出门槛、合作制度章程等的相关认知都可能会影响主体参与意愿。假设养猪场感知到参与公司合作经营预期阻碍较大，其更倾向于做出负面决策行为。行为意向是指养猪场在参与公司合作经营行为及活动中对待或处理客观事物的表现，即行为主体的行为意愿和希望等行为反应倾向。行为意向能促进一般行为的发生，养猪场参与公司合作经营行为意向受到行为态度、主观规范和知觉行为控制的影响，从而导致不同行为的产生。

4. 政府干预理论

（1）政府干预理论的基本观点。在凯恩斯提出的国家干预主义思想中，政府作为"看得见的手"，主要作用是弥补市场失灵，优化配置市场资源，维护某些公用设施事业，保证市场经济正常运行均衡发展。信息不对称和市场体系不健全等原因可能会导致大量市场失灵现象的出现，此时，政府作为"看得见的手"运用政策法律、财政补贴、公共物品等宏观调控手段积极调整市场不合理行为，弥补市场机制缺陷，帮助市场恢复均衡状态，促进公众福利得到保障。

当前我国市场经济发展过程中，"有形手"与"无形手"关系处理非常重要，应准确把握市场及政府作用定位，推动政府向市场维护者角度转换，在资源配置中发挥好引导、弥补和规制作用。

（2）政府干预理论对中小规模养猪场参与公司合作经营行为研究的借鉴作用。中小规模养猪场参与公司合作经营行为，若完全放任市场调控，可能会出现供给与需求不对称、分配不均、市场垄断等市场失灵现象。因此，需要政府发挥宣传引导及财政支持作用：及时宣传中小规模养猪场参与公司合作经营相关政策及合作效果，了解双方诉求，引导资源合理匹配；对合作过程中疫病防控、技术支持等方面提供财政补贴，保证资金落实到位。政府干预不仅直接影响中小规模养猪场参与公司合作经营的效益，而且影响参与双方主体心理决策机制，尤其是中小规模养猪场对合作对象、合作模式及预期效果的判断等。

5. 农业风险管理基本理论

（1）农业风险管理基本理论的基本观点。农业属于高风险产业，农业风险是指由于客观条件及生产者决策不确定性导致农业经营效果与预期目标产生不等大小程度的偏离，带来经济效益损失的同时也蕴含产业转型升级的转机。农业风险的特点主要有客观性、不确定性、相对性、两面性及行为相关性。客观性是指农业风险是不以人的意志为转移的、由自然客观条件引起的风险；不确定性即农业风险发生地点、时间、强度等具有强烈随机性；相对性是指农业风险的可预测性和可转化性；两面性是指农业风险会带来损失与机遇；行为相关性是指生产者的决策行为与农业风险密切相关。根据农业风险险源异质性，可将其分为自然风险、市场风险、技术风险及政策风险。农业自然风险成因为自然环境条件的不确定、不规则变化；农业市场风险成因为市场价格的波动；农业技术风险成因为农业科学技术运用中的瑕疵；农业政策风险成因为政策不稳定性或实施偏差。农业风险管理过程中，既要及时弥补损失，也要把握风险中的转机，创新产业发展新模式。

（2）农业风险管理基本理论对中小规模养猪场参与公司合作经营行为研究的借鉴作用。非洲猪瘟疫情属于农业自然风险，其暴发及后续影响对生猪养殖产业造成巨大冲击。一方面，养猪场遭受重大损失，其中中小规模养猪场及散户的风险抵抗能力较弱，遭受损失相对更大；另一方面，损失背后蕴藏转机。非洲猪瘟疫情暴发产生的深层次影响是改变生猪产业格局，促进产业链重构，规模化产业化发展进程加快，中小规模养猪场作为规模养殖的主体迎来发展机遇。同时，非洲猪瘟疫情后的防控常态化也促使经营者更新观念，做出不同行为及管理策略，谋求转型升级新路径，而参与公司合作经营模式也在新的阶段发挥出新效用。

二、河北省中小规模养猪场及其参与公司合作经营现状分析

（一）数据来源及样本描述

1. 数据来源

本文所用数据包括直接调研数据及间接数据。间接数据包括农业农村部和河北省统计局发布的有关河北省生猪产业及规模猪场统计资料、河北省生猪产业创新团队产业经济岗 2018—2021 年河北生猪产业发展报告、河北省生猪价格监测周报、河北省畜牧业生产情况农普核定（修订）数据、布瑞克农业数据平台相关数据等。

直接调研数据主要来自实地访谈和问卷调查：

（1）实地访谈。2020 年 11 月，对河北省裕丰京安、双鸽集团和正农牧业三个养殖企业进行深入调研，从大企业角度深入了解其特色模式和与农户合作经营中出现的问题等。2021 年 5 月，在河北省辛集生猪试验站参加生猪养殖培训会，和与会多名中小规模养猪场场主就非洲猪瘟疫情的影响、参与公司合作经营意愿及困难等进行交流并记录相关数据；与辛集新六农牧科技有限公司市场销售经理就中小规模养猪场发展现状、与公司合作经营现状、政策诉求等问题进行深入探讨交流，并详细了解公司与农户合约细节；与河北正农牧业有限公司负责人就其发展规模、与农户合作经营模式等进行座谈，详细了解了公司与农户双方的职责与义务。

（2）问卷调查。受新冠疫情影响，无法深入各个养猪场实地调研，因此采用线上问卷调研方法。线上问卷调研于 2021 年 5—6 月进行，范围涉及河北省11 个地市，调研对象为中小规模养猪场。首先，参考相关文献及理论模型设计具体问卷题目与选项。此次调研问卷主要涉及养猪场负责人基本情况、养猪场生产经营情况、外部环境情况以及养猪场参与公司合作经营情况四部分。其中，外部环境情况主要包括市场价格波动、非洲猪瘟疫情的影响与政府支持补贴等方面；养猪场参与公司合作经营情况具体包括行为意愿与参与模式行为两方面（详见附录《河北省中小规模养猪场参与公司合作经营调查问卷》）；其次，采用随机抽样方法，在当地生猪试验站帮助下随机选取了 5 个养猪场，通过访谈、填写问卷进行试调研，发现问卷中的不足之处，修改后进行第二次试调研，再次完善；最后，借助问卷星平台发放网上问卷，分析所收集的问卷数据。此次调研共回收有效问卷 473 份，有效率达到 99.58%，样本具有广泛性和代表性，并且与本文相关定义吻合，能够说明河北省中小规模养猪场发展和参与公司合

作经营的基本情况（样本分布情况见表4-1）。

表4-1 调研样本分布情况

地市	频数	比例（%）
石家庄市（含辛集市）	104	21.99
秦皇岛市	73	15.43
衡水市	27	5.71
邢台市	37	7.82
唐山市	37	7.82
张家口市	13	2.75
承德市	42	8.88
保定市（含定州市）	58	12.26
廊坊市	20	4.23
邯郸市	34	7.19
沧州市	28	5.92

数据来源：调研数据整理所得。

2. 样本描述

中小规模养猪场的基本情况主要从以下方面予以考虑（见表4-1）：（1）养猪场负责人年龄。被调查养猪场负责人的年龄大体在31~60岁，占比达到94.94%，其中43.67%的负责人年龄在41~50岁，在样本中所占比例最高；（2）养猪场负责人受教育程度。所调查养猪场负责人受教育程度以初中为主，占比为46.42%，其次是高中，占比为24.68%。可以看出养猪场负责人的平均受教育程度较低，但同时也在逐步向高学历人才担任经营主体负责人的趋势发展；（3）养猪场占地面积。被调查养猪场占地面积均值在75亩左右，72.30%的养猪场占地面积在20亩以内，在样本中所占比重最大；（4）养殖年限。所调研中小规模养猪场生猪养殖年限平均为10.15年，可见大多数养猪场具备一定的养殖经验；（5）养殖规模。调查样本中年出栏量为201—500头的养猪场占比最高，为37.55%，其次是1001—2000头的养猪场，河北省规模生猪养殖主体以中小规模养猪场为主，同时大规模养猪场发展进程不断加快；（6）饲养方式。被调查中小规模养猪场以自繁自养生产经营模式为主，占比高达8.6%，其次还有种猪场、育肥场和繁育场。

表4-2　被调查中小规模养猪场基本特征均值和标准差

统计指标		均值	标准差
负责人年龄	25岁以下=1；26～30岁=2；31～40岁=3；41～50岁=4；51～60岁=5；60以上=6	4.92	0.86
负责人受教育程度	小学=1；初中=2；高中=3；大专及以上=4	2.63	0.90
养猪场占地面积（亩）		74.73	539.74
养殖年限（年）		10.15	7.55
养殖规模	100～200头=1；201～500头=2；501～1000头=3；1001～2000头=4	2.86	1.23
饲养方式	自繁自养=1；种猪场=2；只育肥=3；只繁育=4	1.23	0.61

数据来源：调研数据整理所得。

（二）河北省中小规模养猪场生产经营现状

1. 中小规模养殖主体现状

河北省生猪养殖主体以中小规模养猪场为主，规模化程度平缓上升。河北省生猪养殖主体主要包括散养户、中小规模养猪场及大规模养猪场。其中，据《中国畜牧兽医年鉴》统计，2020年散养户和中小规模养猪场数量占比达到99.71%，始终占主体地位。2018年非洲猪瘟疫情暴发以来，散养户数量下降幅度最大，达到35.61%，后期降幅虽有所回落，但与其他规模养殖主体相比，降幅仍处于高位，说明非洲猪瘟疫情给散养户带来巨大损失，大量散养户快速退出市场，而剩余散养户生产生猪主要用于自我消耗，其市场价值属性逐渐淡化。2018年中小规模养猪场数量降幅扩大，2019年降幅达到最大，2020年降幅缩小，并逐渐显现正向增长变化趋势，虽然增长幅度小于大规模养猪场，但结合中小规模养猪场基数分析，2020年中小规模养猪场数量超过7万个，而大规模养猪场数量仅有一千左右，因此，从未来发展趋势来看，中小规模养猪场成为河北省生猪养殖规模化进程的中坚力量。2018年非洲猪瘟疫情暴发后，大规模养猪场数量降幅缩小，至2020年其数量完全转为正向增长，说明大规模养猪场在非洲猪瘟疫情中遭受损失相对较小且复养信心实力充足，具有带动中小规模养猪场发展的潜力，也进一步表明了河北省生猪养殖产业化规模化发展的趋势性（见图4-1）。综上，河北省生猪产业规模化程度不断提升，而在其过程中，中小规模养猪场将持续扮演重要角色。

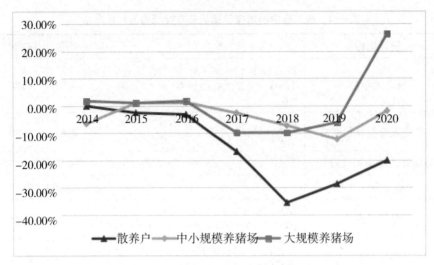

图 4-1　河北省不同规模养殖主体数量变化幅度情况

数据来源：中国畜牧兽医年鉴。

2. 成本与收益情况

中小规模养猪场经营成本构成复杂，而收入来源单一。中小规模养猪场经营成本和收入均集中在 500 万元以下，占比分别为 82.91% 和 78.85%（见图 4-2）。经营成本主要包括饲料费用、仔猪成本、雇佣工人成本、疫病防治费用、信息获取产生费用、其他费用等。图 4-3 中，疫病防治费用占比最高，为44.68%，原因可能是非洲猪瘟及其后续影响引起养猪场负责人对疫情防控的重视，投入资金陡然剧增，甚至超过占据养猪场投入成本主体地位的饲料费用。雇佣工人成本、仔猪成本较低，分别为 11.62% 和 10.71%，这是由于中小规模养猪场多以家庭农场形式经营，家庭成员为猪场工作人员，较少雇工，同时中小规模养猪场以自繁自养模式为主，仔猪主要来源渠道为自己猪场能繁母猪繁育，因此成本投入较低。另外，中小规模养猪场信息获取费用和其他费用分别为 0.11% 和 2.61%，说明养猪场负责人已经逐渐认识到及时获取市场信息的重要性。中小规模养猪场的收入主要源于生猪和仔猪销售收入，调研样本中仅有4.93% 的养猪场享受国家补贴，7.71% 的养猪场有其他收入，但占总收入的比重很小。

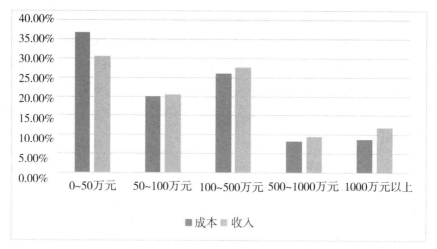

图4-2　中小规模养猪场经营成本和收入

数据来源：调研数据整理所得。

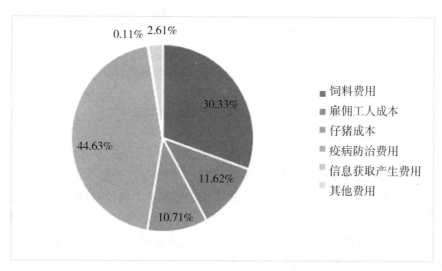

图4-3　中小规模养猪场经营成本结构

数据来源：调研数据整理所得。

3. 自动化设备配置情况

中小规模养猪场自动化设备配置率不高。中小规模猪场引进自动化设备能够在缓解畜牧业人力资源匮乏压力的同时保证精准养殖，优化猪舍环境卫生，提升养殖水平和经济效益，对实现生猪养殖规范化、标准化具有重要意义。从中小规模养猪场的生产需求和资金实力考虑，可配备的猪舍自动化设备主要包括自动喂料、自动饮水、自动清粪和智能环控设备等。通过调研发现，中小规模养猪场中仅有 36.60% 配置有自动化设备，其中自动饮水设备配置率较高，占比为 99.42%，其次是自动喂料和自动清粪设备，而智能环控设施配置率最低，为 43.02%（见图 4-4）。另外，通过走访发现，目前大多数中小规模养猪场已经或正在对猪舍进行改造，精细划分保育舍、育肥舍和产房等分段养殖猪舍，废弃物处理方式也在不断更新，同时逐渐优化猪舍设施设备，适应当前标准化发展和防病防疫需求。

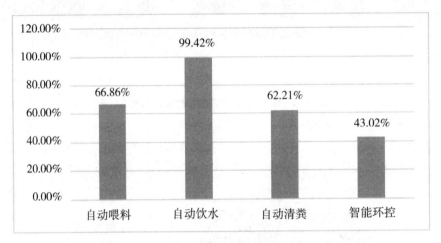

图 4-4 中小规模养猪场自动化设备配置情况

数据来源：调研数据整理所得。

4. 非洲猪瘟因素影响情况

非洲猪瘟对中小规模养猪场生产和销售造成影响。通过与养猪场负责人座谈，对非洲猪瘟疫情给中小规模养猪场生产经营带来的困难和挑战进行分析，按平均综合得分排序，其中最大的困难在于猪价波动剧烈和猪病严重。有 62.22% 的中小规模养猪场生猪养殖受到影响，损失一定数量的生猪。其次是资金周转困难和环保压力大，与猪场成本增加和废弃物资源化利用要求有关。非洲猪瘟疫情还造成生猪养殖水平低、生猪销售困难、用地困难、招聘合适的技术人员及兽医难等问题（见表 4-3）。面对非洲猪瘟疫情所带来的生产经营风险，中小规模养猪场采取了一系列防范或化解措施，73.89% 的养猪场选择购买生猪保险，51.17% 的养猪场自担风险，另外有 16.14% 的养猪场选择参与养殖龙头企业合作经营或加入合作社来缓解生产经营压力，较少猪场购买生猪期货和依靠政府补贴防控风险（见表 4-4），这也从侧面说明养猪场参与公司合作经营模式尚处于发展初级阶段，具有较大发展潜力。

表4-3　非洲猪瘟期间中小规模养猪场运营遇到的困难和挑战

遇到的困难和挑战	排序得分
猪肉价格不稳定	5.39
猪病严重	4.37
资金周转困难	4.23
环保压力大	4.1
生猪养殖水平低	2.84
生猪销售困难	2.31
土地政策制约	2.15
招聘技术人员及兽医难	1.61
其他	0.18

数据来源：调研数据整理所得。得分计算方法：选项平均综合得分＝（Σ频数＊权值）／本题填写人次

表4-4　中小规模养猪场采取的防控或化解非洲猪瘟带来风险的措施

防范或化解风险的措施	比重（%）
购买生猪保险	73.89
生猪期货	4.03
与养殖龙头企业合作	10.83
加入合作社	5.31
自担风险	51.17
依靠政府补贴	9.98
其他	2.12

数据来源：调研数据整理所得。

（三）河北省中小规模养猪场参与公司合作经营现状分析

1. 中小规模养猪场与公司合作经营的参与形式分析

河北省中小规模养猪场参与公司合作经营的形式以合同式为主。从调研结果看（见图4-5），样本中有45个中小规模养猪场与公司合作经营形式为市场交易式，占比约为5.66%。以自由交易和自由买卖为特征的初级形式，没有任何经济联系和机制约束，合作关系不稳定。采用与企业直接签订合同进行合作的样本有240个，总数过半，成为目前双方合作的最主要形式，此结果也与当前全国范围内生猪产业"公司+农户"模式发展情况相符，即以契约为联结纽

带，双方由竞争转化为合作，相较于市场交易式更具稳定性和紧密性，但也存在合同约束力弱和利益分配不均等问题，中小规模养猪场仍处于弱势地位。15.09%的中小规模养猪场与公司合作经营模式为合作式，引入资本因素，稳定性进一步提升。另外，还有24.53%采用企业化或股份制合作方式，说明河北省中小规模养猪场参与公司合作经营逐渐向以产权为联结纽带的高级模式发展。

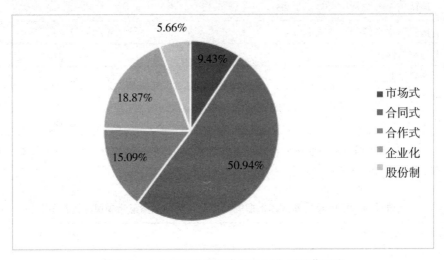

图4-5 中小规模养猪场参与公司合作经营形式

数据来源：调研数据整理所得。

2. 中小规模养猪场与公司合作经营的参与程度分析

河北省中小规模养猪场与公司合作经营的参与程度，也就是双方合作度，主要从合作年限、合作收入占比和交易纠纷等方面进行调研分析。从中小规模养猪场参与公司合作经营期限来看，调研样本中与公司合作期限1~3年的占绝大多数，其次期限为3~5年，而建立10年及以上长期合作关系的占比较少（见图4-6）。说明在现阶段，河北省中小规模养猪场倾向于与公司建立短期合作经营关系，这可能与当前生猪养殖产业的不稳定，中小规模养猪场在非洲猪瘟疫情后复产信心不足有关。从中小规模养猪场与公司合作经营收入占养猪场经营总收入的比重来看，分布较为不均，占比为91%~100%的最多，其次是占比30%以下，间隔差距较大，从总体看，大约半数养猪场收入占比为70%以上（见图4-7）。结合访谈调研可知，河北省中小规模养猪场与公司合作经营规模不一致，存在一些养猪场并未实现完全的合作经营的情况，同时中小规模养猪场还可能存在自行销售等行为，这也从侧面说明养猪场与公司合作模式的发展不完善，主体双方合作程度和养猪场对此种模式的信任度有待提升。通过问卷调查和与养猪场负责人座谈，发现中小规模养猪场与公司合作经营过程中，双方的交易纠纷情况总体较少，但也有少量不履行性合同、违约等行为的发生，对双方合作模式及经济效益造成不良影响。

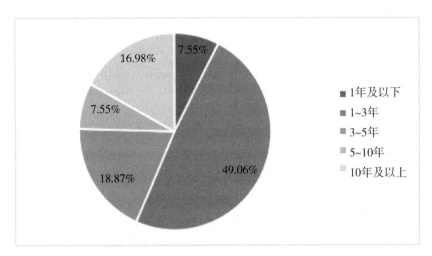

图4-6　中小规模养猪场与公司合作经营期限

数据来源：调研数据整理所得。

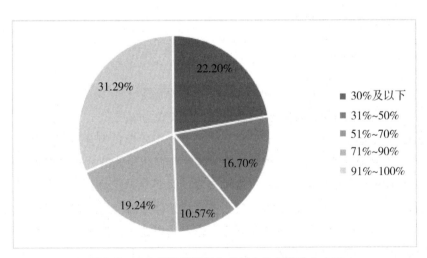

图4-7　中小规模养猪场与公司合作经营收入占比

数据来源：调研数据整理所得。

3. 中小规模养猪场与公司合作经营获得的服务分析

河北省中小规模养猪场参与公司合作经营能够获得公司方面提供的服务，协助解决养猪场发展困难。从调研实际情况看，中小规模养猪场参与公司合作经营能够获得的公司提供的服务主要包括：养殖上游环节提供仔猪、育种产品（精液等）、饲料兽药等服务；养殖过程中提供防疫设施技术、养殖管理指导、猪场设备技术支持、废弃物资源化处理、组织人员培训等服务；养殖下游环节提供物流运输、屠宰加工、订单销售等服务。通过调研发现，公司能够协助中小规模养猪场缓解一些生产经营困难，其中，防范化解风险和降低生产成本占比最高，其次是获得技术指导和解决销售问题（见表4-5），这也在一定程度上说明了当前后非洲猪瘟时代中小规模养猪场防范市场、疫情风险与提升疫情防控技术的重要性。

表4-5　中小规模养猪场参与公司合作经营获益方面

获益方面	比重（%）
防范化解风险	71.70
降低生产成本	73.58
解决资金难题	52.33
获得技术指导	67.92
解决销售问题	64.15
提高销售价格	32.08
其他	1.89

数据来源：调研数据整理所得。

4. 中小规模养猪场参与公司合作经营存在的问题

（1）中小规模养猪场参与公司合作经营模式较为单一

河北省中小规模养猪场参与公司合作经营最主要模式为合同式，超过总数的一半，而其他三种模式一共约占总数一半。合同式模式的合作紧密程度处于五种模式中偏低水平位置，相较于市场交易式具有一定优势，但与合作式、企业化和股份制相比，利益联结机制较为落后。总体来看，河北省中小规模养猪场在与公司合作经营过程中缺乏多元化合作经营模式的创新与建立，参与行为较为单一。

（2）中小规模养猪场参与公司合作经营程度有待提升

通过对河北省中小规模养猪场与公司合作经营年限、合作收入占养猪场经营总收入比重和双方交易纠纷等方面进行分析，发现中小规模养猪场倾向于与公司建立短期合作关系且合作规模不一致，存在一定交易纠纷和违约行为，这说明中小规模养猪场参与公司合作经营的程度偏浅，双方合作缺乏深入性和稳定性。

（3）非洲猪瘟疫情对中小规模养猪场生产经营造成冲击

非洲猪瘟疫情的暴发及后续影响增大了中小规模养猪场的生产经营风险，其影响主要有两方面：一是增加成本，即增加猪只死亡处理成本、生物安全防控成本以及产能恢复补栏成本等；二是加大了风险，即生猪养殖、运输及销售过程中的感染风险和市场价格不稳定造成的市场销售风险。因此，非洲猪瘟疫情促使中小规模养猪场加速考虑未来转型升级之路，而参与公司合作经营成为主要发展趋势。

（4）政府在养猪场与公司合作经营方面支持力度亟待加强

在中小规模养猪场与公司合作经营过程中，离不开政府宣传引导及财政支持。通过与生猪试验站领导及养猪场负责人座谈发现，现有相关财政支持更多偏向公司，且公司获得补贴的门槛也偏高，而对于中小规模养猪场方的资金支持较为欠缺。同时，中小规模养殖场参与公司合作经营率偏低的重要原因在于其不了解相关政策制度和没有第三方牵线搭桥，因此政府作为中小规模养猪场参与公司合作经营中的第三方，应积极发挥制度宣传、牵线搭桥和财政补贴等重要作用。

三、中小规模养猪场参与公司合作经营决策行为研究模型构建

（一）中小规模养猪场参与公司合作经营行为研究框架

本文在对中小规模养猪场参与公司合作经营行为相关研究成果、概念及发展现状问题系统梳理分析的基础上，以理论为指导，构建本文理论分析框架，并依据理论分析框架设计本文研究框架。

研究框架构建思路：依据交易费用理论、有限理性理论、计划行为理论、政府干预理论和农业风险管理基本理论，为探讨中小规模养猪场参与公司合作经营行为理论实证研究奠定基础并指引方向，构建理论分析框架如图4-8。依据有限理性理论，个体行为受到不同因素影响，本文研究中小规模养猪场参与公司合作经营决策行为从影响机制和调节效应切入，设计的研究框架主要有两部分：一是在计划行为理论指导下，采用结构方程模型分析中小规模养猪场参与公司合作经营行为影响的机制；二是在政府干预理论和农业风险基本理论指导下，选取政府支持与非洲猪瘟因素作为外部环境调节变量，纳入结构方程模型检验其调节效应（见图4-9）。

研究框架图示如下：

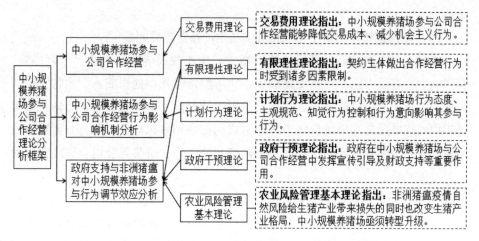

图4-8　中小规模养猪场参与公司合作经营行为理论分析框架

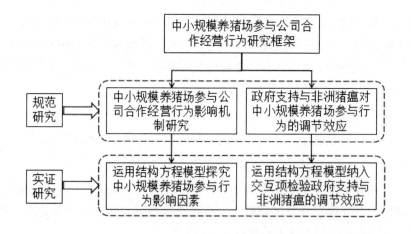

图4-9　中小规模养猪场参与公司合作经营行为研究框架

1. 中小规模养猪场参与公司合作经营行为影响机制

依据计划行为理论构建中小规模养猪场参与公司合作经营行为影响机制理论模型。计划行为理论是分析个体行为意向和决策行为的重要理论之一。依据计划行为理论，中小规模养猪场参与公司合作经营的行为意图为参与行为提供活动可能的行为倾向与偏好，从而决定参与行为。本文把中小规模养猪场参与公司合作经营视为一个具有时间和因果关系的过程，行为态度、知觉行为控制和主观规范三个因素影响中小规模养猪场参与公司合作经营的行为意愿与参与行为，同时也通过行为意愿对参与行为产生影响。其中，中小规模养猪场参与行为包括参与形式和参与程度两方面内容。由此，提出中小规模养猪场参与公司合作经营行为影响机制的理论模型（见图4-10）。

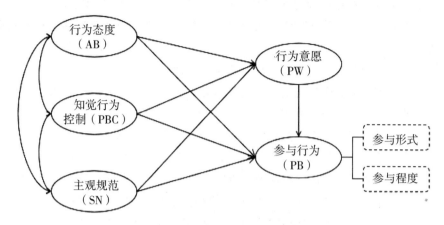

图4-10　中小规模养猪场参与公司合作经营行为影响机制

2. 政府支持、非洲猪瘟与中小规模养猪场参与行为

计划行为理论侧重研究主体内生性因素对其行为控制作用力，隐含外部环境一致性假设，但不同情境下中小规模养猪场可能会做出不同的参与行为，因此有必要纳入外部环境因素，分析其对中小规模养猪场参与公司合作经营行为的影响机理。生猪产业作为传统畜牧业，受到疫病风险、政策环境、市场环境及进出口等外部环境因素影响。考察近几年生猪产业发展实际情况，产业格局变化、市场波动剧烈，究其重要原因在于非洲猪瘟疫情暴发及后续影响，并且非洲猪瘟对生猪产业的影响逐步呈现出长期性和常态化趋势。在此种情况下，政府在稳定生猪市场、疫情防控及生猪安全体系建设方面发挥了重要作用。因此，本文选取政府支持与非洲猪瘟作为外部环境调节变量，构建理论分析框架，探索外部治理环境调节作用对中小规模养猪场参与公司合作经营行为的影响路径与方向。

（1）政府支持因素与中小规模养猪场参与行为

对于政府在农业产业化经营组织中发挥的作用与职能，现有文献主要集中于研究政府补贴作用，尤其是政府在融资与保险等方面的补贴机制与制度创新。在中小规模养猪场参与公司合作经营模式中，政府的定位为市场秩序、收益分配、联结机制的维护者、保障者和服务者，具体到中小规模养猪场参与公司合作经营过程中，政府主要发挥宣传、引领和补贴等服务职能。一方面，信息不完全和信息不对称导致市场对双方合作组织发育产生不确定性影响，潜在的互利合作或交易可能难以成为现实：养猪场与公司对于市场信息及相关政策制度获取不完全或获取信息成本增高；养猪场与公司信息掌握差异较大，两者之间存在明显的信息不对称，因此需要政府发挥宣传引导作用。另一方面，政府补贴在引导和促进农业产业化组织经营稳定性和有效性方面具有显著激励作用，同时也需要保证合适的补贴资金额度及补贴标准体系，确保政策补贴制度发挥最大效用。

（2）非洲猪瘟因素与中小规模养猪场参与行为

非洲猪瘟疫情对中小规模养猪场参与公司合作经营行为的影响主要存在于中观产业调整和微观防疫诉求两方面。从中观角度分析，非洲猪瘟疫情暴发及后续影响促进生猪产业养殖主体结构的调整优化。受非洲猪瘟疫情冲击，生猪产业发生变革，养殖环节上下游协同程度快速提升。在养殖环节中，散户快速退出市场，适度规模和以中小规模养猪场与公司合作经营为主的"公司+农户"模式成为未来主要发展方向，也是未来中小养殖户成功转型的最优选择之一。从微观角度分析，后非洲猪瘟时代对规模化养猪场防疫管理和生物安全提出新要求。由于非洲猪瘟疫情的长期性和不确定性，疫情防控形势在较长时间内仍然十分严峻，而目前控制非洲猪瘟最有效的方法是生物安全防控。中小规模养猪场由于资金、技术和设备等方面水平较低，若独自根据生物安全防控要求重新规划猪场布局、更新设备设施、设置严格的安全防控制度，无疑会大幅度增加成本，养猪场难以负担。参与公司合作经营，由公司统一布控生物安全防控系统，在提升防疫技术的同时还可降低养猪场成本。

由此，提出政府支持与非洲猪瘟对中小规模养猪场参与公司合作经营行为调节效应的理论模型（见图4-11）。

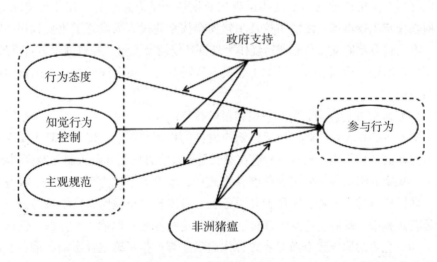

图4-11　政府支持与非洲猪瘟对中小规模养猪场参与公司合作经营行为的调节效应

（二）变量设置与研究假说

1. 变量设置

（1）参与行为

中小规模养猪场的行为决策具有较强的主观色彩，测量指标体系较难建立。衡量中小规模养猪场与公司合作经营的参与行为，借鉴本文对参与行为的定义，主要分析两个方面：一是参与形式。参考农户参与农业产业化经营组织行为测量指标研究成果，中小规模养猪场参与公司合作经营的五种具体形式由松散到紧密依次为市场交易式、合同式、合作式、企业化、股份制，蕴含内部顺序性，此处将其作为连续型变量进行分析。二是参与程度。观测参与程度本质上也是观测主体双方合作程度，结合实地调研访谈，中小规模养猪场参与公司合作经营收入占比、合作过程中交易纠纷等均可以衡量双方合作程度。由此，本文选取参与形式、收入占比及交易纠纷指标来反映中小规模养猪场的参与行为。

（2）行为意愿

依据计划行为理论，主体行为意愿影响主体行为，而行为意愿又由行为态度、知觉行为控制与主观规范综合决定。现有农户参与农业产业化经营组织行为研究中，主要采用对相关信息的关注程度、推荐他人参与的可能性以及未来提升公司合作经营紧密度的可能性等指标来衡量主体参与行为意愿。养猪场对相关案例和政策的关注程度越高，越有意向提升参与紧密度并推荐熟人养猪场与公司合作，则其参与公司合作经营的意愿就越强烈。

（3）行为态度

中小规模养猪场的行为态度是指养猪场对参与公司合作经营行为积极或消极的评价判断，强调主观感受，态度及评价越积极，参与可能性越大。国内外学者对行为态度主要有两种测量方法。一种是直接选取测量指标进行衡量。Rhodes 和 Ajzen 提出，经济收益、接受服务满意度以及参与行为价值性等因素会影响农户对与公司合作经营模式的参与行为。另一种是对行为态度解构，划分二级指标来测量。相关指标有感知收益、成本和风险，或感知有用性、易用性和相容性等。本文采用直接选取测量指标的方法，选取中小规模养猪场利润评价、服务满意度评价及风险评估三方面来测量其对于参与公司合作经营的行为态度。

（4）知觉行为控制

知觉行为控制是指中小规模养猪场做出参与公司合作经营行为时感知到的难易程度，感知难度大会降低行为意愿。当前学者在研究农户参与农业产业化经营组织时，主要将知觉行为控制测量变量分为两部分：一是自我效能，即农户自身认知、禀赋条件及资源储备等因素；二是组织机制，包括组织激励机制、利益分配机制及违约惩罚机制等。由于本文研究对象为中小规模养猪场，规模已经被限定，在这方面主要测量其参与公司合作经营行为感知到的便利条件，选择养猪场与公司合作制度安排公开透明性、合作对象选择标准高低以及合作程序操作便利性作为观察变量。

（5）主观规范

主观规范因素是指中小规模养猪场在做出或执行参与公司合作经营行为时感受到的外界压力，主要是家庭、邻居、亲友及上级等重要的人或团体对参与行为正面或负面的期望。养猪场参与行为受到正式制度和非正式制度的影响，正式制度包括政策倾向和村干部政策引导等；非正式制度即宗族约束和同群规范约束，尤其是家庭成员归属感、亲朋好友意愿、组织成员信任度和其他养猪场参与行为的同类影响作用。家庭、亲友与组织成员的支持和其他养猪场的参与示范对养猪场决策行为具有正向引导性。考虑到正式制度具有一定的客观性，不受相关个体主观性影响，在一定程度上也可将其作为外部条件考虑，此处选取养猪场负责人家庭支持力度、养猪场员工支持力度及其他同等实力养猪场行为示范作用三个指标来测量中小规模养猪场参与公司合作经营的主观规范因素。

（6）政府支持

政府支持作用对农户参与农业产业化经营组织行为具有一定的影响。政府支持作用主要包括政策宣传引导、合作主体间牵线搭桥、财政补贴及政策规制等。本文主要针对的是政府支持对中小规模养猪场参与公司合作经营形式及程度的影响，对于基于契约中机会主义或违约行为治理的政府规制作用暂不分析。选取政策宣传作用、牵线搭桥作用及财政补贴力度三个指标来测量中小规模养猪场参与公司合作经营的政府政策支持因素。

（7）非洲猪瘟

非洲猪瘟疫情对中小规模养猪场参与公司合作经营的影响，主要基于中小规模养猪场的损失程度和疫情后猪场需求来考量。通过实地调研发现，中小规模养猪场在生物安全体系建设和疫情防控方面存在的主要问题在于资金和技术，即成本上涨担忧和防控技术获得难。同时，非洲猪瘟疫情后养猪场风险性上升，生物安全日常防控要求提高，这些方面可能对养猪场参与公司合作经营行为产生影响。本文选取养猪场疫情损失程度、生物安全需求力度及规避疫情风险迫切程度三个指标来衡量中小规模养猪场参与公司合作经营行为的非洲猪瘟影响因素。

2. 研究假说

基于以上对中小规模养猪场参与公司合作经营行为理论分析框架、研究框架及相关变量的分析，提出本文研究假说如下：

H1：中小规模养猪场行为态度对其与公司合作经营参与行为具有显著正向影响。

H2：中小规模养猪场知觉行为控制对其与公司合作经营参与行为具有显著正向影响。

H3：中小规模养猪场主观规范对其与公司合作经营参与行为具有显著正向影响。

H4：中小规模养猪场与公司合作经营行为意愿对其参与行为具有显著正向影响。

H5：行为意愿在行为态度、知觉行为控制、主观规范与参与行为关系中具有中介效应。

H6a：政府支持因素正向调节中小规模养猪场行为态度对其参与行为影响关系。

H6b：政府支持因素正向调节中小规模养猪场知觉行为控制对其参与行为影响关系。

H6c：政府支持因素正向调节中小规模养猪场主观规范对其参与行为影响关系。

H7a：非洲猪瘟因素正向调节中小规模养猪场行为态度对其参与行为影响关系。

H7b：非洲猪瘟因素正向调节中小规模养猪场知觉行为控制对其参与行为影响关系。

H7c：非洲猪瘟因素正向调节中小规模养猪场主观规范对其参与行为影响关系。

（三）研究模型构建

结构方程模型是一种集数据测量和分析于一体的多元数据统计分析方法，目前在社会科学等多个领域得到广泛应用。结构方程模型是验证性模型，即对理论引导下构建的研究模型结构分析图进行验证，强调理论合理性。相较于经典显性回归方程分析方法，结构方程模型更具测量普遍性，更适用于研究多输入多输出变量路径分析结构。模型变量包含不可直接观测变量（潜变量）和可直接观测的变量（观察变量），可专一规划潜变量之间关系；允许变量间存在一定的测量误差或残差；计算模型直接间接效应、总效应和中介效应等。结构方程模型包括两部分：描述观察变量与潜变量之间关系的测量模型和验证潜变量之间路径关系的结构模型。

选取结构方程模型研究中小规模养猪场参与公司合作经营行为影响机制，最主要基于其两点优势：一是测量潜变量。研究中涉及养猪场行为态度、知觉行为控制、主观规范、行为意愿及参与行为等潜变量因素，本身难以直接观测，只能通过设计多个观察变量间接测量，而这是一般多元线性回归等模型无法解决的。二是同时处理多个因变量。本文中参与行为因变量考虑参与形式、参与程度等众多因素，多个因变量、潜变量和观察变量之间的复杂关系更适合纳入结构方程模型来分析，构建模型如下：

（1）测量模型

$$x = \Lambda x\zeta + \delta; \quad y = \Lambda_y\eta + \varepsilon$$

式中，x 和 y 分别表示外源指标和内向指标组成的向量，指由 q、p 个指标构成的 $q*1$ 向量、$p*1$ 向量；ξ 和 η 分别表示外源和内生潜变量，指由 n、m 个外源潜变量和内生潜变量组成的 $n*1$ 向量、$m*1$ 向量；Λx 表示外源指标 x 的因素负荷量，Λy 表示内生指标 y 的因素负荷量；δ 和 ε 分别表示外源指标 x 和内生指标 y 的测量误差。其中，ε 与 η、ξ 和 δ 不相关，δ 与 ξ、η 和 ε 不相关。

（2）结构模型

$$\eta = B\eta + \Gamma\xi + \zeta$$

式中，B 用来表示潜变量间回归系数；Γ 表示 ξ 对 η 的影响；ζ 表示结构模型的干扰项或残差项。

基本假设包括：

①δ 和 ε 均值为 0；

②残差项 ζ 取值为 0；

③δ、ε 和 ξ，η 不相关，ε 与 δ 也不相关；

④ζ 和 ξ、δ、ε 不存在关联性。

（3）调节效应分析模型

在结构方程模型基础上，对调节变量的调节效应进行检验分析一般有两种方法：一是群组结构方程检验；二是纳入交互项检验。由于本文中调节变量均为潜变量，因此选用交互项进行调节效应检验。

自变量 x 影响因变量 y 的过程中，可能存在变量 m 对两者关系方向或强弱产生作用，此时，m 为调节变量，可构建模型分析 m 对 y 与 x 关系的调节效应。表示如下：

$$y = ax + bm + cxm + e$$

即 $y=bm+(a+cm)x+e$

其中，变量 y 与变量 m 的关系由调节变量 m 的线性回归式（$a+cm$）来表示；c 用来表示调节效应，如果验证结果中显示 c 值显著，则拒绝原假设（$H0$：$c=0$ 假设被拒绝），说明 m 对因变量 y 与自变量 x 关系的调节作用显著，同时，此模型中 c 代表了自变量 x 与调节变量 m 的交互效应。鉴于此，本文研究政府支持与非洲猪瘟因素对中小规模养猪场参与公司合作经营行为的调节效应。在建立结构方程模型基础上，纳入调节变量与自变量的交互项进行验证分析，观察交互项系数以此判断调节效应是否显著。

四、中小规模养猪场参与公司合作经营决策行为实证分析

（一）变量描述性统计分析

根据以上研究假说，将行为态度、知觉行为控制、主观规范、政府支持、非洲猪瘟、行为意愿和参与行为作为研究模型潜变量，每个潜变量下设置三个观察变量。指标选项设立运用了内部一致性程度相对较高的李克特五级量表技术，方便数据整理和适应结构方程模型分析。整理分析调研问卷数据，对中小规模养猪场参与公司合作经营行为相关变量进行描述性统计，见表4-6。

表4-6　中小规模养猪场参与公司合作经营行为研究变量统计性描述

潜变量	观察变量	取值	平均值	标准差
行为态度（AB）	与公司合作能够获取更多的利润（AB1）	非常不赞同=1；比较不赞同=2；一般=3；比较赞同=4；非常赞同=5	3.87	1.127
	与公司合作能享受到令人满意的服务（AB2）		3.38	1.011
	与公司合作能够降低猪场的养殖和市场风险（AB3）		3.64	1.152
知觉行为控制（PBC）	双方合作相关制度安排应该公开透明（PBC1）	非常不赞同=1；比较不赞同=2；一般=3；比较赞同=4；非常赞同=5	3.32	1.135
	双方合作程序应该简单、易操作（PBC2）		3.30	1.158
	公司对合作对象的选择标准应该比较低（PBC3）		3.01	1.274

潜变量	观察变量		取值	平均值	标准差
主观规范（SN）	家庭成员支持养猪场与公司进行合作（SN1）		非常不赞同＝1；比较不赞同＝2；一般＝3；比较赞同＝4；非常赞同＝5	3.62	1.044
	猪场员工支持养猪场与公司进行合作（SN2）			3.27	0.921
	其他养猪场与公司合作的行为，促使自己的养猪场与公司进行合作（SN3）			3.19	0.921
政府支持（GP）	政府在双方合作中发挥的宣传作用（GP1）		非常小＝1；比较小＝2；一般＝3；比较大＝4；非常大＝5	3.17	1.103
	政府在双方合作中发挥的牵线搭桥作用（GP2）			3.03	1.216
	政府在双方合作中发挥的财政支持作用（GP3）			3.06	1.194
非洲猪瘟（ASF）	养猪场在非洲猪瘟疫情中的损失程度（ASF1）		非常小＝1；比较小＝2；一般＝3；比较大＝4；非常大＝5	3.10	1.190
	猪场生物安全防控设施设备与技术的需求力度（ASF2）			3.12	1.177
	规避非洲猪瘟带来风险的迫切程度（ASF3）			3.21	1.253
行为意愿（PW）	对养猪场与公司合作相关政策与案例的关注程度（PW1）		非常小＝1；比较小＝2；一般＝3；比较大＝4；非常大＝5	3.46	1.038
	推荐其他猪场与公司合作经营的可能性（PW2）			3.03	1.191
	养猪场未来提升公司合作经营紧密度的可能性（PW3）			2.98	1.148
参与行为（PB）	参与形式	养猪场与公司的合作形式（PB1）	市场交易式＝1；合同式＝2；合作式＝3；企业化＝4；股份制＝5	2.60	1.072
	参与程度	养猪场年总收入中有多少来自与公司合作经营收入（PB2）	30%及以下＝1；31%～50%＝2；51%～70%＝3；71%～90%＝4；91%～100%＝5	3.00	1.567
		养猪场与公司合作中出现的交易纠纷情况（PB3）	没有＝1；非常少＝2；比较少＝3；一般＝4；比较多＝5	3.43	1.137

资料来源：本研究实地调研数据整理。

（二）模型检验

1. 信度与效度检验

为检测问卷中量表设计的可靠性和有效性，确保模型拟合度和假说检验合理性，本小节利用 SPSS 24.0 软件对量表进行信度和效度检验。一般采用 Cronbach's α 系数值和组合信度（CR）来衡量量表信度，Cronbach's α 系数值达到 0.8，CR 系数达到 0.7，表示变量信度较高。效度一般采用 KMO 值和 Bartlett 球形度显著性检验，KMO 值达到阈值 0.6，Bartlett 检验显著性水平小于 0.001，最好达到 0.000，说明变量间相关性较强，量表适合做因子分析（王耀辉，2021）。信度与效度检验结果如表 4-7 所示，量表整体与各潜变量的 Cronbach's α 系数值均大于 0.8，CR 系数均大于 0.8，KMO 值均大于 0.6，Bartlett 球形度检验显著性水平均为 0.000，表明量表整体及各潜变量都通过可靠性和一致性检验，具有良好的信度与效度，可进行下一步分析。

表 4-7　信度与效度检验结果

潜变量	观察变量	因子负载量	Cronbach's α 系数值	组合信度 CR	KMO 值	Bartlett 球形度检验（显著性）
行为态度（AB）	AB1	0.823	0.895	0.850	0.750	844.522（0.000）
	AB2	0.820				
	AB3	0.783				
知觉行为控制（PBC）	PBC1	0.781	0.896	0.855	0.748	858.345（0.000）
	PBC2	0.827				
	PBC3	0.835				
主观规范（SN）	SN1	0.832	0.920	0.848	0.753	1061.877（0.000）
	SN2	0.837				
	SN3	0.747				
政府支持（GP）	GP1	0.896	0.915	0.910	0.722	1163.568（0.000）
	GP2	0.884				
	GP3	0.855				
非洲猪瘟（ASF）	ASF1	0.852	0.883	0.928	0.712	842.095（0.000）
	ASF2	0.919				
	ASF3	0.929				

潜变量	观察变量	因子负载量	Cronbach's α 系数值	组合信度 CR	KMO 值	Bartlett 球形度检验（显著性）
行为意愿（PW）	PW1	0.625	0.847	0.731	0.676	702.837（0.000）
	PW2	0.735				
	PW3	0.705				
参与行为（PB）	PB1	0.866	0.830	0.889	0.700	607.162（0.000）
	PB2	0.887				
	PB3	0.804				

注：量表整体 Cronbach's α 系数值为 0.906；KMO 值为 0.896；Bartlett 球形度检验显著性为 0.000。

2. 模型整体适配度检验

结构方程模型估计参数值最常用的模型拟合方法是最大似然法，适用于持续非对称大样本且假设观察数据符合多变量正态性的经济学研究，取得的拟合指数用来表示理论模型与实际数据匹配程度，即模型适配度指标。如果模型拟合效果欠佳，则需要通过删减或修正参数对模型进行修正，直至达到良好拟合效果。根据研究假说，采用 AMOS 23.0 软件作为分析工具，对中小规模养猪场参与公司合作经营行为影响机制路径假设与调查数据是否相互匹配进行评价。对模型进行修正后得到模型拟合适配度指标如表4-8所示。可以看出，三类模型适配度指标除卡方值外其余均达到适配标准或临界值，而值易受样本大小影响，当模型总样本数量超过 200 时，值一般表现为不显著，此时应该参考其他适配度指标。因此，模型整体适配度理想，本研究所提出的路径假设预期与实际调查数据比较符合。

表4-8　模型整体适配度检验结果

适配度指数	统计检验指标	适配标准或临界值	模型估计值	适配判断
绝对适配度指数	χ^2（卡方值）	显著性概率值 P>0.05	P=0.000	否
	GFI（适配度指数）	>0.90	0.953	是
	AGFI（调整后适配度指数）	>0.90	0.932	是
	SRMR（标准化残差均方和平方根）	<0.05	0.040	是
	RMSEA（渐进残差均方和平方根）	<0.05（适配良好）	0.049	是

续表

适配度指数	统计检验指标	适配标准或临界值	模型估计值	适配判断
增值适配度指数	NFI（规准适配指数）	>0.90	0.966	是
	TLI（非规准适配指数）	>0.90	0.977	是
	CFI（比较适配指数）	>0.90	0.982	是
简约适配度指数	PGFI（简约适配度指数）	>0.50	0.659	是
	PNFI（简约调整后的规准适配指数）	>0.50	0.764	是
	NC（卡方自由度比值）（/df）	1<NC<3.00	2.148	是

资料来源：调研数据运行后处理所得。

（三）模型估计结果与分析

1. 假说检验与结果分析

依据中小规模养猪场参与公司合作经营行为影响机制研究框架，采用 AMOS 23.0 软件，对中小规模养猪场参与公司合作经营行为影响机制研究模型进行拟合与修正，最终得到如图 4-12 所示的较优模型。表 4-9 给出模型的路径系数、标准化与非标准化估计值、标准误差及显著性。结果表明，对中小规模养猪场而言，本研究假设的现行变量（行为态度、知觉行为控制与主观规范）对被解释变量（参与行为）的影响路径能通过显著性检验，符合研究假设。

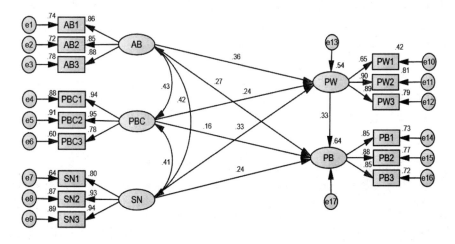

图 4-12 模型路径及估计参数结果图

表4-9 模型假设检验结果

假说	路径关系		非标准化估计值	标准化估计值	标准误 S. E.	C. R.（t-value）	P 值	结论
	PW	AB	0.252	0.362	0.035	7.176	＊＊＊	接受
	PW	PBC	0.152	0.239	0.029	5.246	＊＊＊	接受
	PW	SN	0.269	0.332	0.039	6.842	＊＊＊	接受
H1	PB	AB	0.259	0.267	0.046	5.623	＊＊＊	接受
H2	PB	PBC	0.142	0.162	0.037	3.868	＊＊＊	接受
H3	PB	SN	0.269	0.238	0.050	5.331	＊＊＊	接受
H4	PBC	PW	0.453	0.326	0.082	5.530	＊＊＊	接受

注：＊＊＊表示在 P=0.001 水平上显著。

（1）行为态度对参与行为的影响及其作用机理

行为态度因素对中小规模养猪场与公司合作经营行为意愿和参与行为有显著正向影响，相应路径系数为 0.362、0.267，假设 H1 得到验证，说明中小规模养猪场对与公司合作经营效益、服务及风险认知等有良好的预期和正向的评价，将增强其主动参与公司合作经营的行为及程度。中小规模养猪场对这些方面的认知与合作公司经营资本、实力直接挂钩，公司具有较为充足的资金储备、先进的技术及优质的服务，同时面对养猪场负责人及消费者的宣传工作到位且信誉形象良好，就更容易获得养猪场负责人的信任。中小规模养猪场行为态度作用机理方面，行为态度三个测量变量的标准化因素负荷量系数均呈正向显著，表明中小规模养猪场对与公司合作经营获得的利润、服务满意度及抗风险预期能够有效衡量其行为态度指标，同时从标准化因素负荷量来看，"与公司合作能够降低猪场的养殖和市场风险"标准化因素负荷量最大，为 0.88，说明在当前后非洲猪瘟时期，中小规模养猪场与公司合作经营过程中，尤其关注生猪市场和疫情风险防控等方面。

（2）知觉行为控制对参与行为的影响及其作用机理

知觉行为控制因素对中小规模养猪场与公司合作经营行为意愿和参与行为有显著正向影响，相应路径系数为 0.239、0.162，假设 H2 得到验证，说明中小规模养猪场对与公司合作制度公开透明、标准偏低及程序简明等方面的期许，能够促进其参与形式的紧密度和参与程度。这就要求具有契约优势地位的公司方建立完善的合作契约，明确双方利益分配关系及义务履行制度，同时合作流程尽可能做到精简直接。中小规模养猪场知觉行为控制作用机理方面，知觉行为控制三个测量变量的标准化因素负荷量系数均呈正向显著，具有良好衡量效果。其中"双方合作程序应该简单、易操作"标准化因素负荷量最大，为0.95，说明养猪场与公司合作时应注重合作程序的设置，保证操作简单流畅，尤其是面对占比重较大的中老年养猪场负责人，不同合作模式的程序是否直接明了可能会直接影响其参与行为。

（3）主观规范对参与行为的影响及其作用机理

主观规范因素对中小规模养猪场与公司合作经营行为意愿和参与行为有显著正向影响，相应路径系数为0.332、0.238，假设H3得到验证，说明中小规模养猪场参与公司合作经营受到外界重要社会关系影响，家庭成员、猪场员工、其他养猪场支持效应或行为表现越强烈，越容易产生参与行为并提升参与程度。因此，政府及公司应注重宣传过程中的社会影响，拓宽宣传受众，以积极的社会形象及影响力带动中小规模养猪场参与公司合作经营；同时中小规模养猪场也需拓展人事渠道，多方位了解与公司合作的经营效果及操作流程。中小规模养猪场主观规范作用机理方面，主观规范三个测量变量的标准化因素负荷量系数均呈正向显著，具有良好衡量效果。其中"其他养猪场与公司合作的行为，促使自己的养猪场与公司进行合作"标准化因素负荷量最大，为0.94，说明就与公司合作经营行为而言，养猪场之间可能存在攀比或追随效应，通过观望其他猪场行为结果来相应做出参与与否及参与形式的行为。因此，发展一批具有代表性或影响力的示范养猪场，对其他养猪场参与行为及参与程度会产生正向带动作用。

（4）行为意愿对参与行为的影响及其作用机理

中小规模养猪场参与公司合作经营意愿对其参与行为有显著正向影响，相应路径系数为0.326，假设H4得到验证，表明行为意向，即中小规模养猪场行为意愿能够促进其参与公司合作经营行为的发生，符合计划行为基本理论假设。同时也说明行为态度、知觉行为控制和主观规范因素通过行为意愿中介作用导致不同决策行为的产生。中小规模养猪场行为意愿作用机理方面，行为意愿三个测量变量的标准化因素负荷量系数均呈正向显著，具有良好衡量效果。其中"推荐其他猪场与公司合作经营的可能性"标准化因素负荷量最大，为0.90，表明该因素对行为意愿测量效应最大。养猪场推荐其他养猪场与公司合作隐含其对此种行为评价较高或已获得积极效果的内涵，这种情况下，其本身行为意愿便尤为强烈。

2. 行为意愿中介效应分析

通过上一节中小规模养猪场参与行为影响机制模型分析，已经基本能够确定行为意愿可能存在中介效应。为验证行为意愿中介效应是否真正存在，采用AMOS 23.0 软件分别对中小规模养猪场行为态度、知觉行为控制和主观规范影响参与行为关系路径中的直接效应与行为意愿中介效应进行模型验证。

分析中小规模养猪场行为意愿在行为态度、知觉行为控制、主观规范与参与行为关系中的中介效应，结果如表 4-10 所示。各路径中介（间接）、直接和总效应的 Z 值均大于 1.96，且 Bias-corrected 95% 和 Percentile 95% 两种信赖区间方式检验结果都显示中介效应在 95% 置信区间内上下限均不为 0，区间内也不包含 0，说明中小规模养猪场行为意愿中介效应显著，假设 H5 得到验证。中小规模养猪场行为意愿在行为态度、知觉行为控制和主观规范对参与行为的影响中存在部分中介效应，中介效应占总效应比重分别为 49.51%、43.00%、48.48%，说明中小规模养猪场行为态度、知觉行为控制和主观规范可以直接影响其参与公司合作经营的形式及程度，也可以通过行为意愿中介作用间接影响参与行为。

表 4-10　行为意愿中介效应分析结果

路径效应	点估计值	系数相乘积 Product of Coefficient		Bootstrapping			
				Bias-corrected 95%CI		Percentile 95%CI	
		SE	Z	Lower	Upper	Lower	Upper
AB→PW→PB（中介效应）	0.305	0.043	7.093	0.229	0.399	0.226	0.395
AB→PW→PB（直接效应）	0.311	0.058	5.362	0.193	0.422	0.192	0.422
AB→PW→PB（总效应）	0.616	0.051	12.078	0.517	0.716	0.516	0.715
PBC→PW→PB（中介效应）	0.209	0.053	3.943	0.105	0.315	0.105	0.315
PBC→PW→PB（直接效应）	0.277	0.038	7.289	0.210	0.362	0.205	0.357
PBC→PW→PB（总效应）	0.486	0.052	9.346	0.379	0.588	0.380	0.589
SN→PW→PB（中介效应）	0.334	0.078	4.282	0.189	0.493	0.188	0.492
SN→PW→PB（直接效应）	0.355	0.053	6.698	0.258	0.464	0.251	0.458
SN→PW→PB（总效应）	0.689	0.054	12.759	0.579	0.794	0.578	0.793

（四）政府支持与非洲猪瘟对中小规模养猪场参与行为调节效应分析

探究政府支持和非洲猪瘟因素对中小规模养猪场行为态度、知觉行为控制、主观规范与参与公司合作经营行为关系的调节效应，以行为态度、知觉行为控制和主观规范为自变量，参与行为为因变量，政府支持和非洲猪瘟为调节变量，具体步骤如下：第一步，对自变量与因变量中各个观测变量进行验证性因子分析，观察旋转后的成分矩阵，确定各观测变量因子负载量的大小顺序。第二步，在数据中心化处理后计算交互项。变量数据必须进行中心化处理，以避免交互后数据范围不一致。通过计算自变量与其均值差和调节变量与其均值差的乘积来确定交互项，需要注意的是，计算乘积交互项时自变量与调节变量中各观测变量按照因子负载量由大到小的顺序相乘。第三步，将交互项纳入中小规模养猪场参与公司合作经营行为影响机制结构方程模型中，建立交互项影响模型，通过观察交互项系数的显著性，判断调节变量在模型中的调节效应是否显著，此时若检验结果中交互项系数显著，则认为所研究调节变量具有显著调节效应。

　　分别研究政府支持因素和非洲猪瘟因素对中小规模养猪场参与行为调节作用的影响效果，按照上述分析步骤，变量验证型因子分析结果在本章表4-7信度与效度分析结果中已经呈现，这里不再重述。根据因子负载量大小排序，运用SPSS 24.0软件中数学计算方法进行数据中心化处理并计算自变量与调节变量交互项，在此基础上运用 AMOS 23.0 软件，将交互项纳入实证检验，结果见表4-11，并做出调节效应检验结果表示图（见图4-13）。

表4-11　政府支持与非洲猪瘟调节效应实证结果

假说	路径关系			非标准化估计值	标准误 S. E.	C. R (t-value)	P 值	结论
H6a	PB	◄----	AB * GP	0.043	0.021	2.057	0.040*	支持
H6b	PB	◄----	PBC * GP	0.047	0.021	2.281	0.023*	支持
H6c	PB	◄----	SN * GP	0.079	0.029	2.700	0.007**	支持
H7a	PB	◄----	AB * ASF	0.064	0.021	3.057	0.002**	支持
H7b	PB	◄----	PBC * ASF	0.062	0.024	2.528	0.011*	支持
H7c	PB	◄----	SN * ASF	0.090	0.020	4.460	***	支持

　　注：＊＊＊表示在 P=0.001 水平上显著；＊＊表示在 P=0.01 水平上显著；＊表示在 P=0.05 水平上显著。

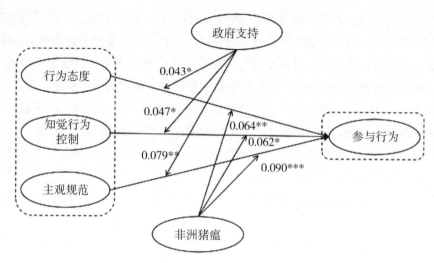

图4-13 政府支持与非洲猪瘟因素调节效应检验结果表示图

注：＊＊＊表示在 P＝0.001 水平上显著；＊＊表示在 P＝0.01 水平上显著；＊表示在 P＝0.05 水平上显著。

1. 政府支持因素对中小规模养猪场参与公司合作经营行为调节效应分析

从回归结果来看，三个交互项系数 AB＊GP、PBC＊GP、SN＊GP 分别在 0.05、0.05、0.01 统计水平上显著，为 0.043、0.047、0.079。交互项系数的显著性直接说明调节变量的调节效应是否显著，因此，政府支持因素能够强化和促进中小规模养猪场行为态度、知觉行为控制和主观规范对参与行为的影响关系，具有显著正向调节效应，假设 H6a、H6b、H6c 得到验证。在河北省中小规模养猪场参与公司合作经营过程中，政府宣传引导及财政支持，能够提升养猪场的利益风险认知水平，且对双方合作制度规范进行正式与非正式约束，增强合作效益宣传及社会影响力，从而对中小规模养猪场参与形式选择及参与程度提升产生较大影响。同时政府支持效用越大，双方选择的合作模式可能越先进。

2. 非洲猪瘟因素对中小规模养猪场参与公司合作经营行为调节效应分析

从模型回归结果分析，三个交互项系数 AB＊ASF、PBC＊ASF、SN＊ASF 分别在 0.01、0.05、0.001 统计水平上显著，为 0.064、0.062、0.090。交互项系数的显著性直接说明调节变量的调节效应是否显著，因此，非洲猪瘟因素能够强化和促进中小规模养猪场行为态度、知觉行为控制和主观规范对参与行为的影响关系，具有显著正向调节效应，假设 H7a、H7b、H7c 得到验证。非洲猪瘟疫情暴发及其后续影响对河北省中小规模养猪场造成较大影响，面对外来大企业的布局"挤压"及自身防疫设施落后等难题，中小规模养猪场经营管理理念发生改变，积极探寻转型升级新路径，而参与公司合作经营，形成农业产业化经营新模式成为其发展趋势之一。因此，非洲猪瘟疫情出现带来的新问题、新困难促使中小规模养猪场更新认知，一定程度上促进了参与公司合作经营模式，提升了其参与程度。

综上，河北省中小规模养猪场参与公司合作经营行为受多种因素影响，因素影响机制各不相同。政府支持与非洲猪瘟因素在行为态度、知觉行为控制及主观规范对中小规模养猪场参与行为影响机制中产生正向调节作用，本研究假设得到一一验证。因此，在优化生猪产业化经营结构中，应注重政府的宣传引导和财政支持作用。同时，对于突发性疫情应及时分析损益，调整经营策略，探索河北省中小规模养猪场转型升级的新路径。

五、促进中小养殖场参与公司合作经营的对策建议

本章以河北省中小规模养猪场为研究对象，在全面梳理国内外相关研究成果的基础上，借鉴交易费用理论、有限理性理论、计划行为理论、政府干预理论和农业风险管理基本理论构建研究框架，基于对河北省 473 个中小规模养猪场调研的数据，对河北省中小规模养猪场参与公司合作经营行为进行理论和实证研究。首先，对河北省中小规模养猪场及其参与公司合作经营现状及问题进行分析；其次，依据理论分析框架进行变量选择，提出研究假设，构建结构方程模型，实证分析中小规模养猪场参与公司合作经营行为的影响机制，在此基础上放宽外部环境一致性假设，纳入政府支持和非洲猪瘟因素调节变量进行模型分析，探究外部环境因素对中小规模养猪场参与行为的调节效应。主要得到以下结论：

（一）河北省中小规模养猪场参与公司合作经营模式较为单一，参与程度有待提升。与企业直接签订合同的合同式合作模式，是目前河北省中小规模养猪场参与公司合作经营最主要的形式，其合作紧密程度处于五种模式中水平偏低位置，相较于市场交易式具有一定优势，但与合作式、企业化和股份制相比，利益联结机制较为落后。另外，河北省中小规模养猪场与公司合作经营过程中还存在合同期限短、合作规模小、交易纠纷时有发生等问题，双方合作缺乏深入性和稳定性。

（二）河北省中小规模养猪场参与公司合作经营的行为态度、知觉行为控制和主观规范因素对参与行为产生显著正向影响。行为态度因素对中小规模养猪场与公司合作经营行为意愿和参与行为有显著正向影响，相应路径系数为 0.362、0.267，在作用机理方面，三个测量变量标准化因素负荷量系数均呈正向显著，其中"与公司合作能够降低猪场的养殖和市场风险"，标准化因素负荷量最大，衡量程度最高；知觉行为控制因素对中小规模养猪场与公司合作经营行为意愿和参与行为有显著正向影响，相应路径系数为 0.239、0.162，在作用机理方面，三个测量变量标准化因素负荷量系数均呈正向显著，其中"双方合作程序应该简单、易操作"标准化因素负荷量最大，衡量程度最高；主观规范因素对中小规模养猪场与公司合作经营行为意愿和参与行为有显著正向影响，相应路径系数为 0.332、0.238，在作用机理方面，三个测量变量标准化因素负荷量系数均呈正向显著，其中"其他养猪场与公司合作的行为，促使自己的养猪场与公司进行合作"标准化因素负荷量最大，衡量程度最高；中小规模养猪场参与公司合作经营行为意愿对其参与行为有显著正向影响，相应路径系数为 0.326，在作用机理方面，三个测量变量标准化因素负荷量系数均呈正向显著，其中"推荐其他猪场与公司合作经营的可能性"标准化因素负荷量最大，衡量程度最高。

河北省中小规模养猪场参与公司合作经营行为意愿在行为态度、知觉行为控制、主观规范与参与行为关系中具有部分中介效应。通过中介效应分析发现，中小规模养猪场行为意愿在行为态度、知觉行为控制和主观规范对参与行为的影响中存在部分中介效应，中介效应占总效应比重分别为 49.51%、43.00%、48.48%，说明中小规模养猪场的行为态度、知觉行为控制和主观规范可以直接影响其参与公司合作经营的形式及程度，也可以通过行为意愿中介作用间接影响参与行为。

（三）政府支持对中小规模养猪场参与公司合作经营行为具有正向调节效应。通过调研及与生猪试验站领导、养猪场负责人座谈发现，中小规模养猪场参与公司合作经营程度偏低的重要原因，在于其对于相关政策制度熟悉度和掌握度较低，同时现有财政资金多偏向于公司方，且补贴门槛较高。因此，政府对相关政策的宣传引导和财政支持作用尤为重要。通过在结构方程模型中加入交互项检验政府支持因素的调节作用，结果表明，政府支持因素与自变量交互项系数分别在 0.05、0.05、0.01 统计水平上显著，即政府支持因素正向调节中小规模养猪场行为态度、知觉行为控制和主观规范与参与行为的关系，政府宣传引导和财政支持作用对中小规模养猪场参与公司合作经营模式及程度产生较大影响。

（四）非洲猪瘟对中小规模养猪场参与公司合作经营行为具有正向调节效应。非洲猪瘟疫情的暴发及后续影响提高了中小规模养猪场的生产经营风险，猪只死亡处理成本、生物安全防控成本以及产能恢复补栏成本等。同时，生猪养殖、运输及销售过程中的感染风险和市场价格不稳定造成的市场销售风险也在加剧。因此，非洲猪瘟疫情促使中小规模养猪场加快考虑未来转型升级之路，而参与公司合作经营成为其主要发展趋势。通过在结构方程模型中加入交互项检验非洲猪瘟因素的调节作用，结果表明，非洲猪瘟因素与自变量交互项系数分别在 0.01、0.05、0.001 统计水平上显著，即非洲猪瘟因素正向调节中小规模养猪场行为态度、知觉行为控制和主观规范与参与行为的关系，非洲猪瘟疫情出现带来的新问题新困难促使中小规模养猪场更新认知，一定程度上促进了其参与公司合作经营模式，提升了其参与程度。

为促进中小养殖场参与公司合作经营，本研究提出以下对策和建议：

（一）提升中小规模养猪场经营管理水平

中小规模养猪场的规模及设备配置情况直接影响其标准化生产水平及效率，在参与公司合作经营行为时，公司对合作对象选择也有一定的标准，因此中小规模养猪场应注重自身建设，着力于更新技术设备，做好日常管理和加强人员培训等方面工作，提升经营管理水平。首先，及时关注行业动态，引进实用新技术、新设备。在政府与合作公司的帮助下，推进猪场生产设施设备的信息化、智能化和自动化，如配置智能环控、疫病防控和粪污处理等自动化设备，在解放劳动力的同时注重标准化、规范化生产，提升生产效率。其次，做好日常养殖管理工作。在中小规模养猪场与公司合作过程中，养猪场负责商品猪的基本生产活动，养殖水平直接决定产品质量，因此养猪场应设立猪只精细化管理制度，改进生产关键细节，将养殖与管理更好地结合，提升生产质量。最后，加强人员培训，对工作人员人性化管理。一方面及时参与政府、公司或合作社等组织派遣技术人员举办的培训，聘请专家进行生产工作指导；另一方面，深化和拓展与农业类高等院校、先进学科点及科研院所的合作，引进养猪场技术型及管理型人才，更新养猪场工作人员的年龄结构与认知水平。

（二）完善合作经营制度安排

中小规模养猪场参与公司合作经营模式过程中，需要由契约关系对双方的义务和权利进行约束。契约明确规定合作制度安排及相关程序，而养猪场在契约中处于劣势地位，话语权较少，因此合作制度安排是否更利于养猪场方，可能会影响其参与形式及程度。首先，合理规定公司合作经营参与标准。通过调研发现，中小规模养猪场负责人对于参与门槛的要求是不宜过高或过低，兼顾参与规模和参与质量效率问题，同时门槛略高也会对养猪场形成正向激励作用。这就需要公司在根据经营目标制定标准时考虑到当地实际情况，根据养猪场特征设计契约，灵活测算养猪场基本实力，设定合理的标准。其次，契约条款公开透明。契约应由当事人约定，以书面形式为宜，内容详细具体，主要包括当事人信息、标的、数量、质量、收购价格计算方式、履行期限、责任义务及纠纷解决方式等，还有缴纳定金或风险基金、担保方式等也都尽量做出规定。双方签约后及时到合同鉴证部门对合同进行鉴证，保证契约条款公开透明，有效维护养猪场和公司双方的正当权益。最后，增强契约执行力。违约及机会主义行为产生的主要原因在于契约非完全性及契约管理缺失，因此养猪场和公司需在多重考量下尽可能地提升契约完善性，从源头防止违约行为，同时可让中介组织介入，增加养猪场信任度与黏连度，提升其面对公司的话语权与监督力，提高违约成本，使违约成本远高于守信成本，降低双方违约率。

（三）创新合作经营模式

创新中小规模养猪场参与公司合作经营模式，推动生猪产业转型升级、提质增效。一方面，创新利益联结机制，提高经济效益。在中小规模养猪场与公司合作经营基本产业化组织模式基础上，结合实情及诉求衍生创新利益联结模式，如"公司+合作社+养猪场+保障体系""公司+支部+协会+养猪场"等模式，以增强联结紧密性，真正实现中小规模养猪场与公司的或合作组织与公司"利益共享、风险共担"。同时，注重产业化联合体建设，充分将公司上联市场，下联养猪场或合作组织的优势，与养猪场土地、劳动力等丰富的生产要素优势结合起来，促进生猪供应链深度分工与快速发展。另一方面，鼓励中小规模养猪场将参与公司合作经营的模式向企业或股份制模式转变。企业化和股份制合作方式是养猪场与公司合作经营的高级模式，其在经济、社会和生态等方面具有显著效益和优势，能够形成稳态均衡的利益共同体。这对参与双方都提出要求：公司方面需要建立完善的股份制度与养猪场入股标准评定制度，同时加强产品与市场研发，提升核心竞争力和市场占有率；中小规模养猪场需完善自身设备设施建设，提升参与公司管理经营的能力。这两种模式在目前生猪产业发展中尚处于初级发展阶段，需在推进过程中不断探索完善。

（四）完善政府主导下的联合防疫体系

非洲猪瘟疫情对河北省生猪产业产生了巨大影响，加速了行业变革，虽然大规模疫情暴发阶段已经结束，但点状发生现象依然存在，病毒并没有完全被消灭。同时，非洲猪瘟疫苗研制过程具有长期性和复杂性，当前控制疫情最有效的方法是生物安全防控，并且是一场"持久战"。完善政府主导大环境下中小规模养猪场与公司联合的疫病防控体系，一方面需要养猪场做好日常疫情防控管理工作，进行"密罐式"管理，严格生产区、管理区及隔离区等区域划分，完善人员及生产等分环节管理制度。人员管理方面要杜绝闲杂人等随意出入养猪场内部,工作人员及运输车辆进出养猪场必须按照流程进行消毒处理。生产管理方面要做到生猪出栏出场后坚决杜绝回栏回场,对引进及出场生猪必须在隔离区进行停留观察。另一方面,公司做好疫情防控相关服务工作。与养猪场合作经营的公司提供疫情防控设施设备,派遣专业人员进行定期巡检及技术指导,尤其对出场猪严格检测,出现问题第一时间紧急处理,避免猪场间感染。另外,在此过程中政府作用至关重要,政府着重在统筹协调、解决突发事件与重难点问题、提供专项资金支持等方面发力,保障疫情防控成效。

(五)强化政府的政策引导和支持作用

完善中小规模养猪场参与公司合作经营模式,推动生猪供应链协同发展,需要结合当地实情,强化政府的相关政策引导和财政支持。首先,加强政府的宣传引导作用。对中小规模养猪场参与公司合作经营的相关政策及效益优势进行宣传,适时组织典型示范、观摩参观等一系列活动,集中建设并宣传一批特色鲜明且具有借鉴推广价值的典型案例,扩大社会影响力,引导中小规模养猪场和公司负责人改变行为态度,对该模式的风险、效益形成正确认知。其次,发挥政府的牵线搭桥作用。当地政府应及时了解掌握当地中小规模养猪场的基本情况及发展诉求,担任"中间人"角色,依据中小规模养猪场和公司的合作诉求进行牵线搭桥,打消双方的合作顾虑。同时,在养猪场与公司的合作过程中,政府对其合同落实、利益分配及价格保障方面的纠纷进行适时调节,注重养猪场方作为弱势方的政策诉求,为两者合作提供第三方保障。最后,加强财政支持。设立中小规模养猪场与公司合作经营专项资金,一方面加大对辐射带动作用强的规模养殖公司的扶持力度,给予税收优惠、防疫补贴等,缓解养殖压力;另一方面,对参与公司合作经营的中小规模养猪场给予直接财政补贴或公司间接补贴,适当降低补贴门槛,让财政资金落实到位。

第五章

河北省生猪产业集群竞争力研究

一、生猪产业集群竞争力相关理论及概念界定

（一）概念界定

1. 产业集群的内涵

美国经济学家迈克尔·波特曾指出，产业集群是一个集合，包括在某一地域内所有的生产相关要素，同时在这其中还包括产业标准制定机构、学校组织等。迈克尔·波特将产业集群定义为一种特殊的集合组织。

进入 21 世纪以来，产业集群发展迅猛，引起了中国政府的重视，各地纷纷涌现出一批产业集群。产业集群具有经济资源聚集与分工专业化的趋势。而产业聚集基地的发展又依赖于政府对该地区的政策引导与支持，多为政府有意向划定的专门区域，其发展受到政策的引导与支持，投资环境明显优于其他地区。以实现产业集群效应为目标，产业集群内企业与企业之间既有竞争又有合作，集聚使集群内各企业联系紧密，交流越发频繁，持续的互动有效缓解了企业间的恶性竞争，由这种互动与竞争形成的压力将有利于凝聚创新动力，有利于实现产业升级。

2. 生猪产业集群的内涵

在了解产业集群内涵与梳理国内外有关学者对产业集群理论研究的基础上，生猪产业集群可以界定为在一个特定优势区域范围内，以大型生猪养殖企业为核心的若干同类企业，周边集中相关配套企业，具体包括生猪产业上游饲料、兽药等养殖投入品生产企业与下游屠宰企业，以及相关的服务业，各类企业相互合作形成多企业合作网络体系，建立与高校等相关机构合作的科研基地，使之高密度地聚集在一个特定区域内，形成高质量、高产值的产业新业态。

3. 产业集群竞争力的内涵

"产业集群竞争力"虽然经常被提及，但在目前的学界内部并没有一个较为

明确且统一的产业集群竞争力概念。通过梳理国内外有关文献，当前有关产业集群竞争力的解释可以通过以下三种角度来解释、归纳、总结。

（1）"因素"角度

波特以一个全新的视角，即竞争力角度来分析产业集群现象，产业竞争力水平可以通过钻石体系来进行具体测量。通过实地调研与相关学者论述，决定产业聚集的相关因素包括生产、相关及支持产业、企业以及需求条件；在发展过程中政府是否支持、机会状况是否利好是影响竞争力的两个变量。如图5-1所示：

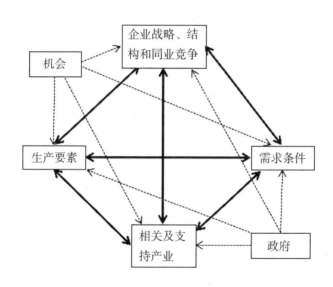

图5-1　波特钻石模型结构图

（2）"结构"角度

结构的发展主要包括两个维度：横向结构维度与纵向结构维度。其中，横向结构主要包括在某一个地区之内，各个企业可以共享的资源总和与良性竞争，其中包括可以共享的劳动力、可共享的供应商等资源，在集群发展中，也会通过良性竞争使得资源不断优化。纵向结构观点则是从宏观角度诠释产业集群，认为产业集群发展水平不仅仅包括企业，同样包括集群整体与国家整体。

（3）"能力"角度

产业集群的潜力大多通过能力展现，具体表现主要包括通过加强相关联产业的协同水平、促进不同成员之间资源的合理配置、优化整体水平来实现区域的发展。

（二）相关理论

1. "钻石模型"理论

迈克尔·波特在其著作《国家竞争优势》中提到了"钻石模型"理论，通过分析产业集群形成过程中所需的生产、创新、劳动力等要素，分析不同要素对产业集群的影响程度，组成了钻石模型。

"钻石模型"理论认为，一个国家的国内经济环境对其内部企业提高自身竞争力有重要影响。波特把影响国家某一行业竞争优势的因素归结为以下六点：

①生产要素，具体主要包括当地的自然环境、劳动力资源、配套设施以及创新环境因素；②需求状况；③相关及支持产业；④企业战略、结构和同业竞争；⑤政府，主要指政府的政策支持力度；⑥机会。

2. 外部经济理论

1890年，马歇尔在《经济学原理》一书中指出，在市场经济中，随着产业不断集聚形成集群，集群外部也会形成规模经济，马歇尔称之为产业区，其三方面的优势为：

（1）技术外溢效应

在产业区域内，一旦有了技术革新或者新的知识，由于行业的聚集，会迅速传播开来，集群内的个人或者企业会快速吸收、采纳适合的自己的技术发明，从而使整个集群的水平得到提升，有利于提高整个集群的竞争力，并促进新知识和技术的扩散。

（2）中间投入品的共享

在集群发展过程中，不同产业之间主体生产会存在交叉情况，诸如劳动力、原料等中间投入品可以实现资源共享、促进资源的合理配置，促进生产成本的不断下降，使企业成本竞争力得以提高，抢占市场份额，从而促进相关产业发展，反推产业集群良性发展。

（3）共享熟练的劳动力市场

在产业集群发展中，相同类型企业通常为达到资源共享的目的向相同地区聚集，在生产发展中，生产性岗位趋于相同，劳动力通过不断发展，成为熟练工，提高了集群整体劳动力效率，既促进了企业劳动力要素的获取，也促进了工人就业，形成了劳动力发展良性循环。

3. GEM 理论

GEM 模型是在对钻石模型不当之处进行改良的基础上所形成的，主要用于评价区域产业集群竞争力的定量分析模型，与本文研究要求契合。该模型将基础、企业、市场三个因素作为一级指标，"资源""设施""供应商和相关辅助产业""企业的结构战略和竞争""本地市场""外部市场"六个因素作为二级指标。如下表5-1所示：

表5-1 GEM 模型中各要素的含义

一级指标	二级指标	含义
基础	资源	指当地天然的发展资源
	设施	指硬件设施和软件设施
企业	企业的结构和战略	指集群内企业购买本地区中其他企业的商品和服务
	供应商和相关产业	指集群内企业的数量和规模、企业的管理模式
市场	本地市场	指产业集群所在地区的市场
	外部市场	指除了本地市场之外的其他市场

二、河北省生猪产业及产业集群现状分析

（一）河北省生猪产业发展现状

1. 河北省生猪存栏状况

如图5-2所示，河北省近些年来生猪存栏量大体稳定在1800万~2000万头。其中，2014—2015年河北省生猪存栏量连续下降，去产能直接导致来年猪价的大幅攀升，致使2016年河北省生猪存栏量达到高峰值1982.52万头，2017年降幅较小，存栏量为1957.8万头。随着2018年8月非洲猪瘟疫情的发生及迅速蔓延，我省一些养殖户受非洲猪瘟疫情影响产生恐慌心理，进而纷纷选择减产或清栏，结果是河北省2018年生猪存栏快速下降至1820.75万头。受疫情持续发酵的影响，2019年河北省生猪存栏量仅为1418.4万头，可见数值达到最低谷。2020—2021年逐步回升，2021年河北省生猪存栏量达1810.06万头。

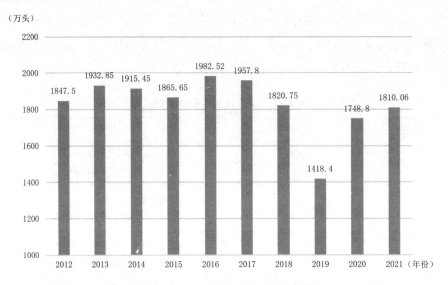

图 5-2 2012—2021 年河北省生猪存栏情况

资料来源：历年《河北省统计年鉴》

2. 河北省生猪出栏状况

如图 5-3 所示，2012—2014 年河北省生猪出栏量上升趋势总体较为平稳，2014 年河北省生猪出栏量达到 3638.4 万头，但 2015 年河北省生猪出栏量受生猪周期影响，与 2014 年相比下降了 2.4%，为 3551.1 万头。2016—2017 年呈缓慢上升趋势，2018—2019 年受非洲猪瘟疫情的影响，河北省生猪出栏量出现大幅下降，2019 年出栏量跌至 3119.8 万头。2020 年随着疫情的缓解与政府对市场的调控，生猪出栏量较 2019 年下跌 6.8%，降幅趋缓。2021 年河北省生猪出栏量为 3410.64 万吨，大幅回升。综上可以看出，生猪供给水平波动明显，我省生猪产能水平较不稳定。

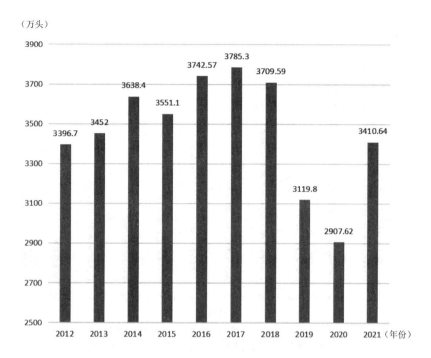

（万头）

图 5-3　2012—2021 年河北省生猪出栏情况

资料来源：历年《河北省统计年鉴》

3. 河北省主要生猪养殖产区

图 5-4 为 2021 年河北省各市生猪出栏量和存栏量情况。其中，2021 年四个核心区石家庄（不含辛集市）、保定（不含定州市）、邯郸、唐山的生猪出栏量分别为 402.94 万头、375.43 万头、432.86 万头、530.25 万头。四个市生猪出栏量总数占河北省生猪出栏量总数的 51.06%。从生猪存栏情况来看，2021 年，石家庄（不含辛集市）、保定（不含定州市）、邯郸、唐山四个市的生猪存栏量分别为 200.65 万头、220.23 万头、209.44 万头、285.6 万头，四个市生猪存栏量总数占河北省生猪存栏量总数的 50.60%。由此可以看出我省生猪产能较为集中，生猪养殖区域性显著。

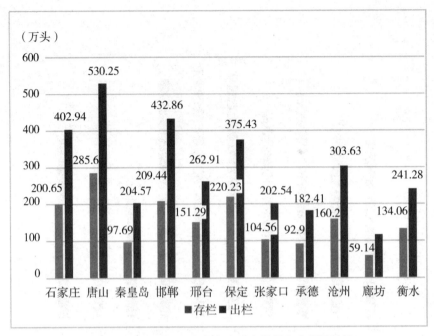

图 5-4 2021 年河北省各市生猪出栏量和存栏量情况

资料来源：历年《河北省统计年鉴》

4. 河北省猪肉产量

通过图 5-5 可以了解到，2012—2014 年，河北省猪肉产量保持上升态势，且 2014 年首次超过 280 万吨，达到 281.22 万吨。2015 年河北省猪肉产量小幅下降后，至 2017 年增至 291.5 万吨。自 2018 年 8 月非洲猪瘟疫情暴发以来，很大一部分中小规模养殖户抗疫病风险能力低，受非洲猪瘟疫情的影响严重，部分养殖户积极性受到影响而退出市场，生猪产能出现大幅下跌，2019 年猪肉产量较 2018 年下降了 15.5%，下降至 241.9 万吨。到 2020 年，随着疫情的缓解与政府对市场的调控，与 2019 年相比，猪肉产量下降 6.2%，降幅趋缓。2020—2021 年产能明显回升，猪肉产量达到 265.68 万吨。综上可以发现，2012—2021 年河北省生猪供给水平处于一个较为明显的波动状态。

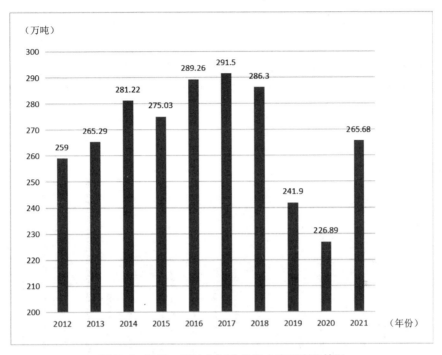

图 5-5　2012—2021 年河北省猪肉产量变化情况

资料来源：历年《河北省统计年鉴》

（二）河北省生猪产业集群发展概况

1. 河北省生猪产业集群基本情况

河北省为了贯彻落实《河北省人民政府印发关于持续深化"四个农业"促进农业高质量发展行动方案（2021—2025 年）的通知》精神，集中打造了如山地苹果、优质专用小麦、优质谷子、精品蔬菜、沙地梨、优势食用菌、地道中药材、优质专用葡萄、优质生猪、高端乳品、优质蛋鸡、特色水产等 12 个特色优势产业集群。其中河北省生猪产业集群的主要发展方向是依托当地地理资源，深入挖掘当地特色农业产品，开展差异化竞争，最终促成产业集群的发展壮大。与此同时，利用河北省地方种猪遗传资源优势和邻近京津高端市场的便利条件，围绕生猪产业集群建设开展了涵盖全产业链提升的相关工程，目的在于增强河北省生猪产业的核心竞争力。

截至 2020 年年底，河北省域内拥有以广宗县、新河县、冀州区、桃城区、安平县、阜城县、故城县、饶阳县、献县、盐山县、黄骅市、乐亭县、丰南区、馆陶县、丰润区、武安市、深泽县、辛集市、晋州市共 19 个县在内的生猪产业集群。19 个县域生猪产业集群 2020 年的生猪存栏量达到 481.15 万头，占全省的27.5%，其中能繁母猪共56.22万头，占全省的30%；生猪出栏量则达738万头，占全省的25%。

随着河北省生猪产业集群落实方案的实施，截至2021年，河北省19个县域的生猪产业集群的发展效果显著。其中，2021年各生猪产业集群内猪肉产量如图5-6所示：

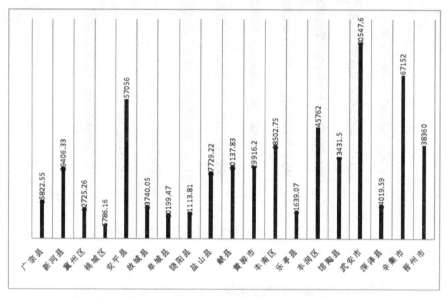

图5-6　2021年河北省各县生猪产业集群内猪肉产量（吨）

资料来源：历年《河北省统计年鉴》。

由图5-6可看出，位居19个县前五名的依次是武安市、辛集市、安平县、丰润区以及晋州市。河北省生猪产能得到快速恢复，是因为一方面，在2021年年底，优质生猪产业集群内生猪高端精品产量增加40万吨，产值增加8.7亿元。另外，增加直营店55个、网络销售点259个、超市69个、其他方式销售点10个，产值实现增长2.73亿元。河北省为促进生猪产能恢复以保障市场供应，开展了多项助推产业集群发展的行动，在邢台、沧州、衡水、唐山、邯郸等地发展的19县（市）生猪产业集群，为河北省恢复生猪生产发挥了重要支撑作用。另一方面，2021年河北省重点支持了新河县、故城县、馆陶县、黄骅市、丰南区5个县，重点加强了科技手段在生猪产业发展中的应用。例如，利用大数据技术加强对生猪养殖的监测，研判市场走势，以便于及时掌握市场信息，促进生猪产业的健康发展。

由图5-7可以看出，武安市、辛集市、安平县及丰润区四地生猪出栏量分别为9251.95百头、7504百头、7007.81百头、4822.86百头，在19县生猪产业集群中位居前四。截至2021年年底，这些优质生猪产业集群生猪存栏量相较于2020年增加了8.9%，出栏量增加了16.8%，生猪产业集群发展态势良好，较为稳定。

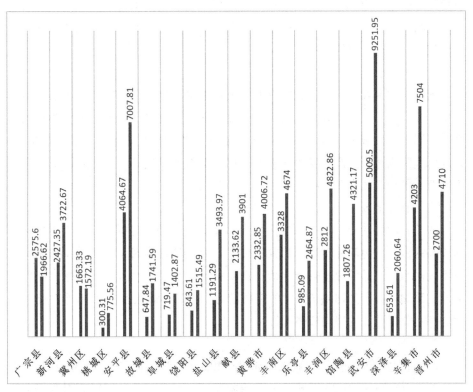

图5-7 2021年河北省各县生猪产业集群存栏量与出栏量（百头）

资料来源：历年《河北省统计年鉴》。

2. 发展基础

（1）自然条件

自然资源对畜牧业的发展有着深刻影响，它是生猪产业发展的前提条件与基础。不同的生猪品种，其生物特性对生活环境，例如气候与地理环境，均有不同的要求。河北省地处北纬36°至42°，气候处于北温带，温和适宜，适合生猪养殖。另外，河北省的地形分布差异较大，中部与南部地势较为平坦，并具有肥沃的土壤，可提供丰富的农副产品，养殖所用的生猪饲料多由这些粮食作物转化而来。丰富的粮食作物为饲料产业提供了原材料，丰富的饲料资源是饲养生猪的良好条件之一。

（2）交通区位

从区域地理位置上看，河北省环抱首都北京，东与天津毗连且紧傍渤海，东南、南部分别与山东、河南两省衔接，在生猪产业在对接京津市场方面，与河南、山东等其他养猪大省相比更具有交通优势。其次，其特殊的地理区位可以更好地融入京津冀乃至华北的农产品市场，依靠庞大的市场资源形成自身的特质化品牌优势。同时，河北省作为我国重要的交通枢纽，其铁路、公路运输条件较好，促进了集群发展。

（3）专业技术

河北省作为农业大省，重视农业相关产业的长期发展。河北省具有优良的生猪产业组织与人才基础，包括现代农业产业技术团队、河北农业大学科研团队等。同时，大型企业如京安、双鸽等也为生猪产业专业化奠定了产业基础。政府从生猪用地、生产、经营等多方面提供配套政策支持，为生猪产业集群的发展奠定了专业技术。

（4）市场资源

河北省地处京畿，以京津庞大的人口基数为优势。另外，高收入群体在两地较高的占比，为河北省猪肉产品提供了良好的市场条件。其中，京津两大市场不仅对生猪产品的数量需求庞大，还对猪肉产品的质量有较高要求，间接为河北省高端猪肉产品提供了巨大的市场潜力。同时，河北省拥有 36 个生猪调出大县，是我国重要的猪肉外销省份。

3. 饲料、兽药产业发展情况

河北省畜禽类饲料的本地来源充足。2020 年河北省玉米总产量为 2051.82 万吨，大豆产量为 29.39 万吨，上升趋势显著。丰富充足的饲料原料为河北省生猪养殖提供了饲料基础优势。另外，甘薯、马铃薯等都是河北省的主要农作物，充足的饲料来源增加了饲料原料的选择性，为河北省提供了较强的养殖优势。当前河北省饲料生产企业约有 1300 家。2019 年饲料总产量为 1360.1716 万吨，同比上涨 1.15%，位居全国第 8 位。2021 年河北省饲料产量为 1375.8267 万吨，位居全国第 8，同比增长 1.2%，占全国饲料总产量的 4.69%。2021 年河北省猪饲料产量为 3539996 吨，与去年相比增幅为 7.80%。河北省共有兽药生产企业 136 家，1864 家兽药经营企业，截至 2020 年，河北省兽药行业产值为 60 亿元，占全国总产值的 10%，产品年出口额为 15 亿元，位居全国第一。并且河北省内各个兽药经营企业均实现质量追溯体系，其兽药产品的质量抽检合格率很高，超过 98.9%。另外，企业生产的兽药产品的合格率已经连续五年保持抽检合格率超 99%。

4. 养殖业发展状况

河北省现有种猪场123家，4家国家级生猪核心育种场。规模化、工厂化养殖发展迅速，传统养猪产业正在向现代化养猪迈进。它们主要聚集在铁路沿线与平原地区，促进了产业集群内的资源倾斜与规模发展。例如，京津养猪企业向河北省张家口、承德地区转移，规模养殖率在70%以上。在山区地形环境下，主要依托环境优势、以生产有机猪肉产品为主的分布格局，为生猪产业集群发展创造了有利条件。

另外，河北省在生猪养殖场规范方面，对从生产、流通到销售等流程严格要求，并在养殖各环节配备完善的与之相应的机械设备，及时树立标准化标杆企业，引领各大企业规范化发展，建立完善、完整的生物安全保障标准化体系，有效阻隔病毒对生猪的侵扰，提升了河北省猪场的抗风险能力。

5. 屠宰加工业发展状况

2021年，河北省19个县内的产业集群开展了国家和省级生猪屠宰标准化厂创建活动，政府对屠宰行业的标准化生产引导力度日益加大，推动屠宰加工行业的高质量发展，以示范园区来引领行业增效，促进产业转型升级。截至2021年，产业集群猪肉产量为467838.91吨，占河北省猪肉产量的17.61%。

目前，河北省县以上城镇定点屠宰率可达100%，乡镇生猪定点屠宰率稳定在98%以上，行业集中度稳步提高。集群内各屠宰加工企业以市场为导向，立足资源优势，在政策引导推动下，逐步向优势主产区聚集，行业集中度逐步提高。大规模的定点屠宰厂有30多家，其屠宰水平与屠宰效率也在不断提升，规范化经营发展迅速。

6. 终端市场发展状况

受非洲猪瘟疫情影响，自2018年以来，河北省生猪产能波动明显。2020年河北猪肉产量为226.9万吨，同比下降6.2%，占我国猪肉总产量的5.52%，居全国第5位。2021年河北省猪肉产量为265.68万吨，产能得到持续恢复。河北省每年外调京津市场的生猪超过1000万头，可见在京津市场中，河北省所占份额巨大，有一定发展潜力，河北省生猪产业的发展也是市场所需。另一方面，无论是农村地区还是城镇，人们对猪肉消费的需求量日益增加，销售市场火热，随之而来的消费升级也带动了猪肉食品的消费，各大型加工企业发展冷链运输，保障高消费需求。另外，营销模式多样化，搭乘互联网快车的电商销售平台在终端市场发展势头较好，为当地品牌猪肉产品拓宽了销售渠道。

7. 产业外部服务与支持

河北省具有优良的生猪产业组织与人才基础，包括现代农业产业技术团队、河北农业大学科研团队等；同时，大型企业如京安、双鸽等也为生猪产业专业化奠定了产业基础；河北省农业金融机构从优化金融服务、创新农产品金融服务模式等方面，创新了一系列金融产品，加大了对生猪产业的金融支持力度；政府从生猪用地、生产、经营等全方面提供配套政策支持，为生猪产业集群发展奠定了专业技术。

(三) 河北省生猪产业集群企业发展模式

河北省生猪产业集群按照"一县一策、一园一策"的要求，逐步形成了以"龙头企业+专业合作社+农户"的生猪产业化新模式，实现了示范园区生产高水平、产品有出路、效益有保障。截至 2018 年末，河北省生猪产业拥有 16 家省级以上的农业产业化龙头企业，拥有一批如双鸽、千喜鹤、大红门等驰名省内外的猪肉及猪肉制品品牌。其中，当地的龙头企业对产业集群的发展起到了很好的引领作用。

以河北省正农牧业有限公司为例，公司占地一百余亩，正农牧业有限公司以保育作为核心性发展业务，打造从育种、饲养、加工、销售的全产业链，并采用线上与线下双轮驱动的方式推动公司的高质量发展，逐步打造高质量供应链，提升产品附加值，是河北省特色生猪产业的标杆企业。公司每年可提供高端商品黑猪近 8000 头，主要产品包括黑猪肉、种猪繁育（黑猪保种）、土猪肉。公司聘请畜牧、兽医、遗传育种、运营等方面专家，组建专家团队，并与河北省农业农村厅、河北省畜牧兽医研究所、中国农业大学、河北农业大学、河北省畜牧良种工作站等院所紧密合作，积极落实深县猪品种选育、扩繁、品控、疾病防控等有关研究。并且经过多年发展，企业已将各个环节打通，打造出黑猪生产全产业链模式。

(四) 河北省生猪产业集群发展中的突出问题

1. 产业发展粗放，集群发展缓慢

当前，河北省生猪养殖方式依然处于落后状态。在最初以散养加小规模养殖为主的方式下，河北省生猪产业面临的主要问题体现在生产分散、规模小、缺乏竞争力等方面，这些问题的存在严重制约着河北省生猪产业的集群化发展进程。就目前河北省养殖状况来看，小规模养殖占比依旧处于较高的水平，这种小规模的养殖不但生产方式落后，而且面对市场缺少强劲的竞争力。无论从自身抵御疫病风险的能力还是参与市场的竞争力来看，小规模养殖的养殖效率无疑是低下的，并且由小规模养殖生产方式生产出的产品质量良莠不齐，产品附加值低，不利于河北省生猪产业的规模化发展。

2. 产业链薄弱，抗风险能力低

就全省生猪产业链条来看，河北省生猪产业链条的建设仍需要进一步完善。其中，生猪养殖环节中散养户占比较高，加上屠宰环节中大型定点屠宰场少，导致养殖环节与屠宰环节之间普遍存在生猪经纪人，生猪产业链条上各环节利益被分割严重。中间商等中介团体的存在致使生猪产业链条松散，加速了产业链价值的分散。同时，生产、屠宰、加工等不同环节之间联系不紧密，存在物流建设较为落后、冷链不完善、运输过程不规范等问题，大大增加了生猪运输过程中疾病的传播风险。因此，生猪产业链条薄弱、抗风险能力低是河北省生猪产业发展过程中存在的较为明显的劣势。无论是对今后生猪产业的发展，还是在应对疫病时的抗风险能力，产业链条建设的不完善无疑将桎梏生猪产业的发展。

3. 劳动力素质低，缺乏专业从业人员

长久以来，河北省生猪养殖业一直面临一个亟须解决的难题——从业人员的人力资源构成问题。从河北省从事生猪养殖工作人员的年龄结构看，50～60岁的劳动力占主导地位，并且受教育程度相对较低的情况普遍存在，劳动力多来自经济发展较为落后的农村。年轻的从业人员占比较低，甚至鲜有专业对口的技术性人才。另外，一些大规模企业的生猪养殖场多建立在偏僻空旷的农村，加上非洲猪瘟疫情与新冠疫情的双重影响，猪场经营者对工作人员多采取封闭式管理，枯燥乏味的工作环境与较为封闭的社交圈致使年轻工作人员的离职率居高不下，进而导致专业技术型人才的流动性强，留住人才很难。

4. 环保问题日益突出

随着河北省生猪产业的快速发展，规模养殖场的数量激增。为兼顾京津冀协同发展战略的实施，部分京津范围内的生猪养殖项目逐渐向河北省省内转移，加上受多方面因素的影响，随之产生的大量废弃物无形中加大了河北省内的环保压力，并且对当地生态环境造成了一定程度的影响。环保问题日益突出的主要原因主要可以分为以下几方面：

（1）养殖规模超过区域承载力范围

由于产业集群的快速发展，产业集聚现象加速了生猪的规模化养殖。而大规模并且集中的养殖场每年产生约数千吨的粪便，加上经营者的不良管理方法或不合理的经营方式，使大量的尿液、猪粪等废弃物造成了土壤污染、水污染及大气污染等环境问题。

（2）废弃物利用率低，种养难结合

在产业集群发展中，养殖业与种植业相互独立运营，属"养殖业—产品—废弃物"或"种植业—产品—废弃物"的单程经济结构。二者结合困难，难以形成"养殖业—产品—废弃物—种植业—产品—养殖业"的循环型结构。其中的深层次原因无非是废弃物处理资金远远大于企业所获收益，企业无法承担废弃物处理所带来的经济负担。另外，企业的环保意识与政府监管水平同样也对企业废弃物污染产生部分影响。此类问题短时间内难以得到解决。因此，养殖业中产生的大量粪便、尿液等粪污作为废弃物被堆置，物能循环链割裂，造成环境污染。

（3）粪污的资源化利用技术落后

河北省产业集群内的大部分养殖场在处理养殖过程中产生的粪污问题时依旧选择直接还田的处理方式，这一方式由于成本低下、人工操作方便、设备要求低而受到大部分养殖户青睐，但此种方式废弃物利用率过低，易对当地土壤造成影响，产生环境问题，从长远看，不利于生猪产业发展。还有一部分选择将废弃物制成沼气或普通发酵有机肥。此种方式资源利用率相对较高，已初步具备资源内循环雏形，但是对粪污处理技术与企业家的环保意识要求高，若粪污处理技术落后，资源化利用能力有限，会导致废弃物在处理过程中产生有害气体和不可降解物质，最终造成利用过程中的二次污染问题。

5. 缺少品牌竞争力

河北省作为我国生猪外调大省，虽然每年外调京津市场的生猪超 1000 万头，但是随着社会经济发展，民众的生活更加富裕，更加注重菜篮子，更愿意花更高的价格来购买值得信赖的猪肉品牌。但当前猪肉市场上产品质量难以保证，可信赖的品牌依旧占少数。河北省当前存在的猪肉品牌还没有被大众广泛熟知，缺少完善、系统的猪肉品牌建设工作。其实河北省的生猪企业品牌发展潜力是巨大的，存在品牌发展所需的特质化产品。以河北省较为著名的黑猪为例，作为河北省地方特色猪种的深县黑猪，河北正农牧业企业对于深县黑猪品牌的建设，能力较为有限，其背后的文化潜力远远未被开发，品牌宣传程度不够，而通过企业自筹育种经费的模式，也导致深县黑猪的选育步伐受到较大影响。生猪育种、培育耗费巨大，虽然有一定的政策支持，但是深县猪保种与开发工作依然面临着资金短缺、选育保种工作程序烦琐、难度大、种质资源价值挖掘力度不够等困难，这也进一步阻碍了地方特色生猪品牌的建设。另外，我省地方畜禽遗传资源保护工作尚处于起步阶段，畜禽遗传资源保种体系亟待完善。因此，深度挖掘深县猪种质资源价值，逐步打造河北省特色猪肉品牌，充分发挥深县猪的经济社会价值，是增强品牌竞争力的重要途径。最重要的是，品牌建设需要大量资金支持，善于运用社会资源筹措资金是解决资金问题的重要途径，同时政府也应当运用调控手段，为企业品牌建设创造平台，发布激励政策与开展品牌构建讲座引导，才能促进河北省企业建设好自身品牌。而只有建立起得到广大消费者认可的优质猪肉品牌，才能不断满足品牌猪肉市场的消费需求。

三、河北省生猪产业集群竞争力评价实证分析

（一）河北省生猪产业集群竞争力评价体系构建

1. 评价指标体系的构建原则

评价指标构建是本文的重点部分，要通过构建全面评价指标体系来评价河北省生猪产业集群竞争力，需要保证评价指标体系中各指标的合理性、有效性，才能对集群竞争力水平情况做出有效评价。因此，建立评价指标体系前，需要立足产业集群的具体情况，根据实际来构建河北省生猪产业集群评价体系。最后，在不同理论与相关学者的模型建立原则基础上，本文构建河北省生猪产业集群评价指标体系时需要遵循以下原则：

（1）科学性原则

科学性原则是指在设计评价指标体系时，应根据实际研究对象和研究方向来确定，要准确、客观、可靠，选取简练、恰当且能明确表述产业集群的实践活动本质要素的评价指标。因此，本文结合河北省生猪产业集群的实际状况设立了相关指标。

（2）实用性原则

设计的河北省生猪产业集群竞争力评价指标体系应当可以直接反映河北省生猪产业的具体情况，在评价指标的选择上也应当具有可操作性和可量化性。所选取的指标应真正符合现实，符合企业生产者的认知。从社会实用性出发去构建评价指标体系，使之最终服务于生猪产业和企业。

（3）系统全面性原则

产业集群的发展并不是受单一因素影响的，影响河北省生猪产业集群竞争力的因素是复杂、多方面的。因此作者通过广泛的座谈与实地调研，对产业集群进行了全方位了解，在指标的选取过程中也充分考虑河北省生猪主体、市场、政府等因素，提高测量指标的全面性，提高结果的可靠性。

2. 评价指标体系的建立

（1）"基础"因素对

通过对河北省生猪产业集群的调研与相关学者文献的梳理设置"基础"因素对，包含"资源"和"设施"。它们是产业集群发展的基本要素。"资源"部分包括地理位置/区位、自然资源、劳动力资源、资本资源，是产业集群发展的

先决因素。其中"设施"要素指能够促进区域内产业集群发展的优质资源，分为硬件设施与软件设施。硬件设施通常指道路交通、电力、水利、通信等基础设施及其水平；软件设施指产业集群内部所拥有的行业协会，以及相关法律法规、政府政策等。

（2）"企业"因素对

"企业"因素对包含"企业结构、战略与竞争"和"供应商及相关辅助行业"。其中，前者以企业内部价值链为出发点，从不同层面衡量多种指标，如企业规模、企业劳动力数量及文化水平、企业的科研创新、企业品牌知名度等。正确的企业战略与结构会提升企业生产的稳定性，提高抗外部风险能力，更好地适应外部多变的市场环境，取得信息优势，长远发展。

企业的上游为不同的原材料供应商，其聚集会加强供应商内部的良性竞争，形成下游产业的价格优势，有利于产业的长远发展。

（3）"市场"因素对

本文中的"本地市场"是以地域界限进行划分的，即河北省内；外部市场是指河北省以外的市场。在以消费者为导向的市场中，市场反馈越来越受到生产经营者的重视，市场生产者应当重点关注消费者的真实意愿与消费需求。

（4）指标权重的确定

通过对 19 个生猪产业集群所在区位的有关部门、产业园区、企业开展实地调研，采集相关专业人员对生猪产业集群发展的实际认知，并结合从事河北省生猪产业经济岗的专家意见，本文设计、确定了包含 GEM 模型六大因素的三级指标共计 25 项。作者基于 GEM 模型设计出了适合河北省生猪产业集群竞争力调查的问卷，构建了评价指标体系，如表 5-2 所示：

表 5-2　基于 GEM 模型的河北省生猪产业集群竞争力评价指标构建

一级	二级	三级	说明
基础	资源	地理位置	集群所在区位，其所在区位对于集群发展来讲越能起到正向促进作用，那么分值就会越高
		自然资源	集群所在区位的资源状况，当地可以满足聚群发展的自然资源越丰富，那么分值越高
		劳动力资源	主要衡量集群所在区位能够获取劳动力资源的难易程度
		资本资源	在集群所在区位内，从诸如银行等的金融机构获取资本的难易程度，越容易则分值就越高

续表

一级	二级	三级	说明
基础	设施	基础设施水平	集群所在区位内的基础设施状况，如电力、水利、通信设施等，配备越完善分值就越高
		行业协会社会服务水平	集群所处区位内，与生猪产业有关的行业协会支持服务的水平，水平越高分值就越高
		政府相关产业优惠政策	各级政府对生猪产业集群发展推出的相关政策，政策越有帮助分值越高
		与研发机构、高等院校产学研结合	生猪产业集群内部产学研的情况，合作数量与水平越高，分值越高
		法律法规完善度	指产业发展的大环境和与产业法律体系有关的法律法规完善度，越完善分值越高
企业	企业结构、战略与竞争	企业规模	生猪产业集群内部涉及的适度规模企业数量，越多分值越高
		企业劳动力数量及文化水平	产业集群内相关从业人员的数量满足程度与文化水平程度，程度越高分值越高
		企业科研创新能力	集群内部涉及的企业所申请的发明、专利情况，数量越多分值越高
		企业管理水平	集群内各相关企业的经营活动管理水平，管理水平越高分值越高
		企业品牌知名度	集群内企业的品牌知名度，知名度越高分值越高
	供应商及相关辅助产业	集群内原材料供应商数量及实力	集群内供应商的数量与质量、实力状况，状况越好分值越高
		集群内企业间的交流合作	集群内各企业之间互相交流与互相合作的程度，交流合作的程度越高分值越高
		集群内供应商的专业化程度	集群内供应商的专业化程度，越专业分值越高
		物流行业发展水平	集群所在区位的当地物流发展状况，越有利于集群发展分值越高

一级	二级	三级	说明
市场	本地市场	企业产品在本地市场占有率	产品在本地市场的占有率越高分值越高
		企业产品在本地市场需求量	本地市场对当地集群内产品的需求量，需求量越高分值越高
		顾客对本地品牌的信任程度	本地市场的顾客对集群内产品的品牌的信任程度，越信任品牌分值越高
	外地市场	企业产品在外地市场占有率	产品在外地市场的占有率越高分值越高
		企业产品在外地市场需求量	外地市场对集群内产品的需求量，需求量越高分值越高
		外地市场顾客对品牌的信任程度	外地市场的顾客对企业品牌的信任程度，信任程度越高分值越高
		企业产品出口率	产品出口在总销量中占比越高分值越高

（二）问卷设计与数据来源

1. 问卷设计及说明

本论文的实证分析数据来源主要是问卷调研。首先，依据 GEM 模型原理构建了包含 25 个三级指标的河北省生猪产业集群竞争力评价指标体系，并将其作为问卷依据。其次，通过线上与线下结合的方式请教了与河北省 19 个县内生猪产业集群有关的企业管理人员以及与生猪产业经济有关的专家和导师，优化了问卷框架以及内容。在问卷真实性方面，作者先对部分调查对象进行了小规模的测试，在尝试的过程中不断对问卷进行优化，最终形成本次研究的正式问卷。最后，就问卷内容对调查对象展开详细访谈与问卷投放。

本次调查问卷涉及两部分内容：第一部分是确定河北省生猪产业集群竞争力指标权重的专家调查问卷，也就是相对重要性评分。邀请 19 个生猪产业集群内县级及以上企业管理层人员、政府机构工作人员及河北省生猪产业经济岗专家对河北省生猪产业集群竞争力进行打分。通过专家评分来获得河北省生猪产业集群竞争力的各个指标分值，并通过 AHP 方法计算出各评价因素的权重大小。第二部分则是对生猪产业集群竞争力的相关调查。为了保证调查问卷的数据可信度，调查对象的选取要考虑到其对整个河北省生猪产业集群的了解程度。因此本文调查的对象主要为县级及以上企业管理层人员、政府机构工作人员及河北省生猪产业经济岗各在岗专家等相关人士。

2. 问卷发放与收集

调查问卷第一部分内容的数据主要由县级及以上企业管理层人员、政府机构工作人员及河北省生猪产业经济岗各在岗专家打分获得，由他们根据河北省生猪产业集群竞争力指标进行打分，并通过交流了解他们给出权重高低的理由。此次发放问卷共 33 份，共发出 33 张问卷，其中有效问卷 24 份，有效回收率约73%。第二部分主要数据来源是在以上调查对象的基础上，进一步从资源、基础设施、企业整体实力、供应商及相关辅助产业、本地市场、外地市场六方面获得专家针对河北省生猪产业集群竞争力水平的评分测算。问卷的顺利发放与回收得益于导师与河北省生猪产业经济岗专家的帮助，考虑到数据的易获取性、真实性、代表性，确定调查对象为县级以上龙头企业管理层人员等相关人士，从而保证数据的真实性和可信度。

（三）AHP 方法介绍

层析分析法，简称 AHP，其基本含义是将与决策有关的元素划分为目标、准则及方案等层次，并在此基础上进行定性与定量分析的一种决策方法。层次分析法于 20 世纪 70 年代初由美国运筹学家、匹兹堡大学教授萨蒂提出。层次分析法的主要思想是将一个复杂的多目标决策问题看作一个系统，接着将目标划分成多个准则，进而分解为若干层次的多指标（或约束、准则），通过定性指标模糊量化方法来计算不同层次的权重并进行排序。在层次分析法的使用规则上，首先需要建立递阶层次及结构，接着需要构建判断矩阵、计算权重系数，若通过一致性检验则得到权重，反之，若不通过则需要调整判断矩阵，重新构建，再继续上述操作，直至得到权重。

构建河北省生猪产业集群竞争力评价指标体系需要综合考量，在工具采取方面，为使结果更具有可靠性，采取层次分析法进行实证研究。具体操作步骤如下：

1. 建立递阶层次结构

依据 GEM 模型，将河北省生猪产业集群竞争力的指标体系分为一级指标 3个，二级指标 6 个，三级指标 25 个，并分别对每个一级指标下的二级指标以及每个二级指标下的三级指标权重进行打分。

2. 构造判断矩阵

在运用层次分析法时，为提高决策判断的可操作性，借鉴萨蒂教授所引用的 1-9 标度方法，对各层次指标因素进行打分，如表 5-3 所示。

表 5-3 判断矩阵比较标度（分值）说明

分数	分数含义	含义说明
1	一样重要	两元素同样重要
3	略微重要	一个元素比另一个元素略微重要
5	明显重要	一个元素比另一个元素明显重要
7	重要得多	一个元素比另一个元素重要得多
9	极端重要	一个元素比另一个元素极端重要
2、4、6、8	-	介于上述相邻判断的中间值
1/分数	-	两个元素的重要性比较与上述含义相反

（四）AHP 模型的量化

1. 构建递接层次及结构

集群竞争力评价指标体系层次结构模型如图 5-8 所示。

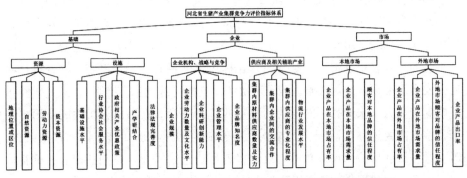

图 5-8 河北省生猪产业集群竞争力评价指标体系层次结构模型

2. 运用 yaahp 软件对数据进行处理

各指标权重大小结果如下列各表所示。在综合评价体系中，共有 3 大准则及 25 个指标。它们在综合评价中的重要程度是不一样的，地位重要的应给出较大的权重；反之，应该给出较小的权重。下面是利用层次分析法来确定各指标权重，最后得到各评价指标权重向量的过程：

首先，构建判断矩阵，即针对目标层，将综合评价层的元素间相对重要性进行两两比较，得到两两比较的判断矩阵。根据 1-9 标度法，数字标度的含义及说明如下：

表 5-4　重要性对比评价表

aij	说明	aij	说明
1	Ai 和 Aj 一样重要	2	介于一样与略微之间
3	Ai 比 Aj 略微重要	4	介于略微与明显之间
5	Ai 较 Aj 明显重要	6	介于明显与十分明显之间
7	Ai 较 Aj 十分明显重要	8	介于十分明显与绝对之间
9	Ai 较 Aj 绝对重要		

然后，根据各指标进行重要性进行对比，从而得到目标层的判断矩阵（表5-5）。

表 5-5　目标层判断矩阵

评价指标	基础	企业	市场	W_i
基础	1	1/2	1/4	0.149
企业	2	1	1	0.376
市场	4	1	1	0.474

由表 5-5 可得，$\lambda_{max} = 3.054$，$CI = 0.027$，$RI = 0.58$，$CR = 0.046$，$CR < 0.1$，具有令人满意的一致性。

该判断矩阵权重的详细计算过程为：

先计算判断矩阵中每一行元素的乘积，$m_i = \prod_{j=1}^{n} a_{ij} = [0.125, 2, 4]^T$。

然后，计算 m_i 的 n 次方根 $W_i^* = \sqrt[n]{m_i} = [0.5, 1.26, 1.587]$。

再对向量进行归一化处理：$w_i = w_i^* / \sum_{i=1}^{n} w_i^* = [0.149, 0.376, 0.474]$。

其中，最大特征值 λ_{max} 的计算为：$\lambda_{max} = \frac{1}{n} \sum_{i=1}^{n} \frac{(Aw)_i}{w_i} = 1/3 \times 9.161 = 3.053$，

式中，$Aw_i = [0.456, 1.149, 1.448]$。

得到一致性指标 CI 为：$CI = \frac{\lambda_{max} - n}{n-1} = (3.054 - 3) / (3 - 1) = 0.027$。

由 RI 表查到，当判断矩阵为 3 阶时，RI 为 0.58。

计算得到平均一致性：$CR = CI/RI = 0.0268/0.58 = 0.046 < 0.1$，通过了一致性检验。

表 5-6 资源、设施层级指标判断矩阵

评价指标	资源	设施	W_i
资源	1	1/3	0.25
设施	3	1	0.75

由表 5-6 可得，$\lambda_{max} = 2$，$CI = 0.0000$，$RI = 0$，$CR = 0.0000$，具有令人满意的一致性。

由表可知，资源的重要性是设施的 1/3 倍，由判断矩阵的基本概念，可得到二者权重。

表 5-7 企业机构、战略与竞争及供应商及相关辅助产业层级指标判断矩阵

评价指标	企业结构、战略与竞争	供应商及相关辅助产业	W_i
企业结构、战略与竞争	1	1	0.5000
供应商及相关辅助产业	1	1	0.5000

由表 5-7 可得，$\lambda_{max} = 2$，$CI = 0.0000$，$RI = 0$，$CR = 0.0000$，具有令人满意的一致性。

由表可知，企业结构、战略与竞争的重要性是供应商及相关辅助产业的 1 倍，由判断矩阵的基本概念，可得到二者权重。

表 5-8 本地市场、外地市场层级指标判断矩阵

评价指标	本地市场	外地市场	W_i
本地市场	1	2	0.667
外地市场	1/2	1	0.333

由表 5-8 可得，$\lambda_{max} = 2$，$CI = 0.0000$，$RI = 0$，$CR = 0.0000$，具有令人满意的一致性。

由表可知，本地市场的重要性是外地市场的 2 倍，由判断矩阵的基本概念，可得到二者权重。

表 5-9　资源层级下各三级指标判断矩阵

评价指标	地理位置或区位	自然资源	劳动力资源	资本资源	W_i
地理位置或区位	1	3	1	2	0.359
自然资源	1/3	1	1/4	1	0.123
劳动力资源	1	4	1	1	0.325
资本资源	1/2	1	1	1	0.193

由表 5-9 可得，$\lambda_{max}=4.169$，$CI=0.056$，$RI=0.9$，$CR=0.062$，$CR<0.1$，具有令人满意的一致性。

该判断矩阵权重的详细计算过程为：

先计算判断矩阵中每一行元素的乘积，$m_i=\prod_{j=1}a_{ij}=[6, 0.0833, 4, 0.5]$。

然后，计算 m_i 的 n 次方根，$w_i^*=\sqrt[n]{m_i}=[1.565, 0.537, 1.414, 0.841]$。

再对向量进行归一化处理：$w_i=w_i^*/\sum_{i=1}^n w_i^*=[0.359, 0.123, 0.325, 0.193]$。

其中，最大特征值 λ_{max} 的计算为：$\lambda_{max}=\frac{1}{n}\sum_{i=1}^n\frac{(Aw)_i}{w_i}=1/4\times16.675=4.169$，

式中，$Aw_i=[1.44, 0.517, 1.37, 0.82]$。

得到一致性指标 CI 为：$CI=\frac{\lambda_{max}-n}{n-1}=$（4.169-4）／（4-1）=0.056。

由 RI 表查到，当判断矩阵为 4 阶时，RI 为 0.9。

计算得到平均一致性为：$CR=CI/RI=0.056/0.9=0.062<0.1$，通过了一致性检验。

表 5-10　设施层级下各三级指标判断矩阵

评价指标	基础设施水平	行业协会社会服务水平	政府相关产业优惠政策	产学研结合	法律法规完善度	W_i
基础设施水平	1	2	2	3	2	0.3544
行业协会社会服务水平	1/2	1	2	1	1/2	0.1634
政府相关产业优惠政策	1/2	1/2	1	2	2	0.1877
产学研结合	1/3	1	1/2	1	1	0.1312
法律法规完善度	1/2	2	1/2	1	1	0.1634

由表 5-10 可得，$\lambda_{max} = 5.357$，$CI = 0.089$，$RI = 1.12$，$CR = 0.08$，$CR < 0.1$，具有令人满意的一致性。

该判断矩阵权重的详细计算过程为：

先计算判断矩阵中每一行元素的乘积，$m_i = \prod_{j=1}^{n} a_{ij} = [24, 0.5, 1, 0.167, 0.5]$，

然后，计算 m_i 的 n 次方根，$w_i^* = \sqrt[n]{m_i} = [1.888, 0.871, 1, 0.699, 0.871]$，

再对向量进行归一化处理：$w_i = w_i^* / \sum_{i=1}^{n} w_i^* = [0.354, 0.163, 0.188, 0.131, 0.163]$。

其中，最大特征值 λ_{max} 的计算为：$\lambda_{max} = \dfrac{1}{n} \sum_{i=1}^{n} \dfrac{(Aw)_i}{w_i} = 1/5 \times 26.7856 = 5.357$，

式中，$Aw_i = [1.777, 0.929, 1.036, 0.67, 0.892]$。

得到一致性指标 CI 为：$CI = \dfrac{\lambda_{max} - n}{n-1} = (5.357-5) / (5-1) = 0.089$。

由 RI 表查到，当判断矩阵为 5 阶时，RI 为 1.12。

计算得到平均一致性为：$CR = CI/RI = 0.089/1.12 = 0.08 < 0.1$，通过了一致性检验。

表 5-11　企业结构、战略与竞争层级下各三级指标判断矩阵

评价指标	企业规模	企业劳动力数量及文化水平	企业科研创新能力	企业管理水平	企业品牌知名度	W_i
企业规模	1	2	3	2	3	0.372
企业劳动力数量及文化水平	1/2	1	1	2	2	0.209
企业科研创新能力	1/3	1	1	1/2	1/2	0.110
企业管理水平	1/2	1/2	2	1	2	0.182
企业品牌知名度	1/3	1/2	2	1/2	1	0.127

由表 5-11 可得，$\lambda_{max} = 5.253$，$CI = 0.063$，$RI = 1.12$，$CR = 0.057$，$CR < 0.1$，具有令人满意的一致性。

该判断矩阵权重的详细计算过程为：先计算判断矩阵中每一行元素的乘积，

$m_i = \prod\limits_{j=1}^n a_{ij} = [36, 2, 0.083, 1, 0.1667]$,

然后，计算 m_i 的 n 次方根，$w_i^* = \sqrt[n]{m_i} = [2.048, 1.149, 0.608, 1, 0.699]$,

再对向量进行归一化处理：$w_i = w_i^* / \sum\limits_{i=1}^n w_i^* = [0.372, 0.209, 0.111, 0.182, 0.127]$。

其中，最大特征值 λ_{max} 的计算为：$\lambda_{max} = \frac{1}{n} \sum\limits_{i=1}^n \frac{(Aw)_i}{w_i} = 1/5 \times 26.267 = 5.253$,

式中，$Aw_i = [1.866, 1.123, 0.598, 0.947, 0.667]$。

得到一致性指标 CI 为：$CI = \frac{\lambda_{max}-n}{n-1} = (5.253-5) / (5-1) = 0.063$。

由 RI 表查到，当判断矩阵为 5 阶时，RI 为 1.12。

计算得到平均一致性为：$CR = CI/RI = 0.063/1.12 = 0.057 < 0.1$，通过了一致性检验。

表 5-12 供应商及相关辅助产业层级下各三级指标判断矩阵

评价指标	集群内原材料供应商数量及实力	集群内企业间的交流合作	集群内供应商的专业化程度	物流行业发展水平	W_i
集群内原材料供应商数量及实力	1	3	3	3	0.493
集群内企业间的交流合作	1/3	1	1/2	1/2	0.116
集群内供应商的专业化程度	1/3	2	1	1	0.195
物流行业发展水平	1/3	2	1	1	0.195

由表 5-12 可得，$\lambda_{max} = 4.0604$，$CI = 0.0201$，$RI = 0.9$，$CR = 0.0224$，$CR < 0.1$，具有令人满意的一致性。

该判断矩阵权重的详细计算过程为：先计算判断矩阵中每一行元素的乘积，$m_i = \prod\limits_{j=1}^n a_{ij} = [27, 0.083, 0.667, 0.667]$,

然后，计算 m_i 的 n 次方根，$w_i^* = \sqrt[n]{m_i} = [2.28, 0.537, 0.904, 0.904]$,

再对向量进行归一化处理：$w_i = w_i^* / \sum\limits_{i=1}^n w_i^* = [0.493, 0.116, 0.196,$

0.196]。

其中，最大特征值 λ_{max} 的计算为：$\lambda_{max} = \dfrac{1}{n} \sum\limits_{i=1}^{n} \dfrac{(Aw)_i}{w_i} = 1/4 \times 16.242 = 4.06$，

式中，$Aw_i = [2.014,\ 0.476,\ 0.788,\ 0.788]$。

得到一致性指标 CI 为：$CI = \dfrac{\lambda_{max} - n}{n-1} = (4.06-4) / (4-1) = 0.02$。

由 RI 表查到，当判断矩阵为 4 阶时，RI 为 0.9。

计算得到平均一致性为：$CR = CI/RI = 0.02/0.9 = 0.022 < 0.1$，通过了一致性检验。

表5-13　本地市场层级下各三级指标判断矩阵

评价指标	企业产品在本地市场占有率	企业产品在本地市场需求量	顾客对本地品牌的信任程度	W_i
企业产品在本地市场占有率	1	3	2	0.55
企业产品在本地市场需求量	1/3	1	1	0.21
顾客对本地品牌的信任程度	1/2	1	1	0.24

由表 5-13 可得，$\lambda_{max} = 3.018$，$CI = 0.009$，$RI = 0.58$，$CR = 0.016$，$CR < 0.1$，具有令人满意的一致性。

该判断矩阵权重的详细计算过程为：

先计算判断矩阵中每一行元素的乘积，$m_i = \prod\limits_{j=1}^{n} a_{ij} = [6,\ 0.333,\ 0.5]^T$，

然后，计算 m_i 的 n 次方根，$w_i^* = \sqrt[n]{m_i} = [1.817,\ 0.693,\ 0.794]$，

再对向量进行归一化处理：$w_i = w_i^* / \sum\limits_{i=1}^{n} w_i^* = [0.55,\ 0.21,\ 0.24]$。

其中，最大特征值 λ_{max} 的计算为：$\lambda_{max} = \dfrac{1}{n} \sum\limits_{i=1}^{n} \dfrac{(Aw)_i}{w_i} = 1/3 \times 9.055 = 3.018$，

式中，$Aw_i = [1.66,\ 0.633,\ 0.725]$。

得到一致性指标 CI 为：$CI = \dfrac{\lambda_{max} - n}{n-1} = (3.018-3) / (3-1) = 0.009$。

由 RI 表查到，当判断矩阵为 3 阶时，RI 为 0.58。

计算得到平均一致性为：$CR = CI/RI = 0.009/0.58 = 0.016 < 0.1$，通过了一致

性检验。

表 5-14　外地市场层级下各三级指标判断矩阵

评价指标	企业产品在外地市场占有率	企业产品在外地市场需求量	外地市场顾客对品牌的信任程度	企业产品出口率	W_i
企业产品在外地市场需求量	1	1	2	2	0.318
外地市场顾客对品牌的信任程度	1/3	1/2	1	1/2	0.121
企业产品出口率	1/3	1/2	2	1	0.171

表 5-14 可得，$\lambda_{max}=4.081$，$CI=0.027$，$RI=0.9$，$CR=0.03$，CR<0.1，具有令人满意的一致性。

该判断矩阵权重的详细计算过程为：先计算判断矩阵中每一行元素的乘积，$m_i=\prod_{j=1}a_{ij}=[9, 4, 0.083, 0.333]$，

然后，计算 m_i 的 n 次方根，$w_i^*=\sqrt[n]{m_i}=[1.732, 1.414, 0.537, 0.76]$，

再对向量进行归一化处理：$w_i=w_i^*/\sum_{i=1}^n w_i^*=[0.39, 0.318, 0.121, 0.171]$。

其中，最大特征值 λ_{max} 的计算为：$\lambda_{max}=\frac{1}{n}\sum_{i=1}^n\frac{(Aw)_i}{w_i}=1/4\times16.325=4.081$，式中，$Aw_i=[1.584, 1.292, 0.496, 0.702]$。

得到一致性指标 CI 为：$CI=\frac{\lambda_{max}-n}{n-1}=(4.081-4)/(4-1)=0.027$。

由 RI 表查到，当判断矩阵为 4 阶时，RI 为 0.9。

计算得到平均一致性为：$CR=CI/RI=0.027/0.9=0.03<0.1$，通过了一致性检验。

由此得到权重汇总计算结果为：

表 5-15　各级指标权重汇总计算表

准则层	相对权重	子准则层	相对权重	指标层	相对权重	绝对权重	综合权重
基础	0.149	资源	0.25	地理位置或区位	0.359	0.013	22
				自然资源	0.123	0.005	25
				劳动力资源	0.325	0.012	23
				资本资源	0.193	0.007	24
		设施	0.75	基础设施水平	0.354	0.040	8
				行业协会社会服务水平	0.163	0.018	20
				政府相关产业优惠政策	0.188	0.021	16
				产学研结合	0.131	0.015	21
				法律法规完善度	0.163	0.018	19
企业	0.376	企业结构、战略与竞争	0.5	企业规模	0.372	0.070	4
				企业劳动力数量及文化水平	0.209	0.039	9
				企业科研创新能力	0.111	0.021	17
				企业管理水平	0.182	0.034	12
				企业品牌知名度	0.127	0.024	14
		供应商及相关辅助产业	0.5	集群内原材料供应商数量及实力	0.493	0.093	2
				集群内企业间的交流合作	0.116	0.022	15
				集群内供应商的专业化程度	0.195	0.037	11
				物流行业发展水平	0.195	0.037	10

准则层	相对权重	子准则层	相对权重	指标层	相对权重	绝对权重	综合权重
市场	0.474	本地市场	0.667	企业产品在本地市场占有率	0.550	0.174	1
				企业产品在本地市场需求量	0.210	0.066	5
				顾客对本地品牌的信任程度	0.240	0.076	3
		外地市场	0.333	企业产品在外地市场占有率	0.390	0.062	6
				企业产品在外地市场需求量	0.318	0.050	7
				外地市场顾客对品牌的信任程度	0.121	0.019	18
				企业产品出口率	0.171	0.027	13

运用软件对数据进行处理，得到各个指标层级的单层权重、总权重及排名：

表 5-16　各指标整体得分

准则层	相对权重	子准则层	相对权重	指标层	相对权重	绝对权重	综合权重
基础	0.149	资源	0.250	地理位置或区位	0.359	5.625	6.483
				自然资源	0.123	6.042	
				劳动力资源	0.325	7.417	
				资本资源	0.193	6.792	
		设施	0.750	基础设施水平	0.354	7.458	6.872
				行业协会社会服务水平	0.163	6.292	
				政府相关产业优惠政策	0.188	6.375	
				产学研结合	0.131	5.833	
				法律法规完善度	0.163	7.583	
企业	0.376	企业结构、战略与竞争	0.500	企业规模	0.372	7.708	7.333
				企业劳动力数量及文化水平	0.209	8.208	
				企业科研创新能力	0.111	7.000	
				企业管理水平	0.182	6.167	
				企业品牌知名度	0.127	6.750	
		供应商及相关辅助产业	0.500	集群内原材料供应商数量及实力	0.493	7.125	6.672
				集群内企业间的交流合作	0.116	7.708	
				集群内供应商的专业化程度	0.195	5.833	
				物流行业发展水平	0.195	5.750	

准则层	相对权重	子准则层	相对权重	指标层	相对权重	绝对权重	综合权重
市场	0.474	本地市场	0.667	企业产品在本地市场占有率	0.550	7.167	7.172
				企业产品在本地市场需求量	0.210	7.625	
				顾客对本地品牌的信任程度	0.240	6.792	
		外地市场	0.333	企业产品在外地市场占有率	0.390	6.750	7.093
				企业产品在外地市场需求量	0.318	7.083	
				外地市场顾客对品牌的信任程度	0.121	7.000	
				企业产品出口率	0.171	7.958	

由 $GEM = 2.5\left(\prod_{i=1,3}\left(D_{2i-1}+D_{2i}\right)\right)^{2/3}$

计算得：

$GEM = 2.5 \times \{基准 \times 企业 \times 市场\}^{2/3} = 2.5 \times \{(6.483+6.872) \times (7.333+6.672) \times (7.172+7.093)\}^{2/3} \approx 480.92$

根据计算结果，对应萨蒂教授给出的集群竞争力评分表，判断该产业集群在全国的水平，如下表所示：

表 5-17　集群竞争力评分表

级别	标准	GEM 分值
十	很差，严重阻碍集群发展	10
九	较差，严重影响到集群发展	40
八	很有限，一定程度上影响集群发展	90
七	有限，略低于全国平均水平	160
六	适当及格，相当于全国平均水平	250
五	及格，超过全国平均水平，但竞争优势不足	360

续表

级别	标准	GEM 分值
四	一般，本国范围内优势表现一般	490
三	良好，本国范围内优势最强	640
二	优秀，拥有国际产业集群竞争力	810
一	非常优秀，在全球范围内数一数二	1000

实证结果表明，河北省的生猪产业集群竞争力在资源、设施、企业结构战略与竞争、供应商及相关辅助产业、本地市场、外地市场的平均分分别为 6.483 分、6.872 分、7.333 分、6.672 分、7.172 分、7.093 分。最终，河北省生猪产业集群竞争力总分约为 480 分，由表 5-17 集群竞争力评分表可以判断出河北省生猪产业集群竞争力的得分在 360~490 分。已知 250 分为适当及格，相当于全国平均水平，那么 480 分则介于及格与一般之间，可知河北省生猪产业集群竞争力水平略高于平均水平，可以认为河北省生猪产业集群在全国范围内具有一定的竞争力。针对上面得出的结果，结合实际调研情况，本文对河北省生猪产业集群竞争力影响要素的分析如下：

1. 指标权重得分对比分析

在"基础"准则层下的"资源"子准则层中，如表 5-15 所示，可以看出在"资源"子准则层下的 4 个三级指标权重的排名中，地理位置或区位指标、自然资源指标、劳动力资源指标、资本资源指标的排名均处于落后位置，而地理位置与劳动力资源相对靠前。从表 5-16 各指标得分状况来看，自然资源与资本资源得分靠前，那是因为自然资源在一定程度上为生猪产业集群的发展提供了有利条件，是生猪产业发展中养殖行业的基础，而资本资源中诸如银行等金融机构又为集群发展带来了流动资金，相对于地理位置及劳动力资源来讲，对集群发展更有影响力。由此可见，二者对河北省生猪产业集群发展产生了一定影响，因此需要在一定程度上保证对这些方面的支持力度。

在"基础"准则层下的"设施"子准则层中，如表 5-15 所示，从"设施"子准则层下的 5 个三级指标权重排名来看，基础设施水平指标的权重排名为第 8 名，其次政府相关产业优惠政策指标权重排名为第 16 名、法律法规完善度指标权重排名为第 19 名，行业协会社会服务水平指标权重排名紧跟其后为第 20 名。有三个指标排名处于中等水平，说明了在基础设施方面，无论是硬件设施还是软件设施完善度均较高，对于集群发展有利，提供了便捷条件。另外，近几年来，河北省陆续出台的有关河北省畜牧业发展的政策中，对于河北省农业产业集群发展有较为明显的指向性，为农业产业集群的发展提供了一个友好的政策背景。河北省作为畜牧业大省，畜牧业发展备受政府关注，农业农村部同样对河北省畜牧业的发展给予了高度重视，这促进了畜牧业中生猪产业的发展，为生猪产业集群建设保驾护航。另一方面，在河北省现有的 19 个县域及以上生猪产业集群内部，企业数量丰富，各企业之间的联系也紧密起来，有利于企业间的合作与交流，但行业协会的社会服务水平还需要进一步加强。

在"企业"准则层下的"企业的结构、战略和竞争"子准则层中，如表 5-15 所示，在其 5 个三级指标中，仅有企业规模指标权重排名最高，这一指标的权重排名为第 4 名，其次为企业劳动力数量及文化水平指标和企业管理水平指标，二者权重排名分别为第 9 名和第 12 名，说明两种因素对集群的竞争力有重要作用。这是由于在当前河北省生猪产业发展过程中，一些规模较大的企业选择现代化养猪设备，将人工智能与生猪养殖有机结合，利用科技力量实现对生猪生产管理的智能化，所以对熟悉专业设备的人才有较大需求。另外，集群内有很多优秀的龙头企业代表，其企业管理水平越强，企业内部协同度就越高，进而提高了企业效益。而庞大的企业规模恰恰反映了该企业的实力雄厚。另外，企业劳动力数量及文化水平是企业发展好坏的直接反映。可见，处于权重排名较高位置的企业规模、企业劳动力数量及文化素质、企业管理水平三种因素对集群竞争力是有正向影响的。

在"企业"准则层下的"供应商及相关辅助产业"子准则层中，如表 5-15 所示，在 4 个三级指标中，可以看到指标权重排名第二的为集群内原材料供应商数量及实力，说明该指标在河北省生猪产业集群发展中起到比较重要的作用。这是因为随着近几年的发展，各生猪产业集群内部建设越来越成熟，很多集群的位置在县域，无论是养殖所需的饲料、兽药，还是在屠宰环节中，由于产业集聚，使得供应商数量繁多，实力较高，有利于产业集群的健康发展。生猪产业中的生猪养殖环节需要大量饲料、兽药作为基础，并且无论是作为饲料还是兽药的供应商，其专业化程度越高，对猪肉产品的品质来讲就越会带来积极影响，是有利于产业发展的。集群内企业间的交流合作、集群内供应商的专业化程度、物流行业发展水平排名分别为第 15、11、10 名，可见集群内部各企业之间互动较为明显，对整体发展有利。而集群内部供应商的专业化程度则直接对产品产生影响，专业化程度越高产品质量就越好，也会为猪肉产品在市场上赢得竞争力。物流行业的发展水平则是决定产品流入市场的关键，发达的物流体系是流通的基础。由此可知，这三个因素对河北省生猪产业集群的发展是有比较强的影响的。

在"市场"准则层下的"本地市场"和"外地市场"子准则层中，如表5-15所示，企业产品在本地市场占有率、企业产品在本地市场需求量以及顾客对本地品牌的信任程度三个指标权重排名分别为第1名、第5名和第3名。这直接说明了在市场经济体制下，消费者决定了企业产品生产的导向，且顾客对于产品品牌越信赖，在面对相同类别产品时选择该品牌猪肉产品的概率就会越大，越有利于企业的发展，集群竞争力就越高。同时，京津两大市场有着对猪肉产品的较大市场需求，为河北省企业产品进入外地市场提供了有利条件，同时对我省生猪产业发展也起到正向促进作用。

2. 评价指标得分对比分析

如表5-16所示，各子准则层的整体最终得分由高到低依次为：企业结构战略与竞争、本地市场、外地市场、设施、供应商及相关辅助产业、资源，得分分别为7.333分、7.172分、7.093分、6.872分、6.672分、6.483分。

从"资源"子准则层来看：在6个子准则层中，资源因素排名第6，分值为6.484分。得分虽然比其他子准则层低，但是超过了6分。由表5-16还可以看出，劳动力数量及文化水平这一指标得分最高，分值为7.417分，说明了该地区人力资源丰富，很多企业的选址位置靠近乡村，较低的用工成本、充足的农民劳动力在一定程度上既满足了企业需要，又满足了农民们通勤方便、就近就业的需要。

从"设施"子准则层来看：在6个子准则层中，设施因素排名第4，分值为6.872分。基础设施是产业集群发展的基本条件。无论是基础设施水平中电力、水利、通信等，还是行业协会服务水平，政府对相关产业的优惠政策及法律法规完善程度，对产业发展都具有至关重要的作用。由此可见政府或地方有关部门对生猪产业的支持与高度重视。

从"企业结构、战略与竞争"子准则层来看：在6个子准则层中，企业结构、战略与竞争得分为7.333分，在6个因素中排名第1，是六个因素中得分最高的。在5个子准则层中，企业劳动力数量及文化水平、企业规模与企业科研创新能力均超过了7分，说明企业注重对高素质、高水平人才的培养，专业化人才资源在河北省生猪产业竞争中具有重要作用。这是由于企业在招聘中更侧重于对专业人才的选拔。企业对于专业人才的需求还是很大的。例如，在各类高校招聘中积极选拔相关专业的毕业生，给毕业生的工资待遇也较为可观。因此，企业要拓宽招聘渠道，政府也可通过各种人才引进政策来吸取优质的专业化人才。另外，企业科研创新能力与企业品牌知名度也在一定程度上增强了产品竞争力，对集群发展有促进作用。

从"供应商和相关辅助产业"子准则层来看：供应商和相关辅助产业因素得分为 6.672 分，排名第 5，得分较低。其中，集群内企业间交流合作得分最高，说明集群内部各企业之间建立了有机联系，交流较多，企业间经常交流有利于行业经验分享，互相学习，有利于产业发展得更好。集群内供应商专业化程度与物流行业发展水平得分较低。这说明物流综合能力还需要提升，受非洲猪瘟疫情及有关政策影响，活猪调运受到严格的限制，调运受阻，政府应为产业发展提供有效保障，促进各企业良好发展，形成良好的行业竞争风气。

从本地市场子准则层分析可知：在 6 个指标层中，本地市场因素排名第 2，分值为 7.172 分。河北省在满足本地市场消费需求的前提下，保障了河北省本地市场占有率。就本地市场各因素得分而言，企业产品在本地市场占有率指标权重得分为 7.167 分。在日常生活中，无论是在商超还是自营店铺，不难发现，所售产品多以本地品牌为主，有较高市场占有率。另外，顾客对本地品牌的信任程度指标权重得分为 6.792 分，说明顾客对本地品牌产品的信任程度较高，也表明产品在本地市场具有一定竞争力。

从外地市场层面分析可知：在 6 个指标层中，外地市场因素排名第 3，分值为 7.093 分。其中，外地市场占有率、企业产品在外地市场的需求量以及外地市场顾客对品牌的信任程度指标权重评分都超过了 6 分，说明河北省内集群的产品在外地市场具有较强的竞争力。河北省作为生猪外调大省，猪肉产品适应京津市场需求，使得京津猪肉供应充足平稳。保障京津猪肉供应，河北成为主力，这也使其在外地市场的竞争力得到强化，具有较好的发展前景。

四、研究结论与对策建议

(一) 研究结论

根据实证结果与实际调研访谈情况，研究结论如下：

1. 河北省生猪产业集群竞争力评分为 480.92 分。略高于 GEM 的中间水平，在国内具有一定竞争力。

2. 实证分析结果表明，市场权重比重最高，之后为企业与基础因素。对集群竞争力水平影响最大的是市场因素，最小的是基础因素。这说明市场对产业集群发展起着积极推动的作用，市场是连接生产和消费的重要环节，集群内的生产者应更加关注市场信息，密切注意市场变化，以便及时调整企业战略与决策，实现资源的高效利用，提高生产力，实现经济效益的提高。

3. 在基础子准则层中，设施要素得分较高，说明其对河北省生猪产业集群竞争力有促进作用。要加强硬件设施与软件设施的建设，使之与集群发展相匹配，提高集群竞争力水平。

4. 在企业准则层中，企业规模、企业劳动力素质评分相对其他因素较高，说明集群内各企业比较注重管理与人才，这对集群的竞争力有积极作用，但是集群内企业科研创新能力及企业品牌知名度等方面较为薄弱，还需进步。

5. 在市场准则层中，外地市场需求量及本地市场占有率评分较高，不相上下，说明集群内企业产品在外地市场更受消费者青睐，出口量大，要积极落实本地品牌建设，努力提升品牌竞争力，进而提高集群竞争力。

（二）对策建议

生猪产业集群的发展对实现河北省生猪产业转型有重要影响。一方面，不仅促进了河北省生猪产业向规模化、标准化、专业化和集约化方向发展，而且对于提高产业自身的竞争力发挥着重要作用。另一方面，河北省生猪产业集群的建设有利于河北省地域品牌的塑造，对于提升品牌化产品知名度有着积极影响。本文通过对生猪产业现状与产业集群现状进行分析，通过对河北省生猪产业集群的测量，得出不同要素对生猪产业集群的影响，并根据生猪产业集群提出以下针对性建议。

1. 基础因素层面

（1）科学规划生猪产业布局

实证结果表明，地理区位对生猪产业集群的影响巨大，因此只有重视对产业集群地理位置的选取，才能为河北省生猪产业集群的长远发展提供保障。为确保河北省生猪产业集群实现跨越式的发展，高端精品产品显著提升，生猪产业效益得到明显提升，需要制订科学合理、清晰完整的生猪产业发展规划。河北省政府及相关部门应积极深入到实际生产中调研，明确河北省优势区域特征，因地制宜确定产业发展目标，根据实际情况及时地进行战略修正，设定符合自身发展情况的长远目标。准确把握资源环境和区域发展定位，不断优化生猪产业要素组合，在现有优质生猪产业集群的基础上进一步改造升级，提高示范园区的生产水平与竞争力。同时，政府还应善于利用外脑，开展座谈会，听取龙头企业对地理位置的看法，作为自身的政策制定依据。

在外部市场上河北省仍然具有巨大优势，河北省生猪产业环抱京津，较山东与河南等其他省份更具有市场优势，建设市场集群具有先天的地理优势，发展潜力巨大。地形多为平原，农业具有一定的现代化水平，地理优势为生猪产业集群的发展提供了基础条件。同时，发展生猪产业集群有利于提升河北省生猪产业质量水平，促进河北省农业的进一步发展巩固，因此发展生猪产业集群应当深刻把握地理区位影响，重视生猪产业集群的整体规划布局。

（2）优化生猪产业机构，完善生猪产业链条

集群竞争力同样是影响产业形成的重要因素，而调整优化生猪产业结构是提升河北省生猪产业集群核心竞争力的重要途径，因此应当根据政府的规划引导，加快生猪产业结构调整的步伐，逐步淘汰低效产能。通过对河北省生猪产业集聚区的集中建设，不断优化各种生产要素的配置，以大型饲料企业、养殖企业、屠宰企业为主体来整合产业链条中所涉及的各个环节，进而促进种猪繁育、生猪养殖、生猪屠宰与加工过程中的一体化经营。

同时还要加强对生猪养殖示范园区的建设，提升生猪养殖规模，通过"龙头企业+专业合作社+农户"的生猪产业化新模式重点引导龙头企业发展，使其逐步实现集约化、集群化、集团化。建立现代化生猪产业经营体系，促进、优化生猪生产、加工、流通等环节的有机结合与联系；积极发挥龙头企业的带头作用，加大投资力度，大力实施龙头带动工程；总结现有省级链条经济的成功经验，不断完善河北省生猪产业链条，提高产业经济效益，进而在根本上提高河北省生猪产业集群竞争力。

（3）加大科技投入，积极引入人才

21世纪是科学技术高速发展的互联网时代，生猪产业的发展更应该以科研机构、各大农业高校及科研院所为依托，为河北省生猪产业的发展提供强有力的技术支持与专业人才保障。同时，搭乘京津冀协同发展的快车，抓住机遇，充分利用互联网的积极作用，推进"生猪产业+互联网"的发展，构建承载"种养加"全产业链等多方面信息的生猪产业大数据平台，使我省生猪产业的发展逐步迈向科学化、信息化，积极利用互联网来加快河北省生猪产业的现代化转型升级。同时，充分利用信息技术手段并将其应用于实际生产，如升级生猪养殖设施设备，利用科技手段改善生猪饲养环境，这样不仅可以降低人工生产成本，企业也可以通过物联网实现猪场管理的科学化与精细化，大幅度提高生产效益。

与此同时，要注重培养懂技术、懂管理的职业技术人才，充分利用大中专院校的教育资源和人才、技术优势。高校可与企业建立长期合作机制，实施精准技术帮扶与研究；企业也可为高校提供实践、实习的机会与平台，充分合理引导各种社会技术力量到实际生产中来。鼓励技术人才到基层去，建立完善的人才管理制度与奖惩机制，切实保障企业中专业人才的福利待遇，不断完善人才技术服务体系，增强河北省生猪产业集群竞争力。

（4）加大环保投入力度，积极践行生态养猪

生猪产业的快速发展伴随着养殖规模的扩大与集中，使环保问题越发严重。生态养猪在一定程度上可以减轻环境污染，势必成为未来的发展新方向。建设资源节约型、环境友好型生猪产业循环经济产业链，需要使生猪养殖区域的布局更加合理，因地制宜选择合适的养殖结构，并针对不同区域的特点和当地农业资源的现实情况与环境承载负荷做出科学合理的判断。生猪养殖过程中产生的大量废弃物需要企业妥善处理，选择环保的方式以保护生态环境。可以考虑打通种养业发展的通道，采用"生态养猪+沼气+绿色种植（粮食、果树、林木等）"的农牧结合方式实现废物的循环利用，变废为宝，实现资源循环利用，促进河北省生猪产业的可持续发展。

2. 企业因素层面

（1）打造本土冀猪产品知名品牌

一方面，重视地方猪种的保种选育与开发利用，充分利用本土深县黑猪的优质品种资源，发挥河北省地方特色黑猪品种的优良特质。配合国家积极落实地方生猪遗传改良计划，增强产学研合作，加快组建技术攻关团队，进一步加强选育工作的进行，逐步攻坚地方猪繁育难题，建立起深县猪核心群，保障深县猪这一珍贵地方品种种质资源的延续，保证生物多样性与畜牧业的可持续发展。

另一方面，龙头企业应当避免同质化竞争，建立自身的品牌优势，深挖生猪产业产品文化，全面提升品牌的策划水平与运营水平，进一步做好市场细分，开拓内外部市场，确定消费人群定位，整合相关资源，优化企业结构，不断做大做强。巧抓机遇，发挥好龙头企业的品牌优势，以市场需求为导向，整合品牌资源，真正打造面向固定消费者人群的高质量产品，吸引消费者，扩大营销力度，提升河北省猪肉产品的品牌知名度，发挥品牌优势，依靠品牌力量做大做强。

（2）建立企业平台，发挥带动作用

龙头企业应该发挥自身的模范带动作用，充分了解产业集群所带的利益水平。当前信息的共享大多存在于线上，招商引资与资源交换大多发展于线上，线下的发展已无法满足产业发展要求。因此，企业应当以构建线上企业信息、技术、资源共享平台作为资源获取抓手，促进资源共享，进而推动产业集群发展。因此，建设线上企业平台是助力产业集群发展的重要途径之一。

3. 市场因素层面

（1）提高产品的市场影响力

品牌与市场竞争力因素对产业集群形成的影响巨大，因此应当重视品牌建

设，邀请知名品牌策划机构、农产品营销机构的农业品牌策划专家和营销专家，选择特色鲜明、品质优良的养殖及畜禽产品加工企业进行培训。品牌方面，重点培训品牌设计定位、品牌文化塑造、品牌影响力提升等内容，加快国际"洋品牌"，国内"大牌子"和区域内"土字号"的畜禽产品品牌培育速度，提升我省生猪品牌影响力。销售方面，重点培训居民消费方式的转变及趋势等基础内容，以及电商平台介绍、网店销售技巧、直播带货等线上销售知识和订单直供、体验式消费等线下新型消费模式，推动畜禽产品生产销售更加适应时代发展，不断扩大市场份额，开拓市场。

（2）完善生猪标识溯源系统

目前，大部分消费者对品牌的信任来自产品来源与产品质量，而大多产品难以溯源，一旦发生食品安全问题，会对造成沉重打击，同时会引发连锁效应。因此，企业在品牌建设的同时，应当重视生猪产业的可溯源系统建设，逐步实现饲养、生产、经营环节全程追溯，通过产品的溯源信息，使消费者可以从相关平台上获取产品信息，保障食品安全。同时，利用消费者反馈的消费信息，对消费者偏好进行分析，从而更好地投放目标产品，争取获得较大利益，保障自身的品牌可靠性。

第六章

河北省生猪产业协作发展竞争力研究

一、概念界定及相关理论分析

（一）生猪产业竞争力的概念界定

一般认为从产业的投入产出角度出发，以分析、研究产业为目的，比较和评价一个国家或地区某一特定产业的竞争力，即为产业竞争力分析。生猪产业竞争力是一国或地区的生猪产业相对于他国或地区的生猪产业在生产效率、满足市场需求、持续获利等方面所体现的竞争能力。生猪产业协作发展竞争力是生猪产业链各环节协同发展的一种综合发展能力，是生猪产业生产要素竞争力、市场竞争力、产业组织竞争力和产业创新竞争力等的综合体现。

（二）生猪产业协作发展竞争力的相关理论分析

对河北省生猪产业协作发展竞争力的分析，可以从结果和原因两方面进行。从结果来看，竞争力直接表现为一国（地区）某产品的市场占有份额，市场占有份额越高，获得利润越多，表明其竞争力越强。从原因来看，一切有助于开拓市场、占据市场，并以此获利的因素，均可作为研究对象。对于生猪产业协作发展竞争力影响因素的研究，更多学者采用迈克尔·波特的钻石模型对资源环境因素进行分析，该模型中影响最大、最直接的因素是生产要素、需求条件、相关与支持性产业及企业战略、组织结构与竞争状态，同时政府和机遇也起到相当大的作用。其中，生产要素是任何一个产业最上游的竞争条件，分为初级生产要素和高级生产要素，高级生产要素以初级生产要素为基础，对提升产业竞争力的重要性日益显著；需求条件主要指国内市场对该产业所提供的产品或服务的需求，是产业冲刺的动力；相关与支持产业，单独一个产业很难保持竞争优势，只有与相关支持产业形成良性互动和休戚与共的优势网络，才能使产业竞争优势持久保持；企业战略、组织结构与竞争状态是企业在一国的基础、组织、管理形态以及国内市场竞争对手的表现；在产业创造竞争优势的过程中，政府的角色是正面还是负面，要看其对钻石体系的影响；机遇是可遇而不可求的，可以影响四大要素发生变化。

二、河北省生猪产业协作发展竞争力的测度

（一）国际竞争力分析

此处主要选取 HS 编码前四位为 0203 的鲜、冷、冻猪肉进行分析。自 2011 年以来，河北省猪肉出口额多年均为 0，进口额呈波动变化，计算出的国际市场占有率均为 0，显示性比较优势指数也均为 0，贸易竞争力指数均为-1。由此看来，河北省猪肉缺乏国际竞争力，在国际市场不具有比较优势。

（二）国内竞争力分析

一方面，选用河北省生猪出栏量、生猪年底存栏量和猪肉产量占全国的比重及在全国的排名、猪肉的国内市场占有率来反映河北省生猪产业的国内竞争结果，具体计算结果如表6-1所示。可以看出，自 2011 年以来，河北省生猪出栏量在全国排第 6~8 名，占全国的比重呈波动变化，在 4.82%到 5.73%之间；河北省生猪年底存栏量在全国基本保持第 9 名，占全国的比重整体呈上升趋势，在 3.88%到 4.57%之间；河北省猪肉产量在全国排第 6~8 名，占全国的比重与河北省生猪出栏量占全国比重的变动趋势类似，在 4.83%到 5.68%之间。就河北省猪肉的国内市场占有率来看，整体呈波动上升态势，受疫情影响，2020 年较前一年有较大幅度的下降。由此看来，河北省生猪产业虽与四川、河南、湖南等生猪养殖大省存在一定差距，但在国内仍具有一定的竞争优势。

表6-1　河北省生猪出栏量、存栏量和猪肉产量在全国的地位

年份	河北省生猪出栏量		河北省生猪年底存栏量		河北省猪肉产量		猪肉国内市场占有率
	占全国比重	在全国排名	占全国比重	在全国排名	占全国比重	在全国排名	
2011	4.89%	7	4.03%	9	4.88%	7	4.87%
2012	4.87%	7	3.88%	9	4.85%	8	4.83%
2013	4.82%	8	4.08%	9	4.83%	8	4.81%
2014	4.95%	7	4.11%	9	4.96%	8	4.95%
2015	5.01%	7	4.14%	9	5.01%	7	4.97%
2016	5.01%	7	4.18%	9	5.01%	7	4.90%
2017	5.39%	7	4.43%	9	5.35%	7	5.25%

续表

年份	河北省生猪出栏量		河北省生猪年底存栏量		河北省猪肉产量		猪肉国内市场占有率
	占全国比重	在全国排名	占全国比重	在全国排名	占全国比重	在全国排名	
2018	5.35%	8	4.25%	9	5.30%	7	5.20%
2019	5.73%	6	4.57%	8	5.68%	7	5.45%
2020	5.52%	6	4.30%	9	5.52%	6	5.00%

数据来源:《中国统计年鉴》和 UN Comtrade 数据库数据计算所得

另一方面,运用综合比较优势指数法对河北省生猪产业协作发展的比较优势进行分析,可在一定程度上反映河北省生猪产业协作发展的竞争潜力。综合比较优势指数法包括效率优势指数、规模优势指数和综合优势指数。其中,效率优势指数是用河北省生猪均头重与河北省主要牲畜均头重之比除以全国生猪均头重与全国主要牲畜均头重之比,若其值大于1,则说明河北省生猪产业具有效率优势,且值越大效率优势越明显;规模优势指数是用河北省生猪饲养头数与河北省主要牲畜饲养头数之比除以全国生猪饲养头数与全国主要牲畜饲养头数之比,若其值大于1,则说明河北省生猪产业具有规模优势,且值越大规模优势越明显;综合优势指数是效率优势指数和规模优势指数的乘积开方所得结果,若其值大于1,则说明河北省生猪产业具有比较优势,且值越大优势越明显。计算结果如表6-2所示。可以看出,自2011年以来,河北省生猪产业效率优势指数整体呈波动下降趋势,只有2019年效率优势指数值小于1,说明与全国平均水平相比,2019年河北省生猪产业生产效率处于劣势,其余年份效率优势明显;河北省生猪产业规模优势指数和综合优势指数整体均呈波动上升趋势,且两者变动趋势基本一致,尤其是2019和2020年两者的值均大于1,说明这两年与全国平均水平相比,河北省生猪产业具有规模优势和综合优势,其余年份值均小于1,不具有规模优势和综合优势。可以看出,与全国平均水平相比,河北省生猪产业并不具备规模优势,其生猪生产还主要以散养为主,规模化程度较低,而且是粗放式的增长模式。但与全国平均水平相比,河北省生猪产业具有效率优势,今后应继续加大科技投入,提高河北省生猪产业的综合生产能力。

表6-2 河北省生猪产业比较优势指标

年份	效率优势指数	规模优势指数	综合优势指数
2011	1.008	0.928	0.968
2012	1.010	0.912	0.960
2013	1.014	0.925	0.968
2014	1.013	0.927	0.969
2015	1.007	0.945	0.975
2016	1.007	0.946	0.976
2017	1.001	0.973	0.987
2018	1.005	0.979	0.992
2019	0.999	1.031	1.015
2020	1.002	1.012	1.007

资料来源：《河北农村统计年鉴》和《中国农村统计年鉴》数据计算所得。

三、河北省生猪产业协作发展的资源环境竞争力分析

迈克尔·波特的钻石模型为河北省生猪产业协作发展的资源环境竞争力分析提供了较好的分析框架。

（一）生产要素分析

波特把生产要素分为初级生产要素和高级生产要素。初级生产要素包括自然资源、地理位置、气候、非熟练或半熟练劳动力等。高级生产要素包括现代化的基础设施、高级人才和高新技术等。生产要素为生猪产业协作发展提供坚实的基础和技术支撑。

在河北省生猪产业协作发展中，初级生产要素作用较为明显。一是自然条件优越。河北省属温带大陆性季风气候，大部分地区四季分明，温度适宜，日照充沛，热量丰富，适合多种农作物生长和畜牧养殖。河北省优越的自然条件为生猪产业协作发展提供了良好的环境和较丰富的饲料来源。河北省是全国重要的粮棉油集中产区之一，具有丰富的粮食资源，盛产小麦、玉米、棉花、花生、豆类等多种农作物。如表6-3所示，自2011年以来，河北省粮食总产量总体呈上升趋势，在全国的排名在第5~8位，排名较靠前。就具体分类来看，谷物总产量总体呈上升趋势，且在全国的排名在第5~7位徘徊，具有一定的优势；豆类产量呈波动变化，从2011年的35.7万吨降至2020年的29.4万吨，从排名来看，不具备优势；薯类产量整体呈上升趋势，排名由2011年的第13位上升为

2020 年的第 6 位，优势越来越明显。这为生猪产业协作发展提供了丰富的饲料资源。据《中国统计年鉴》数据显示，近年来河北省耕地面积在全国排名第 7 位，但呈逐年下降趋势，由 2012 年的 6558.3 千公顷降为 2019 年的 6034.2 千公顷，且人均耕地面积低于全国平均水平。此外，河北省水资源短缺，是全国地下水超采问题最严重的省份，2020 年人均水资源量为 196.2 立方米/人，是全国平均水平的 8.76%。在耕地和水资源约束较紧的情况下，粮食生产效率提升的空间有限，生猪饲料原料的供应能力受到影响，进而影响到饲料原料的价格，同时对生猪废弃物的容纳能力也受到影响，进一步影响生猪产业成本和竞争力。二是劳动力资源丰富。如表 6-4 所示，自 2011 年以来，河北省乡村人口数呈逐年递减的趋势，但乡村人口数在全国的排名居于前列，且较稳定。同时，河北省乡村人口占总人口的比重均高于全国平均水平，这反映出河北省农村投入生猪产业发展的劳动力潜力较大。但劳动力文化素质偏低，对一些新鲜事物及新技术接受起来可能存在一定困难。当前河北省结合自身资源环境条件和区域发展定位，在石家庄、唐山、沧州、衡水、邢台和邯郸等土地资源相对丰富、环境空间宽松、饲料供应充足的 19 县（市）继续发展生猪产业集群，提高了生猪产业协作发展的竞争力。

表 6-3 河北省粮食及分类产品产量和在全国的排名

年份	粮食		谷物		豆类		薯类	
	总量（万吨）	排名	总量（万吨）	排名	总量（万吨）	排名	总量（万吨）	排名
2011	3172.6	6	3032.3	5	35.7	15	104.6	13
2012	3246.6	8	3102.7	7	32.5	16	111.5	13
2013	3365.0	7	3221.8	6	30.9	17	112.4	11
2014	3360.2	8	3224.9	7	34.8	13	100.5	13
2015	3363.8	8	3230.2	7	29.5	17	103.9	12
2016	3460.2	7	3321.9	6	32.0	16	106.3	12
2017	3829.2	6	3674.5	6	20.8	21	133.9	6
2018	3700.9	5	3524.9	7	28.1	19	147.9	7
2019	3739.2	6	3566.9	7	30.1	16	142.3	6
2020	3795.9	6	3617.7	7	29.4	17	148.8	6

数据来源：《中国统计年鉴》数据计算所得。

表6-4 河北省农村人口变动情况

年份	河北省			全国	
	乡村人口 （万人）	乡村人口数 在全国排名	乡村人口占 总人口比重（%）	乡村人口 （万人）	乡村人口占总 人口比重（%）
2011	3939	4	54.40	65656	48.73
2012	3877	4	53.20	64222	47.43
2013	3804	4	51.88	62961	46.27
2014	3741	4	50.67	61866	45.23
2015	3614	4	48.67	60346	43.90
2016	3487	4	46.68	58973	42.65
2017	3383	4	44.99	57661	41.48
2018	3292	5	43.57	56401	40.42
2019	3218	5	42.38	55162	39.40
2020	2979	5	40.00	50979	36.15

数据来源：《中国统计年鉴》

高级生产要素在河北省生猪产业协作发展中主要发挥以下作用：一是现代化基础设施方面，河北省境内交通较发达，截至2020年年底，河北省公路里程204737千米，在全国居第13位，铁路营业里程7941千米，在全国居第2位。通信较发达，互联网宽带接入用户数和互联网宽带接入端口数均不断增加。截至2020年年底，互联网宽带接入用户数2534.4万户，在全国居第7位，互联网宽带接入端口数4598.2万个，在全国居第7位。2020年河北省农村网络零售额占全国农村网络零售额的7.0%，在全国居第4位。到2021年年底，全省网民规模达到5468.9万人，全年新增186.5万人，较2020年增长3.5%。网民普及率为73.3%，高出全国网民普及率0.3个百分点。其中，城镇网民占全省网民的62.6%，农村网民占比为37.4%。这为农产品市场信息的快速传递及购销提供了便利条件。二是高级人才方面，如表6-5所示，自2015年以来河北省畜牧兽医站大学本科及以上学历人员占其职工人数的比重普遍低于全国平均水平，说明河北省在生猪疫病防控、新技术推广等方面人员优势不明显。三是养殖技术方面，河北省生猪养殖业技术水平不断提升。如表6-6所示，自2011年以来，河北省每头母猪提供上市猪的头数整体呈上升趋势，且高于全国平均水平。

表6-5　畜牧兽医站大学本科及以上学历人员所占比重

年份	2015	2016	2017	2018	2019	2020
河北省	11.84%	13.24%	13.60%	16.30%	17.70%	20.32%
全国	13.53%	15.25%	17.33%	19.37%	21.88%	24.11%

数据来源：布瑞克数据库数据计算所得。

表6-6　每头母猪提供上市猪的头数（单位：头）

年份	2011	2012	2013	2014	2015	2016	2017	2018	2019	2020
河北省	16.98	17.37	17.51	18.64	19.15	19.49	20.24	21.33	22.06	15.55
全国	13.45	13.84	13.94	14.81	15.09	16.08	15.70	16.28	17.67	12.67

数据来源：根据《河北农村统计年鉴》《中国畜牧兽医年鉴》生猪出栏和能繁母猪存栏数据计算所得。

（二）需求条件分析

需求条件为生猪产业协作发展提供动力，对其竞争力的提高影响较大，主要体现在以下方面：

1. 居民购买能力不断提高

河北省经济发展水平不断提高，如表6-7所示，2011—2020年虽然河北省地区生产总值的绝对额总体呈上升趋势，但年增长率总体呈波动下降趋势。与全国国内生产总值年增长率相比，除了2011年和2020年河北省较高外，其余年份均低于全国平均水平，这说明这些年份河北省地区经济发展不及全国平均水平。

表6-7　河北省地区生产总值和全国国内生产总值变动

年份	河北省		全国	
	总值（亿元）	同比增长（%）	总值（亿元）	同比增长（%）
2011	24543.87	19.76	487940.2	18.40
2012	26568.79	8.25	538580.0	10.38
2013	28387.44	6.85	592963.2	10.10
2014	29341.22	3.36	643563.1	8.53
2015	29686.16	1.18	688858.2	7.04
2016	31660.15	6.65	746395.1	8.35
2017	34016.32	7.44	832035.9	11.47

续表

年份	河北省		全国	
	总值（亿元）	同比增长（%）	总值（亿元）	同比增长（%）
2018	36010.27	5.86	919281.1	10.49
2019	35104.52	-2.52	986515.2	7.31
2020	36206.89	3.14	1015986.2	2.99

数据来源：《中国统计年鉴》。

河北省人均收入水平不断提高，如表6-8所示，自2011年以来河北省城镇居民和农村居民人均可支配收入均呈逐年上升趋势，且城镇居民人均可支配收入是农村居民人均可支配收入的两倍多。与全国平均水平相比，河北省城镇和农村居民人均可支配收入普遍较低，但就年平均增长率来看，河北省城镇居民人均可支配收入年平均增长率低于全国平均水平，但农村居民人均可支配收入年平均增长率高于全国平均水平。说明与全国平均水平相比，河北省农村居民需求潜力较大。

经济发展水平的提高和人均收入水平的提高增强了居民的购买力，对猪肉及其替代品的消费量和对高品质产品的需求会不断增加，进而对生猪复产、扩产及健康发展提供了一定的本地市场需求条件。但与全国平均水平相比，河北省还有一定差距。

表6-8　河北省和全国人均可支配收入（单位：元,%）

年份	河北省				全国平均			
	城镇		农村		城镇		农村	
	收入值	同比增长	收入值	同比增长	收入值	同比增长	收入值	同比增长
2011	18292.2	12.47	7119.7	19.50	21426.9	14.10	7393.9	17.88
2012	20543.4	12.31	8081.4	13.51	24126.7	12.60	8389.3	13.46
2013	22226.8	8.19	9187.7	13.69	26467.0	9.70	9429.6	12.40
2014	24141.3	8.61	10186.1	10.87	28843.9	8.98	10488.9	11.23
2015	26152.2	8.33	11050.5	8.49	31194.8	8.15	11421.7	8.89
2016	28249.4	8.02	11919.4	7.86	33616.2	7.76	12363.4	8.24
2017	30547.8	8.14	12880.9	8.07	36396.2	8.27	13432.4	8.65
2018	32997.0	8.02	14031.0	8.93	39250.8	7.84	14617.0	8.82

续表

年份	河北省				全国平均			
	城镇		农村		城镇		农村	
	收入值	同比增长	收入值	同比增长	收入值	同比增长	收入值	同比增长
2019	35737.7	8.31	15373.1	9.57	42358.8	7.92	16020.7	9.60
2020	37285.7	4.33	16467.0	7.12	43833.8	3.48	17131.5	6.93
平均值	27617.4	8.67	11629.7	10.76	32751.5	8.88	12068.8	10.61

数据来源:《中国统计年鉴》。

2. 居民猪肉消费潜力较大

随着生活水平的不断提高,我国居民对肉类的消费量不断增加,且猪肉消费占比达60%以上,领先其他肉类,对猪肉依赖性较强。由表6-9可以看出,自2011年以来城镇居民家庭人均猪肉消费量的变化较农村居民家庭人均猪肉消费量的变化要平稳。河北省城镇居民家庭人均猪肉消费量由2011年的13.5千克上升至2020年的15.0千克,增长了11.11%;农村居民家庭人均猪肉消费量由2011年的8.5千克上升至2020年的10.8千克,增长了27.06%;全国城镇居民家庭人均猪肉消费量平均水平由2011年的20.6千克降至2020年的19.0千克,下降了7.77%;全国农村居民家庭人均猪肉消费量平均水平由2011年的14.4千克上升至2020年的17.1千克,增长了18.75%。虽然河北省居民人均猪肉消费量低于全国平均水平,但增长幅度高于全国平均水平。此外,农村居民与城镇居民人均猪肉消费量的差距整体呈缩小的趋势,且自2013年以来,河北省农村居民与城镇居民人均猪肉消费量的差距普遍高于全国平均水平。这说明与全国平均水平相比,河北省猪肉消费还具有较大的潜力,尤其农村地区潜力更大。

表6-9 河北省和全国居民家庭人均猪肉消费量 (单位:千克)

年份	河北省			全国		
	城镇	农村	差距	城镇	农村	差距
2011	13.5	8.5	5.0	20.6	14.4	6.2
2012	14.6	9.3	5.3	21.2	14.4	6.8
2013	14.2	10.9	3.3	20.4	19.1	1.3
2014	14.1	11.5	2.6	20.8	19.2	1.6
2015	13.6	11.3	2.3	20.7	19.5	1.2
2016	13.7	10.7	3.0	20.4	18.7	1.7

续表

年份	河北省			全国		
	城镇	农村	差距	城镇	农村	差距
2017	13.7	10.9	2.8	20.6	19.5	1.1
2018	17.5	14.2	3.3	22.7	23.0	-0.3
2019	15.2	12.2	3.0	20.3	20.2	0.1
2020	15.0	10.8	4.2	19.0	17.1	1.9
平均	14.5	11.0	3.5	20.7	18.5	2.2

数据来源:《中国统计年鉴》《河北经济年鉴》。

(三)相关与支持产业分析

生猪养殖业上下游企业的进入,促进了产业链的延伸和一体化生产。饲料加工业和肉类加工业作为生猪养殖业的上下游产业,是生猪副食品供应和原料的保障,其具有竞争力,可以对生猪产业发展产生拉升效应。

1. 饲料加工业

首先从饲料产量来看,如表 6-10 所示,自 2011 年以来河北省配合饲料中的猪料占全国的比重呈先升后降的趋势,由 2011 年的 3.28%下降到 2019 年的 2.29%,下降了 0.99 个百分点,在全国的排名在第 10 位左右。河北省浓缩饲料中的猪料占全国的比重整体呈上升趋势,由 2011 年的 3.85%上升到 2019 年的 6.47%,上升了 2.62 个百分点,且自 2014 年以来在全国的排名在前 5 位,竞争优势日益明显。河北省预混合饲料中的猪料占全国的比重较低,与 2011 年相比,2019 年的比重上升了 1.31 个百分点,在全国排名较靠后。其次,从饲料价格来看,如图 6-1 所示,自 2011 年以来河北省育肥猪配合饲料价格低于全国平均水平,且两者之间的差距有拉大的趋势。由此看来,河北省饲料加工业无论是产量还是价格均具有一定的竞争优势,有利于生猪产业协作发展。

表 6-10 河北省猪饲料产量在全国的地位

年份	猪配合饲料		猪浓缩饲料		猪预混合饲料	
	占全国比重	在全国排名	占全国比重	在全国排名	占全国比重	在全国排名
2011	3.28%	11	3.85%	11	1.45%	20
2012	2.91%	13	3.89%	9	1.44%	20
2013	3.14%	12	4.92%	8	1.50%	19
2014	3.19%	12	8.22%	5	2.03%	18

年份	猪配合饲料		猪浓缩饲料		猪预混合饲料	
	占全国比重	在全国排名	占全国比重	在全国排名	占全国比重	在全国排名
2015	4.16%	9	9.03%	4	1.02%	19
2016	4.24%	9	8.35%	5	1.09%	18
2017	3.58%	11	8.73%	5	1.23%	18
2018	2.47%	12	6.65%	5	2.42%	15
2019	2.29%	14	6.47%	5	2.76%	15

数据来源：布瑞克农业数据库数据计算所得

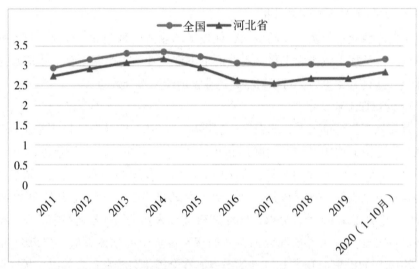

图 6-1　河北省和全国育肥猪配合饲料价格（单位：元/千克）

数据来源：中国畜牧业信息网每月价格数据平均计算所得

2. 肉类加工业

肉类加工业作为生猪养殖业的下游产业，是生猪养殖产业链的延伸，其加工量越大，加工能力越强，越有利于生猪产业竞争力的提升。如表 6-11 所示，2014—2020 年河北省生猪定点屠宰企业个数占全国的比重 2017 年为 5.01%，2016 年为最低 2.27%，屠宰企业个数在全国的排名在第 10 名左右。同期屠宰量呈逐年递增的趋势，占全国的比重及在全国的排名均呈递增的趋势，2018 年和 2020 年均居全国第四位。由此看来，河北省肉类加工能力日益增强。

表 6-11 河北省生猪定点屠宰企业个数及屠宰量在全国的地位

年份	屠宰企业		屠宰量	
	占全国比重	在全国排名	占全国比重	在全国排名
2014	3.45%	10	2.92%	12
2015	3.37%	15	3.21%	11
2016	2.27%	15	3.69%	9
2017	5.01%	7	4.47%	8
2018	3.91%	11	5.09%	4
2019	3.24%	9	5.25%	6
2020	4.01%	8	5.62%	4

数据来源:《中国畜牧兽医年鉴》数据计算所得。

(四) 企业战略、组织结构与竞争状态分析

生猪龙头企业引领产业优化升级。生猪养殖组织模式变化的方向是由散养和小规模养殖向中规模和大规模养殖转变。近年来生猪产业规模化发展的速度较快,如表 6-12 所示,自 2011 年以来河北省生猪龙头经营组织个数呈不断增加的趋势,生产(加工)基地个数呈现先增后降的态势。河北省生猪散养户和小规模养殖户的比重仍然较高,2020 年河北省生猪年出栏头数小于 100 头的场(户)数所占比重达到 89.31%,规模化发展程度还很不够。此外,由于猪场场主资本有限,投入较低,猪场标准化缺少基础设施;小农户是建设猪场的主要力量,缺乏猪场标准化意识;缺少大型猪肉企业,各猪场缺乏大企业的科技指导与带动,建设现代化猪场的积极性低等,河北省生猪养殖标准化覆盖率明显低于全国生猪养殖标准化覆盖率。偏小的生产规模和较低的标准化覆盖率限制了生产效率的提升,不利于平均成本的下降,进而影响产业协作发展竞争力的提升。

表 6-12 河北省生猪龙头经营组织和生产(加工)基地个数

年份	生猪龙头经营组织个数	生猪生产(加工)基地个数
2011	178	—
2012	192	73
2013	217	74
2014	216	73
2015	227	75

年份	生猪龙头经营组织个数	生猪生产（加工）基地个数
2016	247	79
2017	252	84
2018	257	79
2019	286	62
2020	288	60

数据来源：《河北农村统计年鉴》

从猪肉与其他肉类的竞争来看，猪肉竞争优势明显。猪肉产量占肉类总产量的比重反映猪肉在肉类产品中的份额，进而反映猪肉在该地区的重要性。由表 6-13 可知，自 2011 年以来，河北省猪肉产量占肉类总产量的比重为 60% 左右，且均低于同期全国平均水平，这说明在肉类市场的竞争中，猪肉占有绝对竞争优势，河北省猪肉竞争优势低于全国平均水平，而其他肉类的竞争优势高于全国平均水平。从生猪市场的竞争主体来看，主要表现为众多散养户和少数大规模企业之间的竞争，而大规模企业之间的竞争激烈程度较小。

表 6-13　河北省和全国猪肉产量占肉类总产量的比重

年份	2011	2012	2013	2014	2015	2016	2017	2018	2019	2020
河北省	58.97%	58.48%	59.11%	60.07%	59.46%	57.99%	61.47%	61.35%	55.81%	54.13%
全国	63.50%	63.70%	64.36%	65.14%	63.61%	62.07%	62.99%	62.65%	54.84%	53.09%

数据来源：《中国统计年鉴》数据计算所得

（五）政府和机遇

为推动生猪产业全面、协调和可持续健康发展，国家和河北省政府出台了一系列行业政策及措施。尤其是自非洲猪瘟发生以来，国家和河北省生猪产业政策密集出台，主要集中于防控非洲猪瘟、恢复生猪生产、稳产保供、粪污资源化利用等方面，为河北省生猪产业竞争力的提升提供了强有力的政策保障。此外，当前我国养猪业正由传统养猪业向现代养猪业转变，无论是养殖模式，还是生产方式和生产能力都在发生显著变化，这使得生猪产业的发展面临着前所未有的机遇，会对上述生产要素、需求条件、相关与支持性产业、组织结构与竞争状态这四大基本要素产生影响，进而影响生猪产业协作发展的竞争力。

四、河北省生猪产业协作发展的生产竞争力分析

生产是生猪产业协作发展的主要环节，通过对生产成本、生产效益和生产效率的比较来分析河北省生猪产业协作发展的生产竞争力。

（一）河北省生猪产业成本收益分析

1. 河北省生猪产业生产成本分析

生产成本对生猪产业协作发展的竞争力具有决定性影响。生猪生产成本包括生产过程中发生的物质与服务费用、人工成本和土地成本。河北省和全国不同规模生猪养殖成本如表6-14、表6-15、表6-16和表6-17所示。可以看出，2011—2020年河北省不同规模生猪养殖每头总成本整体均呈上升趋势，与全国平均水平波动基本一致，但均低于全国平均水平。进一步分析可以发现，随着养殖规模的不断扩大，每头总成本不断下降。总成本中物质与服务费用所占比重最大，与人工成本一样，均随养殖规模的不断扩大而不断下降，且河北省生猪养殖每头物质与服务费用和人工成本均低于全国平均水平。每头土地成本随着养殖规模的不断扩大而整体呈不断上升态势，且除了小规模生猪养殖外，其他规模生猪养殖的每头土地成本河北省均低于全国平均水平。由此看来，与全国平均水平相比，河北省生猪养殖具有一定的成本优势。

2. 河北省生猪产业收益分析

如表6-14、表6-15、表6-16和表6-17所示，2011年至2020年河北省不同规模生猪养殖每头产值均呈波动上升态势，且生猪每头产值均低于全国平均水平。就2011—2020年的平均值来看，河北省生猪每头产值随着养殖规模的扩大而不断下降。除了小规模养殖外，河北省散养、中规模和大规模养殖生猪每头净利润的平均值均高于全国平均水平。同时，随着养殖规模的扩大，河北省生猪每头净利润的均值不断上升。

表6-14　河北省和全国散养生猪生产成本收益表（单位：元/头）

年份	产值		总成本		物质与服务费用		人工成本		土地成本		净利润	
	河北	全国	河北	全国	河北	全国	河北	全国	河北	全国	河北	全国
2011	1819.0	1953.9	1428.4	1576.3	1191.0	1274.7	237.4	301.5	0	0.03	390.6	377.6
2012	1653.3	1745.8	1630.6	1778.2	1292.5	1373.6	338.1	404.3	0	0.28	22.7	-32.3
2013	1695.0	1746.9	1658.9	1853.0	1285.2	1373.6	373.7	479.2	0	0.25	36.1	-106.2
2014	1465.9	1602.0	1613.3	1844.0	1235.6	1345.4	377.7	498.3	0	0.37	-147.4	-242.0

年份	产值		总成本		物质与服务费用		人工成本		土地成本		净利润	
	河北	全国	河北	全国	河北	全国	河北	全国	河北	全国	河北	全国
2015	1706.2	1827.2	1686.5	1835.4	1257.1	1324.3	429.5	510.8	0	0.21	19.7	-8.2
2016	2085.5	2214.5	1959.8	2050.6	1495.4	1544.3	464.5	506.2	0	0.12	125.6	163.9
2017	1694.6	1826.8	1844.0	2007.0	1401.4	1510.0	442.6	496.9	0	0.18	-149.4	-180.2
2018	1382.0	1637.5	1582.0	1873.0	1222.4	1374.3	359.3	498.6	0.24	0.14	-200.0	-235.5
2019	2367.3	2617.8	1737.6	1980.1	1430.0	1478.0	307.3	501.9	0.24	0.20	629.7	637.8
2020	3654.5	4146.29	2511.6	2913.5	2224.0	2375.5	287.6	538.0	0	0.14	1142.9	1232.6
平均	1952.3	2131.9	1765.3	1971.1	1403.5	1497.4	361.8	473.6	0.05	0.19	187.1	160.8

数据来源：《全国农产品成本收益资料汇编》。

表 6-15　河北省小规模养殖生猪生产成本收益表（单位：元/头）

年份	产值		总成本		物质与服务费用		人工成本		土地成本		净利润	
	河北	全国	河北	全国	河北	全国	河北	全国	河北	全国	河北	全国
2011	1775.7	1956.8	1290.6	1491.7	1174.7	1336.2	113.7	153.6	2.18	1.86	485.0	465.1
2012	1618.6	1745.0	1434.3	1621.1	1274.5	1423.4	157.6	195.9	2.28	1.75	184.2	123.9
2013	1606.7	1737.9	1420.9	1661.1	1229.8	1433.4	188.6	225.9	2.49	1.79	185.8	76.8
2014	1441.3	1593.6	1441.0	1631.3	1241.1	1385.6	197.1	243.7	2.68	1.99	0.4	-37.7
2015	1685.0	1853.6	1499.1	1679.7	1286.2	1421.5	209.6	256.1	2.64	2.20	185.9	173.7
2016	2061.8	2240.1	1762.2	1861.2	1542.2	1597.6	217.3	261.5	2.72	2.16	299.7	378.9
2017	1643.9	1851.9	1618.9	1788.5	1386.2	1528.5	230.0	258.0	2.76	2.03	25.0	63.5
2018	1328.4	1596.0	1408.3	1641.6	1160.4	1380.4	244.9	258.6	2.91	2.13	-79.9	-45.2
2019	2416.8	2593.9	1626.6	1808.7	1377.4	1542.6	246.0	264.1	3.25	2	790.2	785.2
2020	3716.2	4291.1	2491.6	2779.2	2236.3	2507.7	252.0	271.5	3.33	2.28	1224.6	1509.6
平均	1929.4	2146.0	1599.4	1796.4	1390.9	1555.7	205.7	238.9	2.72	2.02	330.1	349.4

数据来源：《全国农产品成本收益资料汇编》。

表 6-16　河北省中规模养殖生猪生产成本收益表（单位：元/头）

年份	产值		总成本		物质与服务费用		人工成本		土地成本		净利润	
	河北	全国	河北	全国	河北	全国	河北	全国	河北	全国	河北	全国
2011	1728.5	1937.5	1222.5	1465.3	1147.0	1356.6	73.1	106.0	2.37	2.73	506.0	472.2
2012	1593.5	1730.9	1382.0	1585.6	1286.5	1452.5	93.1	130.2	2.39	2.93	211.6	145.2

续表

年份	产值		总成本		物质与服务费用		人工成本		土地成本		净利润	
	河北	全国	河北	全国	河北	全国	河北	全国	河北	全国	河北	全国
2013	1570.9	1739.8	1351.7	1618.1	1226.0	1462.9	123.3	152.5	2.34	2.77	219.3	121.6
2014	1438.9	1591.9	1390.8	1598.9	1252.6	1434.8	135.8	161.3	2.41	2.76	48.1	-7.0
2015	1628.0	1845.7	1385.9	1600.2	1241.4	1432.8	142.0	164.6	2.48	2.77	242.1	245.5
2016	1994.8	2237.1	1653.1	1816.8	1490.0	1646.1	160.7	168.1	2.50	2.55	341.7	420.3
2017	1640.0	1858.6	1536.5	1723.1	1369.1	1555.6	164.8	164.9	2.65	2.60	103.5	135.5
2018	1360.5	1614.8	1393.8	1582.9	1206.5	1412.1	184.8	167.7	2.63	3.06	-33.4	32.0
2019	2484.6	2648.7	1587.6	1802.5	1442.1	1622.6	142.9	177.2	2.56	2.74	896.6	846.2
2020	3809.6	4255.1	2369.6	2725.7	2209.7	2546.2	157.4	176.4	2.58	3.16	1440.1	1529.5
平均	1924.9	2146.0	1527.4	1751.9	1387.1	1592.2	137.8	156.9	2.49	2.81	397.6	394.1

数据来源:《全国农产品成本收益资料汇编》。

表6-17 河北省大规模养殖生猪生产成本收益表（单位：元/头）

年份	产值		总成本		物质与服务费用		人工成本		土地成本		净利润	
	河北	全国	河北	全国	河北	全国	河北	全国	河北	全国	河北	全国
2011	1659.7	1888.4	1155.6	1452.9	1100.4	1368.2	53.1	81.5	2.1	3.19	504.1	435.5
2012	1533	1687.3	1296.1	1555.5	1228.8	1463.6	65.3	88.7	2.07	3.25	236.9	131.8
2013	1529	1684.7	1264.8	1571.3	1190.2	1469.3	72.3	99.0	2.25	2.98	264.2	113.4
2014	1358.8	1548.3	1250.0	1546.1	1169.2	1442.7	78.5	100.1	2.3	3.25	108.8	2.3
2015	1563.2	1767.3	1262.6	1535.4	1181.2	1429.1	79.1	102.6	2.41	3.44	300.7	232.1
2016	1929.8	2193.8	1540.3	1752.7	1439.7	1640.2	98.2	109.4	2.37	3.09	389.5	441.1
2017	1564.7	1816.0	1470.2	1668.6	1361.5	1556.0	106.0	109.2	2.69	3.11	94.5	147.4
2018	1289.2	1574.6	1240.9	1530.4	1152.3	1416.2	85.8	110.7	2.85	3.47	48.3	44.0
2019	2476.7	2634.0	1405.3	1781.0	1324.1	1662.4	78.7	115.2	2.49	3.39	1071.4	853.0
2020	3592.3	4210.5	2140.8	2591.1	2046.1	2469.8	92.2	116.9	2.58	4.46	1451.5	1619.4
平均	1849.6	2100.5	1402.7	1698.5	1319.4	1591.8	80.9	103.3	2.41	3.36	447.0	402.0

数据来源:《全国农产品成本收益资料汇编》。

（二）河北省生猪产业生产效率分析

生猪产业生产效率在一定程度上反映了生猪产业协作发展的竞争力，此处利用《全国农产品成本收益资料汇编》中的投入产出数据，采用数据包络分析法对 2011—2020 年河北省生猪养殖不同养殖规模的 Malmquist 指数进行测算。

1. 研究方法

数据包络分析法（DEA）是 1978 年美国著名运筹学家 Charnes、Cooper 和 Rhodes 提出的基于相对效率的、以生产函数为基础的分析方法，可以同时根据生产决策单元（DMU）的多项投入和产出计算生产的相对有效性，不需事先设定函数形式，不受输入、输出数据量纲的影响，有不变规模报酬假设下的 CRS 模型和可变规模报酬假设下的 VRS 模型两种类型。

（1）CRS 模型

$MIN\theta c$

$s.tX\gamma \leqslant \theta cXi$

$Y\gamma \geqslant Yi$

$\gamma \geqslant 0$ (1)

其中 θc 是被评价决策单元在规模报酬不变假设条件下的综合技术效率；Xi 和 Yi 分别为第 i 个 DMU 的投入向量和产出向量；X 是样本中所有 DMU 的投入的 $m×n$ 阶矩阵；Y 是 $1×n$ 维向量；γ 是各 DMU 被赋予的权重，是一个 $n×1$ 维向量。如果 $\theta c<1$，则该生产决策单元是技术无效的。

（2）VRS 模型

$MIN\theta v$

$s.tX\lambda \leqslant \theta vXi$

$Y\lambda \geqslant Yi$

$I\lambda =1$

$\lambda \geqslant 0$ (2)

该模型在 CRS 模型中加入 $I\lambda =1$ 的约束变量，其所考察的是被评价 DMU 在规模报酬可变的假设条件下的纯技术效率水平。其中 θv 表示纯技术效率；I 是由数 1 组成的行向量；其他变量的含义同 CRS 模型。

CRS 模型下的综合技术效率可以分解为规模技术效率（θs）和 VRS 模型下的纯技术效率的乘积，即 $\theta c=\theta s×\theta v$。

（3）Malmquist 指数

该指数用于测度全要素生产率的变化，并将全要素生产率的变化分解成技术进步和技术效率的变化。Fare 等（1994）定义了基于产出的 Malmquist 指数如下：

$$m_0\ (y_{t+1},\ x_{t+1},\ y_t,\ x_t) = \left[\frac{d_0^t\ (x_{t+1},\ y_{t+1})}{d_0^t\ (x_t,\ y_t)}\times\frac{d_0^{t+1}\ (x_{t+1},\ y_{t+1})}{d_0^{t+1}\ (x_t,\ y_t)}\right]^{1/2}$$

$$=\frac{d_0^{t+1}\ (x_{t+1},\ y_{t+1})}{d_0^t\ (x_t,\ y_t)}\cdot\left[\frac{d_0^t\ (x_{t+1},\ y_{t+1})}{d_0^{t+1}\ (x_{t+1},\ y_{t+1})}\times\frac{d_0^t\ (x_t,\ y_t)}{d_0^{t+1}\ (x_t,\ y_t)}\right]^{1/2} \tag{3}$$

它代表了与生产点（xt，yt）相比，生产点（$xt+1$，$yt+1$）的生产力。值大于 1 代表从 t 时期到 $t+1$ 时期的一个正的全要素生产率的增长。该指数可进一步分解为两部分：一部分是公式 3 中中括号外的部分，是技术效率变动指数，如前文所述，技术效率是规模技术效率和纯技术效率的乘积；另一部分是公式 3 中括号内的部分，是技术进步指数，其测度的是生产前沿面从 t 时期到 $t+1$ 时期的移动。由公式 3 可以看出，全要素生产率的提高是技术效率提高和技术进步综合作用的结果。

2. 指标选择及数据来源

选取 2011—2020 年河北省生猪产业作为研究对象，与全国平均水平对比，以产品每头总产值（元/头）作为产出指标，以每头的物质与服务费用（元/头）、每头人工成本（元/头）、每头土地成本（元/头）作为投入指标。按照《全国农产品成本收益资料汇编》的统计，每头的物质与服务费用包括仔畜费、精饲料费、青粗饲料费、饲料加工费、水费等直接费用以及固定资产折旧和销售费等间接费用；每头人工成本包括家庭用工折价和雇工费用。根据生猪养殖规模的差异，分别对散养（饲养头数≤30 头）、小规模养殖（30 头<饲养头数≤100 头）、中规模养殖（100 头<饲养头数≤1000 头）和大规模养殖（饲养头数>1000 头）的生产效率进行评价。相关数据源于《全国农产品成本收益资料汇编》。

3. 河北省生猪产业生产效率分析

利用产出导向的 CRS 模型，运用 DEAP2.1 软件对河北省 2011 年至 2020 年生猪散养、小规模养殖、中规模养殖和大规模养殖等不同养殖规模的 Malmquist 指数进行测算，结果如表 6-18、表 6-19、表 6-20、表 6-21 所示。

由表 6-18、表 6-19、表 6-20、表 6-21 可见，2011—2020 年河北省不同养殖规模生猪的综合技术效率、纯技术效率和规模效率值均为 1，这和全国平均水平一致，说明在此期间，河北省不同养殖规模生猪生产的技术应用效率和规模效率变化较稳定，现有技术和规模达到较优的状态。同时，同一规模同一年份生猪生产全要素生产率的值与技术进步的值变化完全同步，两者之间的相关系数为 1，这说明河北省不同养殖规模生猪生产的全要素生产率变化主要源于技术进步。

如表 6-18 所示，2011—2020 年河北省散养生猪的全要素生产率呈波动变化，与 2011 年相比，2019 年数值上升了 57.44%。全要素生产率的均值为 0.841，低于全国平均的 1.154，比有效值 1 低 0.159，这说明河北省散养生猪生产的投入和产出还不匹配，各投入要素未达到最优组合。技术进步指数的均值也为 0.841，低于全国平均的 1.154，说明河北省散养生猪生产还需要新技术的投入。

表 6-18　2011—2020 年河北省和全国散养生猪生产效率测度与分解

年份	综合技术效率		技术进步		纯技术效率		规模效率		全要素生产率	
	河北	全国	河北	全国	河北	全国	河北	全国	河北	全国
2011	1.000	1.000	1.088	1.982	1.000	1.000	1.000	1.000	1.088	1.982
2012	1.000	1.000	0.731	0.282	1.000	1.000	1.000	1.000	0.731	0.282
2013	1.000	1.000	0.978	0.985	1.000	1.000	1.000	1.000	0.978	0.985
2014	1.000	1.000	0.877	0.762	1.000	1.000	1.000	1.000	0.877	0.762
2015	1.000	1.000	1.082	1.523	1.000	1.000	1.000	1.000	1.082	1.523
2016	1.000	1.000	1.078	1.485	1.000	1.000	1.000	1.000	1.078	1.485
2017	1.000	1.000	0.860	0.681	1.000	1.000	1.000	1.000	0.860	0.681
2018	1.000	1.000	0.000	1.015	1.000	1.000	1.000	1.000	0.000	1.015
2019	1.000	1.000	1.713	1.333	1.000	1.000	1.000	1.000	1.713	1.333
2020	1.000	1.000	—	1.493	1.000	1.000	1.000	1.000	—	1.493
均值	1.000	1.000	0.841	1.154	1.000	1.000	1.000	1.000	0.841	1.154

如表 6-19 所示，2011—2020 年河北省小规模生猪生产的全要素生产率呈波动变化，2019 年较高，达到 1.666，2012 年最低，达到 0.757，均值为 1.046，低于全国平均水平。与 2011 年相比，2020 年河北省全要素生产率和技术进步均上升了 4.29%，这说明全要素生产率的变化主要来源于技术进步。

表 6-19　2011—2020 年河北省和全国小规模生猪生产效率测度与分解

年份	综合技术效率		技术进步		纯技术效率		规模效率		全要素生产率	
	河北	全国	河北	全国	河北	全国	河北	全国	河北	全国
2011	1.000	1.000	1.143	1.058	1.000	1.000	1.000	1.000	1.143	1.058
2012	1.000	1.000	0.757	0.814	1.000	1.000	1.000	1.000	0.757	0.814
2013	1.000	1.000	0.924	0.924	1.000	1.000	1.000	1.000	0.924	0.924

续表

年份	综合技术效率		技术进步		纯技术效率		规模效率		全要素生产率	
	河北	全国	河北	全国	河北	全国	河北	全国	河北	全国
2014	1.000	1.000	0.861	0.885	1.000	1.000	1.000	1.000	0.861	0.885
2015	1.000	1.000	1.142	1.092	1.000	1.000	1.000	1.000	1.142	1.092
2016	1.000	1.000	1.101	1.150	1.000	1.000	1.000	1.000	1.101	1.150
2017	1.000	1.000	0.817	0.859	1.000	1.000	1.000	1.000	0.817	0.859
2018	1.000	1.000	0.856	0.885	1.000	1.000	1.000	1.000	0.856	0.885
2019	1.000	1.000	1.666	1.587	1.000	1.000	1.000	1.000	1.666	1.587
2020	1.000	1.000	1.192	1.280	1.000	1.000	0.989	1.000	1.192	1.280
均值	1.000	1.000	1.046	1.053	1.000	1.000	1.000	1.000	1.046	1.053

　　如表6-20所示,2011—2020年河北省中规模生猪生产的全要素生产率和技术进步的均值相同,均大于1,但低于全国的平均水平,说明河北省中规模生猪生产全要素生产率的变化主要来源于技术进步,需加强技术创新来提高中规模生猪生产效率。

表6-20　2011—2020年河北省和全国中规模生猪生产效率测度与分解

年份	综合技术效率		技术进步		纯技术效率		规模效率		全要素生产率	
	河北	全国	河北	全国	河北	全国	河北	全国	河北	全国
2011	1.000	1.000	1.084	1.220	1.000	1.000	1.000	1.000	1.084	1.220
2012	1.000	1.000	0.813	0.779	1.000	1.000	1.000	1.000	0.813	0.779
2013	1.000	1.000	0.878	0.955	1.000	1.000	1.000	1.000	0.878	0.955
2014	1.000	1.000	0.863	0.898	1.000	1.000	1.000	1.000	0.863	0.898
2015	1.000	1.000	1.111	1.149	1.000	1.000	1.000	1.000	1.111	1.149
2016	1.000	1.000	1.114	1.179	1.000	1.000	1.000	1.000	1.114	1.179
2017	1.000	1.000	0.833	0.846	1.000	1.000	1.000	1.000	0.833	0.846
2018	1.000	1.000	0.835	0.841	1.000	1.000	1.000	1.000	0.835	0.841
2019	1.000	1.000	1.899	1.617	1.000	1.000	1.000	1.000	1.899	1.617
2020	1.000	1.000	1.234	1.285	1.000	1.000	1.000	1.000	1.234	1.285
均值	1.000	1.000	1.066	1.077	1.000	1.000	1.000	1.000	1.066	1.077

　　如表6-21所示,2011—2020年河北省大规模生猪生产的全要素生产率呈波

动变化，最高的是 2019 年的 1.917，最低的是 2017 年的 0.783，整体变动幅度较大，与 2011 年相比，2020 年数值上升了 1.24%，且与技术进步指数的变化完全同步。全要素生产率的均值为 1.077，低于全国平均水平的 1.089，这说明河北省大规模生猪生产的投入和产出也存在不匹配的情况，各投入要素未达到最优组合。

表 6-21　2011—2020 年河北省和全国大规模生猪生产效率测度与分解

年份	综合技术效率		技术进步		纯技术效率		规模效率		全要素生产率	
	河北	全国	河北	全国	河北	全国	河北	全国	河北	全国
2011	1.000	1.000	1.132	1.252	1.000	1.000	1.000	1.000	1.132	1.252
2012	1.000	1.000	0.839	0.849	1.000	1.000	1.000	1.000	0.839	0.849
2013	1.000	1.000	0.963	0.987	1.000	1.000	1.000	1.000	0.963	0.987
2014	1.000	1.000	0.860	0.888	1.000	1.000	1.000	1.000	0.860	0.888
2015	1.000	1.000	1.120	1.115	1.000	1.000	1.000	1.000	1.120	1.115
2016	1.000	1.000	1.117	1.223	1.000	1.000	1.000	1.000	1.117	1.223
2017	1.000	1.000	0.783	0.847	1.000	1.000	1.000	1.000	0.783	0.847
2018	1.000	1.000	0.890	0.860	1.000	1.000	1.000	1.000	0.890	0.860
2019	1.000	1.000	1.917	1.562	1.000	1.000	1.000	1.000	1.917	1.562
2020	1.000	1.000	1.146	1.302	1.000	1.000	1.000	1.000	1.146	1.302
均值	1.000	1.000	1.077	1.089	1.000	1.000	1.000	1.000	1.077	1.089

　　总之，河北省不同规模生猪生产的综合技术效率、纯技术效率和规模效率均为 1，说明河北省生猪生产现有技术和规模达到较优的状态。随着生猪生产规模的不断扩大，河北省生猪生产的全要素生产率均值不断提高，但低于全国的平均水平，说明河北省生猪产业协作发展的竞争力有待进一步提升。

第七章

河北省生猪产业协作发展的保险保障研究

近年来，生猪养殖受市场周期波动、流行性疫病、突发自然灾害等不确定因素的影响，行业风险较高。2018 年 8 月，非洲猪瘟疫情在我国暴发，生猪养殖主体损失惨重，对我国生猪产业造成严重打击。猪肉供给的不平衡，使猪价一路走高，推动 CPI 不断上涨，对居民的猪肉正常消费造成影响，但目前针对非洲猪瘟没有商业化疫苗，致使非洲猪瘟疫情在我国常态化。生猪养殖业本身具有弱质性，使得生猪养殖主体急需一种风险规避工具，去分散风险、分摊损失、保障收入，生猪保险的产生正是国家宏观调控稳定生猪产业发展的有效手段之一。为稳定生猪产业发展，2019 年 9 月 3 日，多部门联合发文强调，提高生猪保险保额，促进生猪生产，以此保障猪肉市场供应。随后，由国务院办公厅发布的《关于稳定生猪生产促进转型升级的意见》再次提到完善政策性农业保险，鼓励各级地方开展并扩大生猪价格保险试点工作。2020 年中央一号文件更是将生猪产业的重要性提到了新高度。在非洲猪瘟疫情常态化背景下，对于减少疫病带来的养殖风险、提高养殖经营水平、保证生猪养殖主体的收入、保障猪肉市场的正常供应，生猪保险将发挥至关重要的作用。尤其是在非洲猪瘟疫情发生后，养殖场（户）的生猪保险购买意愿发生变化，影响养殖场（户）生猪保险购买的因素，受非洲猪瘟疫情影响也有所不同。当下，如果养殖场（户）对生猪保险的有效需求得不到满足，生猪保险风险保障作用的发挥将受到影响。河北省紧邻北京、天津，地理位置十分优越，平原山地面积广阔，海陆空综合交通运输网完善，生猪养殖的基础条件较好。作为全国前十的生猪养殖大省，河北省生猪保险覆盖率仅为 84.3%，同其他生猪养殖大省 93% 的保险覆盖率相比，河北省生猪保险发展仍存在差距。而生猪保险覆盖率的提高，依赖于生猪养殖主体积极的保险购买意愿。为此，本章对非洲猪瘟疫情发生后河北省生猪养殖主体生猪保险的购买意愿进行研究分析，对提高养殖场（户）生猪保险购买意愿，提升生猪保险覆盖率，构建生猪保险良性运行机制，促进河北省生猪产业协作健康发展具有重要意义。

一、生猪保险的概念界定及相关理论分析

（一）概念界定

1. 农业保险

保险意识起源于公元前，其本意是妥当牢靠的保障，经过长期发展，成为一种分摊风险的商业手段。商业保险作为市场经济条件下风险管理的重要工具，是人们生产生活中的重要保障，农业保险是商业保险在农业领域的一种延伸。

农业保险的分类方法有很多，以保险标的为依据可分为种植保险、养殖保险、涉农保险。其中，种植保险是以农作物及林木为标的，养殖保险是以饲养的畜、禽、水产动物为标的，涉农保险是以农机、农房、渔船等为标的。根据保险标的划分，生猪保险属于农业保险中的养殖保险。以运营模式为依据，农业保险可分为政策性和商业性两大类，在投保过程中政府是否给予保费补贴是区分二者的主要方法。政策性农业保险是政府从宏观层面给予保费补贴支持，由保险公司负责具体操作，养殖场（户）投保险种由政府按规定给予一定比例的财政补贴，是政府保障农业经济正常运行的重要手段；商业性农业保险是由保险机构自行运营，养殖场（户）自己负责投保产品的所有费用，政府不参与，保险公司按照收益最大化原则，对产品进行经营。目前市场流行的生猪保险以政策性保险为主。

2. 生猪保险

生猪保险在法律上还没有被明确定义，以我国保险领域专家学者的研究为依据，可以得出：生猪保险属于农业保险范畴，根据国家财政是否给予保费补贴，分为政策性生猪保险和市场性生猪保险。政策性生猪保险即能繁母猪保险和育肥猪保险，由各级财政共同承担全部保费的75%~80%（不同地区承担保费的比例略有不同），是以商品用猪为保险标的，由保险人对被保险人（生猪养殖主体）在生产养殖过程中因自然灾害、意外事故、动物疫病所造成的损失，承担赔偿责任的保险。市场性生猪保险主要是指生猪价格指数保险、仔猪保险等。以生猪价格指数保险为例，其保险责任为国家公布的"猪粮比"，即生猪养殖的盈亏平衡点，保险期内，当生猪市场价格低于保险责任约定的价格时，保险公司应按照保单要求对被保险人进行损失赔偿。

3. 生猪养殖主体

生猪养殖主体也可表示为生猪养殖场（户），是对从事生猪养殖活动的散户、小规模养殖户、中规模养殖场、大规模养殖场的总称。养殖规模标准是在借鉴《全国农产品成本收益资料汇编》中关于生猪养殖规模分类的标准和前期

学者研究成果的基础上确定的，具体划分是以猪场年出栏生猪数量为依据，年出栏量100头以下为散户，101~500头为小规模养殖户，501~2000头为中规模养殖场，2000头以上为大规模养殖场。

（二）理论基础

1. 逆向选择与道德风险

（1）逆向选择。不同生产者面临的风险概率有所差异，风险高低往往和信息对称性相关。逆向选择风险伴随的通常是信息不对称。所谓信息不对称，即在平等的两个经济个体中（如卖方与买方），市场呈现的信息在各经济体中表达不一致、不对称，即卖方在市场中掌握的信息比买方多，抑或反之。逆向选择就是在信息不对称的前提下，市场中甲方对乙方的了解多于乙方对甲方的了解，利用这一优势，在交易中甲方受益但乙方利益会受损。一般使用"逆向选择"一词形容市场中的劣质品销量大于同产品的优质品，最终导致交易产品质量整体下降的情况。

当今社会，市场信息不对称现象严重，逆向选择无处不在。按照市场经济中的供给理论和需求理论，市场正常发展时，当某一商品的价格被降低，它的需求量就会增加，当某一商品的价格被抬高，它的供给量就会增多，当供给量增多到一定程度时就会面临需求量饱和，价格就会再次降低，如此循环。但当交易市场中出现信息不对称现象时，正常交易会被打乱，比如某一商品的价格降低，按正常市场发展规律，消费者会增加对它的购买量，但有时消费者并不会因价格降低而增加购买量，这是因为在消费者心中某一商品的价值已经固定，降低价格会被认为商品在质量上存在问题，变成了劣质产品，这种现象叫"逆向选择"。

逆向选择是保险公司面临的重大问题之一，因为投保人所购买的保险产品在现实生活中往往是最容易受到损失的，因此保险公司总会面临赔偿率较高的问题，但是受多种因素所迫，保险公司又必须出售这款产品，这就是保险公司面临的逆向选择。以汽车保险为例，随着汽车数量的增加，汽车保险业务也在疯狂增长，但驾驶员的心理也在发生变化。购买汽车保险的驾驶员开车会比没有购买保险的驾驶员开车更随意一些，因为发生事故保险公司会负责赔付，结果汽车事故频繁发生，保险公司只能垫钱去赔付汽车修理费用。还有一种现象是汽车保险费用高，但对开车比较谨慎的驾驶者来说，没有必要再多花一部分钱去购买保险，这样会导致保险公司卖不出去产品以至经营亏损。这两种现象说明了经常购买保险的人赔付发生概率高，但若因此提高保险价格，其后果是让本来就犹豫购买保险产品的消费者彻底打消了购买欲望，这就是典型的逆向选择效应。

（2）道德风险。道德风险与逆向选择的概念十分相似，但又不完全相同。道德风险和逆向选择都是在保险领域被首次提出的，发生背景都与信息不对称相关。从定义解释，道德风险就是某人在从事经济活动时将自身利益提升到最大化，同时最大限度地挤压他人利益；或是在签有不完全承担风险后果的合同时，签约一方会采取对自己最有利的一种自私方案或行为。尤其对于生猪保险，其保险标的是有生命的、长期的，这种情况下保险利益难以定夺，容易诱发道德风险。道德风险具有以下特征，一是投保人都是受利益的诱惑，以达到自身利益最大化，被称为牵引性；二是损人利己行为，形成恶性循环，被称为破坏性；三是观念转变是长期的、潜移默化的，在保险人与被保险人之间建立"契约精神"需要较长时间，被称为长期性。

综上所述，道德风险相对逆向选择更简单明了，便于理解，与逆向选择相似的是，两种现象都是源于交易市场的信息不对称，导致正在行使经济活动的个人因信息不完全而被其他人利用或欺骗。而它们的区别在于逆向选择发生在市场交易之前，道德风险则发生在市场交易之后。本章将应用该理论，为分析河北省生猪保险发展现状及问题提供支持。

2. 有限理性理论

探究有限理性理论前，需要对完全理性理论的概念进行梳理。在经典经济学中，在经济市场条件下理性经济人常常追求个人利益最大化，这为后来的完全理性理论提供了假设基础。完全理性理论假设经济人在进行市场活动时，信息获取及对，信息的处理能力不会受到任何阻碍。但在实际生活中，完全理性的经济人是不存在的，因为随着市场信息现代化的进程，在完全理性理论中发现两个缺陷：一是行为主体被认为是全知全能的，二是行为主体在进行决策行为时完全不会受到心理因素的制约。

然而，在理论之外的现实经济市场中，人们在进行经济活动时一定会受到种种因素的制约，如知识储备、自身能力、社会环境等。因此，在完全理性理论的基础上，1947年国外学者西蒙提出了"有限理性"理论。该理论主要论证了个体理性程度和环境限制的关系，认为个体的理性程度是介于完全理性和非完全理性之间的，个体在进行行为决策时很难获得全部有效信息，只有依靠以往有效经验才能做出正确的决定。换言之，在有限理性理论中，个体获得信息和处理信息的能力会受到社会环境、心理状态等因素影响，从而无法做出完全理性的科学决策。本文在进行生猪养殖主体生猪保险购买意愿特征及影响因素分析时，将会应用此理论。

3. 需求理论

需求是指消费者在一定价格条件下愿意且能够购买的商品数量。需求理论其实是衡量消费者在特定时间对某一特定商品的需求量，其中消费者的购买意愿和对商品的购买数量共同组成了需求量。关于需求理论的通俗说法，就是某商品在一定的价格水平之内，消费者对此商品的需求量。而需求量的大小由消费者的收入、商品的替代品、消费者的消费偏好和消费预期等各种经济因素和社会因素决定。需求理论是消费者在决定消费时常运用的理论之一。在需求理论中，较为重要的是需求定理，此定理阐述了商品价格和消费者需求量之间的关系。该定理指出，在时间、收入等因素不变的情况下，商品的价格影响消费者的需求量，商品的价格越高需求量越低，反之商品价格越低需求量越高。本章在进行生猪养殖主体生猪保险购买意愿特征及影响因素分析时，将会应用此理论。

4. 风险感知理论

有意识地、有准备地用自身器官对外界进行观察、感受和注意的过程，被称为感知。人和动物体内的器官无时无刻不在接收外界传来的信号，来感受自身所处的环境。感知的产生就是将外界信号通过自身器官输送到大脑的过程，而风险感知就是当外界信号表现出某种风险特征传输到大脑机体时，大脑对此信息的严重性进行判断，之后机体根据以往的经验形成信息库，当再次接收到风险信号时，机体就会做出逃避、改变、接受等反应来处理风险信号。1993 年，国外学者 Stone Gronhaung 提出顾客在决策过程中会受到六种因素的影响：（1）时间风险，如果购买的产品在后期不符合标准或者因质量问题导致产品的退换、修理等，会造成不必要的时间浪费；（2）功能风险，指所购买的产品在性能上达不到消费者的预期；（3）身体风险，指所购买的产品会带有某种对身体产生危害的物质，如甲醛、铅等；（4）财产风险，因所购买的产品价格过高导致消费者在经济上产生损失；（5）社会风险，因产品问题导致消费者遭到其他人的嘲笑或疏远；（6）心理风险，因自身的犹豫不决或不确定性购买的产品，导致自身感情受到伤害。本章在针对生猪养殖主体购买生猪保险意愿的对策建议上，借鉴风险感知理论，以期提升河北省生猪保险投保率。

二、河北省生猪保险发展现状及问题

（一）河北省生猪保险发展的历史背景

1. 我国农业保险发展历程

（1）1949—2003 年频频遇阻发展缓慢

1949 年 10 月 20 日，中国人民保险公司在北京正式成立，拉开新中国国家保险事业的序幕。

1950—1957 年为我国农业保险的萌芽时期。1950 年中国人保开始推进牲畜保险和棉花保险试点工作，并于 1951 年在全国范围内开展，同时水稻保险和油菜保险也开始在个别地区进行试点工作。但在 1953 年中国人保召开的第三次全国保险会议中，认为"全面开展"的政策过于冒进，牲畜保险终止承办新的保险业务，后于 1954 年恢复办理。

1958—1981 年为我国农业保险的停滞时期。在这个阶段，农民开始参加集体生产劳动，农业生产个人风险转由集体承担，保险的作用得不到发挥，全国保险工作停办。

1982—1992 年为我国农业保险的恢复发展时期。改革开放后，政府意识到保险在农业生产中的作用，因此决定从牲畜保险开始，恢复农业保险业务。在此期间，我国农业保险已经涉及农、林、牧、渔等领域，猪、羊、鸡等多个险种得到发展。

1993—2003 年为我国农业保险发展的低萎时期。因受税制变革的影响，1994 年保险公司开始实行新的财务核算方式，从公司效益的角度出发，保险公司对赔付率较高、风险较大的农业保险开始进行业务收缩，承保范围和收入逐渐下降，农业保险的发展因此受到限制。

（2）2004—2018 年试点推进发展稳定

2004—2006 年我国农业保险开始走上正轨。2004 年中央一号文件提出，加快建立政策性农业保险制度，选择部分保险产品在个别地区率先开展试点工作。对于开展农业保险试点的地区，当地财政有资金条件的可以对参保农户给予一定的保费补贴，这是"政策性农业保险"首次在中央一号文件中被明确提出。随后，黑龙江、吉林、上海等地政府部门开始对保费进行补贴，农业保险发展取得一定效果。

2007—2012 年我国农业保险试点工作不断推进。中央财政对试点地区进行保费补贴是从 2007 年开始的，先后投入 10 亿元在 6 个粮食主产区开展种植业保险保费补贴试点工作。2008 年试点范围扩大至全国 13 个粮食主产区，同时也加大对牲畜保险的支持力度。2009 年试点范围扩大至 19 个省，2010 年在原有试点范围的基础上新增 6 个省份（自治区），2012 年农业保险保费补贴政策推广至全国。

2013—2018 年我国农业保险呈制度化发展。2012 年 10 月《农业保险条例》获得通过，并于 2013 年 3 月 1 日起正式实行；2014 年国务院印发的《关于加快发展现代保险服务业的若干意见》明确表示，要积极发展农业保险，拓展保险的深度和广度；2016 年中央为保障农业保险保险费补贴工作，特印发《中央财政农业保险保险费补贴管理办法》；在 2018 年国务院印发的《乡村振兴战略规划（2018—2022 年）》中明确指出，要完善农业保险政策体系，提高农业风险保障能力。在这期间的一系列政策表明了中央政府对农业保险政策的重视，农业保险制度也逐步得到完善。

（3）2019 年至今质量提升发展提速

2019 年至今，我国农业保险开始高质量发展。2019 年 9 月，多部门联合印发了《关于加快农业保险高质量发展的指导意见》，意见指出要提高农业保险服务能力、优化农业保险运行机制、加强农业保险基础设施建设，这标志着我国农业保险进入高质量发展阶段。2020 年中央一号文件强调要抓好农业保险保费补贴政策落实工作，全面提升农业保险质量。

2. 我国生猪保险发展历程

我国生猪保险业务试办起源于 1939 年，重庆市北碚家畜保险社率先开办了农民养猪保险。1950 年，中国人民保险公司在山东、北京、重庆等省市率先开办牲畜保险业务，生猪保险被包含在内。

2003 年后，我国生猪价格周期性波动加剧，波动周期不仅加长，波动幅度也大幅提高。2006 年入夏后，我国多地区突发大规模蓝耳病疫情，由于疫病暴发突然，政府及养殖场（户）应急能力有限，2007 年蓝耳病疫情蔓延至全国。蓝耳病疫情对当时的生猪产业产能造成严重打击，直接导致猪肉供给不足，猪肉价格快速上涨，又受国家宏观经济波动影响，玉米、大豆等原料价格也呈上升趋势，使生猪养殖行业风险激增。

为从根本上解决问题，促进生猪产业良性发展，保障正常市场供应和猪肉价格稳定，2007 年 7 月末，国务院出台《关于促进生猪生产发展稳定市场供应的意见》（以下简称《意见》），要求推进能繁母猪保险工作，以此来降低能繁母猪养殖经营风险。政策颁布后，保监会迅速做出反应，要求中国人保、中华联合、上海安信、安华农业及阳光农业 5 家保险公司，成为第一批生猪保险先行试点的保险机构，必须在 8 月 15 日之前在各自经营区域内启动能繁母猪保险。根据相关文件整理得出 2007—2016 年间我国生猪保险具体发展历程如表 7-1 所示。

表 7-1　2007—2016 年我国生猪保险发展历程

年份	发展历程
2007	要求先行试点的保险公司扩大生猪保险覆盖面积，同时应积极与当地畜牧兽医部门相结合，探索相互激励的长效合作机制；提高服务质量，加大对生猪保险的宣传力度；保险公司可通过再保险等方式，加强内部风险管控，控制经营风险，确保生猪保险的良性发展
2008	对能繁母猪保险与生猪疫病扑杀衔接工作中的问题做出部署，要求各级保险公司做好内部监管，各保监局做好工作协调，为能繁母猪保险的发展创造良好的环境
2008	对能繁母猪保险的补贴范围、具体措施、资金预算管理及执行监管进行规定，并对政府各级部门管理工作做出部署，这一举措为能繁母猪的保费补贴管理制度奠定了基础
2010	利用电子耳标技术，加快生猪保险与生猪防疫工作相结合，以此加强对能繁母猪的管理
2011	由国家财政出资，为每头能繁母猪补贴 100 元，加大对生猪保险的支持力度，扩大保险覆盖面积
2014	开始积极开展农产品价格保险试点工作，探索生猪农产品目标价格保险试点，试点过后着手扩大畜产品价格保险覆盖面积
2016	加快推进病死畜禽无害化处理与养殖业保险联动机制建设速度

2018 年 8 月非洲猪瘟疫情在我国暴发。12 月农业农村部下发通知，要求相关部门要落实好能繁母猪保险和育肥猪保险工作，降低生猪养殖风险，为养殖场（户）提供基本保障。

2019 年 9 月财政部、农业农村部联合下发通知，要求增加生猪保险保额。能繁母猪保险保额增加至 1500 元/头、育肥猪保险保额增加至 800 元/头，该政策从 2019 年 5 月 1 日起开始实施，2020 年 12 月 31 日结束。2019 年 9 月 7 日为稳定生猪产业生产、保障猪肉市场的正常运转，农业农村部联合银保监会印发稳定生猪生产保障市场供应通知，该通知指出要完善政策性生猪保险政策，开展并扩大生猪价格保险试点。随后国务院下发通知，再次强调提高保险保额、扩大保险规模的工作要求。

在 2019 年工作基础上，2020 年 3 月农业农村部、财政部同银保监会联合下发促进生猪稳产保供通知,对保险公司在生猪产能恢复中的工作进行部署。2020 年 5 月 20 日,农业农村部、银保监会召开视频会议,部署落实金融手段支持生猪生产发展政策,会议指出要强化政策支持,加强生猪保险保障,完善风险共担机制。

3. 河北省生猪保险发展历程

2007 年政策性生猪保险被明确提出后,河北省政府迅速做出响应。依据国务院下发通知,河北省结合自身实际情况制定《河北省能繁母猪保险保费补贴管理暂行办法》,对能繁母猪保险补贴范围、资金及保险机构管理等工作进行详细部署,标志着生猪保险在河北省正式运行。根据相关文件整理出河北省生猪保险发展历程具体情况,见表 7-2。

表 7-2　河北省生猪保险发展历程

年份	发展历程
2008	对能繁母猪保险的具体补贴比例进行详细说明
2011	加快政策性农业保险试点工作进程,积极扩大险种,提高保险覆盖面积;并对能繁母猪保险的保险费率、保费补贴比例进行了调整
2012	增加育肥猪保险险种,并在石家庄市先行试点
2016	施行生猪保险与病死猪无害化处理联动机制;在原有育肥猪保险条款基础上,对内容、试点范围、保费补贴比例进行了调整
2017	对全省能繁母猪保险及育肥猪保险保费补贴工作进行详细安排
2019	坚持"自主自愿"原则,在部分地区开展特色农业保险,并结合本地实际情况制订实施方案
2020	扩大农业保险覆盖面积,依托养殖企业和规模养殖主体来创新养殖保险发展形式;依据银保监会要求,对牲畜等示范性保险条款进行完善,并强调各部门要相互协作,为农业保险的发展营造良好的环境

(二) 河北省生猪保险发展现状

1. 生猪保险经营主体增多

生猪保险经营主体是投保人转嫁养殖风险的规划者和管理者,作为生猪保险产品供给的第一大主体,其对生猪保险的经营态度决定着生猪保险的供给水平。河北省的生猪保险业务经营机构主要由保险公司、农业保险经纪机构和农业再保险公司构成。

（1）保险公司

2015 年之前，河北省生猪保险承保机构仅有中国人保财险和中华联合财险两家公司，2015 年，中国人寿和太平洋财险正式入驻河北农业保险市场开展保险业务，生猪保险承保机构达到 4 家。随着生猪保险业务的不断开展，生猪保险市场供给主体明显增加，截至 2020 年 6 月，河北省具有生猪保险承保资质的经营主体分别有中国人民财产保险股份有限公司、中华联合财产保险公司、中国人寿财产保险股份有限公司、中国太平洋财产保险股份有限公司、中国平安保险股份有限公司、安华农业保险股份有限公司、燕赵财产保险股份有限公司，以及阳光保险集团股份有限公司。目前河北省生猪保险承保主体以政府主导下的商业性保险公司为主，地方性政府为主要代表的专业性农险公司为辅，防止国有保险公司一家独大、垄断生猪保险市场的现象发生，推动生猪保险的良性循环。

（2）农业保险经纪机构

保险经纪机构是促进保险供需双方业务交易，为双方提供服务的市场机构，保险经纪机构的数量和业务内容代表着保险行业的发展水平。保险经纪机构所提供的业务主要有风险评估和分析、保险方案的设计、价格咨询与报价比较、投保安排、风险鉴定、业务询查、索赔服务、再保险安排等。河北省现行的专业性保险经纪机构有：安信联合保险经纪有限公司、河北盛安保险代理有限公司、河北天元保险公估有限公司等。但针对农业保险的专业性经纪机构较少，保险经纪机构结构的不完善，侧面制约了河北省农业保险的发展。

（3）农业再保险经营机构

国务院 2006 年下发关于保险业改革发展若干意见的文件，要求对农业巨灾风险转移分担机制进行完善，摸索建立各级财政支持的农业再保险体系。文件下发后，政府各级部门及保险公司意识到再保险机制对分散农业巨灾风险的作用，并开始探索再保险发展模式。目前河北省农业再保险模式分为三大类：一是保险公司内部设立的再保险机构分支，逐级分散风险，如中国人保财险；二是再保险公司独自经营，如中国农业再保险公司；三是保险公司与再保险公司合作设立多平台为农业提供双重风险保障，如中国人保财险与中国农业再保险公司在张家口共同成立的保险扶贫网点。

目前，仍有多家保险经营机构希望入驻河北生猪保险市场，随着市场准入门槛的不断提高，竞争也愈发激烈，各经营机构在完善保险产品、创新融资模式、提升服务质量、扩展保险科技业务上增加投入。市场供给主体的不断增加，为河北省生猪保险市场注入活力，在提升生猪保险供给能力的同时，为优化河北省生猪保险市场发挥着积极作用。

2. 生猪保险险种日益丰富

2007 年中央宣布开始实行生猪保险政策后，河北省积极响应号召，立即在本省开展能繁母猪保险业务。但之后的五年内，河北仅有能繁母猪这一险种，直至 2012 年河北省财政厅等多部门联合下发通知，要求增加育肥猪保险险种，能繁母猪保险"一枝独秀"的局面终于被打破。2014 年中央一号文件指出积极推出农产品价格保险试点工作，随后 2015 年中国人保财险与唐山市曹妃甸一养殖场（户）签订生猪价格指数保险，这是该险种在河北省的首次签单，标志着生猪价格指数保险在河北省开始推广。2018 年非洲猪瘟疫情发生后，安华农业保险公司与邢台市一养殖场（户）签订非洲猪瘟疫病政府强制扑杀补偿保险，强制扑杀补偿保险险种市场在河北被打开。2019 年商业性仔猪养殖保险被中国人保财险推出，为仔猪良种繁育提供风险保障。生猪保险险种的不断增加，在满足生猪养殖主体的多方需求、增加其养殖信心的同时，为河北省生猪产业发展提供了强有力的保障。

生猪保险分为政策性和商业性两类。能繁母猪保险和育肥猪保险属于政策性生猪保险，政策性生猪保险在河北省已开展多年，政策法规、保险条款及相关服务较为完善。因有政府补贴做保障，养殖场（户）接受程度较高，有一定基础。仔猪保险、生猪价格指数保险、生猪饲料成本指数保险、生猪强制扑杀补偿保险属于商业性生猪保险。河北省商业性生猪保险还处于起步阶段，仍在不断完善。据调研得知，生猪饲料成本保险在河北省还未开展，因此表 7-3 对生猪饲料成本保险不再进行详细叙述。

表 7-3　河北省现有生猪保险险种

开办年度	险种名称	性质	保额	费率	保费补贴
2007	能繁母猪保险	政策性	原能繁母猪保额为 1000 元/头，根据银保监办下发〔2019〕189 号通知，现行保额增长为 1500 元/头（2019 年 5 月 1 日—2020 年 12 月 31 日）	6%	各级财政累计补贴80%

续表

开办年度	险种名称	性质	保额	费率	保费补贴
2013	育肥猪保险	政策性	原育肥猪保额为 500 元/头,根据银保监办下发〔2019〕189 号通知,现行保额增长为 800 元/头(2019 年 5 月 1 日—2020 年 12 月 31 日)	4.5%	各级财政累计补贴80%
2015	生猪价格指数保险	商业性	保额=(猪粮比 6：1)＊约定玉米批发价格＊承保猪只平均重量	1%	各级财政累计补贴80%
2018	强制扑杀补偿保险	商业性	能繁母猪保额最高为 1000 元/头 育肥猪保额最高为 300 元/头	1%	无
2019	仔猪养殖保险	商业性	仔猪保额为 200 元/头	8%	无

3. 政府协助方式多样化

政府在保险市场中起关键性的引导作用。以 2016 年河北省政府开展的"生猪保险+病死猪无害化处理"联动模式为例,病死猪无害化处理是河北省生猪产业良性循环的重要环节,作为河北省生猪产业环保、健康、可持续发展的一项重要举措,2016 年河北省政府提出将病死猪无害化处理和生猪保险联动合作发展的新模式,此模式不仅可以解决河北省内病死猪非法处理的问题,还加强了政府相关部门对生猪产业的监管。在河北省政府和市政府各部门的协助下,河北省"生猪保险+病死猪无害化处理"顺利开展,并取得一定成效。下面对"生猪保险+病死猪无害化处理"模式中政府对保险公司的三种协助方式进行说明。

一是出台相应政策。2015 年,河北省政府出台关于病死畜禽无害化处理具体办法的通知,对河北省内病死畜禽无害化处理进行指导,并对病死畜禽分类方式和病死猪无害化处理各个环节的监督形式进行规定。2016 年河北省印发"生猪保险+病死猪无害化处理"的试点工作方案,并和河北省金融办联合印发了《关于增加政策性育肥猪养殖保险 B 条款的通知》,明确指出全省 51 个县要积极开展保处联动模式试点工作,并对今后两年内的工作目标进行规划,为河北省各保险公司工作开展指明了具体发展方向。

二是资金和技术支持。为了使"生猪保险+病死猪无害化处理"模式更加完善，河北省政府加大对该项目的科技创新基金投入，并且提供互联网大数据技术支持，构建了河北省保处联动信息平台，开发了新型畜禽耳标等高科技创新手段，使工作人员在鉴定过程中专业性提高、出错率大大降低，病死的事故猪只信息更具有时效性。在政府大力支持下，2016年年末河北省共有1000万头育肥猪投保，有47万余头事故猪只获得保险赔偿。

三是协助保险公司事故勘察。在保险事故发生后，事故养殖场所在地区的畜牧兽医部门、当地村干部会协助保险业务人员进行事故勘察。因事故养殖场所在地离市区较远，保险业务人员不能第一时间到场，可能提高骗保事件发生概率。有当地政府部门的配合，可以减少骗保事件发生，也使养殖场（户）更易配合保险业务人员工作，提高事故现场勘察效率。

4. 收入增加保障能力初显

根据河北省银保监局统计数据显示（见图7-1），2019年河北省仅能繁母猪保费收入就达5657万元，同去年相比上涨了19.67%；其中唐山市保费收入最多，为809万元；石家庄市同比增长率最高，为109.49%，是2018年的两倍多。保费收入的上升，一方面表明养殖场（户）投保积极性的提高，风险意识增强；另一方面促进生猪保险经营机构提质增效、转型升级，可以为养殖场（户）提供更多风险保障。

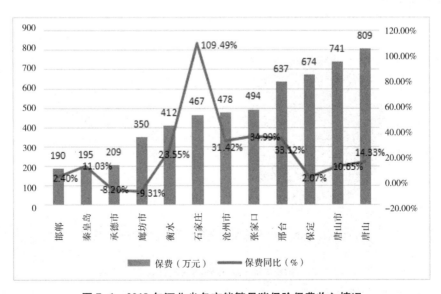

图7-1　2019年河北省各市能繁母猪保险保费收入情况

数据来源：河北银保监局。

河北省开展生猪保险后，保险对生猪产业的保障功能越发明显。2018 年河北省养殖类农业保险共赔付 8.6 亿元，生猪保险赔付 4.59 亿元，占全部赔付金额的 53.37%。生猪保险的赔付增长率也成为河北省养殖类农险中增长最快的，达 74.76%。2018 年河北省养殖类农险的简单赔付率为 70.56%，其中生猪保险的简单赔付率为 73.21%，高于全险种赔付率水平。生猪保险赔付金额的上升，一方面与生猪养殖突发疫病、自然灾害风险相关，另一方面也反映出生猪保险赔付力度加大，是生猪保险对生猪产业损失补偿的切实表现。保险公司的积极赔付，也使政府财政压力得到减轻，让保险的保障功能得到较好的发挥，提高政策性生猪保险在养殖场（户）心中的地位，在保持生猪产业稳定，促进生猪养殖产能恢复中贡献了重要力量。

5. 产品开发设计能力提高

河北省现行的政策性生猪保险险种有能繁母猪保险、育肥猪保险，由于生猪保险市场不断发展，养殖场（户）需求不断增加，近五年来以仔猪保险、生猪价格指数保险为典型的商业性生猪保险产品被推出。在非洲猪瘟疫情发生后，非洲猪瘟疫病强制扑杀补偿保险应运而生，此险种在疫情防控和生猪产业产能恢复的特殊时期，增强了养殖场（户）复工复产的信心，增加了养殖场的风险抵御能力，为生猪产业发展提供全方位的保障。据统计数据显示（图 7-2），2018 年河北省生猪保险保费收入为 6.27 亿元，占河北省农业保险总收入的 51.47%。

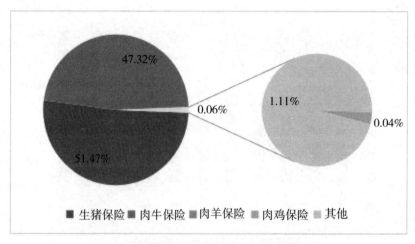

图 7-2　2018 年河北省养殖类保险保费收入比例

数据来源：河北银保监局

目前，河北生猪保险产品供给水平和能力与之前相比进步明显，保险公司管理的逐步完善和生猪保险险种的不断增加，是保险市场供给能力提升的重要体现。河北省在生猪保险产品设计上也紧跟实时政策脚步，改善了生猪保险险种单一、承保范围有限的问题和突发重大疾病死亡应对措施等，生猪保险的保障能力得到较好的发挥。

6. 保险服务水平显著提升

保险公司的竞争力是从人员素质、推广渠道、促销力度、有形展示、服务体验五方面表现出来的，这些方面都与保险的服务水平相关。非洲猪瘟疫情发生后保险公司都会对生猪保险业务人员进行生物安全培训，并采用线上视频与线下面授相结合的方式，丰富学习形式和学习内容。生猪保险业务人员因工作性质原因，流动性较强，其生物安全意识的加强，在勘察养殖场过程中对减少疫病的传播发挥着关键作用，是保险公司提升服务水平的重要表现。保险公司抓紧互联网技术不断发展的时机，将高效便捷的线上赔款形式发展为主流。养殖场一旦发生保险事故，涉及赔款数额较大，线上赔款形式使保险金丢失、被盗等不安全因素被完全消除，同时也大大缩短理赔时间，增强被保险人的产品体验感，更重要的是减少人员接触导致的疫病二次传播。

在后非洲猪瘟时代的特殊背景下，保险公司在承保理赔的同时，为养殖场（户）提供繁殖技术、生物安全防疫技术等延伸服务，为养殖场（户）减轻养殖前期资金问题的同时，更为其提供科学育猪方法和专业技术支持，增强猪场疫病防控能力，降低养殖风险。保险公司发展延伸服务不仅可以提高投保人的服务满意度，使保险公司的长期利益得到保障，更增强了保险公司的市场应变能力，为公司长远发展奠定基础。

（三）河北省生猪保险开展中存在的问题

1. 生猪保险经营中存在道德风险问题

由于保险人与被保险人的信息不对称性和各自目标不一致性的特征，生猪保险业务开展时存在的道德风险和逆向选择风险一直是保险公司面临的重大难题。一方面，仔猪与猪肉市场价格波动较大，造成保险标的价值有时会低于保额，可能诱使养殖场（户）利用猪只骗保，降低养殖损失；另一方面，确认保险标的死亡原因有一定难度，目前主要依靠电子耳标来对保险标的进行监查，但养殖场（户）对猪只佩戴电子耳标并不积极，发生保险事故后，保险公司很难确定猪只真正死亡原因。严重的道德风险和逆向选择，导致承保机构赔付率居高不下，对保险公司的正常经营造成影响。

2. 投保存在结构性差异，没有实现全覆盖

现行的生猪保险产品结构性差异明显，表现在能繁母猪与育肥猪之间、散户与规模养殖场（户）之间、各地区生猪的投保数量与比例之间。能繁母猪作为生猪产业链的源头，其地位较育肥猪而言更为重要，且险种推出时间较长，因此能繁母猪保险在推广中更易被养殖场（户）接受，导致育肥猪保险的投保范围及比例远不如能繁母猪保险。随着规模化养殖成为生猪行业的发展趋势，规模养殖场（户）以投保便利、成本更低、接受度高、风险较低深受保险公司偏爱；规模化养殖场（户）相对散户来说生活更宽裕，投保数量比散户要多，并且享受保险公司的相应折扣，无形中加大了散户的投保压力。规模化、集约化养殖虽然成为发展趋势，但河北省现阶段散户及小规模养殖户仍占绝大多数，对生猪市场发展影响较大，散户及小规模养殖户市场对保险公司业务开展有重要意义。而受交通、自然、地理位置等因素影响，河北省不同地区的投保数量和比例也有差距，丘陵地区投保比例与平原地区相比偏低，生猪保险并未实现全覆盖。

3. 保险专业性人才缺乏，导致服务能力弱

猪只作为生猪保险的保险标的，对保险业务人员综合素质要求较高，需要他们同时具备动物兽医及保险的相关知识，发生保险事故时，能利用专业知识对事故猪只进行死亡原因判断及定损，避免疫病蔓延，也能降低骗保事件发生概率。在实际中，生猪保险业务人员准入门槛较低，大部分是临时培训上岗，服务质量不高，在承保时不能有针对性地介绍保险产品，对养殖场实际运营情况缺乏了解，往往错过保险营销的最佳时机；理赔和定损时不够专业，难以确定事故猪只是否在保险赔偿范围内，处理病死猪只不合理，造成不必要的损失，难以让养殖场（户）对保险公司产生信任。保险公司对被保养殖场（户）很少提供相应技术支持，可追溯体系也不健全，目前主要依靠电子耳标来鉴定保险标的，但养殖场（户）对猪只佩戴电子耳标并不积极，这极易导致猪只出入栏数量核实不准确、投保猪只信息采集困难、事故发生后难以定损等问题。尤其在后非洲猪瘟时代，现代技术的现场勘察，对减轻疫情二次传播有重要意义。

4. 产品供给不能满足生猪养殖主体需求

近些年来我国宏观经济波动频繁，玉米、豆粕等原材料价格上涨明显。非洲猪瘟、蓝耳病、猪细小病毒病等各种疫病的不断升级，对生猪养殖的影响越来越严重，损失也随之增加。非洲猪瘟疫情发生后，生猪养殖的饲料成本、生物安全防控成本、运输成本、人员管理成本不断上升，生猪价格波动剧烈，养殖场（户）面临的市场风险逐渐凸显，对生猪产业造成了巨大冲击。但目前的

生猪保险只对特定自然灾害和常规疫病进行承保，现有的产品并不能满足不同需求层次的养殖场（户）。投保猪只根据不同用途及成长阶段可分为多个类别，根据不同阶段猪只的差异，保单设计时的投保条件、保险责任、保额、费率也会有所不同，保险公司在设计保险产品时，并没有根据各地区生猪养殖及保险公司自身的实际情况，提供有针对性的生猪保险产品，而且没有考虑风险区域因素，采用统一的保险产品，虽降低了经营成本，但对生猪保险投保率的提升带来负作用。

5. 生猪保险经营风险大，打击供给端信心

对于一个险种来说，能够维持其长久发展的支撑是低于必然限度的赔付率，保险业公认的赔付率平衡点为70%。河北省银保监局统计数据显示，2019年河北全省能繁母猪保险赔付率达414.91%，同比增长了271个百分点，除邢台市、沧州市以外，其余地市保险赔付率可达200%以上；育肥猪保险全省赔付率达120.50%，同比增长40个百分点，因保定市发现非洲猪瘟疫情，育肥猪保险赔付率最高，为272.67%（如图7-3所示）。从统计数据可以看出，生猪保险的实际赔付率远远高于限制平衡点，和育肥猪保险相比，能繁母猪保险的赔付率更高。承保生猪保险，尤其是能繁母猪保险，保险公司不仅不盈利反而亏损严重。经营生猪保险对于各保险机构来说风险高、压力大，长期发展下去会严重

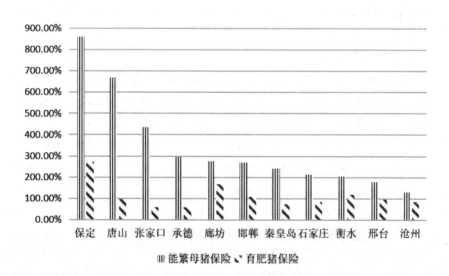

图7-3　河北省2019年能繁母猪、育肥猪保险赔付率

数据来源：河北银保监局。

打击保险公司开办生猪保险业务的信心，甚至会影响公司其他保险业务的

正常运行。对于另一个供给主体政府来说,较高的赔付率使财政收入快速流失,对财政产生不小的压力。尤其对一些财政资金短缺的地区来说,生猪产业不仅没有带动当地经济发展、增加税收,反而加重了政府财政负担,激化政府、保险公司及养殖场(户)之间的矛盾,对生猪保险健康发展产生了消极影响。

三、河北省生猪养殖主体生猪保险购买意愿研究

(一)调研基本情况

1. 数据来源

本研究样本数据来源于 2020 年 3—5 月对河北省生猪养殖场(户)进行的调研,因受非洲猪瘟及新冠肺炎疫情的双重影响,实地调研受到一定限制,因此本次调研均采取线上发放问卷的形式。样本覆盖全省 11 个地级市,其中河北省排名前四位的生猪养殖优势主产区唐山、保定、石家庄和邯郸,其问卷量占此次问卷总量的 69.2%,具有一定代表性。其问卷内容包括猪场经营者特征、猪场经营特征、生猪保险认知特征及非洲猪瘟认知特征四方面。本次调研实际收回问卷 437 份,剔除关键信息缺失及回答有误的样本,最终剩余有效问卷为423 份,问卷有效率为 96.79%。

2. 样本特征描述

依据收回的 423 份有效问卷,对猪场经营者特征及猪场经营特征数据进行整理,如表 7-4、7-5 所示。

(1)猪场经营者特征

性别:在被调研样本中,男性为 360 人,占样本总量的 85.11%;女性为 63人,占样本总量的 14.89%。男性占比明显高于女性,表明在现代生猪养殖活动中,男性凭借体能优势,依旧是农业生产经营的主要劳动力。

年龄:从年龄结构看,被调研样本集中在 31～60 岁之间,共占样本总量的94.32%;41～50 岁阶段的样本数量最多,占样本总量的 42.32%;31～40 岁、51～60 岁的样本数量一致,占样本总量的 26%;18～30 岁、60 岁以上的样本数量较少,分别为 2.13%、3.55%。从年龄结构可以看出,中年人是生猪养殖的主力军,可能是因为猪场环境差、工作内容枯燥、社会舆论偏向使青年不愿从事生猪养殖工作。

受教育程度:被调研的养殖场(户)受教育程度集中在初中和高中(包含中职、高职)水平,共占样本总量的 79.91%。其中,初中学历样本数量最多,占比为 46.1%;小学学历占样本总量的 6.15%;大专、本科及以上学历占比分别为 9.22%和 4.73%。这表明河北省的生猪养殖场(户)有一定的文化基础,

能够对生猪保险政策有较好的解读。

风险投资偏好：被调研的养殖场（户）中，有29.08%的样本投资偏好为高风险高收益，中风险中收益投资偏好占比，最多为51.77%，低风险低收益投资偏好占19.15%。养殖场（户）购买生猪保险的影响因素中，风险投资偏好是一大要素。

其他保险购买经历：88.65%的养殖场（户）表示有购买其他保险的经历，11.35%的养殖场（户）则表示没有；有其他保险购买经历的养殖场（户），对是否购买生猪保险更易做出抉择，如果之前的保险购买体验并不理想，会对其购买生猪保险产生消极影响。

表7-4　猪场经营者特征

统计指标及分类		人数（人）	所占比例（%）
性别	男	360	85.11
	女	63	14.89
年龄	18~30 岁	9	2.13
	31~40 岁	110	26.00
	41~50 岁	179	42.32
	51~60 岁	110	26.00
	60 岁以上	15	3.55
受教育程度	小学	26	6.15
	中学	195	46.10
	高中（包含中职、高职）	143	33.81
	大专	39	9.22
	本科及以上	20	4.73
风险投资偏好	高风险高收益	123	29.08
	中风险中收益	219	51.77
	低风险低收益	81	19.15
其他保险购买经历	是	375	88.65
	否	48	11.35

数据来源：问卷调研数据整理。

（2）猪场经营特征

从事生猪养殖行业年限：在此次调研中，从事生猪养殖行业3~10年的样本数量占比最大，达到49.65%，接近样本总数的二分之一；从事生猪养殖行业10年以上样本占总量的43.97%；从事生猪养殖行业3年以下的样本仅有6.38%。依据样本从事行业年限可知，河北省生猪养殖场（户）从事生猪养殖行业的平均年限较长，在生猪养殖上具有丰富的经验。

猪场养殖规模：本次调研的样本中，占比最高的是100~500头的小规模养殖场（户），这一部分样本占样本总量的49.17%；其次是501~2000头的中规模养殖场，占比达28.84%；养殖规模100头以下的散户和2000头以上的大规模养殖场分别占比11.58%、10.4%。被调研样本情况符合河北省生猪养殖以中小规模为主的现状。

生猪养殖收入占家庭总收入比重：被调研样本中有66.9%的养殖场（户）表示生猪养殖收入占家庭总收入的80%以上；生猪养殖收入占家庭总收入51%~80%的养殖场（户），占总样本的19.39%；生猪养殖收入占比为30%~50%的养殖场（户），占总样本比例为11.11%；仅有2.6%的养殖场（户）表示，生猪养殖收入占样本总收入的30%以下。样本数据表明，生猪养殖带来的收入对于绝大部分养殖场（户）来说，是全部的经济来源，生猪养殖效益的好坏，直接影响其生活质量。

猪场目前资金情况：从统计结果可看出，仅有4.49%的养殖场（户）表示猪场目前资金情况充裕，52.48%的养殖场（户）表示资金一般，43.03%的表示资金紧张。可见河北省生猪养殖资金情况不太理想。

表7-5　猪场经营特征

统计指标及分类		人数（人）	所占比例（%）
从事生猪养殖行业年限	3年以下	27	6.38
	3~10年	210	49.65
	10年以上	186	43.97
猪场养殖规模	100头以下	49	11.58
	100~500头	208	49.17
	501~2000头	122	28.84
	2000头以上	44	10.40
生猪养殖收入占家庭总收入比重	30%以下	11	2.60
	30%~50%	47	11.11
	51%~80%	82	19.39
	80%以上	283	66.90

统计指标及分类		人数（人）	所占比例（%）
猪场目前资金情况	资金充裕	19	4.49
	资金一般	222	52.48
	资金紧张	182	43.03

数据来源：问卷调研数据整理

3. 养殖场（户）对生猪保险的认知特征

（1）保险公司是养殖场（户）了解生猪保险的主要途径

关于养殖场（户）对生猪保险政策及相关信息的获取途径，64.49%的养殖场（户）是通过保险公司获得，31.16%是从政府组织的教育培训中得知，12.32%通过亲友或同行告知；通过村委会、合作社、龙头企业及电视、报纸、网络、广播等媒体获取生猪保险相关信息的养殖场（户）占比较少，具体比例见表7-5。通过数据统计可知，因保险公司是生猪保险供给中的重要主体之一，保险公司的宣传是养殖场（户）了解生猪保险的重要方式，同样是供给主体之一的政府，其组织的教育培训等活动也是养殖场（户）了解生猪保险的主要途径。河北省的生猪养殖模式中，"合作社+养殖场（户）""龙头企业+养殖场（户）"的模式占比较少，因此在生猪保险的宣传中，合作社、龙头企业的作用没有得到发挥。

表7-6　养殖场（户）了解生猪保险的途径

途径	村委会宣传	保险公司	合作社	龙头企业	电视、报纸、网络、广播等媒体	政府组织的教育培训	亲友或同行告知
所占百分比（%）	2.17	64.49	4.35	5.07	9.42	31.16	12.32

数据来源：问卷调研数据整理

（2）养殖场（户）对生猪保险的了解程度

在被调研样本中，仅9.93%的养殖场（户）表示对生猪保险非常了解；了解较多的样本为46.81%，所占比例最大；一般了解的占29.79%；了解较少和一点也不了解的分别占11.35%、2.13%。表明河北省在前期生猪保险的宣传工作上投入较多，生猪保险政策在养殖场（户）主体中已有一定基础；但仍存在不足，对该政策了解较少及一点也不了解的养殖场（户）仍然存在，这是制约生猪保险进一步发展的重要因素。

（3）养殖场（户）购买生猪保险的原因分析

样本统计结果显示，在 423 份样本中，购买生猪保险的养殖场（户）占比为 82.27%。问卷对购买过生猪保险的养殖场（户）进行购买原因提问，其中 79.31% 的养殖场（户）认为生猪保险可以分散风险、减少损失；49.14% 的养殖场（户）认为有了生猪保险作为保障可以增加养殖投入、扩大养殖规模；选择合作社或龙头企业要求投保、保单可以抵押贷款、政府强制购买及跟随他人这四个原因的占比较少，具体见表 7-7。

表 7-7　养殖场（户）购买生猪保险的原因

统计指标	增加养殖投入、扩大养殖规模	分散风险减少损失	合作社或龙头企业要求投保	保单可以抵押贷款	政府强制购买	跟随他人
所占比例（%）	49.14	79.31	2.59	2.59	6.90	6.03

数据来源：问卷调研数据整理

（4）养殖场（户）不购买生猪保险的原因分析

问卷调查也对没有购买生猪保险的养殖场（户）进行了原因提问，根据样本结果整理得出养殖场（户）不购买生猪保险的主要原因有五个，如表 7-8 所示。养殖场规模小是导致养殖场（户）不购买生猪保险的主要原因，40% 的养殖场（户）认为养殖规模小，购买生猪保险不合算；其次是业务人员不专业、服务态度不好，占样本总量的 22.5%；投保程序太复杂、不相信生猪保险、认为生猪养殖风险较低的样本分别占比 17.5%、12.5%、7.5%。从统计结果可以得出，除养殖场（户）自身原因之外，保险公司对生猪保险的宣传力度及对被保人的服务态度，同样是制约养殖场（户）购买生猪保险的重要原因。

表 7-8　养殖场（户）不购买生猪保险的原因

统计指标	投保程序太复杂	不相信、不了解生猪保险	养殖规模小，不合算	风险较低可以自己承担	保险公司服务态度不好
所占比例（%）	17.50	22.5	40.00	7.50	12.50

数据来源：问卷调研数据整理

（5）养殖场（户）对生猪保险的满意程度分析

因生猪保险存在商品性质，养殖场（户）在投保期间的满意程度是影响后续是否继续投保的重要因素。如表7-10所示，投保程序与保费相比，满意程度较高，投保程序中比较不满意和非常不满意的占比6.03%、1.72%。在购买生猪保险的养殖场（户）中，6.03%的养殖场（户）表示在保险事故发生后没有得到该有的赔偿。对接受过保险公司理赔的养殖场（户）进一步调研了解到，对理赔程序表示非常满意的养殖场（户）占8.62%，比较满意的占41.38%，一般满意的占36.21%，比较不满意及非常不满意的占比分别为9.48%、4.31%，与投保程序及保费两个统计指标相比，不满意的样本数量较多。样本统计结果表明，保险公司在实际理赔程序中存在漏洞较多，在后期的工作中应着重对理赔程序进行完善。

表7-9 具体险种购买情况

统计指标	人数（人）	所占比例（%）
能繁母猪保险	306	87.93
育肥猪保险	324	93.10
价格指数保险	21	6.03
仔猪保险	17	4.89

数据来源：问卷调研数据整理

表7-10 养殖场（户）对生猪保险的满意程度

统计指标	非常不满意比例（%）	比较不满意比例（%）	一般满意比例（%）	比较满意比例（%）	非常满意比例（%）
投保程序	1.72	6.03	32.76	47.71	12.07
保费	4.31	7.76	41.38	37.07	9.48
理赔程序	4.31	9.48	36.21	41.38	8.62

数据来源：问卷调研数据整理

4. 非洲猪瘟认知特征

为了充分了解养殖场（户）对非洲猪瘟疫病的了解程度，问卷以非洲猪瘟的疫病发病机理、传播途径、表现症状、疫情防控、处置措施五方面为切入点，调研养殖场（户）对非洲猪瘟的认知程度（如表7-11所示）。样本数据结果显示，养殖场（户）对非洲猪瘟疫病的五方面一般了解的样本数量最多，大概占样本总量的三分之二以上；非常了解、了解较多的样本数量大约占样本总量的四分之一；对非洲猪瘟各方面了解较少的样本数量占比较少，在 5.67% ~ 12.06% 之间；非常不了解的样本仅为个位数。这说明绝大部分养殖场（户）对非洲猪瘟的各方面知识都进行了简单的学习，在非洲猪瘟疫情防控上有一定基础。在疫病发病机理、传播途径、表现症状、疫情防控、处置措施五方面中，养殖场（户）对传播途径认知程度较高，疫病发病机理认知程度偏低，说明在非洲猪瘟疫病知识学习中，传播途径的内容通俗易懂，更容易被养殖场（户）接受。

表 7-11 养殖场（户）对非洲猪瘟的认知

统计指标	非常不了解比例（%）	了解较少比例（%）	一般了解比例（%）	了解较多比例（%）	非常了解比例（%）
发病机理认知	2.13	12.06	48.94	19.15	17.73
传播途径认知	1.42	9.22	35.46	23.40	30.50
表现症状认知	2.13	9.22	44.68	26.95	17.02
疫情防控认知	0.00	5.67	40.43	26.95	26.95
处置措施认知	0.71	6.38	42.55	25.53	24.82

数据来源：问卷调研数据整理

非洲猪瘟是烈性传染病，目前没有疫苗可用、没有特效药可治，但可通过猪场的生物安全防控做到提前预防。问卷结果显示，在非洲猪瘟疫情发生后，95.04% 的生猪养殖场（户）表示增加了对猪场的生物安全投入；没有增加生物安全投入的猪场仅占样本总量的 4.96%。样本数据表明，非洲猪瘟疫情发生后，养殖场（户）的生物安全意识、风险防范意识明显增强。（表 7-12）

表 7-12 非瘟疫情后是否增加生物安全投入

统计指标	人数（人）	所占比例（%）
是	402	95.04
否	21	4.96

数据来源：问卷调研数据整理

（二）生猪养殖主体生猪保险购买意愿特征分析

1. 政策性生猪保险购买意愿强

政策性生猪保险因推出早、宣传广，得到养殖场（户）的青睐。在此次调研中，购买能繁母猪保险的养殖场（户）占87.93%，93.1%的养殖场（户）购买了育肥猪保险，而购买价格指数保险及仔猪保险的养殖场（户）仅占6.03%和4.89%，与政策性保险购买人数相比存在差距（图7-4）。政策性生猪保险在河北省开展时间较长，其政策法规、保险条款及相关服务较为完善，且政策性保险因政府补贴支持，保险公司承保积极性大，市场供给量充足。在政策性生猪保险被广泛认可的同时，我们也可看出商业性生猪保险在未来存在较大的上升空间。

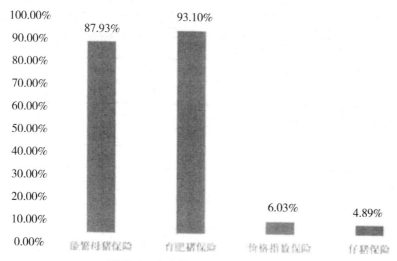

图7-4　生猪养殖主体生猪保险购买情况

数据来源：问卷调研数据整理

2. 对保险公司服务质量要求高

问卷中"不购买生猪保险的原因"一题的统计结果显示，因"投保程序太复杂""业务人员不专业、服务态度不好"而选择不投保的养殖场（户）占40%，养殖主体对保险公司相关服务的要求高。河北省生猪养殖主体文化程度集中在高中水平，其对保险公司的诉求不仅是开发新产品、提升保险赔款额度，更希望保险公司在理赔时能够简化流程。复杂的理赔流程使养殖场（户）在保险事故发生后容易慌乱，不知如何处理。尤其在非洲猪瘟疫情常态化的背景下，高效的理赔流程，能很好地阻止疫情的进一步扩散。而保险公司业务人员的专业素养、服务态度，直接影响到养殖场（户）的投保情绪，进而对生猪保险投保率的提升造成影响。

3. 受疫情发展形势影响占比多

为了解养殖主体对今后非洲猪瘟疫情发展的态度，问卷设置"非洲猪瘟疫情发展判断及生猪保险购买意愿"一题。统计结果显示，72.34%的养殖主体认为非洲猪瘟疫情在未来会长期存在，有必要购买保险；18.44%的样本认为疫情在2~5年内会存在，可以购买保险；认为疫情在1~2年会得到控制，无须购买保险的仅占9.22%（表7-13）。养殖主体认为非洲猪瘟疫情持续的时间越久，对生猪养殖造成的威胁越大。养殖场（户）承担的风险越高，其购买生猪保险的意愿越强。

表7-13 疫情发展形势判断及生猪保险购买意愿

统计指标	人数（人）	所占比例（%）
在1~2年会得到控制，无须购买保险	39	9.22
在2~5年内会存在，可以购买保险	78	18.44
在未来会长期存在，有必要购买保险	306	72.34

数据来源：问卷调研数据整理。

4. 养殖规模对购买意愿影响大

在问卷"不购买生猪保险的原因"一题中，因"养殖规模小，不合算"而选择不投保的生猪养殖主体占40%，其中散户占63.6%，小规模养殖户占36.4%（如图7-5所示）；而在"购买生猪保险的原因"一题中为"增加养殖投入、扩大养殖规模"而选择投保的生猪养殖主体占49.14%，可见猪场养殖规模对生猪养殖主体购买生猪保险有较大影响。中、大型养殖场，其生猪存栏量多，为规模化、集约化养殖，经营者风险防范意识会随之增强，且中、大型养殖场的经营者受教育程度相对较高，主动学习能力强，对生猪保险发挥的风险保障作用更加了解。对于规模较小的养殖户，尤其是散户而言，因受传统养殖观念影响，风险防范意识较为薄弱，之所以认为购买保险不合算，是对生猪保险发挥的保障作用认知存在偏差。针对此，应增强宣传，提高其对生猪保险的了解程度。散户生猪保险购买意愿的增强，对促进河北省生猪保险覆盖率的提升有重要作用。

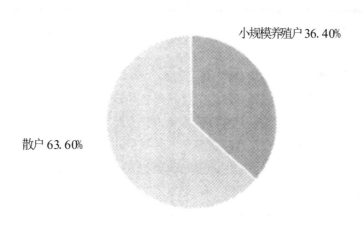

图 7-5　规模养殖小不购买生猪保险的样本的规模占比情况

数据来源：问卷调研数据整理

（三）相关假设

本章节以有限理性理论、需求理论为支撑，借鉴国内外相关研究成果，对非洲猪瘟疫情发生后，河北省生猪养殖主体生猪保险购买意愿的影响因素进行实证分析，主要从以下四方面着手：猪场经营者特征、猪场经营特征、生猪保险认知特征、非洲猪瘟认知特征，并提出以下理论假设。

1. 猪场经营者特征

猪场经营者特征包括年龄、受教育程度、其他保险购买经历三个因素。养殖场（户）随着年龄的增长，其生猪养殖经验不断积累，会在预防生猪养殖风险上形成自己独到的见解，不愿过多投入在生猪保险上；年龄较低的养殖场（户）思想观念较开放，在疫情风险方面的经验认知不足，可能通过不购买生猪保险来降低养殖投入。因此，年龄对生猪保险购买意愿的影响难以确定。受教育程度越高的养殖场（户），对国家出台的生猪养殖相关政策就越敏感、把握越精准。信息收集渠道的丰富，使文化水平较高的养殖场（户），对生猪养殖中的风险认知更透彻，对风险规避手段的认可程度高。对于一些风险意识强的养殖场（户），购买其他保险（如车险、财险等）是一件很普遍的事情。对此类养殖场（户）而言，他们有多次投保经验，体验过保险带来的切实保障，但有可能在之前的购买经历中产生不愉快的体验，所以其他保险购买经历购买意愿的影响难以确定。基于此，提出以下假设：

H1：养殖场（户）年龄对其购买生猪保险有影响，但方向有待确定；

H2：养殖场（户）受教育程度与其购买生猪保险呈正向相关；

H3：养殖场（户）的其他保险购买经历对其购买生猪保险有影响，但方向有待确定。

2. 猪场经营特征

猪场经营特征包括生猪养殖年限、猪场养殖规模、养殖收入占家庭收入比重和资金情况四个因素。随着生猪养殖场（户）在从事生猪养殖行业年限的增长，无论年龄大小，他们的养殖经验都在不断累积和增加，相较初次接触此行业的人，养殖年限越长，对于生猪养殖灾前预防、灾后补救的措施流程更加熟悉，也更加重视养殖场的风险管理。养殖规模决定了养殖场（户）的成本投入，养殖规模越大，养殖场（户）资产投入越多，养殖实力越强，随着猪场生产效益的提高，突发疫情的灾后受损风险更大，对风险规避工具的需求程度越高。养殖场（户）的家庭收入中生猪养殖收入所占比重越大，养殖场（户）对生猪养殖产生的依赖性越强，越愿意购买生猪保险来获得保障。而收入占比越大，生猪养殖占用其资金就会越多，受资金因素制约，养殖场（户）购买生猪保险的可能性会降低。因此，养殖收入占家庭收入比重对生猪保险购买意愿的影响难以确定。资金的多少取决于多个层面，可分为固定资产和银行贷款，其中固定资产较多的养殖场（户）有更多的生产投入，这类养殖场（户）出于对固定资产的保护，可能会通过购买生猪保险来减轻自己的负担。但进行银行贷款的养殖场（户）可能因为扩大了养殖场的规模，负债压力比较大，会放弃购买生猪保险。基于此，提出以下假设：

H4：养殖场（户）生猪养殖年限与其购买生猪保险呈正向相关；

H5：养殖场（户）猪场养殖规模与其购买生猪保险呈正向相关；

H6：养殖场（户）养殖收入占家庭收入比重对其购买生猪保险有影响，但方向有待确定；

H7：养殖场（户）资金情况对其购买生猪保险有影响，但方向有待确定。

3. 生猪保险认知特征

生猪保险认知特征包括生猪保险了解程度、投保程序满意程度、保费满意程度、理赔程序满意程度四个因素。生猪养殖场（户）越了解生猪保险，对生猪保险的接受度越高，其对生猪保险的购买意愿就越强。对养殖场（户）来说，投保程序满意程度、保费满意程度、理赔程序满意程度越高，其在购买生猪保险时的体验越好，对后续购买生猪保险越有积极影响。基于此，提出以下假设：

H8：养殖场（户）对生猪保险的了解程度与其购买生猪保险呈正向相关；

H9：养殖场（户）对投保程序的满意程度与其购买生猪保险呈正向相关；

H10：养殖场（户）对保费的满意程度与其购买生猪保险呈正向相关；

H11：养殖场（户）对理赔程序的满意程度与其购买生猪保险呈正向相关。

4. 非洲猪瘟认知特征

非洲猪瘟认知特征包括发病机理认知、传播途径认知、表现症状认知、疫情防控认知、处置措施认知五个因素。从理论上说，养殖场（户）对非洲猪瘟疫情各方面认知程度深，证明其对非洲猪瘟疫情一直有较多关注。本文将非洲猪瘟的整个致病流程——从非洲猪瘟病毒致病原理到猪只感染后的疫情处置——分为五个关键点，分别为发病机理、传播途径、表现症状、疫情防控、处置措施。这五个关键点包含了对非洲猪瘟认知的所有内容。为防止突发疫情，风险感知能力较强的养殖场（户）会积极增加保险投入来规避养殖风险。基于此，提出以下假设：

H12：养殖场（户）的非洲猪瘟发病机理认知与其购买生猪保险呈正向相关；

H13：养殖场（户）的非洲猪瘟传播途径认知与其购买生猪保险呈正向相关；

H14：养殖场（户）的非洲猪瘟表现症状认知与其购买生猪保险呈正向相关；

H15：养殖场（户）的非洲猪瘟疫情防控认知与其购买生猪保险呈正向相关；

H16：养殖场（户）的非洲猪瘟处置措施认知与其购买生猪保险呈正向相关。

综合研究假设1—10，得出本文理论模型框架图，如图7-6所示。

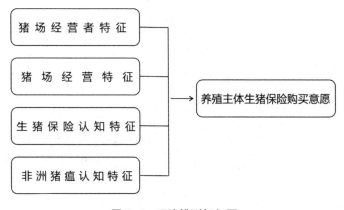

图7-6　理论模型框架图

（四）模型构建及变量选取

1. 模型构建

通过整理调研结果可知，养殖场（户）购买生猪保险意愿受到经营者特征、经营特征等因素的综合影响。而养殖场（户）是否购买生猪保险的决策行为是本研究的因变量，答案只有"是"和"否"两种选择，属于典型的二元离散变量，应选择可以分析离散变量的Probit模型或Logit模型。Logit模型是目前应用最普遍的离散选择模型，因其求解速度快，应用便利，不会因为某个自变量的增加而影响其他自变量被选择的概率。因此，本文选用以分析因果关系为出发点的Logit模型进行回归分析。模型中因变量只有两种选择，一事件发生与否分别用1或0表示。在本文中，养殖场（户）购买生猪保险用1表示，养殖场（户）没有购买生猪保险用0表示。Logit模型的基本表达如下：

$$Logit\ (p) = \ln\left(\frac{p}{1-p}\right) = b_1 + b_{11}x_1 + b_{12}x_2 + \ldots + b_{1n}x_{n+\beta}$$

2. 变量选取

本文中的因变量为"是否购买生猪保险"，自变量即为影响养殖场（户）购买生猪保险的各因素。自变量分为四类，分别为：一猪场经营者特征因素，包括年龄（X1）、受教育程度（X2）、其他保险购买经历（X3）；二猪场经营特征因素，包括生猪养殖年限（X4）、猪场养殖规模（X5）、养殖收入占家庭收入比重（X6）、养殖场目前资金情况（X7）；三生猪保险认知特征因素，包括生猪保险了解程度（X8）、投保程序满意程度（X9）、保费满意程度（X10）、理赔程序满意程度（X11）；四非洲猪瘟认知特征，发病机理认知（X12）、传播途径认知（X13）、表现症状认知（X14）、疫情防控认知（X15）、处置措施认知（X16）。自变量的具体赋值情况如表7-14所示。

表7-14 模型中的变量选取及解释

分类	变量名称	变量赋值	均值	标准差	最小值	最大值
	是否购买生猪保险	是=1，否=0	0.823	0.382	0	1
个体特征	年龄	18~30=1，31~40=2，41~50=3，51~60=4，60以上=5	3.023	0.865	1	5
	教育程度	小学=1，中学=2，高中=3，大专=4，本科及以上=5	2.603	0.912	1	5
	其他保险购买经历	是=1，否=2	1.113	0.318	1	3

续表

分类	变量名称	变量赋值	均值	标准差	最小值	最大值
经营特征	养殖年限	3 年以下 = 1，3～10 年 = 2，10 年以上 = 3	2.376	0.603	1	3
	养殖规模	100 头以下 = 1，100～500 头 = 2，501～2000 头 = 3，2000 头以上 = 4	2.381	0.823	1	4
	收入占比	30% 以下 = 1，30%～50% = 2，51%～80% = 3，80% 以上 = 4	3.506	0.794	1	4
	资金情况	资金紧张 = 1，资金一般 = 2，资金充裕 = 3	1.615	0.572	1	3
保险认知及满意度	了解程度	一点不了解 = 1，不太了解 = 2，一般 = 3，比较了解 = 4，非常了解 = 5	3.511	0.897	1	5
	投保程序	不满意 = 1，比较不满意 = 2，一般 = 3，比较满意 = 4，非常满意 = 5	3.603	0.859	1	5
	保费	不满意 = 1，比较不满意 = 2，一般 = 3，比较满意 = 4，非常满意 = 5	4.475	0.823	1	5
	理赔程序	不满意 = 1，比较不满意 = 2，一般 = 3，比较满意 = 4，非常满意 = 5	3.397	0.953	1	5
非洲猪瘟认知	发病机理	不了解 = 1，不太了解 = 2，一般 = 3，比较了解 = 4，非常了解 = 5	3.383	0.981	1	5
	传播途径	不了解 = 1，不太了解 = 2，一般 = 3，比较了解 = 4，非常了解 = 5	3.723	1.040	1	5
	表现症状	不了解 = 1，不太了解 = 2，一般 = 3，比较了解 = 4，非常了解 = 5	3.475	0.951	1	5
	疫情防控	不了解 = 1，不太了解 = 2，一般 = 3，比较了解 = 4，非常了解 = 5	3.751	0.917	1	5
	处置措施	不了解 = 1，不太了解 = 2，一般 = 3，比较了解 = 4，非常了解 = 5	3.673	0.943	1	5

（五）结果分析

1. 共线性检验

表 7-15 模型变量方差膨胀因子检验

变量名称	VIF	1/VIF	变量名称	VIF	1/VIF
年龄段	1.080	0.926	受教育程度	1.190	0.843
其他保险购买经历	1.150	0.870	生猪养殖年限	1.060	0.946
猪场养殖规模	1.190	0.843	养殖收入占家庭收入比重	1.120	0.891
资金情况	1.050	0.952	生猪保险了解程度	1.230	0.812
投保程序满意程度	2.650	0.377	保费满意程度	1.170	0.853
理赔程序满意程度	2.500	0.400	发病机理认知	3.320	0.301
传播途径认知	3.020	0.331	表现症状认知	2.850	0.351
疫情防控认识	3.790	0.264	处置措施认知	3.160	0.316

因模型所用数据为截面数据，在模型回归之前，需要对拟选择变量进行多重共线性检验。本文运用 StataMP 16 计量工具进行检验，结果如表 7-15 所示，容差取值均在 0.1 以上，VIF<10，可知所选取变量不存在多重共线性。

2. 基准回归结果分析

表 7-16 模型回归结果显示，模型整体拟合度较好。LRchi2（16）= 158.34，Prob>chi2＝0.000，说明模型显著有效。

表 7-16 模型回归结果

变量名称	系数	标准误
年龄	-0.065	0.745
受教育程度	0.298	0.135
其他保险购买经历	1.347 * * *	0.002
生猪养殖年限	1.142 * * *	0.000
猪场养殖规模	0.045	0.841
养殖收入占家庭收入比重	0.534 * * *	0.036
资金情况	-0.395	0.191
生猪保险了解程度	1.375 * * *	0.000
投保程序满意程度	0.389	0.295
保费满意程度	0.814 * * *	0.000

变量名称	系数	标准误
理赔程序满意程度	0.557 *	0.087
发病机理认知	0.910 * * *	0.007
传播途径认知	1.351 * * *	0.000
表现症状认知	0.196	0.540
防疫认识	0.863 * * *	0.017
处置措施认知	0.301	0.344

注：＊表示估计系数显著性水平为10%，＊＊表示估计系数显著性水平为5%；＊＊＊表示估计系数显著性水平为1%。

模型回归结果显示：后非洲猪瘟时代下生猪养殖场（户）的生猪保险购买意愿会受其他保险购买经历、生猪养殖年限、养殖收入占家庭收入比重、生猪保险了解程度、保费满意程度、理赔程序满意程度、发病机理认知、传播途径认知、疫情防控认知因素的影响。

（1）猪场经营者特征的影响

年龄对生猪保险购买意愿影响不显著且系数为负，表明养殖场（户）年龄越小，其购买生猪保险的意愿就越大。年轻的养殖场（户）其思想开放，精力充沛，接受新鲜事物及信息搜集能力较强。且年轻人的消费观念及消费水平相对于中青年人来说比较超前，这也是年轻人生猪保险购买力较强的原因。

受教育程度对生猪保险购买意愿影响不显著，系数为正，说明养殖场（户）的受教育程度越高，其自身综合素质越强，越能够对生猪保险政策有较好的解读，越愿意购买生猪保险。

其他保险购买经历对生猪保险购买意愿影响显著，系数为正，说明有其他保险购买经历的养殖场（户），对生猪保险传达的理念更能接受，懂得生猪保险的风险保障作用可以为生猪养殖提供相应的实惠，进而投保积极性更高。在保险观念普及的社会环境下，保险成为一种规避风险、理财投资的新方式，这在一定程度上为生猪保险的发展扫除了观念障碍，有利于生猪保险业务的开展。

（2）猪场经营特征的影响

生猪养殖年限对生猪保险购买意愿影响显著，系数为正，与原假设方向一致。随着生猪养殖场（户）从事养殖行业年限的增加，他们的养殖经验在不断累积，相对于初次接触此行业的从业者，其对生猪养殖的灾前预防措施和灾后补救措施更加熟悉，更了解生猪保险在生猪养殖过程中发挥的作用。

　　猪场养殖规模对生猪保险购买意愿影响不显著，系数为正。养殖的猪只越多，养殖规模越大，一旦发生疫情，其损失较中小规模养殖场及散户就越多，因此更需要购买保险来分摊风险、适当弥补损失。

　　养殖收入占家庭收入比重对生猪保险购买意愿影响显著，系数为正，表明家庭收入中生猪养殖收入的占比越大，养殖场（户）的生猪保险参保意愿越高。生猪养殖收入占总收入比重的上升，意味着养殖场（户）养殖专业化程度提高，生猪养殖在家庭生产中的地位变得更加关键，对稳定家庭收入的作用变得更大。随着生猪养殖收入的增加，养殖场（户）对生猪保险的购买意愿会增强。

　　资金情况对生猪保险购买意愿影响没有通过检验，且系数为负，表明养殖场（户）资金紧张时，其购买生猪保险的意愿越大。可能由于资金紧张时，养殖场（户）想通过购买生猪保险，避免自己遭受风险后资金进一步流失。

　　（3）生猪保险认知及满意度的影响

　　生猪保险了解程度对生猪保险购买意愿影响显著，方向为正，与原假设方向一致。养殖场（户）对生猪保险越了解，就越理解生猪保险在风险防范及复工复产时发挥的重要作用。而且购买生猪保险的养殖场，在银行贷款等资金渠道上都会有相应的优惠，相关政策会促使养殖场（户）购买生猪保险。

　　投保程序满意程度对生猪保险购买意愿影响不显著，系数为正。对文化水平不高的养殖场（户）来说，投保程序越简单、越容易操作，其满意度越高，越愿意购买生猪保险。

　　保费满意程度对生猪保险购买意愿影响显著，方向为正，与原假设方向一致。结果表明，保费是影响养殖场（户）购买生猪保险的重要变量，其制度与方式的完善对提高生猪保险投保率有直接推动作用。

　　理赔程序满意程度对生猪保险购买意愿影响显著，方向为正，与原假设方向一致。发生保险事故后，保险公司开始理赔。养殖场（户）获得保险赔偿是购买生猪保险产品最重要的服务步骤，理赔程序的满意程度和养殖场（户）是否继续购买生猪保险有直接关系。理赔程序满意程度的显著影响说明在后非洲猪瘟时代下，保险理赔对生猪养猪场（户）显得尤为重要。理赔服务质量的提升，将对生猪保险购买意愿提升有积极作用。

　　（4）非洲猪瘟认知下生猪保险购买意愿

　　发病机理认知对生猪保险购买意愿影响显著，系数为正，与原假设方向一致。对发病机理了解越多，其购买生猪保险的意愿越大。养殖场（户）通过对非洲猪瘟发病机理进行学习，知道非洲猪瘟病毒的特殊性、复杂性及猪只感染后极高的致病率和死亡率，其购买意愿会随之增加。

传播途径认知对生猪保险购买意愿有显著正向影响，与原假设方向一致。对传播途径认知越深，购买生猪保险的意愿越大。传播途径较发病机理来说更直白，更通俗易懂，对于文化水平偏低的养殖场（户）来说更易接受。

表现症状认知对生猪保险购买意愿影响不显著，系数为正。对猪只感染后表现症状越了解，其购买生猪保险的意愿就越大。之所以影响不显著，是因为病毒对猪只内脏损害极大，需解剖后才能看出，而养殖场（户）本身不具备专业知识和能力，只能通过照片对表现症状进行了解，且猪只感染非洲猪瘟后其初期表现症状和流行性猪流感十分相似，饲养人员难以区分。

疫情防控认知对生猪保险购买意愿呈显著正向影响，与原假设方向一致；对疫情防控了解得越多，购买生猪保险的意愿越大。疫情防控在非洲猪瘟疫情发生前就被各大养殖场（户）、政府部门所熟知，作为唯一且行之有效的预防手段，非洲猪瘟发生后被广泛学习及应用。

处置措施认知对生猪保险购买意愿影响不显著，系数为正。对疫情处置措施认知越多，购买生猪保险的意愿越大。之所以影响不显著，是因为养殖场如果发生非洲猪瘟疫情，会及时上报当地畜牧兽医部门及所投保的保险公司。由于非洲猪瘟疫病的特殊性，病死猪只会交由专业扑杀人员直接进行处理。且此次调研限于河北省省内样本，自非洲猪瘟疫情暴发后，河北省仅发生一起疫情，养殖场（户）对处置措施并不熟悉。

四、促进河北省生猪产业保险发展的对策建议

（一）加大宣传力度，提高生猪保险了解度

政府的宣传具有权威性，养殖场（户）的接受度普遍较高。因此，政府应重视本身影响力，加大力度对生猪保险进行宣传，使养殖场（户）加深对生猪保险了解的同时，也一定程度上帮助保险公司业务的开展。政府可通过定期开展专家讲座、印发宣传手册等线下方式进行宣传，也要积极借助电视、电台等线上方式。现今互联网技术飞速发展，智能手机的普及率明显提高，大家对手机的依赖性也越来越强，我们应充分利用互联网带来的便利，借助如微信公众号、短视频 APP 等各种平台，加快宣传速度，丰富宣传形式。尤其是在非洲猪瘟等传染性较高的疫病流行期间，通过线上平台进行宣传培训，能够降低因人员进出带来的疫病传播。因养殖场（户）的文化水平普遍不高，培训时使用语言应通俗易懂，少说空话、套话；内容合理，使养殖场（户）充分了解自己参保后可以享受到的权益，明白生猪保险赔付的流程与手续，打消对生猪保险的疑虑。时时普及保险知识，提高养殖场（户）的投保积极性，为政策性生猪保

险的发展打造良好的基础。

（二）完善保费补贴，有效带动投保率提升

河北省应对生猪保险保费补贴政策予以重视，完善保费补贴体系。在制定保费补贴比例时，应考虑到养殖规模差异、地区差异、费率差异等因素，不能只是根据保险险种的不同，对补贴比例实行"一刀切"。在保费补贴的方式上，可学习其他省份的补贴形式，如保费补贴、管理费补贴、再保险支持、教育培训补助和产品创新补助等。多种方式的保费补贴，可以使养殖场（户）全方位、多角度地感受到政府的政策扶持，提高投保积极性。生猪保险保费补贴制度的完善，不仅可以提升养殖场（户）的投保率，还可以增加保险公司经济收入，为保险公司发展提供动力，使生猪保险的保障功能得到充分发挥。

（三）增强风险意识，主动学习相关知识

在后非洲猪瘟时代背景下，生猪保险作为一种风险管理的有效机制，具有很强的专业性和知识性。河北省生猪养殖主体的受教育水平普遍集中在初高中，文化水平偏低，接受新鲜事物反应较迟缓；且猪场选址一般在远离城镇的农村，生猪保险的传播环境较差；人们对生猪保险了解并不深入，保险公司进行线下宣传时有些养殖场（户）会有反感的表现。因此，应通过多种渠道对生猪保险政策及生猪养殖过程中各环节存在的风险进行讲解，提高生猪养殖主体的风险意识，激发其对生猪保险的需求，使抵御突发疫病的能力变强。养殖场（户）也要注重对猪场生物安全防控技术相关知识的学习。现在政府与高校展开合作，定期在各地举办养殖技术培训活动，养殖场（户）应充分把握机会，通过在现场与专家学者面对面交流，更直接地对相关知识及自身问题进行了解。养殖场（户）也可以通过政府权威网站、微信公众号、视频平台等进行线上学习，实时更新防控知识，促进自身养殖水平的提升，才能及时应对养殖过程中出现的挑战，减少养殖过程中非洲猪瘟带来的风险。

（四）坚持试点先行，因地制宜开展非瘟保险

保险赔偿范围中虽然加入了非洲猪瘟疫病，但应创新开发非洲猪瘟保险险种，丰富相关产品供给。在后非洲猪瘟时代背景下，非洲猪瘟保险产品在增强养殖场（户）风险抵御能力、加快生猪产业产能恢复、促进生猪产业持续健康发展等方面可以提供强有力的保障。但因生猪保险的特殊性，保险公司在推广和经营新险种时有一定难度，同时因河北省各地区生猪养殖规模程度存在差异，区域间经济发展水平差距大，政府财政水平、补贴力度也不尽相同，所以在非洲猪瘟保险产品的保单设计上，要坚持因地制宜的"本土化"原则，在实际操作中应采用"试点先行，循序渐进"的原则，优先挑选生猪养殖专业化程度较

高、经济基础条件较好、政府财政能力较强的地区开展。实施过程中要遵循客观事实和规律，与当地生猪养殖情况相结合；产品设计应具有规范性和科学性，便于养殖场（户）理解和接受。考虑到每个承保地区情况不同，当新险种在试点地区示范效果逐渐明显时，再根据各地区实际情况开展工作。保险公司要根据不同城市生猪养殖的风险水平，并结合当地的经济发展情况，推出适合当地的保险模式或险种。因地制宜地进行产品开发，不仅能够紧贴当地生猪养殖发展实际情况，匹配当地生猪保险发展形势，还可以进一步激发养殖户对生猪保险的购买欲望，有效控制保单实施过程中逆向选择和道德风险问题的发生，让生猪保险在发挥经济补偿作用的同时，其社会管理功能也得到发挥。

（五）加快技术进步，提升服务质量

利用电子耳标、移动端 APP 等，增加生猪保险理赔的科技支撑，减轻业务员的工作强度，降低工作难度，不断完善保险服务质量。依托互联网新技术，建立防控信息共享平台，大大缩短赔款时间。生猪保险理赔对工作人员的业务素质要求较高，既要熟悉保险条款内容，具有良好的沟通交流能力，又要懂得相关疫病知识，对病死猪情况进行基本判断。现实中专业性较强的保险从业人员较少，保险公司可以通过与高校进行合作教学的形式，注重培养相关技术人才，并提高工资待遇，吸引人才到相应岗位就业，也可从基层挑选文化素养较高、有生猪养殖经验的农民合作，对其进行保险专业培训，让其负责基层保费收取、理赔、宣传等工作，扩大基层保险人才队伍。在保单具体实施前，保险公司应对保险条款进行详细说明，明确双方主体的权利和义务；实施过程中，要提供相应的科技延伸服务；当被保人报案时应及时进行勘察，对理赔手续进行简化，提升保险理赔速度，为保险公司树立良好形象，推动生猪保险工作的稳步进行。

第八章

河北省生猪产业协作发展的数据库建设研究

一、生猪产业协作发展数据平台建设

现代化生猪产业协作发展对保障猪肉产品供给和稳定产品价格、促进产业经济发展、推动生猪产业供给侧结构性改革等具有重要作用,在协调城乡发展和社会保障等方面也具有显著的积极作用。社会经济的发展对生猪产业提出了现实需求:消费者有对生鲜猪肉产品供给数量和质量保障的需求;生猪养殖主体有提高生产效率、创新销售途径、增加生产利润的需求;政府有加大行政监管力度、提高行政服务质量、促进产业经济稳定增长的需求。如何进一步创新推动生猪产业协作发展则成为一个重要的现实问题,中央及河北省关于推进现代化农业发展的多个文件都明确指出要加快推进"互联网+"技术在现代农业生产中的应用。"互联网+"与现代农业生产发展的结合机制除了需要构建线上信息平台,还需要匹配相应的线下实体运行体系,实现线上平台与线下体系的有机结合,才能更好地发展现代化农业。河北省生猪产业协作发展要形成"科技高端、标准高端、品质高端、品牌高端"的新格局,对标高质量产业协作发展水平,实现"弯道超车",不能完全依靠市场机制推动,更需要利用行政机制。政府应主导构建多方主体共同协作参与的体系,将相关行政管理部门、生猪养殖场、科研单位、上游饲料等投入品生产商、下游屠宰厂等主体纳入该体系,通过实体运行机制整合资源,协调行为,形成产业协作发展合力。

基于此,河北省生猪产业协作发展的创新思路之一,就是以生猪养殖场为中心,通过构建线上、线下有机结合的机制:在技术维度上与农业科研单位联结,形成科研支持链;在生产维度上与上游饲料等养殖投入品生产商和下游屠宰加工厂等联结,形成交易物流链;在管理维度上以农业农村局为主导,形成行政服务链。最终,三个维度有机结合,形成"三链六线"的发展模式。

(一)构建"互联网+"物流营销体系—交易物流链

首先,构建河北省生猪产业产品交易线上平台,推进生猪产品交易网络化和电子商务发展，积极引导各类经营主体参与"互联网+订制畜牧业"的网销模式。线上交易平台包括产业链中各生产者和养殖场的虚拟店铺与虚拟货架、线上订单与支付、物流信息定位与查询、线上监督与投诉等模块和功能，实现生猪产业链上、中、下游各生产主体的线上对接，通过提高市场交易信息透明度和交易效率来降低交易成本、会计成本和市场风险。其次，构建生猪产业线下物流运输网络，建立城乡局域仓储物流配送体系，实现产品物流配送专业化、运输过程冷链化、配送供应快速化、供应链条缩短化。

（二）构建"产、学、研"实践融合体系—科研支持链

实践证明，在生猪养殖过程中，农业类高校、科研院所等单位在生产规划、技术推广与培训、良种选育、疫病防控、经营管理等各方面均发挥了重要作用，极大地提高了生产效率，降低了生产成本与风险。科研单位在与养殖场的合作中取得了双赢的效果：对于养殖场而言，这是一种高性价比的科技红利；科研单位也可以在一线生产中开展科研实践，以获取丰富的信息和经验。因此，建议通过构建科研服务体系链来深化这种合作。首先，研发覆盖全省范围的生猪养殖技术与信息服务线上平台，平台具有生产信息记录与产量统计、生产技术咨询与指导、市场价格信息公布与预测、生产经验交流讨论、视频公开课与群会议等功能。在全省范围内推广该平台，尽可能多地纳入养殖主体和科研工作者，在平台上实现生产者与科研者以及生产者内部、科研者内部之间的多线交流互动，为生猪养殖业参与者之间的信息交流、经验分享、技术指导、市场分析、防病预警等提供更高效、便捷、可靠的服务。其次，以河北农业大学等农业类高校、科研院所、河北省现代农业体系等单位或组织的科研人员为主体，组建生猪养殖技术服务团队。由农业农村厅牵头搭台，技术服务团队以"地理位置就近、业务需求对接"的原则和生猪养殖场相互选择，确保有需要的养殖场能与技术服务团队对接，形成稳定的线下志愿技术服务体系。

（三）构建"一盘棋"多行政管理部门参与体系—行政服务链

首先，研发河北省生猪产业行政管理与服务线上平台。平台具有相关政策法规发布、移动快速执法、动物卫生监督快速反应指挥、生产疫情与灾情预警、生产资料和产品价格信息监测、产品质量安全追溯、动物检疫电子出证、农业生产投入品（农药、兽药、饲料等）销售监督、金融贷款服务申请、生猪保险产品购买、生产行政审批、行业生产统计等功能，实现对河北省生猪产业生产的线上可视化管理与服务，降低行政管理成本，提高行政服务效率。其次，构建实体化的多部门参与的行政管理与服务体系，将农业主管部门、财政主管部门、市场监管部门、金融机构、科研单位、各级政府等单位负责人纳入该体系。

健全工作机制，加强组织领导，统筹协调各职能部门，树立推动河北省生猪养殖业发展的"一盘棋"协作思想，形成工作合力，确保工作顺利推进。此外，健全行政管理监督和市场监管机制，充分发挥政务督察、行政监察和舆论监督"三位一体"的联合督察作用，对行政管理行为、生产作业流程、生态环境保护等进行多方位、全方面的严格监督。

（四）"三链六线"模式推动生猪产业协作发展

首先，研发将生猪产业产品交易线上平台、技术与信息服务线上平台、行政管理与服务线上平台融为"一体三板块"的互联网应用程序，如手机客户端等，使生猪产业各生产主体、科研工作者、政府行政管理人员等可以根据不同权限与需求进行"一站式"操作。其次，以生猪养殖场为中心，通过构建线上、线下有机结合的机制，在交易维度上与线下物流运输网络联结形成交易物流链，在技术维度上与技术服务团队联结形成科研支持链，在管理维度上以农业农村厅为主导形成行政服务链，最终三个维度有机结合形成"三链六线"的发展模式，如图8-1所示。在实践中应充分挖掘并发挥该模式的多种作用，如（1）桥梁作用，联结生猪养殖业发展中的养殖场、上游与下游生产主体、科研工作者、行政管理者；（2）平台作用，畅通信息与技术交流，提升生产技术与效率，降低市场交易成本，累积生产经验知识，提高行政管理与服务效能；（3）杠杆作用，以创新型发展体系为"支点"，通过示范影响与政策引导撬开生猪养殖业发展局面；（4）转化作用，通过宣传示范、技术培训、交流互动等方法进一步提高养殖生产中科学技术转化与应用的效率，尽可能解决生猪养殖业发展中技术支持的"最后一公里"问题。

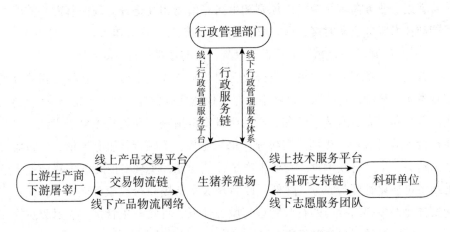

图8-1　生猪产业"三链六线"协作发展模式

最后，在生猪产业协作发展中及时总结、评估、反馈、修正这一模式。若该模式运行效果良好，并能在实践中不断丰富体系、完善机制，一方面可以实现涉及产业协作发展的生产、经营、管理、服务等环节的全覆盖，实现河北省生猪产业协作发展的现实价值；另一方面，可以争取在"互联网+"生猪产业协作发展领域打造河北省"农业硅谷"的技术高地，成为创新产业协作发展的典型示范，实现河北省生猪产业协作发展的经验价值。

二、基于生猪产业协作发展需求的数据库建设

（一）指导思想

以习近平新时代中国特色社会主义思想为指导，全面贯彻党的十九大和十九届二中、三中全会精神，牢固树立新发展理念，落实高质量发展要求，创新高效能发展机制，贯彻落实《河北省人民政府印发关于持续深化"四个农业"促进农业高质量发展行动方案（2021—2025 年）的通知》精神，对标《河北省智慧农业示范建设专项行动计划（2020—2025 年）》《河北省数字经济发展规划（2020—2025 年）》等政策要求。坚持以生猪产业供给侧结构性改革为主线，进一步解放思想、创新理念，突出数字化、网络化、智能化发展方向，大力推动新一代信息技术与生猪产业深度融合。精心组织实施专项行动计划，加快推进生猪产业生产智能化、经营网络化、管理数据化、服务在线化，为构建现代化生猪产业提供持续动力。着力发挥信息技术创新的扩散效应、信息和知识的溢出效应、数字技术释放的普惠效应，充分发挥大数据在生猪产业生产、经营、监管、预警中的优势作用，打破信息壁垒，拟合信息缝隙，以生猪产业大数据库为技术载体，打造信息化时代高标准、高质量、高效能的生猪产业发展体制机制。

（二）建设原则

1. 整体布局，协作共建

增强工作推进的系统性和整体性，强化顶层设计的整体布局，坚持以服务全省生猪产业发展为导向，完善政府引导、市场主导、社会参与的协同推进机制，协调政府、企业、科研单位、社会等各方力量，发挥互联网企业和农业信息化企业的核心带动作用，鼓励农民和新型农业经营主体广泛参与，形成多元主体参与的协作共建格局。整合各级、各类生猪产业数据库，打造"横向到边、纵向到底"的涵盖生猪产业全产业链、各种产业信息及服务各方主体的河北省生猪产业大数据库。

2. 创新发展，服务导向

坚持创新引领，把大数据信息技术创新摆在生猪产业现代化发展的重要位置和信息化发展的核心位置，协同推进原始创新、集成创新和引进消化吸收再创新。把各类主体"用得上、用得起、用得好"作为衡量标准，大胆探索创新应用机制和模式，务求数据库的推广应用取得实效。坚持服务生猪产业生产与发展，紧紧围绕各类主体的期待和需求，瞄准生猪产业发展的薄弱环节和突出制约，把数据库建设与使用贯穿于生猪产业现代化建设的全过程，充分发挥数据库资源在生猪产业转型升级和助推经济繁荣中的作用，加快缩小数字鸿沟，促进产业效益持续增长。

3. 落实责任，强化安全

制定《河北省生猪产业大数据库管理细则》，健全管理体制，完善运行机制，明确权责体系，落实数据库总负责人领导监督与板块分负责人具体负责的工作机制，建立数据保护分类管理和报备制度。在数据库建设、使用、维护中重点强化信息安全保障，打造复杂环境下的网络安全保障体系，建立多层级、全天候、全方位的网络安全保障系统，确保关键信息基础设施和数据安全可控，保护各主体用户数据安全。开展以防范系统性风险为重点的触发式监管机制，强化监管统筹和准入管理，坚决保证不存在系统性信息漏洞。

三、数据库信息采集与板块构成

表 8-1

一级板块	二级板块	三级板块	四级板块	备注
生猪产业生产数据	上游（饲料、兽药等养殖投入品生产）	生产主体	饲料生产主体数量	各县（区）按照生产规模分类统计录入生猪养殖饲料生产主体数量
			兽药生产主体数量	各县（区）按照生产规模分类统计录入生猪养殖兽药生产主体数量
			其他养殖投入品生产主体数量	各县（区）按照生产规模分类统计录入其他生猪养殖投入品生产主体数量
		产量	饲料产量	各县（区）按季度统计录入生猪养殖饲料产量
			兽药产量	各县（区）按季度统计录入生猪养殖兽药产量
			其他养殖投入品产量	各县（区）按季度统计录入其他生猪养殖投入品产量

一级板块	二级板块	三级板块	四级板块	备注
生猪产业生产数据	中游（畜牧养殖生产）	主要产品价格	玉米价格	农业农村厅按月度发布市场玉米饲料平均价格
			豆粕价格	农业农村厅按月度发布市场豆粕饲料平均价格
			小麦价格	农业农村厅按月度发布市场小麦饲料平均价格
			饲料添加剂价格	农业农村厅按月度发布市场饲料添加剂平均价格
		养殖主体	养殖主体数量	各县（区）按照生猪养殖规模统计录入养殖主体数量
		活猪量	生猪年出栏量	各县（区）统计录入年生猪出栏量
			生猪年存栏量	各县（区）统计录入年生猪存栏量
			能繁母猪年存栏量	各县（区）统计录入能繁母猪年存栏量
			种公猪年存栏量	各县（区）统计录入种公猪年存栏量
		畜牧产品产量	猪肉年产量	各县（区）统计录入猪肉年产量
			猪肉外调量	各县（区）统计录入猪肉外调出河北省的数量，从外省调入计为负值
			活猪外调数量	各县（区）统计录入活猪外调出河北省的数量，从外省调入计为负值
		生产成本	物质与服务费用	各县（区）按生猪养殖规模统计录入生猪养殖中的年度物质与服务费用平均值
			人工成本	各县（区）按生猪养殖规模统计录入生猪养殖中的年度平均人工成本，其中主要包括雇工费用和家庭用工成本
			土地成本	各县（区）按生猪养殖规模统计录入生猪养殖中的年度平均土地成本
		生产收益	主产品产值	各县（区）按生猪养殖规模统计录入生猪养殖中的年度主产品平均产值
			副产品产值	各县（区）按生猪养殖规模统计录入生猪养殖中的年度副产品平均产值

续表

一级板块	二级板块	三级板块	四级板块	备注
生猪产业生产数据	中游（畜牧养殖生产）	机械化应用	农机使用数量	各县（区）按生猪养殖规模统计录入生猪养殖中各类农机使用情况
			数字化管理	各县（区）按生猪养殖规模统计录入生猪养殖中数字化智能生产情况
		废弃物	病死畜牧数量	各县（区）按生猪养殖规模统计录入生猪养殖中病死畜牧季度数量
			养殖废弃物数量	各县（区）按养殖生猪规模统计录入生猪养殖中粪便、污水等季度数量
			排泄物资源化利用情况	各县（区）按养殖生猪规模统计录入生猪养殖中排泄物资源化利用情况
	下游（屠宰、加工生产）	生产主体	屠宰厂数量	各县（区）按屠宰规模分类统计录入生猪屠宰厂数量
			加工厂数量	各县（区）按加工规模分类统计录入生猪屠宰厂数量
		产量	屠宰产量	各县（区）统计录入季度生猪屠宰产量
			加工产量	各县（区）统计录入季度猪肉产品加工产量
市场经营销售数据	主体数量		经营主体、交易平台数量	各县（区）统计录入终端猪肉产品年度销售主体、交易平台等（线上、线下分类统计）数量
	销售量		销售量	各县（区）统计录入终端猪肉产品季度销售数量
	销售价格		初级产品价格	各县（区）统计录入白条猪肉周度价格
			终端产品价格	各县（区）统计录入终端猪肉产品周度价格
			仔猪销售价格	各县（区）按 10~14 千克、15~19 千克、20~30 千克仔猪分类统计录入月度平均价格

续表

一级板块	二级板块	三级板块	四级板块	备注
生产资源数据	种质资源	优质种质资源	优质种质资源数量	农业农村厅发布河北省具有的优质生猪种质资源品种、数量
			养殖主体数量	各县（区）统计录入优质生猪种质养殖主体数量、品种、养殖规模
		地方特色种质资源	地方特色种质资源数量	农业农村厅发布河北省具有的地方生猪特色种质资源品种、数量
			养殖主体数量	各县（区）统计录入地方特色生猪种质养殖主体数量、品种、养殖规模
	土地资源		畜牧养殖用地面积	各县（区）按年度统计录入已用于生猪养殖的土地面积
				各县（区）按年度统计录入闲置的可用于生猪养殖的土地面积
			禁养区信息	各县（区）公布生猪限禁养区信息
	优势产区、企业、产品资源		自然优势区位资源信息	农业农村厅公布河北省自然环境适合生猪生产的区位及相关信息
			产业优势区位资源信息	农业农村厅公布河北省产业基础适合生猪生产的区位及相关信息
			龙头企业信息	各县（区）公布生猪生产龙头企业信息
			典型农业园区信息	各县（区）公布已建成的现代化生猪生产园区及相关信息
			"三标一品"信息	农业农村厅统计、公布获得"三标一品"的生猪生产主体及产品信息
	产业政策信息		中央产业政策	农业农村厅公布中央各类生猪产业政策相关信息
			河北省产业政策	农业农村厅公布河北省各类生猪产业政策相关信息
			县（区）产业政策	各县（区）公布本县（区）各类生猪产业政策相关信息

一级板块	二级板块	三级板块	四级板块	备注
生产资源数据	科技支持信息		科研机构、组织	农业农村厅发布各类生猪产业科研机构、组织及主要成员等信息
			产业培训会	生猪产业创新团队发布各类生猪产业培训会等信息
			产业科技项目	农业农村厅、各市农业农村局发布各类生猪产业科技项目等信息
			高端人才信息	农业农村厅录入参与河北省生猪产业发展的两院院士、长江学者等高端人才信息，不对外公布
			生猪产业创新团队工作信息	生猪产业创新团队录入工作任务书、工作计划、工作日志、工作成果、研究结论等信息，不对外公布
	信息交流平台		交流平台	政府工作人员、专家等在该平台交流河北省生猪产业发展相关信息，不对外开放
			政策建言平台	生猪产业创新团队不定期向省主要领导人、农业农村厅呈报生猪产业政策建言
			链接平台	链接农业农村部、养猪数据中心、中国养猪网、中国种猪信息网、爱猪网等网站
			推文平台	农业农村厅不定期发布生猪产业相关权威文章、河北省生猪产业分析报告、预警分析报告等
	合作社信息		合作社数量	各县（区）统计录入本域内生猪产业合作社数量
			合作社规模	各县（区）统计录入本域内各合作社参与的养殖主体数量、生产经营总规模等信息
			保险机构主体数量	各县（区）统计录入生猪生产保险机构主体数量及相关信息
	保险信息		保险险种	各县（区）统计录入生猪生产保险险种类型及相关信息
			保险机构主体数量	各县（区）统计录入生猪生产贷款机构主体数量及相关信息
	贷款信息		贷款类型	各县（区）统计录入生猪生产贷款类型及相关信息

续表

一级板块	二级板块	三级板块	四级板块	备注
监管及预警信息	监管信息	监管主体	生产监管主体	农业农村厅、各市农业农村局发布各级生产监管主体数量、工作机制等信息
			市场监管主体	农业农村厅、各市农业农村局发布各级市场监管主体数量、工作机制等信息
		监管内容	生产监管工作	农业农村厅、各市农业农村局发布生产监管工作内容、监管评价、监管处理等信息
			市场监管工作	农业农村厅、各市农业农村局发布市场监管工作内容、监管评价、监管处理等信息
			社会监督	各生产主体、社会公众上报生猪产业生产、经营中存在的违法情况，上报内容不直接对外发布
	预警信息		生产预警	农业农村厅、生猪产业创新团队按季度预警、发布常规性疫病等生产预警信息；及时发布突发性疫病等生产信息
			市场预警	农业农村厅、生猪产业创新团队按季度预警、发布常规性市场价格波动等生产预警信息；及时发布突发性市场价格波动等生产信息
			预警上报	各生产经营主体上报在生产、经营中发现大规模疫病、市场价格波动等异常情况，上报内容不直接对外发布
项目管理信息	扶贫项目	扶贫项目信息		各县（区）录入生猪产业扶贫项目数量、扶贫资金管理、项目进程评价情况，不对外公布
	产业项目	产业发展项目建设与管理		各县（区）录入生猪产业发展具体项目建设情况，不对外公布
	资金管理	产业补贴资金信息		各县（区）录入生猪产业补贴资金管理与使用情况，不对外公布
		行政资金使用信息		各县（区）录入生猪产业发展的行政资金管理与使用情况，不对外公布
		农业投、融资信息		各县（区）录入生猪产业投、融资信息，不对外公布

一级板块	二级板块	三级板块	四级板块	备注
数据库建设、使用与对话开放	数据库建设	数据库建设及维护信息	数据库建设维护主体、维护日志、安全管控等信息记录，不对外公布
	数据库使用	数据库使用信息	统计汇总数据库访问量、评价、意见反馈等信息，不对外公布
	开放对话板块		各主体用户提交建议、咨询等开放性信息

第九章

京津冀生猪产业协作的销区补偿产区研究

我国既是养猪大国，也是猪肉消费大国，生猪饲养量和猪肉消费量均占世界总量的一半左右。猪肉有效的供给是保障猪肉消费的重要前提，为此国务院办公厅提出"猪肉自给率保持在95%左右"的发展目标。目前，排名前10位省份的生猪出栏量约占全国总量的64%，500个生猪调出大县的生猪出栏量占全国总量的70%以上，因此，稳定生猪主产区产能对保障猪肉有效供给具有重大意义。由于生猪产业对财政贡献较小，再加上生猪养殖对环境污染严重，在环保压力日趋增大的背景下，主产省份的养猪积极性不高。与此同时，作为猪肉主销区的沿海经济发达地区的省份及直辖市已逐步退出生猪养殖主产地区行列。在此背景下，2019年9月，国务院办公厅印发《关于稳定生猪生产促进转型升级的意见》，其中提出要统筹资源环境条件，引导生猪养殖向环境容量大的地区转移，支持大型生猪养殖企业全产业链布局，鼓励生猪销区支持产区发展生猪生产，通过资源环境补偿、跨区合作建立养殖基地等方式，推动销区补偿产区机制的建设。生猪养殖向资源环境承载力强的主产省份集聚，所带来的"正外部经济效益"决定了猪肉销区承担较少的猪肉保障责任，却能享受猪肉供给收益，理应将销区纳入生猪产区补偿体系中，承担补偿责任，扩充资金来源，提高补偿标准。河北省是生猪调出大省，年均调出生猪达630万头，位居全国第三，其中80%左右调往京津地区。基于此，研究京津冀生猪主产区利益补偿机制可以提高生猪产区的养殖积极性，引导生猪优势产能向优势产区集聚，促进生猪增产保供。

一、生猪销区补偿产区的理论基础和政策依据

（一）理论基础

外部性和市场失灵是生猪销区补偿产区的理论基础。依据农业区域理论和产业集聚理论可知，生猪养殖向主产区集聚有利于提高生猪产品质量、养殖效率、疫病防控效率，从而提高我国的猪肉自给率，保障猪肉有效供给。尤其是

对于产量小于销量的猪肉销区，能够获得足够的猪肉，也就是说，非生猪产区实际上获得了"正外部经济效益"。另外，生猪养殖向主产区集聚将给当地带来诸如环境污染治理成本提高、财政收入减少、疫病防控压力增大等一系列问题，假设不考虑猪肉有效供给与国家政策约束，只考虑市场因素，如果生猪主产区过度养殖生猪带来的"负外部经济效益"得不到足够补偿，那么其将不会主动承担额外养殖任务，进而可能导致猪肉产量无法满足国内消费需求，猪肉有效供给政策目标落空，市场出现失灵。经济学中解决外部性导致的市场失灵的基本思路是让外部性内部化，即通过制度设计将行为人经济活动所形成的社会效益或社会成本转化为私人收益或私人成本。实现外部效用内部化的公共政策主要有"征税""补贴"和"依据科斯定理的谈判解决"三种途径。其中"补贴"是纠正"正外部经济效益"的主要方案，其解决思路是，如果从受益人的收益中拿出一部分来补偿行为人的损失，全社会都能受益。鉴于本文要解决的是"生猪养殖向主产区集聚"的"正外部经济效益"问题，因此选择"补贴"作为解决问题的手段。

（二）政策依据

当前中央政府通过省负总责和"菜篮子"市长负责制等行政调控手段给地方政府制定强制性生猪养殖目标来稳定生猪生产、保障市场供应。我国在《国务院办公厅关于稳定生猪生产促进转型升级的意见》《国务院办公厅关于促进畜牧业高质量发展的意见》《非洲猪瘟等重大动物疫病分区防控工作方案（试行）》和"生猪调出大县奖励政策"中明确提出了销区补偿产区措施。这些政策实施以来，在稳定生猪产能、保障猪肉有效供给方面取得了显著成效。现阶段，我国对生猪产区的补贴政策以中央和省级转移支付为主，很有必要以生猪净调运量为标准，建立多元化的生猪产区利益补偿标准，让销区承担更多保障猪肉有效供给的责任。

二、生猪销区补偿产区的可行性分析

建立多元化生猪调出补偿和激励机制，对统筹产销衔接、调动产区生产积极性、稳定生猪产能，以及保障销区猪肉稳定供给具有重要意义。可靠且具有公信力的生猪及产品调运统计数据是核算补偿金额的前提，强有力的组织机构是补偿方案落地执行的保障。

（一）补偿核算数据有支撑

动物检疫相关管理系统为生猪及产品调运统计提供了数据支撑。动物检疫合格证和动物产品检疫合格证是家畜、家禽以及其他肉类产品安全走向市场流转的凭证。随着互联网、区块链技术的广泛应用，从中央到地方已经实现动物检疫电子出证，且系统已实现互联互通，具备查询信息快、动物及产品可全程流向追踪、疫病追溯及责任管理等优势。通过全国动物检疫合格证明管理系统的运行，各省区生猪及产品的调动量已实现动态化电子管理，数据清晰准确，为销区补偿产区的补偿金额核算提供了数据支撑。

（二）补偿政策执行有保障

《非洲猪瘟等重大动物疫病分区防控工作方案（试行）》（以下简称《方案》）的落地和执行为销区补偿产区的执行提供了组织保障。《方案》提出要加强大区内省际生猪产销规划衔接，探索建立销区补偿产区的长效机制。《方案》在规划分区时也充分考虑了产销衔接问题。例如，东部区包括上海、江苏、浙江、安徽、山东、河南等地，其中上海、浙江、江苏属于主销区，安徽、山东、河南属于主产区，为产销衔接提供了有利条件。《方案》设有完善的工作组织机构，农业农村部设立专门办公室负责统筹，五大分区分别设置了分区防控指导组，各大区建立分区防控联席会议制度并由大区内各省级人民政府分管责任人担任成员，完善的组织机构为销区补偿产区政策的执行提供了组织保障。

（三）产区、销区界定有依据

农业农村部出台的《非洲猪瘟等重大动物疫病分区防控工作方案（试行）》成为生猪调运和产销衔接工作的指导方针。另外，生猪主产区应具备四项优势：一是饲料资源有优势，即该地区粮食资源丰富或者饲料工业发达；二是生产基础有优势，即生猪生产水平高、规模大，有比较完善的良种繁育体系，且相对集中；三是市场竞争有优势，即商品率高、外销量大、具有区位优势；四是产品加工有优势，即加工基础较好，有实力较强的龙头企业。依据这些原则，科学规划生猪养殖布局，做好大区内省际产销衔接。例如，北部区包括北京、天津、河北、山西、内蒙古、辽宁、吉林和黑龙江等地，根据上述原则，可将河北、辽宁、吉林和黑龙江作为主产区，北京、天津、山西和内蒙古作为主销区。

三、浙江省生猪销区补偿产区的探索和实践

近几年来，浙江省每年约有 50% 的猪肉消费量需要靠省外调剂。为贯彻落实《国务院办公厅关于促进畜牧业高质量发展的意见》，针对我国生猪养殖区域发展不平衡、生猪市场价格波动大的特征，2020 年，浙江省农业农村厅等部门联合出台了《浙江省生猪养殖省内跨区域调剂补偿实施办法（试行）》（以下简称《实施办法》）。通过跨区域协作，形成生猪销区补偿产区的调剂协作机

制，在完成生猪增产保供任务的同时，避免产业大起大落。

（一）补偿模式与机制的分析

浙江省生猪养殖省内跨区域调剂补偿的模式可以细分为三个步骤：第一步，定向调剂、主动申报；第二步，省抓统筹、市级平衡；第三步，奖优补养、有偿调剂。为保障调剂补偿工作顺利开展，《实施办法》对"调剂补偿标准""调剂指标来源与核算""补偿资金划拨"和"奖惩办法"等关键内容进行了说明和规范，具体见图9-1。

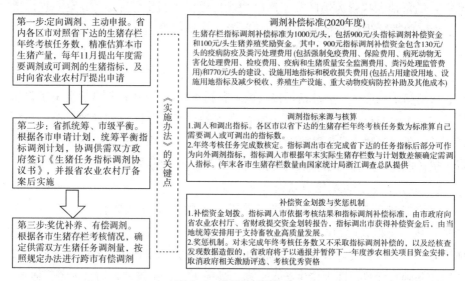

图9-1 调剂补偿模式

（二）实施办法的评价

浙江省生猪养殖省内跨区域调剂补偿实质上调剂的是生猪养殖能力，而并非生猪实物，只是按照生猪产销区的需求和供给确定补偿资金额度，补偿资金只在政府层面上进行转移支付，因而不会对生猪价格造成影响，不会对市场机制造成扭曲，在一定程度上避免了这一政策对市场机制的副作用。

生猪养殖能力类似经济学"流量"的概念，是动态可持续的；生猪存栏量类似经济学"存量"概念，是静态的。生猪存栏调剂指标，对调入区域而言是本区域养殖生猪数量与生猪实际需求数量之间的差值，对于调出区域而言则是本区域在完成省级生猪生产任务后的多余数量。跨区域协作可以将生猪产区与销区之间的生猪养殖外部性内部化，并运用"调剂指标"这一形式进行了量化。该办法的主要优势体现在四方面：一是扩展了生猪主产区利益补偿的资金来源；二是完善了政府层面的生猪主产区补贴机制；三是充分发挥了生猪主产区的比较优势，使总效益最大化；四是不会对生猪价格造成影响。

四、国内外关于销区补偿产区的研究经验借鉴

建立生猪销区补偿产区的长效机制，从本质上讲是产销利益协调问题，是实现销区与产区的利益平衡问题。表面上看，主销区可能要多付出一些，但是这种机制一旦建立，不仅有利于保障我国居民猪肉消费需求，而且对主产区和主销区来说，将会是一个"双赢"局面。在销区补偿产区的研究和实践方面，可借鉴欧盟共同农业政策和我国粮食销区补偿产区的研究经验。

（一）欧盟共同农业政策产销利益协调机制分析

欧盟共同农业政策产销利益协调机制主要包括"价格机制""市场机制""货币补偿金机制""共同粮食基金制度"和"欧洲农业指导与保障基金"等。其中，"共同粮食基金制度"是最具代表性的政策。欧盟在共同农业政策基础上建立共同粮食基金，通过构建共同农业政策产销利益协调机制模式，借助粮食共同基金在筹集和使用过程中的非对称性机制，促使粮食主销国的部分收益向主产国转移，从而保障粮食主产国生产者的利益，提高粮食主产国的粮食生产积极性，稳定欧盟粮食生产。例如，在粮食基金筹集过程中，以法国为代表的粮食主产国在筹集份额中所占比例较低，而以德国为代表的粮食主销国所占比例很高。由于基金主要用于干预和稳定粮食价格，保护粮食生产者和主产国利益，所以法国等粮食主产国在共同粮食基金使用过程中占较大份额，而德国等粮食主销国则占很小份额。粮食主销国向粮食主产国提供资金支持，为本国的粮食安全"买单"，这实质上就是通过主销区对主产区的利益补偿，来保障欧盟粮食安全和区域经济协同发展。

（二）我国粮食销区补偿产区机制研究

激发种粮农民的生产积极性，提高粮食主产区生产能力，促进产销区平衡发展是保障我国粮食安全的时代命题。国内学者已针对粮食销区补偿产区机制存在的问题、补偿的必要性和补偿的可行性进行了深入研究。通过总结现有研究成果后发现，粮食销区应该补偿产区已经取得一定共识，但对于补偿标准尚未形成统一认识。另外，学者们主要提出"粮食指标交易""粮食调销补偿基金"和"粮食产销区协作"三种补偿方式，补偿资金使用则倾向于政府统筹。总之，对粮食销区补偿产区机制的研究，现有文献多以理论层面的讨论为主，缺乏研究数据支撑，鲜有提出具体补偿方案的。

五、京津冀生猪销区补偿产区的方案设计和测算

综合当前我国生猪销区补偿产区的理论和实践，按照利益补偿指导方式，可以将生猪产区利益补偿分为反哺性补偿和内生性补偿。现阶段我国对生猪产区的利益补偿更多是通过转移支付形式实现的反哺性补偿，补偿方式单一、资金来源不合理等问题突出。另外，反哺性补偿对生猪市场造成的负面影响也较大。因此，建立生猪产区内生性利益补偿机制，实现政府补偿和市场补偿相结合，才能更好地做到公平与效率并举。基于前文生猪销区补偿产区的理论和可行性分析，借鉴浙江省的实践探索经验，结合分区防控工作方案，笔者提出京津冀生猪销区对产区的资源环境补偿方案。

（一）补偿环节

第一个环节，确定销区生猪调入量。

每年 1 月，农业农村部分区防控办公室依据全国动物检疫合格证明等管理系统的数据，核算上年度大区内主销省份的生猪及猪肉调入量。按照疫病分区防控的要求，大区内生猪调运以"调肉"为主、"调猪"为辅，补偿金额以生猪头数为标准。核算公式如下：

$$Q_1 = Q_2 + \frac{Q_3}{77.29} \tag{1}$$

式（1）中：Q_1 表示生猪调入总数，Q_2 表示活猪调入总数，Q_3 表示猪肉调入总量。根据行业数据，每头生猪出肉约为 77.29 千克。

第二个环节，确定产区每头生猪的补偿金额。

生猪销区对产区的补偿更多的是一种资源环境补偿，合理确定产区每头生猪所负担的资源环境成本是其重要前提。生猪养殖过程中会不可避免地产生尿液、粪便、恶臭气体等废弃物，如果不能进行有效处理，必然对环境造成一定的污染，主要包括水污染、土壤污染和空气污染，其综合损失称为外部环境成本。核算公式为：

$$EC = \sum EC_i \tag{2}$$

式（2）中：EC 表示生猪养殖所带来环境破坏的损失成本，EC_i 表示第 i 类污染造成的经济损失。外部环境成本核算中水污染、土壤污染和空气污染造成的经济损失核算方法参考赖斯芸、陈敏鹏、魏晓博的相关研究文献。为减少数据波动造成的影响，每头生猪的资源环境补偿金额以三年平均值为准。核算公式为：

$$C = \frac{EC}{Q_4} \qquad (3)$$

式（3）中：C 表示每头生猪的补偿金额，EC 表示三年平均外部环境成本，Q_4 表示三年平均存栏数。根据式（1）和式（3）可以得到资源环境补偿总额的核算公式：

$$S = Q_1 \times C \qquad (4)$$

式（4）中：S 表示资源环境补偿总金额

第三个环节，补偿资金确定、上交及发放

根据公式（4）可以得到生猪销区补偿产区的总金额。农业农村部分区防控办公室负责发布通知，告知销区上一年度补偿资金的上交数额和上交时间，生猪销区按时将资金划转到指定账户。在补偿资金划转到位后，农业农村部分区防控办公室会同财政主管部门及时将资金划转到产区政府。

（二）补偿资金使用

环境补偿资金核算完毕后，按照"多调多补，少调少补"的原则向生猪产区政府进行划转，用于支持当地的生猪产业发展。原则上讲，补偿资金重点应用于以下四方面：一是加强生猪产业基础建设。对生猪养殖产业的产前、产中和产后环节进行激励，支持生猪屠宰加工企业进行技术升级，结合国家的分区防控政策，进一步科学规划选址，优化运输路线，降低运输费用。二是推动粪污资源化利用。大力发展规模化、标准化养殖，鼓励养殖户采纳生态可循环养殖模式，实施生猪养殖大县资源化利用项目建设，打造生猪养殖业绿色发展示范县，严格执行生猪养殖环境保护制度。三是加强生猪疫病防控。加强生物安全防控措施，提升产区整体防御能力，构建政府—养殖主体—科研主体共同参与的联合防控新格局。四是推进资源节约型养殖。促进产区生猪供应能力可持续发展，坚持走资源节约、环境友好的现代化养殖道路，增强养殖者的猪场管理能力，提高其养殖技术水平和资源利用效率，减少饲料、水资源、土地资源浪费。

（三）京津冀生猪销区补偿产区的量化分析

根据上述研究成果，依据河北省农业农村厅畜牧处提供的相关数据，对京津冀地区生猪销区补偿产区进行核算，河北省调入北京和天津的数据以 2021 年为依据，其他数据来源于相关统计年鉴。

1. 河北省生猪 2021 年调入北京和天津的生猪头数

根据河北省农业农村厅提供的数据，2021 年河北省调入北京生猪 105157 头，猪肉 19.2 万吨；2021 年河北省调入天津生猪 61850 头，猪肉 16.4 万吨。

依据上述公式（1）可以推算出，2021 年调入北京的生猪约为 2589308 头，2021年调入天津的生猪约为 2183729 头。

2. 近三年河北省每头生猪养殖外部环境成本确定

生猪养殖过程中对外部环境造成的损害主要是对水、大气和土壤的污染损害，对于这些损害，目前大部分学者借鉴赖斯芸（2004）构建的单元调查评估法对外部环境损害成本进行核算。该方法分为两个步骤：第一步，核算出畜禽养殖过程中污染物的产生量；第二步，依据污染物计算公式核算出最终污染物排放量。2009 年我国发布了《第一次全国污染源普查——畜禽养殖业源产排污系数手册》，据此可以直接通过公式核算排污量，同时还考虑了全国不同地区的差异，以及不同粪污处理方式的差异，因此核算出来的污染物产生量和排放量的准确度较高。借鉴何郑涛、魏晓博、陈文颖等学者的研究结论，可以估算出河北省每头生猪的外部环境成本损失约为 73.31 元。

3. 河北调入北京和天津的生猪环境补偿标准和金额确定

依据上述研究成果，以 2021 年为例，河北省调入北京和天津的生猪分别是2589308 头和 2183729 头，每头生猪的外部环境成本损失约为 73.31 元，根据公式（4）可以推算出，2021 年北京市对河北的生猪环境补偿金额约为 1.89 亿元，2021 年天津市对河北省的生猪环境补偿金额约为 1.60 亿元。

六、促进京津冀生猪主产区利益补偿机制实施的政策建议

促进京津冀生猪主产区利益补偿机制的建立，离不开政策支持和区域协调发展，生猪主产区承担养殖功能，为生猪稳保供贡献力量，生猪主销区应该承担相应的补偿义务，这不仅有利于主产区生猪产业的可持续发展，也有利于主销区发挥比较优势，促进区域经济协调发展。生猪销区补偿产区工作仍处于尝试阶段，亟须形成一些可以推广复制的经验和模式。销区补偿产区工作的政策性非常强，单纯依靠市场机制无法发挥应有作用，基于此，本文从五方面提出促进京津冀生猪主产区利益补偿机制实施的政策建议。

（一）促进生猪产业向优势产区集聚，发展生猪产业集群。对生猪产业进行合理布局是保障其可持续发展的关键，也是提升生猪产业竞争力的重要因素。河北省作为京津冀生猪主产区，在充分发挥市场在资源配置中的决定性作用的同时，应站在全域视角，综合考虑全省各个地区的资源禀赋、居民消费结构、生猪屠宰和深加工等配套产业以及生态资源环境的承载能力，积极引导生猪产业向优势产区集中，发挥生猪产业集群优势，发挥生猪主产区比较优势，进而降低生猪养殖成本、提高养殖效率，同时缓解生态环境和资源的压力。唐山、石家庄、保定、邯郸、邢台等生猪产业优势产区在未来一定时期内是稳定河北省生猪产能的重点区域，该地区的生猪养殖量要在保持总量基础上小幅度增长，稳步提升综合生产能力和竞争力。同时要加强该地区冷链运输物流体系的建设，完善主产地市场价格监测系统。

（二）合理确定京津冀产销区补偿标准，制定补偿资金和征收使用配套政策。目前生猪产销区补偿机制建设尚处于起步阶段，全国只有浙江、广东、上海等少数区域进行了试点，且尚未形成可复制推广的经验和模式。当前生猪产销区补偿标准处于缺失状态，国家尚未出台指导建议。大部分生猪主销区对补偿主产区的认知不到位，甚至认为在市场经济条件下，应该减少补偿等非市场行为。这种错误的认知亟须纠正。生猪产品在某种程度上具有一定的"公共物品"属性，需要国家进行政策干预。本研究建议按照资源环境损害的治理成本进行补偿，并且要建立京津冀生猪产销补偿协作机制，出台相应政策，建立专门协调机构，在实践中逐步完善，才能真正促进生猪产业健康发展。

（三）建立京津冀生猪销区补偿产区的外部环境损害补偿机制。该机制首先要改变地方对于发展生猪产业的考核标准和办法，转变所有地区皆以追求经济增长为主要目标的考核导向；其次，京津冀地区要建立生猪补偿相关管理制度，生猪主产区的市场失灵问题只有通过政策介入才能得到及时纠正，由中央政府协调主产区和主销区利益关系，使产销区之间利益趋于均衡。国家主导政策的制定和执行，可以使生猪产销区各得其所，优势互补。充分发挥生猪大区管理机制，建立大区内统一、开放、竞争、有序的生猪市场体系，同时完善相关法律制度，为充分发挥市场机制提供法律保障。

（四）完善对生猪主产区政府工作考核指标体系，体现生猪产业贡献。生猪主产区发展生猪产业、保障猪肉供给安全，确实会给当地的资源环境带来一定损失，中央政府与猪肉主销区对主产区进行适当的利益补偿是必要且合理的。鉴于生猪主产区由于发展生猪产业而影响自身经济发展的现实情况，省政府应该按照实际情况降低对生猪主产区各级政府的经济类指标考核标准，转向强调对生猪稳产保供、资源环境保护、现代畜牧建设等方面指标的考核，使生猪主产区专于生猪生产，促进生猪产业向规模化、集约化和现代化发展。

（五）全面落实生猪主产区各项支持政策。依据河北省《关于优化全省生猪产业布局加快恢复生猪产能的指导意见》，针对河北省生猪优势产区、潜力发展区，牢固树立生猪产业全产业链发展理念，加强相关政策研究和建设，充分利用现有生猪调出大县奖励、生猪良种补贴、规模猪场贷款贴息、粪污资源化利用项目、农机购置补贴等支持政策，大力支持生猪主产区产业发展，在生猪主产区推出"一揽子"支持政策，发挥政策整体效应，营造产业发展环境。京津地区给予的补偿资金主要用于健全主产区基层动物防疫体系建设，提升区域疫病防控能力，支持主产区规模养殖场配备升级粪污处理实施设备，开展粪污资源化利用创新示范场建设，支持购置自动化养殖机械，提高养殖机械智能化水平，落实生猪主产区奖励政策，提升生猪养殖积极性，创新保险和金融机制，缓解生猪养殖风险和融资负担。

第十章

发达国家和地区生猪产业协作发展的经验和启示

一、美国生猪产业的协作发展经验及启示

（一）美国生猪产业发展进程

美国是仅次于中国的生猪生产大国，美国生猪养殖品种主要包括贝克夏、汉普夏、长白、约克夏和杜洛克。由于美国生猪养殖规模化和标准化程度较高，生猪质量也处于世界领先水平，因此美国成为世界排名第一的猪肉出口国家。20 世纪 80 年代，美国生猪养殖规模化进程正式开始，20 世纪 90 年代美国生猪养殖规模化进入加速期，21 世纪初进入稳定期。到 2010 年前后，美国生猪养殖场只剩下 6.6 万个左右，场均存栏量达到 1000 头左右。2020 年以来，美国生猪养殖场数稳定在 6 万家左右，年出栏量约 1.1 亿头。美国在生猪的育种、营养、兽医兽药等方面的技术改革，加速了生猪规模化发展进程。技术支持使美国的生猪养殖效率得到提升，养殖风险得以降低。比如，饲料成本是生猪养殖的主要成本来源，美国的大规模养殖场的单位饲料效益比小规模养殖场的单位饲料效益高 40% 以上。美国有完善的兽医管理体制，采用联邦制管理，权利责任划分明确，为防疫、监管和应对疫情保驾护航。美国对动物卫生保护制定了高标准高要求，除此之外，监管体制也比较完善，保障了各项制度的执行以及生猪产品质量安全。严格的控制标准和完善的体制为生猪产业规模化发展提供了保障。

为顺应下游终端零售商的规模扩张和屠宰加工企业的整合加速，中游加工业开始通过合同生产方式向大型养殖场协议采购或自行纵向一体化扩张，最终倒逼上游生猪养殖的规模化。美国生猪养殖规模化进程大致可分为三个阶段：

第一阶段是启动期，在 20 世纪 70—80 年代，主要特征是养殖场数量的急剧减少。这一时期，养殖场数量由 65 万锐减至 30 万左右，降幅在 50% 以上。生猪存栏总量大幅减少至历史最低点——约 5100 万头，降幅达 24%。这一阶段，由于在养殖成本、生产品质以及国家政策方面并无太大优势，小规模养殖户加

速退出，规模养殖的趋势初步彰显，场均存栏由 87 头左右显著提升至近 150 头，增长了近 1 倍。

第二阶段是加速期，在 20 世纪 90 年代。这一时期，存栏量超过 5000 头的大型养殖场开始涌现，主要特征是养殖场规模的迅速扩张。养殖场数由 1989 年的 30 万户再度大规模减少至 2000 年的 8.6 万户，降幅近 70%，而生猪存栏总量一直维持在较为稳定的水平。但从不同规模养殖场的出栏量占比来看，1988 年出栏量 10000 头以下的养殖场，其出栏量占总出栏的 32%，而出栏量在 50000 头以上的养殖场，其出栏量占比只有 7%。到了 2010 年，养殖规模进一步提升，规模在 1000 头以下的养殖场出栏量占比下降到 2% 左右，相应的，出栏量在 50000 头以上的大型养殖场出栏量占比上升到 51%。

第三阶段是减速期，在步入 21 世纪后。规模化进程相对减速，但大规模养殖场数量和存栏的比重仍在稳步上升。生猪养殖场的数量由 8.6 万户缓慢下降至 7 万户左右，实现规模化后的美国生猪存栏总量维持在 6000 万头左右，实现整体波动幅度不超过 10%。屠宰加工龙头企业为了保持成本优势，且保证生猪采购的货源稳定性和高品质，开始通过合同生产方式向大型养殖场协议采购，或自行纵向一体化扩张。这一阶段，生猪产业链各环节企业也通过向上下游垂直整合的方式，实践自行一体化的经营模式。

（二）美国生猪产业协作发展

1. 美国生猪产业协作发展方式

从美国生猪销售的方式来看，公开市场交易的主体是出栏量在万头以下的中小型养殖场。出栏量在 5 万头以上的大型养殖场主要采用合同交易的方式出售生猪，而出栏量在 50 万头以上的超大型养猪场，42% 为经营一体化的屠宰加工企业和饲料企业所有，生猪出栏主要用于自身屠宰加工。

（1）合同生产方式

在产业的纵向协作下，屠宰加工企业与养殖场之间的采购交易都是通过签订长期合同的方式进行，原来的公开市场交易在很大程度上被取代。

合同生产在 20 世纪 60 年代由墨菲农场（Murphy Farms）首次提出，随后泰森食品（Tyson Foods）等公司将之付诸实践。它主要分为两种：生产合同和预订协议。合同生产模式的出现及快速推广，主要是由于该模式在大规模生猪养殖时代具有广泛的应用空间。一方面，生猪养殖属于资本密集型行业，资金需求量大。一般的独立养殖户在没有担保的情况下很难获得银行贷款或其他资金来源，养殖规模难以做大。而在合同生产方式下，大型屠宰加工企业能够为与其合作的养殖场提供担保及管理服务、猪仔、兽医服务和其他投入。另一方面，当养殖户的养殖规模快速扩大时，所承受的市场风险也就更大。在合同生产模式下，养殖者收到的是固定回报和生产奖励，实行定向定量的生产，市场风险很大程度上被转移到屠宰加工企业身上，从而降低了养殖户承担的风险。

同时，合同生产也很好地满足了采购方的需求。养殖者按照合同要求定制生产，生猪供给在品质、数量、时间、地点等各方面都能得到有效保证，产业链效率大大提高。从不同养殖模式下的猪场规模分布可以看到，合同生产更有利于大型猪场的建立和规模化的生猪养殖。在独立的家庭农场养殖中，近 70% 的猪场都属于小规模猪场，而在合同生产方式下的养殖场不存在小规模，都处于工业规模以上水平（美国存栏量在 500～1000 头的猪场大致归为工业规模）。随着行业整合的推进，通过合同采购或出售的生猪场均出栏量也处于快速提升阶段，其背后是养殖规模化的相辅相成。合同生产方式下的养猪场，场均出栏量增长较快，而通过其他方式交易的养猪场，场均出栏量增长较为缓慢。与此同时，合同生产方式也得到快速推广，从 1970 年到 1999 年的近三十年时间，美国生猪养殖行业合同生产方式下的出栏比例由 2% 左右上升到 60%，而独立养殖模式下降到不足 40%。总体来看，养殖户依照合同进行生猪生产的比例以及公司通过提供合同进行生猪采购的比例不断上升。

（2）公司自行一体化

在生猪产业协作发展中，除了合同生产方式的应用和推广外，不同产业链环节的企业也通过向上游或下游延伸扩张的方式来实践自行一体化的经营模式。

公司内部的垂直整合有助于减少运输成本，有利于产品数量和质量的供给管理和供应链价差管理，减少现货市场的波动，也有利于新技术的采纳与运用等。但企业通常需要投入大量资金，这一特点限制了这种组织形式企业的发展。纵向一体化经营的养殖企业数量虽在少数，但其产业集中度很高。2010 年，美国前十二大养猪企业拥有的产能占全美国母猪产能的近 42%。美国前十二大养殖企业大都是由大型屠宰加工企业通过向上游扩张的方式进入生猪养殖领域，如史密斯菲尔德食品公司（Smithfield Foods）、凯旋食品公司（Triumph Foods）、海滨食品（Seaboard Foods）等；或由龙头饲料生产商向下游延伸而实现一体化经营，如嘉吉、泰森食品。这些大型龙头企业利用自身资金、技术优势，快速有效地发展大型养殖场，一方面在很大程度上保证了对自身生猪屠宰加工需求的供给，另一方面也拓宽了企业的利润空间，提升了规模效益。

2. 美国生猪产业协作发展支持因素

美国生猪产业较高水平的产业协同体系离不开屠宰加工企业为生猪产业协作提供驱动以及养殖场发展要素体系支持，也离不开行业服务体系的支持。

（1）屠宰加工企业为美国生猪产业协作提供驱动

美国是农业产业纵向协作实践最早的国家，第二次世界大战后，美国的家禽业便形成了较为紧密的纵向协作形式。屠宰加工企业与养猪场（户）之间签订市场合同已成为相当普遍的现象，合同条款规定了养猪场（户）须在特定的时间向屠宰加工企业出售一定数量和质量的生猪，价格也主要采用零售市场价格，但根据生猪的规模和质量给予屠宰加工企业一定的优惠。生产合同也变得越来越普遍，在生产合同下，屠宰加工企业提供管理服务、仔猪、疾病防疫以及其他要素投入，而养猪场（户）提供土地、猪舍建设以及劳动力，饲养的生猪向屠宰加工企业统一出售。屠宰加工企业会给养猪场（户）一定的奖励。大规模生猪生产者和屠宰加工企业可能既选择生产合同又选择市场合同。例如，美国第四大生猪生产商和小规模养猪场（户）签订生产合同，而在生猪出售时和史密斯菲尔德食品公司签订市场合同。美国生猪产业链的主要特征是以屠宰加工企业为产业链上的核心主体，将饲料生产、种猪繁育与猪肉流通环节并入企业集团内部，而与外部规模化养猪场建立紧密合同关系，在这种模式下，尤其是生产合同方式得到快速发展。

零售商的规模扩张，屠宰加工企业的整合加速，使中游加工业开始通过合同生产方式向大型养殖场协议采购或自行纵向一体化扩张。20世纪60年代，技术的发展和激烈的竞争环境推动了美国屠宰加工厂的并购浪潮，屠宰企业数量急剧下降，幸存下来的成为掌控行业命脉的超级龙头。20世纪之前的美国养殖业在谢尔曼反垄断法案等联邦法案的支撑下，还保持着一定程度的市场竞争。20世纪60年代由于IBP公司的崛起及其引发的集约化作业生产线系统在屠宰加工厂的推广，导致竞争局面再次被打破。新的生产方式使得产量大幅提高，成本也得到降低，而那些无法适应变革的小企业和成本高居不下的大企业只能退出或者被并购，开始逐渐消亡。自19世纪80年代至今，屠宰规模在100头以下的小型加工厂逐渐退出。另一方面，屠宰加工厂的平均规模及屠宰加工能力却大幅提升，厂均屠宰量大幅增长，行业集中度大大提高。从生猪屠宰厂的结构来看，1981年，屠宰量在100万头以上的加工厂，其生猪屠宰量占比在60%左右，这些加工厂在存量规模上持续扩张，到21世纪，虽然数量下降，但其屠宰量占比上升至90%。在屠宰加工企业加速整合的背后是下游终端零售商快速的规模扩张，猪肉零售市场集中度显著提高。大规模的零售商具有较强的议价能力，并且出于品质保证和降低成本的考虑，他们更倾向于向大型的屠宰加工企业采购，这进一步倒逼加工型企业的整合。

经过行业大整合洗礼而不断壮大起来的屠宰加工龙头企业为了保持成本优

势，并且保证生猪采购的货源稳定性和高品质，开始通过合同生产方式向大型养殖场协议采购或自行纵向一体化扩张。独立的小型养殖场因成本劣势、技术落后等原因无法得到大型采购企业的青睐，逐渐退出或被并购。

（2）养殖场发展要素体系支持

美国为中小规模养殖户全生产过程提供育种、饲养、防疫、屠宰等各种技术咨询与培训等服务，这为规模化生产和产业稳定发展提供了条件。养殖场规模发展需要的要素条件得到保障。对于单个养殖场（户）而言，规模化养殖需要场地、资金、设施等要素条件，在环保压力下，还需要解决粪污处理的专用设施和相应面积的耕地配套。就场地而言，美国很多养殖场（户）都是自己种植大豆和玉米等作物并自己生产猪饲料，国家允许他们把养殖场建在作物农场附近，这样可以降低规模养殖所需饲料的运输成本和农场投资成本，提高农场运作效益的同时，也有利于粪污还田。在资金方面，经过多年发展，美国形成了以商业银行和农业信贷系统为主导，农场服务局、保险公司等机构为补充的多层次农业信贷体系。其中，隶属美国农业部的农场服务局提供的信贷资金仅占美国农场整体信贷的2%，但发挥了非常重要的"最后贷款人"作用，让那些不能在其他信贷市场获得融资的规模化家庭农场也有机会获得资金。

（3）行业服务体系的支持

通过"合同猪"方式实现产销协同。在生猪规模化养殖之前，美国生猪屠宰加工销售企业率先进行了并购浪潮。2010年以来，以史密斯菲尔德食品公司为首的四大生猪屠宰加工销售企业占领了美国猪肉屠宰加工领域近70%的市场份额。为了稳定生猪采购的货源，控制成本和品质，屠宰加工销售企业主动与大型养殖场通过合同方式进行协议采购，因为只有大型养殖场才能提供屠宰加工销售企业需要的品质可控、低价、量足的生猪产品，这也进一步推动了养殖场的规模化生产。根据美国猪肉生产者委员会（NPPC）数据，近年来，美国只有不到3%的生猪直接在终端市场中销售，其他都是通过"合同猪"模式以销定产。在这种模式下，猪肉屠宰加工销售企业和养殖场相互需要，彼此配合，利益关系相对稳固。养殖场的收益基本能够得到保障，生猪价格上升时，养殖环节产能无法过分扩张，价格下降时，也不会导致产能的过分收缩，这就为生猪稳产提供了基础。

高效的行业组织提升了产业服务和自治水平。"合同猪"使养殖户不用过度考虑销售问题，但除了销售问题，规模化养殖从业者还需要解决下面两个关键问题：一是生猪养殖作为农业产业，容易受到政策变动的影响，这需要行业代表与决策部门开展有力协调；二是规模扩大也意味着风险扩大，从业者需要更多的产前、产中、产后服务，以回避风险和提高效率。这些工作不可能由政府包办，也无法完全通过"合同猪"产业协同体系完成，更不能依赖单个养殖户来完成。在美国，这些问题的解决是由行业组织来完成的。目前美国生猪养殖领域中有多个行业组织，从业者可以自主加入这些组织中的一个或多个。其中，最有代表性的有两个组织，分别是美国国家猪肉生产者委员会（NPPC）和国家猪肉委员会（NPB）。猪肉生产者委员会（NPPC）是由 42 个州协会组成的全国委员会，它由一个 15 人的董事会管理，代表美国 6 万多个生猪从业者的利益。委员会通过游说或影响政府政策、国会法案等方式，为行业争取有利的联邦立法和政府政策。由于美国的猪肉主要以出口为主，NPPC 代表生猪商开展国际谈判和国际营销等工作，争取国际贸易、产品营销的有利地位。每年 3 月，NPPC 会举办全国猪肉产业论坛。国家猪肉委员会（NPB）的 15 个委员来自生猪养殖从业者和猪肉进口商。该委员会根据相关法案授权，负责收缴国家猪肉检查基金（生猪养殖者和进口商的每 100 美元价值的产品需要支付 0.40 美元的猪肉检查金），NPB 使用该基金举办或者资助多种专业性强、人财物需要量大的行业服务和自治活动。NPPC 与 NPB 的职责既有分工又有合作，尤其是 NPB 获得强制性的猪肉检查资金支持，因此其承担了行业自治和全生产过程服务等繁重工作，最终二者共同为生猪养殖从业者的规模化生产提供全面系统的服务。

3. 中美生猪产业协同发展比较

（1）养殖技术差异

生猪养殖技术可以提高猪场养殖效率，促进生猪产业协同发展。人工授精技术在改善存栏猪的品种结构与猪种资源、增加繁殖母猪的配种成功率方面起到了十分重要的作用。1990 年，该技术仅在 7% 的养猪场应用，到 2000 年，这一比例增长至 23%，2006 年达到 40%，且 PSY（每头母猪每年所能提供断奶活仔猪头数，是衡量猪场效益和母猪繁殖成绩的重要指标）和出栏体重（猪场出售肥猪时的体重）都有明显提高。目前，美国生猪养殖场繁殖商品猪的方式超过 99.9% 是采用人工授精。我国人工授精范围也在不断扩大，目前我国主产区养殖场采用人工授精占比在 85% 以上。但我国生猪养殖中小养殖户占比较大，人工授精技术多使用传统方式，会浪费约 1/3 的精液量，成本也比较高。国外采用子宫内人工输精新技术，将输精管穿过子宫颈进入子宫体输精，可以减少精液回流的浪费，减少每次输精的精液量，从而降低种猪成本。人工授精在减少配种所花费时间的同时，能增加母猪的受孕率和产仔数，大幅提高了养殖效益。随着生猪养殖技术的不断变革和应用，美国猪场的养殖效益不断提高。20世纪 90 年代，新技术应用范围小，全美猪场 PSY 平均水平为 13 头，到 2000

年，PSY 水平提高到 16 头。2012 年以后，随着新技术的大范围应用，全美猪场 PSY 平均水平超过 20 头，单窝产仔数超过 10 头。美国生猪交易市场所交易的生猪均重在 180~210 磅/头之间（即 160~190 千克/头），均重变化偏稳并小幅增加，相比之下，我国生猪交易的均重普遍偏小。我国生猪出栏均重普遍在 90~140 千克/头之间，在猪价良好或者每年春节前的阶段，交易均重在 140 千克以上的生猪数量更多。无论是生猪出栏均重变化情况还是喂养周期，与国外相比差距都比较大。生猪养殖规模化的不断推进，也促进了养殖场的专业化发展。美国传统的养殖场大都属于育繁一体化模式，从种猪繁殖到育肥猪出栏全程参与。规模化的养殖场更多是依据生猪的成长周期实行专业分工，不同养殖环节独立经营。根据生猪的生长周期，生猪饲养可分为三个不同的阶段：繁殖—仔猪哺育—育肥猪饲养，依此设立相应专业的种猪选育场、仔猪哺育场及育肥猪饲养场。美国生猪养殖经历了从传统"出生—出栏"的"一条龙"养殖模式到生猪特定阶段专业化、集约化、订单稳定的联盟养殖模式的转变。依据生猪养殖的年龄阶段划分，可以将养猪场分为：初生—断奶、断奶—育肥、初生—育肥、育肥—出栏和初生—出栏等五种类型。

（2）规模化程度不同

养殖规模化可以推动养殖模式的升级和养殖技术的创新，保证养殖质量。美国生猪养殖规模化带动了养殖场模式的升级，专业化养殖成为行业主流模式。随着美国生猪行业的加速整合，在产业纵向协作下，屠宰加工企业与养殖场之间的采购交易主要采取签订长期合同的方式，基因技术、医药技术等新的养殖技术不断得到应用和推广。在这些因素的驱动下，美国的规模化养殖场更加注重繁殖、育肥的专业性、科学性和成本效益，使养殖效率大幅提升。而我国的规模化程度不足，以散养户和小养殖户为主的养殖模式，养殖户的资金和技术实力不足，难以采取先进的养殖技术扩大养殖规模，导致产品质量难以保证，养殖效率和协作程度较低。

（3）协作水平不同

美国生猪养殖规模化的根本驱动因素在于生猪中下游产业链的推动。为顺应下游终端零售商的规模扩张，屠宰加工企业加速整合，通过合同生产方式向大型养殖场协议采购或自行纵向一体化扩张，最终倒逼上游生猪养殖的规模化，实现小规模养殖户的逆向淘汰，中下游企业的加速整合趋势自下而上地推动了美国生猪养殖的规模化变革。而我国的生猪养殖规模化是由养殖机会成本提高、周期性淘汰以及国家养殖政策等多种因素推动的。我国农村劳动力加速转移，不断推高农村劳动力的机会成本，而规模化养殖具备成本控制优势和盈利周期总效益优势，能够有效降低养殖的机会成本。美国的养殖规模化是由生猪下游产业自下而上的变革，来自下游的驱动因素使得生猪养殖与生猪加工实现了上下游产业链的整合，稳定了生猪养殖的下游需求，需求端的稳定带来了供给端的稳定，降低了生猪价格波动幅度，拉长了价格周期。而我国的养殖规模化是由多种因素推动的自上而下的变革，是生猪养殖作为上游产业的自身变革，生猪加工下游产业的规模化程度与养殖规模化程度不匹配，难以形成协同效应，造成供给端的不稳定，加剧了生猪价格波动幅度。

（4）采取政策不同

中美对于推进生猪产业发展采取不同的政策。美国通过对玉米、大豆等饲料采取补贴政策，使其保持较低的市场价格，这种间接补贴的方式能够降低规模化养殖的生产成本，提高生猪养殖业竞争力，其目标价格制度保障了生猪规模养殖场的养殖收益。同时美国制定严格的产品质量安全法律、标准体系和环境保护政策措施，保证规模化养殖场的产品质量，有利于美国生猪产业的协作发展。我国从 2007 年加大对养殖规模化的直接补贴，对 500 头以上生猪标准化规模养殖场建设进行财政拨款扶持，对重大疫情扑杀提供资金补偿，推动了2008 年以来我国养殖规模化的快速发展。同时，提高养殖场的环保标准，实施《畜禽养殖污染防治管理办法》。美国养殖规模化政策通过直接降低规模养殖户养殖成本的方式和完善的养殖补贴制度，使生猪价格保持较低的价格，价格波动幅度收窄，有利于生猪产业的稳定发展。我国短期财政补贴政策和养殖规模化政策在一定程度上提高了生猪的养殖成本，影响了生猪的短期供应，加剧了生猪价格短期波动的幅度，影响了生猪产业协作水平。

（三）美国生猪产业协作发展总结

美国生猪产业链规模化和纵向一体化程度较高，具体表现为生产规模化、专业化，存栏集中化，生产效率较高，屠宰加工业集中度较强，加工深入化和品种优质化。由于美国生猪产业高度规模化、组织化，产业垂直整合较好，上下游联系紧密、风险利益共担，因此遇到外部冲击时，产业抗风险能力较强。相比之下，我国生猪产业遭遇外部冲击时，抗风险能力较弱，价格波动幅度较大。这是因为我国生猪养殖业尚未实现规模化生产和产业化经营，从市场主体来看，还是以小型养殖场以及散养的农户为主。散户和小规模养殖场受规模和资金限制，抗击市场风险的能力较弱，因此当市场风向变化时，它们往往会同时跟随风向进入或退出市场，进一步加剧市场动荡。我国猪肉产业链上下游之间联系合作不紧密，利益分配机制也不太合理，散养户数量众多，导致各主体之间处于竞争状态，从而使其在整个猪肉产业链上缺乏议价能力。对生猪养殖环节来说，饲料供给和屠宰加工等环节由于企业集中度较高、市场势力偏大，明显在整个猪肉产业链上处于议价争利的强势地位。当行情走高时，弱势的生猪养殖环节的利润空间会遭到挤占；当行情走低时，本就处于亏损状态的生猪养殖环节又会被转移风险，这无疑会加剧猪肉产业链上的利益冲突，长期下来，损伤猪场的养殖积极性，影响之后猪肉的供应，最终影响生猪产业健康稳定的发展。因此，我国可以从美国生猪产业协作实践中借鉴经验。

我国虽然是世界生猪第一生产大国，但生猪生产仍以小规模养殖为主，专业化程度低，生产效率有待提高，屠宰加工业集中度较低、满负荷生产率低、加工程度低，产业链各环节间联结关系较弱。借鉴美国生猪产业的发展经验，我国生猪产业未来应将重点放在不断提高生产集约化、规模化、专业化水平及纵向协作水平上。

1. 鼓励规模化发展

美国生猪养殖规模化是伴随着中下游企业并购整合和生猪养殖产业链的垂直整合而实现的，横向规模扩张最终引导企业向产业链上下游延伸，形成全产业链的经营模式。我国的生猪养殖模式仍然以散户为主，养殖专业化水平低，管理难度大，生产周期长，生产效率低，养殖户独自面临和承担生产风险和市场风险，散户的逐步退出是一个必经过程。我国生猪的规模化发展与美国相比起步比较晚，盲目建设大规模生猪养殖场不符合我国生猪产业现状。我国生猪生产以小规模养殖为主，应鼓励养殖户进行专业化生产。专业化生产由于需掌握的专业技能相对较少、生产周期短，因此更利于提高生产效率，扩大生产规模，提高生猪产品质量。我国政府应鼓励生猪养殖行业的横向规模化整合，通过土地流转、财政拨款、标准化产品体系等政策扩大规模化养殖场的数量，淘汰一批养殖散户和小型养殖户；同时推动屠宰加工企业加速整合，发挥其规模和资本优势，实现纵向一体化扩张，通过收购兼并进军上游生猪养殖环节；鼓励下游终端零售商的规模扩张，培育消费者的猪肉品牌意识，逐步形成"种猪繁育→仔猪繁殖→生猪饲养→屠宰加工→终端销售"的完整产业链。根据目前养殖散户和大、中型规模化养殖场所占比例，以及现有诸多阻碍因素的存在，地方政府应该鼓励生猪养殖适度规模化发展。根据规模经济理论，当规模达到一定程度时，受到成本、人才技术以及当地环境的承受能力等因素的影响，过大的养殖数量反而带来"规模不经济"，所以应根据当地资源条件、生产状况、市场消费能力、资金筹措能力、养殖者自身能力等因素寻找符合当地特色的盈亏平衡点，鼓励适度规模，有选择性地进行补贴，不仅有利于生猪养殖者实现利益最大化，实现经济环境可持续发展，而且有利于生猪养殖产业的升级转型。

通过推进养殖规模化，改进养殖方式，实现行业转型升级，可以借鉴美国的经验，由育繁一体化模式转变为专业化养殖模式，实现从种猪选育、仔猪繁殖、养殖饲料等各方面的专业化。引入合同生产方式，采取"公司+规模化养殖专业户/公司"的模式，由大型屠宰加工企业为其合作的规模化养殖场提供资金、技术、疫病防治等专业服务，规模化养殖户按照合同要求定制生产，生猪供给在品质、数量、时间、地点等各方面都能得到有效保证，产业链效率大大提高，降低了养殖户承担的养殖风险，平缓生猪价格周期带来的市场风险。完成生猪行业的规模化、产业化、标准化，解决行业集中度低、行业整体盈利能力低和食品安全等问题。

2. 规范生猪养殖市场管理体制

与美国的管理体制相比，我国应该继续完善市场管理体制，不断提高动物卫生保障水平。我国生猪养殖规模化在发展过程中受到市场不完善、国际生猪价格波动等因素影响，国内生猪价格波动幅度较大。受信息不对称以及生猪养殖周期等因素影响，生猪养殖者无法根据生猪市场价格及时调节生产规模。市场失灵带来的资源配置过程中的问题，只能由政府调节，而单纯给予生猪养殖者补贴不能从根本上解决问题，要不断规范生猪养殖市场管理体制，在规范管理体制的过程中平衡养殖者、企业和消费者等多方关系，为生猪养殖规模化发展创造良好环境，促进生猪产业的转型升级。因地制宜制定养殖政策，每个地区的资源优势不尽相同、各具特色，地方政府需要综合考虑当地自然条件、环境承载力、经济水平、科研能力等多种因素，对生猪养殖产业制定具有地方特色的政策。对于适合养殖生猪的地区，地方政府应该针对生猪养殖的不同主体，包括退出养殖的散户、扩大规模的养殖者、生猪深加工企业等制定不同的鼓励和保护政策，鼓励生猪养殖产业规模化、专业化发展；对于不适合养殖生猪的地区则不能盲目鼓励发展生猪养殖项目，散养模式存在饲养分散、难以管理、市场影响滞后的问题，因此，有必要结合实际，鼓励散养户改变养殖模式，提高生猪养殖的集中度。采取措施保障养猪户的利益、化解生猪养殖过程中的风险；同时，通过政策导向，提高养殖户养猪的积极性；此外，还要提高养殖户在生猪产业价值链中的主体地位，增加其在产业链中的谈判地位和话语权，使其真正地公平分享生猪产业价值链创造的利润。

3. 培养技术人才，提高技术水平

人才的培养和引进对生猪产业发展至关重要。我国应积极提高生猪育种、疫病防治等方面的技术水平，加强科研院所与养殖基地的联系，促进科研成果的转化推广。发挥政府服务职能，搭建技术传播平台，为具备专业技能和研发能力的人才提供更好的发展环境，引进更多优秀人才。努力提高生产技术水平。生产技术包括品种改良、饲料加工技术、饲养管理技术、疫病防控技术等。我国小规模生猪养殖户大多采取外购和自繁自育的方式获得仔猪，不关注仔猪品种和品质，生产过程中不注重饲养管理、饲料品质、疫病防疫等环节，无法保障生猪质量与品质，更无法满足消费者对猪肉产品的多元需求。规模化养殖场或与农业龙头企业签订合约的养殖场，在养殖上更关注品种改良、饲养管理、饲料加工、兽医防疫等环节，喂养技术和管理水平相对更加科学规范。提高生猪养殖生产技术水平不仅有利于提高生产效率和产量，减少养殖户的疫病损失，促进养殖户增收，更有利于提高生猪产品质量。

4. 推进生猪期货，发挥金融支持作用

适时推出生猪期货，美国为推动生猪养殖规模化发展，促进生猪产业协同发展，保护养殖户的利益，1966 年推出生猪期货，1995 年推出瘦肉猪期货期权交易。养殖场作为生猪期货的参与主体，可以通过生猪期货交易及时预测未来市场的价格走势，根据养殖规模做出理性调整，减少生产经营的盲目性，从而实现价格发现和规避市场风险的作用。2009 年中央一号文件提出采取期货交易稳定和发展我国生猪产业。因此，我国应在适当的时间制定生猪质量标准，推出生猪期货，推动生猪养殖的规模化和标准化。养殖户通过参与生猪期货，预测未来猪肉价格的走势，充分发挥技术优势、资金优势、规模优势和成本优势，生产符合期货合约的标准化产品，规避猪肉价格大幅波动所带来的风险，提升猪肉的食品安全水平。一般的独立养殖户在没有担保的情况下，很难获得银行贷款或其他资金来源。因此，加大对养殖户的金融支持力度是必不可少的。农业发展银行等政策性银行应将生猪养殖户列为重点支持对象，加大政策性贷款力度。国家为支持三农发展，采取定向降准的政策，商业银行机构应将规模化养殖场作为优先贷款的对象，采取适当优惠的利率支持养殖场的发展。同时有效引导社会资本，比如农业引导基金、农业产业基金加大对养殖场的投资力度。发挥好农业上市公司的龙头作用，比如温氏企业、正邦科技、双汇股份等，加强与养殖场的生产合同模式合作，发挥资本市场的优势。同时完善能繁母猪保险并推出其他新的养殖保险品种，完善农业保险机制，降低规模化养殖户的市场、疫病等各种风险，促进养殖场与屠宰企业的协作。

5. 提升生猪产业协同发展水平

增强产业链各环节间的联结关系，减少生产风险和市场风险。目前，我国生猪产业链各环间的联结关系较弱，主要通过现货市场进行交易，生猪养殖户独自承担生产风险和市场风险，屠宰加工企业也面临数量和质量均不稳定的供货风险等。通过生产合约、销售合约或龙头企业一体化管理等方式增强产业链环节间的联结关系，一方面可以为各环节主体采购与销售产品提供数量和质量保障，另一方面各环节主体的利益联动会促使利润分配更加合理。推动公司与养殖户建立稳定的利益联结机制和权力平衡契约。首先，积极培育和引导企业与养殖户开展产业协同合作。在养殖行业前期投入较大笔专用资金的企业不容易产生投机行为，公司与农户的利益链接才有可能更加稳定。其次，为了避免对弱势一方形成冲击，还要引导企业与养殖户建立"双向抵押担保契约关系"，在这种契约关系中，养殖户要向公司缴纳押金，同时委托代养的公司也要向养殖户提供专用技术设施或者贷款担保等。这样公司与养殖户在契约关系上初步具备权力平衡的特征，双方都不容易违约，也容易形成稳定的利益链接。当这种产业协同模式建立以后，政府要加大对产业链的支持力度，进而推动更高水平的规模化发展。还要加大对投机性公司或投机行为的整治。对那些本身没有涉及生猪产业而基于投机目的进入生猪养殖领域的公司，要加强对它们的监管和治理。首先，要引导这类公司加大对专用资产的投入，提升这类公司加入生猪养殖领域的门槛，减少机会主义行为发生的可能；其次，对这类公司与农户签订的"合同"加强审核，避免给这类公司的投机行为留下机会；最后，教育农民要善于区别不同公司的风险，尽量不和这类公司合作，以免利益受到损害；一旦发现这类公司的违法行为，要加强惩治力度，确保养殖户的合法利益。

二、欧洲国家生猪产业协作发展的经验及启示

家猪是欧洲饲养最多的牲畜之一，德国、西班牙、丹麦、法国等欧洲国家是世界排名较前的养猪大国。2011年以来，欧盟地区的生猪饲养总量保持在1.4亿头以上，规模发展稳定，生猪产业发展历史长、影响力大，生产技术先进。并且欧盟中的生猪养殖大国采取了差异化的产业协作发展模式，为我国不同地区的生猪产业发展提供了多元化的经验。

如表10-1所示，根据欧盟统计局公布的统计数据，欧盟2018—2020年的生猪总存栏量均在1.43亿头以上，四年中欧盟地区生猪总存栏量最高为2020年的1.46亿头，相较均值1.44亿头的波动幅度约为1.39%，最低为2021年的1.42亿头，相较均值的波动幅度为-1.39%。这些数据说明欧洲的生猪产业发展平稳，整体波动小，这与成熟的生猪产业协作发展体系密不可分。

根据中华人民共和国国家统计局编著的《中国统计年鉴》，中国2011—2020年平均年底生猪存栏量为4.37亿头，其中2012年年底生猪存栏量最大，为4.76亿头，相较于平均值的波动幅度为8.92%，2019年年底生猪存栏量最小，

为 3.10 亿头，相较于平均值的波动幅度为-29.06%，即便去除 2019 年的特殊极值，次小值为 2020 年的 4.07 亿头，相较于平均值的变化幅度为-6.86%，波动较大。

表 10-1　2019—2021 年欧盟国家生猪数量（千头）及近十年均值

GEO（Labels）	2019	2020	2021	AVG
European Union-27 countries（from 2020）	143,146.16	145,877.38	141,655.58	143,692.43
European Union-28 countries（2013-2020）	147,887.16			148,175.64
European Union-27 countries（2007-2013）	146,865.16			147,041.93
Belgium	6,085.10	6,218.27	6,042.15	6,243.70
Bulgaria	491.81	592.1	694.66	592.87
Czechia	1,508.91	1,546.02	1,493.44	1,527.08
Denmark	12,728.00	13,391.00	13,152.00	12,678.91
Germany（until 1990 former territory of the FRG）	26,053.40	26,069.90	23,762.30	27,013.02
Estonia	301.6	316.6	308	321.23
Ireland	1,613.27	1,678.57	1,713.59	1,565.23
Greece	733	709	733	863.73
Spain	31,246.04	32,796.07	34,454.09	29,074.38
France	13,510.00	13,393.00	12,941.00	13,407.36
Croatia	1,022.00	1,033.00	972	1,109.85
Italy	8,510.27	8,543.03	8,407.97	8,629.70
Cyprus	351.76	359.06	360.68	366.25
Latvia	314.2	306.82	327.02	335.57
Lithuania	550.8	580.4	573.8	664.29
Luxembourg	84.04	82.13	78.33	87.65
Hungary	2,634.00	2,850.00	2,725.90	2,923.26
Malta	35.48	40.09	40.05	41.69
Netherlands	11,921.00	11,541.00	10,872.00	11,923.45
Austria	2,773.23	2,806.46	2,785.59	2,850.21
Poland	11,215.50	11,727.40	10,242.40	11,296.98
Portugal	2,255.87	2,251.97	2,221.02	2,149.83
Romania	3,834.10	3,784.50	3,619.60	4,547.65

GEO（Labels）	2019	2020	2021	AVG
Slovenia	240.14	229.48	215.71	268.39
Slovakia	589.23	538.31	453.08	593.8
Finland	1,062.20	1,103.90	1,093.70	1,171.47
Sweden	1,481.20	1,389.30	1,372.50	1,444.90
Iceland	35			36.63
Liechtenstein				
Norway				
Switzerland	1,354.03	1,315.10		1,452.37
United Kingdom	4,741.00			4,499.67
Montenegro	23			26.63
North Macedonia	136	164	186	176.6
Albania	183.85	158.4	159.24	174.9
Serbia	2,903.00	2,983.00	2,868.00	3,050.73
Turkey				
BosniaandHerzegovina	543	547		546.8
Kosovo（underUnitedNationsSecurity CouncilResolution1244/99）	40.53	45.39		42.27

数据来源：欧盟统计局

由上述分析可以得出，中国生猪产业的稳定性低于欧盟国家。影响生猪产业稳定性的因素很多，其中的关键点是，是否完善的构建了适合本地区基本情况的生猪产业发展体系。本章节将选择欧洲部分生猪生产大国和情况特殊的国家，分析其生猪产业协作发展模式，总结欧洲国家在生猪产业发展上值得中国学习的经验及启示。

（一）西班牙

西班牙不单是欧洲的猪业强国，也是我国进口猪肉的主要来源国。2021年，在我国对西班牙猪肉进口量下降了10%的情况下，中国总进口量仍占西班牙出口量的39%。2021年，西班牙生猪养殖数量为34,454,090头，该年欧盟生猪的总养殖为141,655,580头，西班牙占比24.32%，接近整个欧盟生猪总养殖量的四分之一。如图10-1所示，2021年，西班牙是欧盟生猪养殖量最大的国家，当年西班牙宰杀了超过5830万头猪，生产了约520万吨肉类，猪肉产量占欧盟总产量的 22.1%，欧盟排名第一，全球排名第三，仅次于中国和美国。但是仅仅在五年前，西班牙的生猪生产只占欧盟总产量的 18%，在欧洲只可以排到第五名。西班牙的生猪产业发展水平明显高于欧盟平均水平，在过去的五年中，欧盟的肉类产量只增长了 0.3%，同期西班牙的产量增长了近 24%。西班牙的生猪产业规模大，技术先进，发展速度快，有很多值得学习的经验及启示。

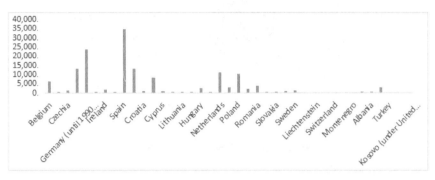

图 10-1 2021 年欧盟国家生猪养殖数量

数据来源：欧盟统计局

1. 西班牙生猪产业发展的环境

（1）自然环境

西班牙地处欧非交界处的伊比利亚半岛，东北部与同样为生猪养殖强国的法国接壤。西班牙国土面积为 50,5925 平方千米，拥有较长的海岸线，国内自然地理环境多山，河流多但降雨量小，森林总覆盖面积占国土面积的 30%，全国除西北部地区较为潮湿之外，其余地区比较干燥，农业生产需要灌溉。为了满足其农业生产需要，西班牙在 20 世纪时推行了一系列以水利为核心的农业产业升级建设，修建了水库水区，改善了灌溉条件，扩大了灌溉面积，进行基础道路建设，改善了农业区的交通运输条件，为生猪产业的发展打好了基础。

（2）经济环境

西班牙是较为发达的资本主义国家，完成了工业化，经济总量在全世界可以排到前十五。除了工业较为发达之外，西班牙的农业现代化水平也十分高，橄榄油产量和葡萄种植量位居世界第一。西班牙农业用地占国土面积约 14%。种植业主要作物有葡萄、橄榄和柑橘等，畜牧业则以牛和猪为主。如图 10-2 所示，2020 年西班牙农业用地结构显示，西班牙的农业用地中 49% 用作种植耕地，32% 用作牧场养殖，19% 用作木材林场种植，生猪产业发展有充足的土地资源。西班牙的生猪养殖数量占所有畜类养殖数量的 41.5%，牛的养殖数量则占

28.1%，其余的部分是其他所有畜牧类动物的养殖量总和，因此生猪产业是西班牙畜牧产业发展中最重要的部分。

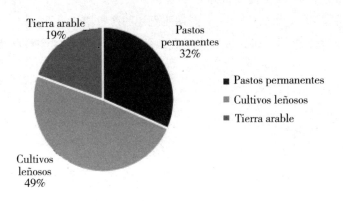

图 10-2 2020 年西班牙王国农业用地结构

数据来源：西班牙王国统计局

（3）政策环境

西班牙十分重视生猪产业发展的政策支持，西班牙农业、渔业和食品部（Ministerio de Agricultura，Pescay Alimentación，以下简称 MAPA）成立了专门的部门来监管和支持生猪生产。在 MAPA 的官网上，建有与畜牧业相关的虚拟图书馆，存放着各种有关农业、畜牧业生产的技术指导类书籍和详细的数据统计内容，农场经营者可以很方便地在这里寻找需要的技术支持，获得想要的数据。利用这些技术指导和具体数据，农场经营者不但可以更加科学地饲养畜禽，还可以通过数据观测市场，规划自己农场的经营。西班牙政府专门成立了归属MAPA 管理的生态农业管理部门，专门审批和支持有机农业、有机畜牧业的发展。并且西班牙政府重视畜牧业领域的法治建设。例如，西班牙政府在 2012 年10 月 6 日再次修改了其最早于 1988 年批准的《欧洲公约》中有关畜牧农场动物保护最低标准的法条，既用法规保证了生猪养殖的规范和猪肉产品的质量，又给生猪农场提供参考依据，指导生产。

2. 西班牙生猪产业发展现状

如表 10-2 所示，1999 年西班牙农场数量为 1,289,451 个，2009 年减少为989,796 个，相较 1999 年下降 23.24%，到了 2020 年减少为 914,871 个，同比下降 5.81%，环比下降 7.57%。西班牙畜牧农场数量 1999 年为 791,819 个，2009年下降为 242,630 个，相较基期下降 69.36%，变化幅度较大，到了 2020 年畜牧农场数量进一步下降为 169,576 个，同比下降幅度为 9.23%，环比下降幅度为

30.11%，变化幅度变缓，但仍处于下降状态。西班牙有机畜牧场数量相对较少，不过一直在缓慢增长中，有机生猪数量约占总生猪数量的 0.3%。西班牙对有机畜牧场的定义是旨在通过优化和合理利用资源、尊重环境、动物福利和不使用合成化学物质，为消费者提供优质新鲜食物的一种畜牧系统。

表 10-2　1999 年，2009 年，2020 年西班牙王国农场变化情况

	1999	2009	2020
Número de explotaciones agrarias	1,289,451	989,796	914,871
Número de explotaciones ganaderas	791,819	242,630	169,576
Explotaciones de ganadería ecológica	21	25	26

数据来源：西班牙王国统计局（INE. Instituto Nacionalde Estadística. https：//www. ine. es/）

如表 10-3 所示，西班牙饲养生猪的养殖场数量为 34,673 个，占畜牧场总数的 20.45%，低于牛和羊的占比。表 10-3 中所有畜牧场加起来的数量为 237,207 个，高于表 10-2 中的 169,576 个，这是因为部分畜牧场会养殖两种和两种以上的畜禽。2020 年西班牙生猪养殖场的数量为 34,673 个，相较 2009 年下降了 50.3%，下降幅度远高于牛、羊和山羊牧场，但是低于鸡和兔养殖场的下降幅度。但生猪养殖数量不降反升，总数量为 30,091,215 头，相较 2009 年增长了 21.8%，说明西班牙的生猪养殖场规模正在快速扩张，并且生猪养殖数量是西班牙主要畜牧养殖动物中增长幅度最大的。

根据西班牙 MAPA 公布的 2021 年猪肉生产主要经济指标，在过去的十年中，西班牙的小规模养殖场大幅减少，下降幅度超过 22%，而大型养殖场的数量，尤其是规模最大的一类数量快速增长。

表 10-3　2020 年西班牙王国各类牲畜的饲养数量

	Explotaciones	%Variación sobre 2009	Cabezas	%Variación sobre 2009
Bovinos	90,557	−19	6,760,391	15.7
Ovinos	61,131	−11.4	16,009,410	−3.4
Porcinos	34,673	−50.3	30,091,215	21.8
Caprinos	29,155	−2.4	2,668,891	12.9
Aves de corra	18,883	−80.5	211,580,762	5.3
Conejas	2,808	−88.7	771,274	−29.2

数据来源：西班牙王国统计局

　　表 10-4 为西班牙统计局根据牲畜总数（UGT）按牲畜规模划分的生猪农场数量。生猪养殖规模为 100~500ugt 的农场在西班牙分布最多，有 9,239 个，养殖的生猪数量为 6,879,145 头，占全国总数量的 22.86%。生猪数量占比最大的为规模大于 500ugt 的大型畜牧场，西班牙全国共有 5,297 个，生猪数量为 22,214,986 头，占全国生猪总数的 73.83%。这一数据很好地解释了为什么从 1999 年以来西班牙的生猪养殖场一直在减少，但是生猪养殖数量却一直在增加，因为西班牙的生猪养殖在向着更加规模化和集约化的方向发展。前文所提到的西班牙 MAPA 发布的 2021 年生猪统计报告同样佐证了这一点。

　　大型甚至超大型养殖场的发展有利于生猪产业协作的发展。一方面，大型的生猪养殖场可以为上下游企业提供稳定的商单，保证上下游的稳定发展；另一方面，大型养殖场拥有足够的资金优势，可以将上下游企业转化为自身的一部分，实现内循环，进一步降低生猪生产成本，增强农场的稳定性。在全球努力实现碳中和的今天，大型的生猪养殖场有足够的资金承担生猪粪污治理的成本，并且可以利用自身的规模和技术将粪污资源化利用，实现生猪产业的绿色发展。

表 10-4　2020 年西班牙生猪农场及养殖数量统计

	Noexplotaciones		Cabezas		UGT	
	Valor	Tamañomedio	Valor	Tamañomedio	Valor	Tamañomedio
Todas las explotaciones	34,673	.	30,091,215	868	8,139,797	235
<2ugt	4,535	.	10,932	2	3,348	1
2~5ugt	3,238	.	22,727	7	5,747	2
5~10ugt	2,285	.	29,348	13	7,034	3
10~20ugt	2,481	.	60,948	25	12,110	5
20~50ugt	4,067	.	275,673	68	43,911	11
50~100ugt	3,531	.	597,456	169	100,663	29
100~500ugt	9,239	.	6,879,145	745	1,728,610	187
>=500ugt	5,297	.	22,214,986	4,194	6,238,374	1,178

数据来源：西班牙王国统计局

（注：UGT 即 Unidades Ganaderas Totals）

3. 西班牙的生猪产业协作

　　西班牙的生猪产业生产逐渐向规模化、现代化、低碳化和重视动物福利的方向发展。其主要的生猪生产模式是以家庭农场为基本养殖单位，通过专业的大型生猪企业（合作社）进行链接，形成规模化优势，向上下游产业链发展，最终形成具有行业竞争优势的生猪生产合作社集团。

我们以西班牙著名的生猪企业高云公司（Coren）为例。

高云公司成立于1950年，其使命和愿景是"可持续发展、高度竞争、团结一致"。在经营管理方面，高云公司与7000多个家庭合作，将猪、牛、兔和鸡的生产者关联起来，所有的生产经营活动通过高云公司系统整合，因此高云公司将自己称为"cooperativade cooperativas"，即合作社的合作社，或者二级合作社。高云公司采用"Model Coren"管理方式，农民可以直接参与到经营管理中，使农民对生产过程产生责任感，在这种责任中实现全过程管理，提高产品质量。

该企业最初成立的目标是效仿美国的家禽养殖，推广养殖小鸡。1979年高云公司收购了位于波里尼奥（Porriño）的 Industrias Frigoríficasdel Louro（Frigolouro）工厂，开始在猪肉产业发展。20世纪80年代，高云公司连续成立两家饲料工厂，开始实现饲料的自给自足。2003年，高云公司使用了当时世界上最新的技术和家畜饲料标准，在卢戈（Bonxe）建立了动物营养工厂。高云公司通过收购或者自建饲料工厂的方式与生猪产业链上游协作发展，很好地降低了养殖成本，提高了市场竞争力。比如在2021年，由于生产成本的增加，饲料原料成本的上涨，西班牙生猪市场在2021年收盘时比去年同期低了7%，比过去五年的平均值低了11.5%，但是高云公司却不降反增。

1995年，高云公司将其猪肉加工中心扩大到80,000平方米，增强猪肉加工能力，满足逐渐增长的来自亚洲市场的需求，这意味着高云公司在生猪产业链的下游更进一步。2012年 Coren 公司推出了 Selecta 系列栗饲猪肉，并于2013年在卢戈（Bonxe）开设了可容纳700,000件的现代化猪肉加工设施，直至现在栗饲猪肉仍为其最成功的生产线之一。高云公司通过积极拓展猪肉生产线，研发新的生猪养殖方法和猪肉生产技巧，实现了生猪养殖与猪肉加工之间的产业协作。该模式不仅使生猪出栏价格更高、猪肉加工成本更低，而且能保证自有猪肉产品的质量，既提升了自己的收益，也维护了消费者的权益。

2015年高云公司建立了遗传育种中心和可再生能源工厂，这标志着高云公司已经进入现代化自主育种和低碳生产的行列。2018年，高云公司在弗里奥尔（卢戈）开设了其遗传选择中心，进一步加强其生物育种能力。生物育种是生猪产业中十分重要的部分，优良的生猪种猪可以明显增加养殖户的各项收益。养殖户从其他来源购买种猪不但价格昂贵，而且质量参差不齐，难以得到保证。高云公司自主育种进行生产，再将种猪销售给加入公司的养殖户和自有生猪牧场，既保证了种猪质量，又降低了养殖户养殖成本，增加了公司的收益。

2017年高云公司成为西班牙最大的肉类农业食品公司，其总产量占利西亚地区牲畜产量的 50% 以上。2021 年，高云公司在其家禽加工中心建成沼气工厂，该沼气工厂是畜牧行业一个具有开创意义的项目，致力于可持续生产和循环经济的发展。这一新设施是西班牙肉类食品行业的一个独特项目，也是欧洲首批此类项目之一，它利用有机废物产生沼气作为主要的热能来源，每年将减少 5,500 吨二氧化碳排放，相当于 960 公顷的树木吸收的二氧化碳量。生猪养殖粪污的污染是生猪产业一直无法回避的问题，对于规模小资金少的单一家庭农场，粪污处理费用是难以负担的额外成本。高云公司将家庭农场集合起来，进行统一管理、统一处理，发挥了其规模化优势，并且减少了高云公司粪污处理设施的空置成本，保证设备可以稳定持续提供二次循环能源，践行了企业循环发展的理念，符合低碳发展趋势和欧盟的相关法律法规。

高云公司与 ABANCA 银行进行合作，在 2022 年 7 月 21 日更新了两个经营实体之间的财务协议。此次协议的重点是给参与公司经营活动的农户提供更加适应其需求的金融产品和服务，提升其资金可持续性和盈利能力。高云公司还与西班牙恩德萨（ENDESA）国家电力公司签订了为期 5 年的稳定价格供电合同，使生产经营活动可以稳定地获得长期能源供应，并为其农场的能效和可再生能源领域项目开发开辟了道路。高云公司在生猪行业的跨产业协作方面产生了巨大的作用，以其规模化优势与能源供应商、银行直接签约，形成了符合高云公司农户实际生产需要的金融支持方案和稳定的能源供给，大大增强了西班牙生猪产业的发展竞争力。

需要额外提到的是，高云公司重视动物福利保护，坚持可持续发展，进行生产链的全过程质量控制，领先发展可追溯农产品，采用纯天然、不使用任何人工合成化学添加剂的生猪养殖方式。当前的西班牙乃至整个欧盟都很重视畜牧养殖业的动物福利水平，高云公司为此制订了一系列的养殖规范，比如规定每只生猪的最小居住面积，不可以用鸡笼固定饲养蛋鸡、肉鸡等。通过实行一系列措施，高云公司切实保障了其猪肉生产的质量，同时迎合了欧洲市场的消费者，遵守了欧盟和西班牙的规定。西班牙另一著名猪肉销售企业 eLPOZO 公司，也在其官网上公布该公司的猪肉生产遵守动物福利保护原则，养殖的生猪拥有健康良好的生活环境，采用了可持续的生产模式。在这种状况下，单一农户很难保证其生猪生产符合相关法规的规定和消费者的要求，类似于高云公司这种规模化生产经营方式的优点便体现出来了。

4. 小结

西班牙生猪产业发展历史悠久、技术先进、规模庞大，拥有许多值得我国学习的经验。在生猪产业整体发展层面，西班牙注重鼓励大型农牧企业的发展，增大单个农场的养殖规模，通过大型的农牧场和畜牧企业联合散养小农户，形成规模集群来提升生猪生产的总体效益，为生猪产业协作打下基础。在生猪产业内协作层面，大型生猪畜牧场和联合企业利用规模化资金优势，在上游建立饲料生产工厂、育种中心等，降低生猪养殖成本，规避因为生猪产业上游变化引起的收益风险；大型生猪畜牧场和联合企业利用规模化生产优势，在中游建立起科学养殖中心，创新科学高效的生猪养殖方式，并培训加盟的中小养殖户，整体提高生猪养殖的效率；大型生猪畜牧场和联合企业利用规模化产量优势，在下游建立起生猪屠宰场、猪肉制品加工场、肉类销售公司等，保证了生猪加工过程中的产品质量，增加销售利润，提高了生猪养殖全过程的收益。在生猪跨产业协作层面，大型生猪畜牧场和联合企业利用规模化需求优势，与能源供应商、银行、设备生产商等直接签订合同，以优惠的价格定制更符合规模养殖场的产品与服务，保证生产顺利、稳定地进行。

（二）德意志联邦共和国

如表 10-5 所示，德意志联邦共和国（以下简称德国）从 2018—2021 年连续四年的生猪养殖量都在两千万头以上，仅次于西班牙，在欧盟排名第二。德国 2018—2020 年的生猪数量均在两千六百万头以上，分别占欧盟生猪总量的 17.85%、17.62% 和 17.87%，占比较为稳定。2021 年德国生猪数量下降为约两千三百万头，占欧盟总量的 16.77%，占比有所下降。德国生猪产业发展呈现下降的趋势。根据德国养殖户协会在 2021 年的一项调查报告显示，有将近七成的生猪养殖户认为营收空间小，有退出生猪养殖行业的意愿。在欧洲生猪产业发展的近 30 年中，德国从一个猪肉进口国成长为曾经的欧洲第一猪业大国，再到如今其生猪产业初现疲软态势，其中的发展经验和问题值得我们学习和思考。

表 10-5　2018—2021 年欧盟生猪养殖量（千头）

GEO（Labels）	2018	2019	2020	2021
European Union-27 countries（from 2020）	143,518.56	143,146.16	145,877.38	141,655.58
European Union-28 countries（2013-2020）	148,166.56	147,887.16		
European Union-27 countries（2007-2013）	147,117.56	146,865.16		
GEO（Labels）	2018	2019	2020	2021
Belgium	6,209.13	6,085.10	6,218.27	6,042.15
Bulgaria	654.55	491.81	592.1	694.66
Czechia	1,507.58	1,508.91	1,546.02	1,493.44
Denmark	12,642.00	12,728.00	13,391.00	13,152.00

GEO （Labels）	2018	2019	2020	2021
Germany （until 1990 former territory of the FRG）	26,445.40	26,053.40	26,069.90	23,762.30
Estonia	290.4	301.6	316.6	308
Ireland	1,572.15	1,613.27	1,678.57	1,713.59
Greece	721	733	709	733
Spain	30,804.10	31,246.04	32,796.07	34,454.09
France	13,713.00	13,510.00	13,393.00	12,941.00
Croatia	1,049.00	1,022.00	1,033.00	972
Italy	8,492.23	8,510.27	8,543.03	8,407.97
Cyprus	362.05	351.76	359.06	360.68
Latvia	304.9	314.2	306.82	327.02
Lithuania	572	550.8	580.4	573.8
Luxembourg	82.59	84.04	82.13	78.33
Hungary	2,872.00	2,634.00	2,850.00	2,725.90
Malta	36.29	35.48	40.09	40.05
Netherlands	11,909.00	11,921.00	11,541.00	10,872.00
Austria	2,776.57	2,773.23	2,806.46	2,785.59
Poland	11,027.70	11,215.50	11,727.40	10,242.40
Portugal	2,205.05	2,255.87	2,251.97	2,221.02
Romania	3,925.30	3,834.10	3,784.50	3,619.60
Slovenia	259.13	240.14	229.48	215.71
Slovakia	627.02	589.23	538.31	453.08
Finland	1,041.20	1,062.20	1,103.90	1,093.70
Sweden	1,417.20	1,481.20	1,389.30	1,372.50
Iceland	36	35		
Liechtenstein				
Norway				
Switzerland	1,393.19	1,354.03	1,315.10	
United Kingdom	4,648.00	4,741.00		
Montenegro	23.6	23		
North Macedonia	196	136	164	186

GEO (Labels)	2018	2019	2020	2021
Albania	184.13	183.85	158.4	159.24
Serbia	2,782.00	2,903.00	2,983.00	2,868.00
Turkey				
Bosniaand Herzegovina	542	543	547	
Kosovo (under United Nations Security Council Resolution 1244/99)	40.16	40.53	45.39	

数据来源：欧盟统计局（Eurostat）官网（https：//ec. europa. eu/eurostat）。

1. 德国生猪产业发展的环境

（1）自然环境

德国地处欧洲中部，国土面积 357,582 平方千米，人口约有 8293 万人，是欧盟国家中人口最多的国家。德国北边与生猪养殖强国丹麦接壤，还紧邻荷兰、法国等生猪养殖强国，境内地理类型丰富，山峦、丘陵、高原、湖泊、海岸等农林牧渔业生产环境齐全。德国位于大西洋东部大陆性气候之间的西风带，空气较为凉爽，温差变化小，一年四季均有降雨，较合适农业生产。德国的能源原料较为缺乏，国内使用的初级能源约有六成来自进口，但森林覆盖面积和水域面积较广。

（2）经济环境

德国经济总量在欧洲位居第一，生产总值在全球排名第四，工业基础强大，是全球八大工业国之一。德国农业十分发达，机械化程度很高。根据德国联邦统计局（Statistisches Bundesamt，以下简称 Destatis）公布的 2020 年全国农业普查，2020 年德国全国有 262,776 个农场，农业从业人员 937,900 人，约占全国总人口的 1.13%，远低于我国农业从业人员占比水平。农业用地 16,600,000 公顷，约占国土面积的 46.43%，远高于我国的耕地占比水平。得益于强大的工业基础和机械化农业生产模式，德国用相对更少的劳动力，耕种了相对更多的土地，农业生产效率很高。根据 Destatis 的 2020 年农业普查数据，约有 59% 的生猪集中饲养在下萨克森（Niedersachsen）州（约 860 万头）和北莱茵-威斯特伐利亚（Nordrhein-Westfalen）州（约 690 万头）。截至 2021 年 3 月 1 日，德国大约 32,000 个农场饲养了约 2,600 万头猪。养殖区域集中，形成了产业集群，具备规模化和集约化优势。

（3）政策环境

德国联邦政府将农业领域的企业划分为不同类型进行专门管理，更加符合农业企业的实际经营状况。联邦政府规定，经营方向为农业生产，且超过三分之二的农产品货币价值归属于同一生产部门的话，该农业企业就会被认定为专业公司（Spezialisierten Betrieben），从而区分出耕作、园艺、永久作物、饲料生产等经营方向。若该企业的经营生产业务广泛分布在农业生产的多个生产部门，则该企业会被认定为综合公司。联邦政府鼓励年轻人创办农场，自 2015 年以来，除了已有的资金补助外，政府还提供年轻农民保费（40 岁以下为年轻农民），进行额外资金支持，年轻农民可获得约为投资金额 10% 的额外补贴，最高可达 20,000 欧元。联邦政府制定了一系列能源转型政策，政策的两大重点是大力发展可再生能源和提高资源利用率，鼓励了生猪养殖行业粪污的资源化利用，现在德国利用动物粪污等生物能源的发电量占可再生能源发电总量的 60% 以上。另外，德国联邦食品和农业部（Bundesministerium für Ernährung und Landwirtschaft，以下简称 BMEL），将在今年年底之前启动为牲畜定制强制性的畜牧业标签的项目。该标签是为了消费者可以追溯到自己购买肉类产品的养殖地、有机水平等，保障动物福利水平和消费者的知情权，联邦政府还将为采用高动物福利养殖的农户提供资金补贴。

2. 德国生猪养殖现状

如图 10-3 所示的德国生猪养殖数变化情况，2010—2014 年德国生猪数量连年增长，2015—2020 年开始逐渐下降。2010 年，德国生猪养殖数量为 26,900,830 头，2014 年增长到最高点 28,338,990 头，3 年间增长了 1,438,160 头，以 2010 年为基期的增长率为 5.35%，年均增长率为 1.34%，增长幅度较平缓。虽然 2015—2017 年生猪养殖数量有所下降，但均在 2700 万头以上，仍高于 2010 年。2021 年时，生猪数量下降为 23,762,300 头。相较于 12 年中最高水平减少了 4,576,690 头，下降幅度为 16.15%。相较于基期 2010 年，减少了 3,138,530 头，下降幅度为 11.67%。即便是相较于前一年的 26,069,900 头，2021 年生猪数量也减少了 2,307,600 头，环比下降幅度为 8.85%，高于 2010—2014 年四年的总增长幅度。Destatis 根据德国国内农业普查结果分析，新冠疫情的冲击导致国内猪肉消费市场萎缩和国外（尤其是中国）进口需求下降，致使猪肉供给过剩，生猪价格下降，养殖户面临亏损风险，导致了 2021 年生猪数量的大幅度下降，并且未来可能会保持这一下降趋势。

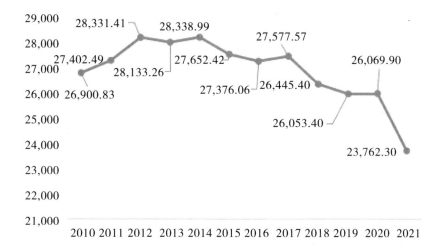

图 10-3　2010—2021 年德国生猪数量变化趋势（千头）

数据来源：欧盟统计局

如表 10-6 所示，德国农场的数量一直在减少。2010 年全德国共有 299,100 个农场，到 2020 年时减少为 260,800 个农场，减少了 38,300 个，相较 2010 年减少了 12.81%，下降幅度较大。其中畜牧类农场从 2010 年的 216,100 个变为 2020 年的 168,800 个，减少了 47,300 个，相较 2010 年下降幅度为 21.87%。2010 年畜牧类农场在农场总数中占比 72.25%，2020 年时下降为 64.23%。2010—2020 年间，德国非畜牧类农场的数量是增加的。这表明，现阶段在德国经营非畜牧类农场获得的总效益要高于畜牧类农场，因此有部分畜牧类农场退出市场或者转型为非畜牧类农场。2010 年从事生猪养殖的农场有 60,100 个，2020 年时下降为 31,900 个，减少了 28,200 个，相较 2010 年下降幅度为 46.92%，变化幅度较大。生猪农场数量占畜牧类农场数量的比重从 2010 年的 27.81% 变为 2020 年的 18.90%，呈现下降的趋势，说明从事生猪养殖的农场转型或者退出市场的速度，要快于其他畜牧类农场的同期水平。但是 2010—2020 年间生猪养殖数量只减少了 830,930 头，下降幅度为 3.10%，远小于生猪农场数量下降的幅度。由图 10-3 可知，2010—2021 年间德国生猪数量峰值为 2014 年的 28,338.99 千头，谷值为 2021 年的 23,762.30 千头，谷值相较峰值的下降幅度为 16.15%，同样低于生猪农场数量的下降幅度。

表 10-6 2010 年、2013 年、2016 年、2020 年德国生猪养殖概况

	2010	2013	2016	2020
农场总数	299,100	285,000	275,400	262,800
畜牧类农场	216,100	199,200	184,700	168,800
生猪农场总数	60,100	49,100	40,300	31,900
生猪的数量	26,900,830	28,133,260	27,376,060	26,069,900

数据来源：德国联邦统计局。

虽然相较于 2010 年养猪场数量下降了 47%，但是生猪的数量只下降了 4.6%，单个农场的生猪养殖数量明显增加，整体发展趋势类似于前些年德国国内的养牛业。德国的北莱茵-威斯特伐利亚州和下萨克森州是生猪养殖最多的两个州，这两个州共有 1,680 万个猪舍，占全国 2,780 万个猪舍的 60%，形成了高度集中的生猪产业集群，很大程度上加快了德国生猪养殖的规模化。在费希塔、克洛彭堡、埃姆斯兰、奥斯纳布吕克等生猪养殖多的区域，放养密度为 700 头/100 公顷，全国的放养密度为 159 头/100 公顷，生猪活动范围广，养殖质量高。

在 2010—2020 年的发展过程中，德国每个公司的生猪数量平均增加了 82%，但是全国猪舍总数下降了约 3%。这是由猪舍技术变革造成的。例如，采用 "z. B. digital Lüftungs-und Fütterung Anlage" 技术的猪舍系统，对于小型猪场来说成本过高，只有大型公司会采用，加快了生猪产业向大型企业发展的趋势。

如图 10-4 所示，2010 年德国平均每个生猪农场的生猪数量约为 447.60 头，2013 年约为 572.98 头，2016 年约为 679.31 头，2020 年约为 817.24 头，农场平均养殖规模扩大，小规模养殖户逐渐退出市场，大规模养殖户快速发展，呈现出与丹麦一样的发展趋势，并且年平均增长速度由 2013 年的 9.34%，加快为 2020 年的 13.6%。

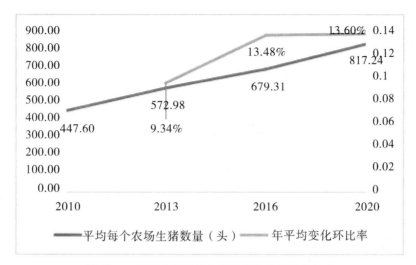

图 10-4 德国农场平均生猪数量和年平均变化率

数据来源：德国联邦统计局。

德国 2016 年的农业结构调查结果显示，德国 40，000 个养猪场中，大多数是家庭农场，其中大约有 35% 的养猪场生猪数量少于 50 只。这些农场通过收入组合增加农场的收入。收入组合是通过使用农场的生产资料而不生产自己的农产品获得的额外收入。2010 年，有 31% 的农场利用收入组合增加收入，到 2020 年，德国大约有 42%（110580 个）的农场能够拥有至少一种可靠的其他收入来源，呈现增长趋势。在 2020 年的农业普查中，记录了 12 个农场的额外收入来源，最多的四个分别是可再生能源的生产、林业、为其他农场工作和直接加工销售农产品。其中有 47% 的农场利用可再生能源创收，29% 的农场利用林业创收，25% 的农场（主）为其他农场工作创收，17% 的农场靠额外加工销售农产品创收。2020 年，五分之一的农场（共 23510 家）一半的营业收入来自其他收入，收入组合使农场的收入来源日益多样化，增强了其抗风险能力。

3. 德国生猪产业协作发展

在德国，现代养猪业的目标是卫生、高效和具有成本效益的生产。大多数公司选择专注于单个生产步骤的横向专业化发展，如仔猪生产、育肥、饲料生产、生猪屠宰等。以下将对几个德国著名的生猪行业企业进行说明。

（1）Tönnies 集团

Tönnies 集团成立于 1971 年，总部位于德国东威斯特伐利亚，核心业务为猪和牛的屠宰、加工和精炼，其猪肉产量占德国猪肉市场份额的 33.4%。公司80% 的猪来自屠宰场周围 100 公里的范围内，这也得益于德国生猪养殖的集群化。Tönnies 集团成立之初，是一家从事生猪屠宰的家庭农场，在 1990 年收购了 Weißenfels 的生猪屠宰场，扩大了自己的规模。1992 年，该公司建造了以生物单元为基础的先进屠宰工厂，并在 1997 年实现了 In-Line 生产（连续不间断生产）。2001 年公司建立新的肉类交易市场，实现与客户的直接沟通，能够更快地适应市场变化。2003 年，Tönnies 集团的屠宰场已经发展成为欧洲最发达的屠宰场。2005 年，在丹麦建立屠宰场，开始向国外发展。2017 年合并其他公司，形成肉类、便利速食、香肠、配料和物流五大业务板块。2019 年接管了位于英国的 C&K Meats 屠宰场，进一步扩大了自己在国际上的发展规模。2020 年与德康（Dekon）集团合作在中国开设第一家非欧洲屠宰场，在四川地区的初始年屠宰量为 200 万头生猪。

（2）Deutsche Tiernahrung Cremerr 公司

Deutsche Tiernahrung Cremerr 公司（以下简称 Druaka）是德国最大的私营饲料制造商。Druaka 公司的核心业务是生产牛、猪、家禽以及各种宠物的复合饲料，2020 年该公司总共生产了约二百六十万吨饲料，是德国生产销售饲料最多的厂商之一。Deutsche Tiernahrung Cremerr 公司为多家饲料公司合并而成，其历史最早可以追溯至 1880 年德国第一家生产牛和猪的复合饲料的工厂。2003 年，Peter Cremer Holding 收购了当时仍然独立的公司 Deuka Deutsche Tiernahrung，四年后通过与 Cremer Futtermühlen 合并，最终创建了德国最大的私人复合饲料生产商：Deutsche Tiernahrung Cremer。著名的复合饲料生产商 Club Kraftfutterwerke 和 Nordkraft 目前已经成为 Cremer Futtermühlen 的一部分，并且通过合并与 Deuka 一起在新公司中形成了重要的饲料品牌。Druaka 公司还成立了专门生产和销售用于食品行业的谷物和用于工业生产的油脂化学产品的部门，但是在畜牧业领域 Druaka 并没有突破产业链环节，扩展到中下游进行发展。

（3）German Federal Hybrid Breeding Programme 公司

German Federal Hybrid Breeding Programme 公司（德国联邦杂交育种计划公司，以下简称 BHZP GmbH），是德国最大的生猪育种公司之一，已有 40 余年的发展历史，目前发展了五大支柱产业。第一大支柱是遗传学和初级育种；第二大支柱是拥有实现快速育种所需的最重要的人工授精基础设施；第三大支柱是拥有自己的兽医服务协会；第四大支柱是拥有自己的人工智能站和健康状况良好的公猪；第五大支柱是内部开发的面向顾问、营销组织和生产商的用户友好型软件解决方案。但是这五大支柱产业并没有突破 BHZP GmbH 公司在生猪产业链中的位置，并未形成跨产业链上下游的发展。BHZP GmbH 公司的总裁在谈及未来的发展时，也只是想创建更大的育种种群和人工智能管理中心，将公司的业务推广到更远的地方。

4. 小结

从以上三家公司的发展经历可以看到，德国生猪行业企业在成长过程中，并没有选择向上下游和其他产业链环节进行拓展，而是选择生猪产业链的同一位置向专业化发展，进行设备升级、跨国并购等扩大自己的规模，与西班牙采用的模式并不相同。在生猪产业协作方面，德国生猪养殖农场数量多、规模较小，各大生猪企业则在自己的领域为这些农场提供专业化的服务，缺少贯穿生猪全产业链的代表性企业。不过德国生猪养殖场正在朝着大规模的方向发展，德国联邦统计局（Destatis）也指出，目前德国一些生猪企业正在尝试贯穿生猪产业链的新发展模式。

（三）丹麦

丹麦不仅是欧盟第三大生猪养殖强国，也是世界生猪养殖大国。丹麦的生猪养殖业发展较为稳定，近年来无太大变化。如表10-6所示，2010—2021年丹麦的生猪养殖数量由 12,293,000 头增长为 13,52,000 头，12 年的增长量为 859,000 头，相较 2010 年增长幅度约为 6.99%，增长较为缓慢。2010 年，丹麦生猪数量占欧盟总数量的 8.62%，到 2020 年时丹麦生猪数量占欧盟总数的 9.28%，呈现稳健上升的发展趋势。

1. 丹麦生猪养殖环境

丹麦位于欧洲北部，南面与欧洲的生猪养殖大国德国接壤，海岸线长，适合贸易的发展。丹麦的气候属于温带海洋性气候，降水丰富，气温较为平稳，适宜农业生产。丹麦是发达的资本主义国家，工业经济占国内生产总值的三分之一以上，拥有先进的工业基础和现代化生产条件。丹麦先进的农产品加工工业基础，使丹麦农民拥有高效、规模化的加工业优势，超越了农场天花板的限制。丹麦金融银行体系效率高，金融服务产品多样，在资金层面有力地支持了农业的发展。丹麦有约 28,000 平方千米的耕地，占国土面积的 64.97%，农牧业高度发达。丹麦除了出台政策鼓励规模化企业之外，对于养殖动物福利和养殖中的可持续发展也做了规定。丹麦十分重视生猪生产的食品安全，制订涵盖整个生产链的沙门氏菌控制计划，保证猪肉生产和屠宰销售的安全。

2. 丹麦生猪养殖现状

由表10-6 中 2010-2021 年丹麦和欧盟生猪数量（千头）可以得知，丹麦的生猪产业平缓上升发展，在欧盟生猪养殖中占据的比重也在逐渐上升。表10-7所示为 2010—2020 年丹麦所有种类农场的数量，可以看到农场的数量是在不断减少的。首先，2010 年，丹麦的生猪农场数量为 5068 个，到了 2021 年丹麦的生猪农场数量下降为 2576 个，12 年间减少了 2492 个，相较 2010 年下降了49.17%，下降幅度很大。兼业饲养的农场数量同样越来越少。例如，同时饲养牛和猪的农场在 2010 年有 1075 个，在全部生猪农场中占比可以达到 21.21%，但是到了 2021 年时，同时饲养牛和猪的农场减少为 382 个，同年在全部生猪农场中占比为 14.83%，12 年间占比下降了 6.83%。以上数据展现的是丹麦兼业养殖农场数量的逐渐减少，越来越多的农场选择单一品种的专业化养殖。其次，丹麦全部的畜牧类农场由 2010 年的 24,646 个减少为 16,567 个，12 年间减少了8,079 个，相比 2010 年下降了 32.78%，小于生猪农场的下降幅度。生猪农场占全部畜牧类农场的比重由 2010 年的 20.56% 下降为 2021 年的 15.55%，意味着更多的生猪养殖户退出或者转型。畜牧类农场占全部农场的占比由 2010 年的58.54% 下降为 2021 年的 50.77%，说明丹麦的农场中有一多半在从事畜牧类养殖，但是这一比例正在下降。

从表 10-7 中 2010—2021 年丹麦和欧盟生猪数量（千头）的数据可以知道，丹麦生猪养殖数量在缓慢上升，与农场的变化正好相反，说明丹麦生猪养殖农场正在向更大的规模发展。如图 10-5 所示，2010—2021 年丹麦单个农场平均生猪养殖数量不断上升。2010 年时，丹麦每个农场平均养殖生猪 2,425.61 头，到了 2021 年时已经增长为 5,105.59 头，相较 2010 年增长了 110.49%，规模化发展速度很快，并且丹麦的生猪农场规模远远高于德国。

表 10-7   2010—2021 年丹麦和欧盟生猪数量（千头）

年份	Denmark	European Union–27 countries (from 2020)	European Union–28 countries (2013–2020)	European Union–27 countries (2007–2013)
2010	12,293.00	139,393.76	143,778.76	142,548.06
2011	12,348.00	145,482.86	149,808.86	148,575.46
2012	12,281.00	142,739.66	146,955.66	145,773.66
2013	12,402.00	141,858.51	146,241.51	145,131.51
2014	12,709.00	143,820.80	148,330.80	147,174.80
2015	12,702.00	144,324.03	148,746.03	147,579.03
2016	12,281.00	142,649.62	147,187.62	146,024.62
2017	12,832.00	145,543.55	150,256.55	149,135.55
2018	12,642.00	143,518.56	148,166.56	147,117.56
2019	12,728.00	143,146.16	147,887.16	146,865.16

续表

年份	Denmark	European Union−27 countries（from2020）	European Union−28 countries（2013−2020）	European Union−27 countries（2007−2013）
2020	13,391.00	145,877.38	:	:
2021	13,152.00	141,655.58	:	:

数据来源：欧盟统计局。

表 10-8　2010-2021 年丹麦各类农场数量（个）

年份	Farms with both cattle and pigs	All farms with pigs	All Livestock farms	All farms
2010	1075	5068	24646	42099
2011	914	4642	24209	40660
2012	872	4181	23505	39930
2013	819	3861	23606	38829
2014	681	3626	21239	37950
2015	845	3769	22129	36637
2016	698	3294	21298	35674
2017	661	3226	20884	34731
2018	618	3125	19228	34114
2019	544	2890	18286	33607
2020	549	2921	18028	33148
2021	382	2576	16567	31395

数据来源：丹麦统计局（Statistics Denmark）官网（https://www.dst.dk）。

　　丹麦生猪产业的可追溯生产发展十分超前，所有的猪都有唯一的 ID 编号，并登记到公共数据库中，生猪在产业中的转移发展情况也会被登记到数据库中。丹麦的追溯系统可以通过一块猪肉追溯到养殖范围内的一小群农民，而进入屠宰场的生猪可以直接追溯到某一个农民或者农场身上，包括生猪使用的药物也会被登记在丹麦的中央数据库中，丹麦也是世界上唯一一个在个体畜群和动物群体中登记药物消费的国家。通过强大详细的数据库，丹麦有效避免了不必要的抗生素类药物使用，保证了猪肉的质量。目前丹麦的兽药使用量为每千克猪肉少于 0.045 克，是世界最低水平。丹麦生猪养殖同样注重动物福利，对于生猪养殖各个阶段的最小居住面积、饲养水平、精神状态等做了规定。

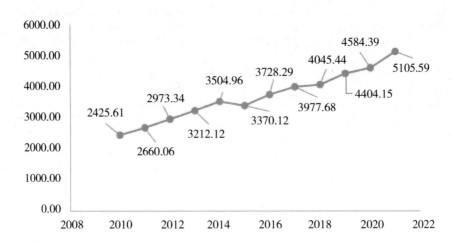

图 10-5　2010—2021 年丹麦单个农场平均生猪养殖数量

数据来源：丹麦统计局

3. 丹麦生猪产业协作发展

丹麦生猪产业链通过龙头公司链接合作社实现上下游衔接的协作发展。以丹麦最知名的生猪企业 Danish Crown（丹麦皇冠）为例，其最先由合作社发展而来，最后成为带动全国生猪养殖户的龙头公司，利用规模优势实现生猪产业间的协作发展。

丹麦皇冠是丹麦一家从事猪肉和牛肉加工的食品制造商，是欧洲最大的猪肉生产商，其接管了丹麦几乎全部的主要屠宰场。丹麦皇冠在 2010 年以前一直是以合作社身份存在的，2010 年之后，其社员通过投票将其转换为公司。丹麦皇冠由股东和参与其生产的 9000 多名养殖农民共同拥有，农民直接参与企业的经营生产，公司生产经营的决策会通过由公司管理层和养殖户组成的代表委员会进行表决。这一举措既促进了公司的长远发展，又保护了生猪养殖户的利益，很好地衔接了养殖、屠宰和销售。

为了保证生猪生产的安全、健康，丹麦皇冠不接受进口猪用于屠宰销售，其生猪全部来自国内的非进口猪种养殖户，并且产品都会有特殊的编号，确保从养殖到屠宰场的全程可监督。丹麦对饲料立法。由丹麦兽药和食品管理局进行饲料管理，保证动物的健康。丹麦的猪饲料以大麦、小麦和大豆等天然农作物作为原料，不添加任何激素。用于饲料的谷物主要由丹麦农民种植，通常是养猪者自己种植，并且大多数饲料厂归农民自己所有。这些措施从根源上保证了丹麦生猪的质量，也保证了种猪不会受到污染，同时将饲料生产与生猪养殖连接起来。

丹麦皇冠在其公司官网公布的未来五年的发展计划中提到：将更加注重可持续发展，提高动物福利，加强从农场到餐桌的全链条建设，使农民与生产更加紧密地联系起来，探索从生猪产业链中获取更多额外利润的方法。

4. 小结

丹麦的生猪产业呈现与其他欧盟生猪强国一样的规模化发展趋势，都是生猪农场数量下降，单个农场的养殖规模不断扩大。但是其生猪产业协作模式又不同于其他欧盟国家，丹麦生猪产业协作以合作社为主体，通过丹麦皇冠龙头企业联合经营，形成合作社联合经营体，贯通产业链的上中下游，实现高效的协作发展，扩展了规模，增强国际竞争力。

（四）法兰西共和国

法国是欧盟最大的粮食生产国和世界第二大农产品出口国，是欧盟第四生猪养殖强国，也是世界上拥有完整工业体系的现代化国家之一。如表 10-8 所示，2010—2021 年的 12 年间，法国生猪数量从 14,279,000 头减少为 13,152,000 头，减少了 1,127,000 头，相较 2010 年下降幅度为 7.89%，年平均下降率为 0.66%，下降速度较慢。2010 年法国生猪养殖数量在欧盟生猪数量中占比为 10.02%，到 2021 年下降为 9.28%，12 年间法国生猪养殖数量所占比重同样在减少，但是减少幅度较小。

1. 法国生猪养殖环境

法国位于欧洲中部，平原面积占国土面积的三分之二，气候类型多样，整体舒爽宜人，适宜农业生产。法国是世界上最发达的工业国之一，拥有完整的现代化工业体系，一度和德国一起成为欧盟经济增长的双引擎。强大的工业体系和经济环境，为农业提供了优越的发展条件。法国是欧盟最大的农产品生产国和出口国，全国农业生产已经实现机械化，农业生产效率很高。2020 年法国的农业用地面积为 269,000 平方千米，占法国国土总面积的 49%。法国政府十分重视畜牧业的发展，制定了一系列政策鼓励和规范生猪产业。

2. 法国生猪养殖现状

2015 年法国的农场监测显示，有 40% 的农场至少拥有一头生猪。根据法国农业部 2020 年的农业普查，2020 年法国经营着约 39 万个农场，其中 79% 的农场由单一经营者管理。相较于 2010 年的 49 万个农场，2020 年农场数减少了约 20%，其中专门从事畜牧业生产的农场降幅最大，超过 30%。然而农业用地自 2010 年以来只下降了 1%，在同等空间内的农场数量正在减少，农场进行整合，种植和养殖规模正在变大。10 年间面积小于 20 公顷的农场占比从 43% 下降到 38%，并且 200 公顷以下的农场数量均呈下降趋势，只有 200 公顷以上的农场数量有所上升。

如表 10-10 所示，法国生猪和家禽（Porcins，volailles）养殖场的数量由 2010 年的 29,080 个，减少为 2020 年的 18,658 个，减少了 10,422 个，下降幅度为 35.83%，大于畜牧业农场和总农场数的下降幅度。但是 2010—2020 年间，法国生猪数量的下降幅度为 6.20%，远小于猪和家禽农场数量的下降幅度。这间接说明了法国的生猪养殖农场正在向着更大数量的规模化发展。

如图 10-6，法国农场经营者逐渐趋于老龄化，小于 40 岁（德国定义的年轻农民）的农场经营者占比仅为 14%。2020 年，法国近 50 万名农民的平均年龄为 51.4 岁，比 2010 年增长了一岁。

表 10-9　2010—2021 年法国和欧盟生猪数量（千头）

年份	France	European Union-27 countries (from2020)	European Union-28 countries (2013–2020)	European Union-27 countries (2007–2013)
2010	14,279.00	139,393.76	143,778.76	142,548.06
2011	13,967.00	145,482.86	149,808.86	148,575.46
2012	13,778.00	142,739.66	146,955.66	145,773.66
2013	13,428.00	141,858.51	146,241.51	145,131.51
2014	13,300.00	143,820.80	148,330.80	147,174.80
2015	13,307.00	144,324.03	148,746.03	147,579.03
2016	12,791.00	142,649.62	147,187.62	146,024.62
2017	13,353.00	145,543.55	150,256.55	149,135.55
2018	13,713.00	143,518.56	148,166.56	147,117.56
2019	13,510.00	143,146.16	147,887.16	146,865.16
2020	13,393.00	145,877.38	:	:
2021	13,152.00	141,655.58	:	:

数据来源：欧盟统计局。

表 10-10　法国 2010 年和 2020 年不同种类农场数量

农场种类	2010 年	2020 年
Bovins	124,622	91,756
Grandes cultures	115,344	111,825
Viticulture	70,019	59,032
Polyculture, polyélevage	57,984	40,594
Ovins, autresherbivores	55,669	35,460
Porcins, volailles	29,080	18,658
Fruits	21,374	15,285
Horticulture, maraîchage	14,063	15,347

数据来源：法国农业及食品部。

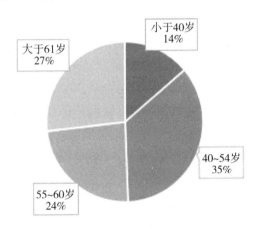

图 10-6　2020 年法国农场经营者年龄结构

数据来源：法国农业及食品部

但是，法国生猪养殖者的年龄相对比较年轻，如表 10-11 所示，生猪和家禽（Porcins，volailles）农场的经营者或劳动者，拥有 55 岁以上老人的比例仅占 41%，仅次于园艺生产（Maraîchage ou horticulture）的 40%，处于最低水平上。

表 10-11　法国各类农场经营者 55 岁以上老人的比例

农场经营者类型	比例
Cultures Fruitières	55%
Grandes Cultures	54%
Bovins Viande	52%

农场经营者类型	比例
Viticulture	51%
Bovins Mixtes	49%
Ovins, caprins et autres herbivores	48%
Polyculture Polyélevage	47%
Bovinslait	45%
Porcins, volailles	41%
Maraîchage Et Horticulture	40%

数据来源：法国农业及食品部。

以上数据及分析表明，当前法国生猪产业正在向着更大规模化的方向发展，生猪产业的从业者年龄趋于老龄化，不过相较于其他类型农场经营者的老龄化趋势明显较缓，且生猪农场规模化发展趋势较快。

3. 法国生猪产业协作

法国的生猪产业协作发展与西班牙王国的模式类似，都是以合作社的形式吸纳生猪养殖户形成合作社联合经营体，再利用自身的规模优势和技术，采取收购投资等方式，将业务拓展到生猪产业的各个领域，实现高效的产业协作。法国著名的生猪企业 Cooperl Arc Atlantique（科普利信集团）便是这样的例子。

Cooperl Arc Atlantique（以下简称 Cooperl）是法国最大的猪肉加工公司。1966 年，24 位生猪养殖户联合起来进行生产经营，奠定了 Cooperl 公司的基础。1978 年 Cooperl 公司收购了两个生猪屠宰场，实现了向下游的经营拓展。到了 20 世纪 80 年代，Cooperl 公司调整产品，发展直销业务，很快便成为法国四家最大的连锁超市的主要猪肉供应商，实现了其在生猪产业内的更进一步发展。1987 年，Cooperl 公司投资动物饲料生产，降低生猪养殖户的主要成本，实现在上游的发展。同年，Cooperl 创建 Calipro 公司满足其合作社成员在育种材料和设备方面的需求。1989 年，Cooper 公司创建了该公司第一家熟食和香肠制造工厂，进一步向下游拓展业务。20 世纪 90 年代，Cooperl 公司开始建设环境保护设施，将生猪养殖粪污进行资源化利用。2008 年，Cooperl 公司与法国第三大猪肉生产商 Arca 合作。2009 年，Cooperl 公司购买了布瑞林（Brocéliande）公司产业链条的腌肉环节，拓展了产业链，提高了猪肉经济效益。2011 年，Cooperl 公司收购 Défi Viandes 公司（该公司在城市中约有 83 家肉店），实现了从生猪育种到终端消费者之间的全产业链发展。同年，TRAC 技术（一种用于处理猪粪的创新解决方案）获得专利，进一步增强了 Cooperl 公司的污染处理能力和生物能源再利用能力。2013—2015 年，Cooperl 通过在中国和俄罗斯创建子公司，将其业务拓展到海外。2016 年，Cooperl 在中国林州的农场内安装了一台产能为 1500 立方的甲烷化生器，对于畜牧养殖过程中的废物资源化利用极具帮助。2017 年，Cooperl 接管了 Financière Turenne Lafayette 公司的腌肉部门，进一步扩大了自身在产业下游的发展。

4. 小结

法国适宜农业发展，生猪养殖数量多、实力强。近年来法国生猪养殖呈现与其他欧盟生猪强国一样的规模化发展趋势。法国的生猪养殖户组成合作社，依靠发展中形成的龙头公司，通过收购、投资等方式与生猪产业链的育种、饲料、环境、加工、销售等环节相链接，实现生猪产业的高效协作发展。

（五）俄罗斯联邦

俄罗斯生猪产量相较其他猪业强国较小，但是其国土面积广阔，与我国国土接壤，并且近些年正在大力发展生猪养殖业，增加猪肉产量，处于正在实现自给自足的阶段，属于新兴生猪养殖体，其部分发展经验值得学习。

1. 俄罗斯生猪产业发展的环境

自然地理环境层面，俄罗斯国土面积大，人口较少，拥有较好的自然条件，可以为生猪养殖提供充足的土地资源。俄罗斯在条件合适的地方积极发展大型养猪场，促进区域生猪养殖产业规模化，形成一定程度的区域产业集群。当前俄罗斯大型生猪养殖企业的养殖规模已经超过俄罗斯整体生猪养殖规模的一半。根据俄罗斯的自然地理环境和区域发展水平，其内部可划分为三个不同的畜牧养殖区域。其中，占据了俄罗斯国土面积一半以上的俄罗斯南半部，将种植业和畜牧业结合起来，为生猪产业的发展提供了良好的农业生产环境。俄罗斯生猪养殖的主要分布区域从大到小依次为：中央联邦管辖区、伏尔加联邦管辖区、西伯利亚联邦管辖区、西北联邦管辖区、乌拉尔联邦管辖区。其中，中央联邦管辖区的猪肉生产量占全国的 50%，伏尔加联邦管辖区的猪肉生产量占全国的16%，西伯利亚联邦管辖区的猪肉生产量占全国的 10%，西北联邦管辖区的猪肉生产量占全国的 8%，乌拉尔联邦管辖区的猪肉生产量占全国的 6%。俄罗斯其余地区的猪肉生产量共占 10%左右。

政策环境层面，俄罗斯从 20 世纪 90 年代以来便开始重视对生猪产业的政策支持，陆续出台了扶持生猪产业发展的诸多措施。俄罗斯政府计划从预算中为生猪养殖企业连续 8 年提供额度为再融资利率 80%的贷款和借款补贴。俄罗斯加入世贸组织之后，为保护本国相对薄弱的生猪产业，俄联邦政府设置了较高的关税壁垒。随着西方国家对俄罗斯经济制裁的加剧，俄罗斯农业部门将农产品和畜牧产品自给自足视为重要的发展目标。为了实现增产和保证本地生产安全，农业部积极建立和扶持育种中心，这与欧盟农业强国的措施高度相似。这些政策很好地促进了俄罗斯生猪产业的发展。

企业生产环境层面，俄罗斯国内已经有几千家大型生猪养殖场，并且在向着集约化和现代化的方向不断发展。以俄罗斯最大的前 30 家生猪养殖场为例，其中有 12 家过去从未涉足过生猪养殖领域，均因政府的扶持和市场的需求进行了投资建设。截至 2019 年，规模化的大型农场养殖户占全部生猪养殖户比例的 89%，而散养农户和小的养殖企业只占 10% 左右，俄罗斯的生猪产业在一定程度上实现了大型企业的规模化。上游的饲料生产企业也在逐渐进行产业升级，生产能力有较为明显的提升，可以为生猪生产提供一定的保障。以 2018 年为例，根据联合国粮农组织的统计数据，俄罗斯的饲料总产量为 1210 万吨，当年排名世界第九，其中生猪饲料产量约为 290 万吨。

消费环境层面，俄罗斯的猪肉消费呈现 U 形发展趋势，消费数量经过低谷，目前处于上升阶段。截至 2018 年，俄罗斯人均肉类消费量为 75 千克，与苏联解体前的 70 千克较为接近。这说明随着经济的好转，俄罗斯的肉类市场逐渐回升，未来的消费潜力大。

2. 俄罗斯生猪产业历史发展及现状

俄罗斯生猪产业规模呈现 U 形发展趋势。如表 10-12 所示，根据俄罗斯联邦国家统计局的数据，在 20 世纪 90 年代苏联时期达到顶峰水平，1990 年生猪出栏量约 38,300 头。苏联解体之后，俄罗斯联邦的经济迅速下滑，社会消费水平迅速下降，相应的生猪生产量也不断下降。1994 年俄罗斯生猪养殖头数下降到了 24,900 头，养殖数量最少的 2005 年为 13,800 头，相较于 1990 年的数据下降了 63.97%。之后俄罗斯生猪养殖呈逐渐增长的趋势，到 2019 年时增长到 25,200头，仍与 1990 年的数据有所差异。

表 10-12　1990—2019 年俄罗斯生猪养殖头数（头）

年份	总数	大型农业组织	农民散户	私营小企业
1990	38314	31238	7076	
1991	35384	27561	7728	95
1992	31520	23528	7776	216
1993	28557	20281	7929	347
1994	24859	16730	7781	348

年份	总数	大型农业组织	农民散户	私营小企业
1995	22631	14714	7556	361
1996	19115	11542	7245	328
1997	17348	10068	6962	318
1998	17248	9476	7393	379
1999	18341	9971	7901	469
2000	15824	8518	6903	403
2001	16227	8678	7095	454
2002	17601	9243	7843	515
2003	16278	8334	7394	550
2004	13717	7049	6191	477
2005	13811	7316	5929	566
2006	16184	8431	6937	816
2007	16370	8711	6801	858
2008	16217	9247	6171	799
2009	17287	10598	5914	775
2010	17251	10816	5630	805
2011	17263	11431	5159	673
2012	18785	13681	4540	564
2013	19010	14706	3834	470
2014	19452	15590	3432	430
2015	21406	17602	3336	468
2016	21925	18391	3079	455
2017	23076	19843	2806	427
2018	23727	20828	2521	378
2019	25201	22410	2448	343

数据来源：俄罗斯联邦国家统计局。

根据表 10-12 中的近 30 年来俄罗斯的生猪养殖数据，可以将俄罗斯的生猪养殖发展分为四个阶段。

第一阶段是 1991—1995 年，由于苏联留下的生猪产业基础和发展惯性，俄罗斯生猪生产维持在相对较高的水平。大型农业组织生猪养殖占据主体地位，产业化水平较高。这一时期俄罗斯面临的主要问题是：大量大型国有农业组织转为私有企业，但由于俄罗斯国内经济的整体下滑，市场需求降低，私有企业没有足够的资金支持生猪产业发展。于是这一时期俄罗斯的生猪养殖量和产业发展情况均处于下降状态。

第二阶段是 1996—2003 年，苏联留下的生猪产业发展惯性消失之后，大型农业组织生猪养殖数量急剧下降，总体数量长期处于低位。因为俄罗斯在该时期的政策鼓励私营企业和农户进入生猪产业发展，所以农户散养生猪数量维持在相对稳定的水平，私营小企业的养殖数量在这一阶段得到发展。

第三阶段是 2004—2009 年，俄罗斯开始进行生猪产业结构调整，大型农业组织生猪养殖数量开始逐渐回升，农民散户生猪养殖数量出现下降趋势，私营企业生猪养殖数量维持在高位水平。为了提高生猪生产效率，这一阶段俄罗斯出台了一系列政策鼓励大型农业组织发展生猪产业，以规模化的生猪产业来规范市场，提升政策执行效率，保护环境。

第四阶段是 2010 年至今，俄罗斯生猪养殖产业快速规模化发展，农民散户生猪养殖数量迅速下降，私营小企业养殖数量也下降到较低的水平。俄罗斯在这一阶段加入了世界贸易组织，市场经济快速发展，市场消费力提振，生猪养殖产业也迅速发展。俄罗斯政府出台了大量政策鼓励大型农业组织的发展，限制散养农户和私营小企业的发展，以求实现生猪产业的自给自足，并与国外知名生猪企业进行竞争。但是，现阶段俄罗斯生猪的供给仍然存在缺口，并且由于瘟疫、新冠疫情、俄乌冲突等因素影响，其国内的生猪生产和价格波动较大，生猪养殖企业和农户面临着一定的市场风险。

综上所述，2004 年以来，俄罗斯生猪养殖数量呈逐渐上升态势，农民散户和私营小企业的养殖数量不断下降，取而代之的是具有一定规模的大型养殖企业的发展。这一现象说明俄罗斯的生猪养殖业正在从分散的小规模养殖模式向规模化、专业化的方向发展。如图 10-7 所示，2019 年俄罗斯大型农业组织的生猪养殖数量占全国的 89%，而农民散户和小型私营企业一共占 11%。大企业经营生猪产业拥有生猪产业协作发展的先天有利条件，俄罗斯大型农业组织的发展也与联邦政府出台的鼓励政策密切相关。俄罗斯政府将工业化养殖摆在重要位置，将政策和发展的重心放在大型农业养殖企业的发展上，为生猪产业链之间的协作发展提供了便利条件，打下了基础。

截至 2019 年，俄罗斯排名前 20 的生猪养殖企业的生猪出栏量占全国总出栏量的八成以上。其中，Miratorg、Rusagro、Cherkizovo、AgroBelgoria 公司是俄罗斯最大的四家综合性养猪企业，均拥有下游加工产业链，实现了中游养殖和下游屠宰的自我衔接，整体成本较低，效率高。

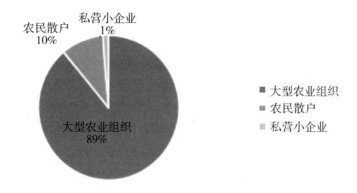

图 10-7 2019 年俄罗斯生猪养殖主体比例

数据来源：俄罗斯联邦国家统计局。

3. 俄罗斯生猪产业存在的问题及其原因

（1）生猪养殖企业资金不足

大型生猪养殖场的建设前期投入高，生猪养殖成本大，且利润较低，资金回笼慢。俄罗斯生猪消费市场的规模相对较小，市场价格不确定性高，难以通过增加养殖量的方式快速回笼成本，容易引起资金短缺。俄罗斯的贷款利率为14%~16%，即便是经过政府利率贴现 10%~12% 的专项补贴，整体利率成本依然较高。再者，2019 年时，俄罗斯政府施行了废水化学成分的新生态要求，进一步提高了生猪养殖粪污的处理成本。结合上述诸多因素，俄罗斯的规模化生猪养殖企业，尤其是新兴养猪企业，容易出现资金不足的问题。

（2）猪肉产品标准缺失、质量低

俄罗斯生猪市场发展时间短，消费量相对较少，猪肉产品缺少统一的执行标准，导致猪肉产品质量较低，制约了生猪产业的发展。

（3）生猪产业污染治理缺失

在俄罗斯生猪养殖发展的过程中，一些阶段所造成的生态环境污染情况严重。在生猪养殖的过程中，会产生大量的粪污，这些粪污需要专业的器械进行处理。然而，俄罗斯生猪养殖的农民散户占比相对较大，尤其是在第二和第三发展阶段，即 1995—2009 年。农民散户没有足够的资金采购粪污处理设施，环保意识缺失，通常会采用就近排放的手段，给养殖场附近的生态环境造成了不利的影响。而后的阶段，俄罗斯生猪养殖的主体部分逐渐转变为大型农业组织代替，这些组织有足够的资金来建设粪污处理设施。不过，这些组织的生猪养殖数量增加，所产生的粪污量更大，引起其处理成本的上升，同时也加剧了污染。

（4）生猪育种能力不足

生猪产业的发展质量，很大程度上取决于该国生猪育种的建设情况。俄罗斯的种猪繁育仍然停留在引进阶段，本国的生猪育种产业相对落后，其种猪大多来自欧盟，可以分为六个种类。第一类是长白猪和大黑的混合品种，该品种从白俄罗斯引进，适合农民散养；第二类是大型白色猪，该猪种养殖比较普遍；第三类是从拉脱维亚引进的产肉和脂肪水平较高的白色猪种；第四类是乌克兰草原白色猪种，该猪种在俄罗斯南部分布较广；第五类是从丹麦引进的长白猪，但该种类对饲养条件要求较高，在俄罗斯养殖数量并不多；第六类是俄罗斯目前主要的产肉猪种，从乌尔茹姆引进的原种猪。由于长期引进国外的种猪，在很大程度上打压了本土育种企业的发展，使得俄罗斯的育种产业发展落后。

（5）非洲猪瘟疫情冲击养殖环节

非洲猪瘟是当前全球生猪养殖业面临的共同问题。非洲猪瘟在俄罗斯的生猪规模化养殖中引发的问题尤为突出，并且俄罗斯联邦政府针对非洲猪瘟给予养殖场的补贴和保险数额较低，导致了部分生猪产业投资者驻足观望，阻碍了俄罗斯生猪养殖业的健康发展。2008 年夏天，俄罗斯南部开始流行非洲猪瘟，到了四年后的 2012 年，非洲猪瘟几乎将整个克拉斯诺达地区的生猪养殖业摧毁。而 2007—2009 年之间，俄罗斯总共发生了 1397 例非洲猪瘟病例，造成了约 8.48 万美元的直接经济损失，给规模并不大的俄罗斯生猪产业造成了重大冲击。

（6）政府政策支持偏失

俄罗斯联邦政府对生猪产业的政策扶持力度，尤其是资金支持力度较小。以前文提到的贷款为例，虽然俄罗斯联邦政府为部分生猪养殖企业提供了 10% 到 12% 利率的补贴贷款，但是其申请条件非常严苛，且整体利率优惠力度较小。政府资金补助发放也较为缓慢。例如，对非洲猪瘟的专项补贴发放流程复杂、时间长，养殖户往往无法及时得到补偿以使自己的资金实现回流，因此出现了瞒报情况，使得病猪流向市场，流向正常养殖区，造成了疫情的扩散。联邦政府对整个生猪市场的宏观调控力度小，导致生猪价格波动较大，使得部分投资者驻足观望，降低了市场扩张的积极性，阻碍了生猪产业的发展。

缺乏严格的监管标准，尤其是在监管过程中缺乏对农民散户的监管。俄罗斯相关管理部门只通过平时的宣传对散养农民进行生产安全和环境治理方面的培训，但是在实际生产过程中并没有将监管落实到位。这就导致了部分散养农户生产的质量较差的猪肉流向市场，产生的粪污污染直接流向生态环境。而在环境政策的制定上，俄罗斯根据不同区域内部的经济发展水平，制定了不同的排污标准，简单来说就是经济发展越好的地方，排污限制越严格，这就导致了不同地区生猪生产企业的环境成本不同，促使生猪企业从经济发达地区搬向经济相对不发达的地区。然而，经济不发达地区又缺少生猪企业现代化所需要的人才和现代工业支撑，一定程度上阻碍了生猪产业的协作发展，导致了各省之间生猪养殖业发展的不协调。

4. 小结

从俄罗斯的经验可以看出，要鼓励大型猪业组织的发展。大型生猪企业拥有高度的组织性，便于管理，拥有充足的资金和设备，有能力完善其生产及污染治理，其自身也会投资和带动生猪产业链上下游，促进生猪产业的协作发展，而散养农户和小的私营企业并不具备这样的条件。正因为俄罗斯生猪规模化发展落后，所以生猪产业的协作水平远远落后于欧盟生猪养殖强国。

（六）欧洲国家生猪产业协作发展总结

本节通过列举欧洲生猪养殖强国西班牙、德国、丹麦、法国（英国、荷兰等国的生猪产业协作发展模式与列举国家类似，不再赘述）和新兴养猪大国俄罗斯的生猪产业现状及协作发展情况，总结出以下经验及启示。

鼓励形成龙头企业或合作社联合体，鼓励企业建设全生猪产业协作发展体系。欧洲生猪产业发展较为成功的国家，均有龙头企业或合作社联合体将全国的生猪养殖户联结起来，形成规模优势。再利用规模化带来的各方面优势，拓展生猪产业的其他领域，最后实现生猪全产业协作发展。不仅提高了生猪产业各个环节的效益，而且保证了生猪生产的全过程质量监管。尽管德国许多企业是在单一产业环节进行横向专业化发展，但是其 2020 年的农业普查报告中提到，已经有部分企业开始尝试向多产业环节发展。俄罗斯的生猪生产也是以大型农业组织为主，并且这一比重随着俄罗斯生猪产业的发展逐渐增大。

重视生猪养殖户的主体地位，建设有一定规模的生猪养殖合作社。欧洲生猪养殖强国中，无论是西班牙、丹麦、法国的合作社联合体跨产业发展还是德国的专业化发展，在生猪养殖层面都以农场农民为主体，形成生猪养殖合作社，由下游公司统一收购这些合作社的生猪。这一方面降低了带头龙头企业或联合体的农场建设成本，另一方面生猪养殖户的团结增强了自身的寻租能力和抗风险能力。

鼓励生猪养殖户向更大规模发展。在前文中列举的所有国家的生猪产业协作发展情况中，单个农场生猪养殖数量向大规模发展是共同趋势。生猪养殖规模化既可以降低成本、筹集资金、保障生猪养殖质量，又可以通过规模化优势将业务拓展到生猪产业的其他环节，最后形成生猪全产业协作发展的龙头企业或合作社，带动其他生猪农场的发展。

三、日、韩生猪产业的协作发展经验及启示

（一）日本生猪产业现状

1. 日本生猪产业发展历程

日本政府通过建立健全畜牧业的法律法规来进行日本生猪产业的自身调整。目前，日本生猪产业开始向现代化、产业化、组织化转变，也在不断完善符合市场基本需求的高效流通机制，建立一系列日本生猪产业的保护制度，充分利用国内、国外的两个市场，稳定日本猪肉价格，进而更好地调节日本猪肉的价格。和日本生猪产业相比较，我们国家的猪肉生产和猪肉消费还存在一定的差距，借鉴日本生猪产业发展的经验，从而得到相应的启示。

日本的生猪品种是很早以前从中国引进的，从而开始了其本土养猪行业的发展。在 20 世纪 60 年代左右，日本生猪产业进入经营阶段，也就是总饲养生猪头数和户均饲养头数不断增加，饲养的户数也在不断增加。直至进入 21 世纪，日本生猪产业才开始向专业化、程序化、标准化、规模化的方向发展。

日本生猪产业在市场化的发展过程中也经历了 5 个阶段：中小规模契约型经营阶段、规模化直营型经营阶段、产业一体化初级阶段、生产专业化以及标准化阶段、大型化、标准化、一体化经营阶段。

（1）1960—1968 年的中小规模契约型经营阶段

在第二次世界大战后，日本开始全面实施经济自立政策。1952 年，日本颁布了畜产品的五年战略发展规划；1954 年，日本制定了《畜产品价格稳定法》，在一定程度上直接带动了生猪等畜牧业的小规模发展；1960 年，日本生猪产业主要是以小规模饲养为主，大型、中型的生猪企业还正处于初级发展阶段。1960 年之后，日本生猪产业的国际化程度在不断增强，掌握进口猪饲料的相关企业也纷纷涌入产业化经营之中，促使日本生猪产业高质量发展。在 1960—1968 年的中小规模契约型经营阶段，政府部门、相关企业为日本生猪产业发展投入了大量的财政资金，直接促进了日本生猪产业的大幅度发展。但是，日本生猪产业的经营方式主要还是以企业和农户之间的合作为基础，进而实现小规模产业化经营发展，大规模的生产、加工、销售等模式还没有完全建立。

（2）1969—1973 年的规模化直营型经营阶段

以契约型为中心的日本生猪产业朝着产业化经营方向发展，1969 年后，日本生猪产业开始加强生猪生产、加工、销售等一体化经营模式的建设。从 1969

年开始，日本有很多企业投入生猪产业之中，比如三菱商社、日清制粉、凌和饲料、日本火腿等。通过企业的共同出资，建立了大型日本农场，从而建立更大规模的直营农场。之后，住友商社、三井物产等大型商社也先后进入日本生猪产业的生产、加工、销售环节，并且在全国各地成立了直营农场。部分商业资本通过不断增强市场支配力，进一步促进了日本生猪产业的蓬勃发展。

（3）1974—1990年的产业一体化初级阶段

在1973—1974年，世界石油危机爆发、粮食颗粒无收，进而导致消费水平下降、粮食价格上升，对日本畜牧业的发展造成了很大的影响，在一定程度上也导致日本生猪产业陷入经济危机。生猪的生产成本不断增加，消费水平不断下降，直接造成猪肉产量过剩和猪肉价格降低。在这样的背景下，日本的大部分商社、企业纷纷加入生猪产业，将其中投入的资本进行合并，进一步转变生猪产业化经营体制，出现了区域性生猪产业的经营模式。这种区域性生猪产业的经营模式和传统的商社经营方式不太一样，在保证原本的直营式经营模式的基础上，推动了日本生猪产业的一体化发展。

（4）1991—2000年的生产专业化以及标准化阶段

日本生猪产业在开始实施一体化经营模式之后，大部分的小规模散养农户渐渐退出了生猪产业领域，使生猪产业的生产结构发生了不小的变化。2000年日本生猪产业的生猪饲养总头数从过去的1181.7万头减少到987.9万头，饲养生猪的人员也从43400人减少到12500人，但平均每人饲养生猪的头数从272头增加至790头，这样的转变表明生猪产业已经开始向大型养殖户转变。除此之外，精肉的生产量也减少了16%，生猪产业养殖区域也从关东地区转移到东北地区以及九州地区，这在一定程度上不利于大规模经营，但意外地促成了中小规模经营，比如，以都市近郊饲养为中心的生猪产业不断规模化发展。在此期间，日本国民的肉食品消费结构在不断发生变化，生猪产量增长幅度较小。随着生猪产业的大型化、专业化增长，繁育猪的产业也受到一定的影响。比如，1990年繁育猪的养殖人员总数是11000人，到了1999年，养殖人员总数减少到10100人，平均每人繁育猪的头数也从75头增长至85头。

（5）2001—2021年的大型化、标准化、一体化经营阶段

在2000年，因为口蹄疫病毒的暴发，使日本生猪产业遭到重创，养殖生猪的人员也因此减少到12500人，在此之后，生猪产业开始朝着规模化、标准化的方向发展。2000年，日本平均每户饲养生猪为838.1头，到2009年，此数值慢慢上升到1436.7头，但是生猪的总饲养头数在持续下降。2001年之后，生猪产业开始朝着大型化、标准化、一体化经营模式转变，这样的转变，和日本实

施的《粮食、农业、农村基本法》《新农业基本法》有很大的关联。它们在一定程度上也推动了生猪产业的可持续发展。

日本尽管国土面积较小，但也是一个生猪生产大国。20 世纪 60 年代后，随着饲料企业进入生猪生产领域，龙头企业与养猪场（户）之间通过合同生产，实现了生猪养殖产业的纵向一体化。1969 年起，三菱商社等企业共同出资，在鹿儿岛成立了最大规模的直营农场。但受粮食歉收和世界石油危机等问题的影响，日本国内的生猪养殖业也受到较大影响，加入生猪产业的商社为此从饲料资本开始进行合并，从而出现了区域性生猪产业化经营模式。在该模式中，拥有代理商功能的企业采取了纵向一体化的经营模式。日本生猪产业链的核心主体是日本农协，农协以养猪场（户）为主体，主要从事采购生产资料、提供技术服务、生存指导以及生猪销售等活动。日本农协遍布日本城乡，吸纳了 99% 以上的农户，负责采购 80% 的生产资料与销售超过 90% 的农产品。日本农协在日本生猪产业发展中的重要地位，主要得益于专业化的生产指导、畅通的生猪营销渠道以及多方位的信用服务。成熟的发展模式为日本生猪产业的健康发展提供了良好条件。

2. 日本猪肉供应情况分析

（1）日本猪肉市场供给情况

在 20 世纪 90 年代，日本猪肉的国内市场供给能力开始不断下滑，直到最近 10 年内，才开始慢慢恢复。1990 年后，日本猪肉的价格开始降低，导致养殖人员的经济收益也在降低。由于生猪养殖人员的数量也在不断减少，日本猪肉的产量从 1990 年的 108 万吨慢慢下滑到 2001 年的 86.90 万吨。在进口市场的调节下，1990 年日本猪肉的供给量为 116 万吨，日本猪肉的自给率为 92.5%；到 2017 年，日本猪肉供给量增长到 182 万吨，日本猪肉的自给率却下降为 48.8%。究其原因，是日本生猪养殖人员的年龄偏大，70 岁以上的养殖人员占 47%，人口老龄化现象比较严重，而且日本猪肉的投资成本比较高，一头母猪的基础配套设施的投入成本大概在 100 万日元，折合成人民币相当于 6 万~7 万元。日本猪肉的市场供给具有十分明显的周期性特征，最近 20 年，日本猪肉市场处于供不应求的状态。通过使用 Hodrick-Prescott 过滤法，根据日本猪肉的产销量，将其划分为五个周期。第一个周期的日本猪肉产量振幅在 10.5%；第二个周期开始下降，振幅为 4.8%；第三个周期的振幅是 2.6%；第四个周期的振幅开始扩大，为 4.5%；最后一个周期的振幅是 4.7%，平均周期振幅为 5.4% 左右。

（2）日本猪肉流通体系

日本以肉类拍卖市场、食肉中心以及其他屠宰场为基本主体建立起冷鲜肉流通渠道。政府制定了《批发市场法》，严格规定日本猪肉市场的最低批发价格。在日本，一共有 27 个肉类拍卖市场，其中东京、大阪两处猪肉的市场价格可以为全国提供相应参考。日本大概有 72 个食肉流通中心，负责屠宰、分切、流通，交易参照猪肉市场价格。将生猪屠宰之后，送到食肉拍卖市场进行拍卖，或者直接卖给 8100 多个批发商以及 2100 多个肉类加工厂。猪肉拍卖市场、食肉中心及其他屠宰场的流通量分别是 17%、54%、29%，一般的猪肉拍卖市场就在消费区附近，以拍卖的形式形成最后的价格，而且也能实现物流的快速配送。

（二）韩国生猪产业现状

韩国位于亚洲东部朝鲜半岛的南半部，东濒日本海，西面与中国山东省隔海相望。国土面积 9937 千公顷，其中耕地面积（主要分布在西部和南部平原丘陵地区）1924 千公顷，占 19.4%，林地面积 6533 千公顷，占 65.7%，其他面积 1480 千公顷，占 14.9%，农户平均耕地面积为 1.34 公顷。韩国北部属温带季风气候，海洋性特征显著。冬季漫长寒冷，夏季炎热潮湿，春秋两季相当短。冬季最低气温达－12℃，夏季最高气温可达 37℃。平均年降水量为 1500mm 左右，其中 6—8 月雨量较大。韩国是世界上人口密度最高的国家之一，总人口为 4599 万，其中农业人口 446.8 万，占 9.7%，农户总数 1296 万户，占 11.1%，韩国的主要农产品为稻米、大豆、棉花、麻等，养蚕业和渔业也很先进。苹果和梨为农业出口的两大产品，"富士"苹果和"新高"梨、"满三吉"梨等品种享有盛誉。韩国的农业原本也是以种植业为主，畜牧业规模较小，主要为种植业提供畜力和厩肥。随着 20 世纪 60 年代经济开发计划的实施，韩国国民收入增长，食品消费结构发生了变化，畜牧业从量到质都出现巨变。目前，韩国畜牧业占农业总产值的比重高达 58.8%。韩国平均每个农户的年收入为 2348 万韩元（约为人民币 305 万元），其中农业收入 1063 万韩元（约为人民币 138 万元），占 45.1%；非农业收入 827.8 万韩元（约为人民币 108 万元），占 35.2%；其他收入 460.5 万韩元（约为人民币 60 万元），占 19.7%。韩国城乡居民收入差别不大，城市居民每户年收入为 2744 万韩元（约为人民币 356 万元）。2018 年 3 月，韩国政府改变了猪存栏量估算的办法，统计机构已经开始统计包括企业农场所饲养的猪的存栏量（占猪总存栏量的 6%~7%）。截至 2018 年 3 月，韩国的母猪数量为 105.8 头，2 月龄以内的仔猪有 354.5 万头，2~4 月龄的仔猪有 341.1 万头，4~6 月龄猪有 325.2 万头，6~8 月龄的猪有 109.7 万头。2018 年韩国猪饲料产量比 2017 年增加了 5%。

1. 规模化经营，机械化生产，社会化服务

韩国的养猪业早已形成产业化运行的格局。全国有 800 万头母猪，24000 户养猪农家，平均每户养猪 500~1500 头，劳动力主要是家庭夫妻。养猪场的主要生产工序基本上实现机械化。大型运料车（自动搅拌）、大型铲料车、大型运畜车是必备设施。猪场喂料、饮水、控温、换气等全部由电脑自动控制。韩国是一个经济发达国家，其交通、通信等设施完善，科学技术比较先进，为服务社会化提供了极为有利的条件。韩国政府对畜牧业经济只进行宏观调控，如对农民提供技术咨询服务和进行技术推广工作。从事技术服务的人员素质都很高，全部是受过高等教育的，每个人都能驾车去农户家服务，除此以外，企业、商业、流通环节等相关人员都能主动为农户服务。他们社会化服务的形式和方法灵活多样，真正实现了对养猪业各个生产环节的全方位服务。

2. 品种改良化，管理科学化

韩国在猪品种上基本实现了良种化。政府和企业都很重视猪的肉质和出口规格方面的改良：国家育种中心科研单位和高等院校负责育种工作。从我们考察的猪场可以看出，他们饲养的均是优良品种。主要品种有大约克夏猪、长白猪，杜洛克猪，三元杂交一般以大约克夏、长白猪作母本和第一父本，以杜洛克猪做终端父本。韩国的良种繁育体系很健全。他们的种猪人工授精技术在世界上领先，已被养猪户广泛应用。其方法是人工采集优秀公猪的精子，经技术处理，一次将鲜精稀释做成 25 个 80~100 毫升的小包装（能保存 3~15 天），直接用其给母猪授精，受精率很高，效果很好。韩国猪场的劳动生产率很高，养猪研修院的 130 头母猪只需 2 个工人管理。猪场管理科学化、现代化，几乎是猪需要什么就给什么。饲养管理和疫病防治规范化、程序化，我们考察的研修院猪场，种猪生产有一套先进的饲养管理程序，从母猪分娩到小猪饲养都在电脑程序的监控下。仔猪 21 日龄断奶、21~70 日龄进保育舍、70~160 日龄进育肥舍。母猪实行周间管理，星期一配种，星期二分娩，星期三断奶，星期四分娩，星期五配种，星期天休息，计划周密可行，猪场生产水平很高。猪 21 日龄体重可达到 5.5 千克，71 日龄可达 30 千克，150 日龄可达到 110 千克，居世界领先水平。

3. 产销一体化，加工系列化

农场（户）十分重视生产与市场的连接和产品精深加工，生产的产品都能进入市场，有效地保证了企业的经济效益。韩国生猪产业的成功模式是"公司+农户"。农士文化财团就是一个"公司+农户"模式的典型例子。农士文化财团由饲料加工厂、种猪场、500 户农家、肉食品加工厂、养猪研修院 5 个部分组

成。除研修院外，其余 4 个部分相对独立，实行股份制，组合形成利益均沾、风险共担的运行机制。饲料厂为种猪场和农户供料，种猪场为农户提供仔猪，农家养的猪出栏后被提供给肉食加工厂，加工厂将猪屠宰、分割、包装后作为产品投放市场，真正实现了产销一体化。

随着人们生活水平的提高，畜牧业的快速发展，饲料的需求量愈来愈大。韩国畜牧业的发展目前面临着饲料粮、饲草资源日益紧缺等问题。其饲料自给率低，有四分之三的复合饲料和九成以上的饲料原料要依靠进口，这已成为韩国畜牧业从业者和政府关注的重大问题。饲料是家畜生产中最主要的成本，通常占生产成本的一半以上。韩国继墨西哥和日本之后，成为美国玉米的第三大进口国。2017 年，韩国的玉米总进口量约为 574 万吨，与 2016 年相比，增幅高达 90%。韩国国内的玉米产量不到总消费量的 1%。2017—2018 年，韩国玉米种植面积近 1.6 万公顷，产量达到 8 万吨。2019 年，韩国玉米消费量比 2018 年增长约 4%，增长至 1030 万吨。据预测，韩国饲用玉米消费量预计将增加 40 万吨，这在很大程度上是由于猪和家禽复合饲料生产对玉米需求的增加所致。预计食品、种子和工业玉米的消费仍将维持在 2.3 亿吨左右，基本能够满足韩国食品工业中高果糖玉米糖浆和其他玉米产品的稳定需求量。2017—2018 年，复合饲料产量预计达 19.5 亿吨。这一创纪录的产量是以养猪业的强劲增长为基础的，养猪业的强劲增长部分抵消了牛存栏量的减少。

4. 政府支持饲料生产

韩国政府目前主要通过支持饲料生产、加工和供应以及扩大饲料生产用地等"一揽子"计划来支持饲料生产规模的进一步扩大。首先，该计划 65% 的资金用于补助饲料生产，如青贮饲料生产、饲料种子、设备和机器。例如，2017 年，韩国政府对青贮饲料价格补贴为 6 万韩元/吨（1 韩元约等于人民币 0.006 元）。其次，该计划支持饲料区域中心、分销中心和总混合配给供应商获得充足的原材料资源供应。韩国政府共花费 450 亿韩元用于支付饲料加工和运输设施设备费用。最后，韩国政府通过补贴青贮饲料、饲料种子、加工设备、机械和饲料的混合原料，建立和扩大饲料生产专区。

（三）日本和韩国生猪产业协作方式

1. 垂直协作

垂直协作是营销系统内联结各垂直阶段所有方式的连续体，包括市场现货交易、契约治理、战略联盟和垂直一体化 4 种模式。农业领域的垂直协作指农产品供给链上中下游相关企业之间以及与农户之间的经济联合。

2. 市场交易

日本和韩国生猪销售以市场交易形式为主。选择市场交易形式的养猪场（户）约占总户数的一半。即使加入合作社的养猪场（户）也有较大部分选择了市场交易形式。有学者对屠宰加工企业调研发现，由于产能过剩，屠宰加工企业通过自建规模猪场和合同收购生猪外，通过市场交易收购生猪仍是主流方式。而市场交易主要是通过生猪购销商进行。签订合同收购生猪在很多情况下也是通过生猪购销商与生猪经纪人签订协议，而生猪经纪人再从其所在辖区联系养猪场（户）。

3. 合同关系

合同关系较为松散。在日本和韩国，有大约一半的养猪场（户）选择了销售合同形式销售生猪，而在选择合同交易的养猪场（户）中，大多数都选择口头协议，极少数人选择书面协议。生产合同形式能显著提高生猪质量安全水平，但几乎没有生猪龙头企业为养猪场（户）提供这种选择，因此，养猪场（户）没有选择生产合同形式的机会。合同关系虽然比较松散，但在一定程度上也提高了生猪质量安全水平，因为屠宰加工企业（或委托的生猪收购商）虽然只与养猪场（户）签订了书面合同甚至口头合同，但由于生猪交易频率较高，在长期的交易中建立了信任关系，松散的合同关系演变为关系合同。对于生猪质量安全保障，关系合同是正式合同的有益补充。

4. 合作社

合作社虽然能在生产资料投入、疾病防疫和技术服务方面提高养殖场（户）的生猪质量安全水平，但合作社与社员还未形成利益联结机制，尚未为社员统一销售生猪。社员在销售生猪时需要单独与屠宰加工企业或者生猪收购商联系，鉴于合作社社员的生猪供给质量高于非社员的生猪供给质量，社员能获得高于市场价 0.1 韩元左右的价格优惠。

5. 纵向一体化

纵向一体化对于生猪质量的保障程度最高，日本和韩国生猪产业链的各主体都在尝试实施纵向一体化。主要形式为自建现代化规模猪场和养殖基地。相比屠宰加工企业，合作社实施的纵向一体化是不完全的纵向一体化。此外，合作社猪肉自营店销售的生猪都是合作社内大规模猪场的生猪，主要原因是无法控制小规模猪场的生猪质量。猪肉全部可追溯。生猪及猪肉产品品牌建设在市场上获得优质优价，反过来激励了生猪养殖时的安全生产行为，从而提高生猪质量安全水平。但目前纵向一体化形式所占比例较小。

（四）日本和韩国生猪产业协作主要成功因素

1. 日本生猪产业协作的主要成功因素

日本借助本国资源条件、市场供需、生猪产业的实际情况，通过立法管理生猪的生产、屠宰以及猪肉的市场销售，制定了一系列保护政策，用来调节日本猪肉产业的价格干预、生产补贴、融资支持和贸易调控政策，促使日本的猪肉价格波动减小，进一步促使日本生猪产业的经济效益显著增强，在一定程度上帮助了日本生猪产业实现协作发展。

（1）完善相关政策，支持日本生猪产业的生产

日本在发展生猪产业的过程中，为其制定了一系列的保护政策，包括生产能力支持、收入补贴，这些政策同时还能兼顾政府对猪肉市场价格的宏观调控。日本政府部门建立长久的生猪产业保护机制，同时还针对猪肉储存、储备、生猪保险、养殖人员的收入等制定了相应的配套政策，由日本农畜产业机构按照统一的标准来执行。在相关政策的作用之下，日本生猪产业得到了良好的发展。虽然我们国家也出台了冻猪肉储存以及生猪价格、收入保险的相关政策，但是因为冻猪肉储存机制涉及不同的工作部门，政府制定的相关政策对于生猪市场的价格调控以及执行效果还有待加强。生猪的价格保险一般都是以政府部门的补贴为主，缺少固定的保险保障，如果猪肉价格过低，那么养殖人员的养猪积极性也会因此降低；但当猪肉价格过高时，保险公司则会承担较大的风险。冻猪肉的储存以及投放，最好是以农业部门为基本实施主体，进一步增强生猪产业的市场反应速度；生猪保险需要政府联合保险企业，保险的费用以养殖人员为主，再加上政府的适度补贴，避免生猪产能的过度扩张。借助保险企业对市场进行调控，能够有效地推动生猪产业的可持续发展。

（2）制定以中等规模户为重点的生猪产业竞争力改良政策

为了加快发展生猪产业，日本政府出台了很多关于生猪产业发展的相关政策，以此来扶持中小规模的养殖户。我们国家和日本比较相似，养殖的主体也都是以中小规模养殖户为主，比较适合发展更大规模的生猪养殖主体。我国虽然通过土地确权及企业担保的形式，为养殖户提供了更多的贷款和融资渠道，但是因为贷款的利息比较高，融资渠道又十分有限，导致我们国家的生猪产业发展受到很大的限制。2015年，我国开始修订实施《中华人民共和国环境保护法》，加大对环保的投入力度。2018年，我国猪肉的市场价格不断下滑至有史以来的最低价格，而且生猪养殖也出现中度亏损。中小规模养殖户凭借自身的努力不断提升市场竞争力有很大的难度，这就需要政府部门为养殖户提供更多的免息融资渠道，对中小规模的养殖户提供一定的补贴，保证养殖户能够达到法

律规定的粪便排放以及处理标准，有效地推动猪肉价格上涨。

（3）通过组织化水平的提高提升养殖户收益、降低风险。

日本的生猪产业链不同环节的相关协会分工明确、有效合作，提供了完善的生产服务体系，有利于生猪生产水平的提高、效益的保障和生产的稳定。日本农业协同组合（农协）自建的饲料加工厂、物流体系为养殖户提供质量高、价格便宜的饲料原料，协助生猪运销、猪肉加工和存储，减少了养殖成本，提升了附加值。此外，养猪协会、国产纯种猪改良协会等组织提供种猪改良服务，日本食肉评级协会负责屠宰评级，日本食肉批发协会提供和发布参考价格，全国食肉事业协同组合联合会负责猪肉流通设施的改造。目前我国生猪产业化、组织化水平较低，养殖户和协会间没有形成有效的合作机制，即便是"公司+协会+农户"的合作模式，养殖户也仅是发挥"代养"作用。因此，需要强化不同产业链环节生猪合作组织的培养和有效结合，提升其生产和市场服务能力，使其真正代表养殖户利益，保证养殖户能够分享下游屠宰加工和销售的利益。

（4）采用以产地屠宰加工为核心的供应链运营体系

日本生猪产业发展主要采用以屠宰场为基本核心的供应链运营模式，这种运营模式能够使物流速度加快，进一步保证猪肉的质量。日本的食肉中心和屠宰场一般都在产区附近设置，屠宰之后的猪肉全程冷链运送到产地的食肉中心以及猪肉的批发、零售中心，通过加工、包装，再通过肉摊等终端销售渠道，最终到达家庭餐桌之上，有效地减少运输成本，还能降低疾病风险，最终保证猪肉的品质安全。在日本，有很多比较大型的肉类拍卖市场，可以进一步形成比较权威的猪肉价格标准，及时地反映猪肉的消费需求。现阶段我们国家的生猪产业规模化、产业化生产能力在不断地提升，养殖生猪的数量明显增加，食用的饲料也随之增多，但是猪肉的加工力度较小。与此同时，消费者对热鲜肉的消费偏好，导致我国生猪流通以活猪调运为主，猪肉的品质得不到相应的保证，同时也不利于生猪产业的市场稳定，对于生猪产业的经济效益增长也起到一定的限制作用。对此，应该在产能有效转移的背景下，积极引导冷鲜肉和深加工肉制品的消费，增强主产区屠宰深加工能力，加强猪肉品牌以及冷链建设，不但能提高生猪产业的附加效益，还能为更多的人提供就业机会，有效地促进当地经济的高速发展。

综上所述，通过对日本生猪产业发展和价格调控进行充分的分析，可以看出，日本生猪产业经营化、市场化的调控在一定程度上依赖于日本政府制定的相关政策。日本生猪产业发展和猪肉价格调控的相关经验，能够给我国带来一定的启示。因为我们国家是猪肉的生产、消费大国，政府部门需要通过有效的政策扶持及良好的宏观调控，促使生猪产业高质量发展。除此之外，我国还应该正确引导生猪产业的规模化经营，推动生猪产业的平稳发展。

2. 韩国生猪产业协作的主要成功因素

（1）高度重视科技教育，在生猪产业上投资大

韩国农业科学技术的开发与推广是依靠技术改革实现尖端技术的实用化和农业的机械化，通过设备的现代化和自动化，依靠劳动力和生产费用的节减，实现品质的优质化，提高农产品的附加值，从而进入农业先进国行列。他们高度重视农业科学研究和实用技术的推广普及，有由全国高等学校、中等学校、职业学校构成的层次齐全的农业教育机构，有基础研究、应用研究、实践研究等机构和民间各种形式的技术咨询服务组织。为了提高农民的科技水平，韩国在中央道和市农业中心建设农民培训设施，进行各项专门技术培训。冬季，韩国在全国范围内实施培训计划，和 KHS 电视台一同巡回全国各地，举办农业讲座。农业项目的实施由行政主管部门统一领导，单头组织，形成政府部门—科讲院校—农场（企业）三位一体标式，三者密切合作，经费来源有政府补贴（60%~70%）、农家（农场主）缴纳和企业资助。在成果转化方面，政府对生产的指导，大都同推广项目相结合。这样的科研推广体制，保证了项目建立有针对性，成果转化有保证，成果推广符合实际需要。韩国的科教仪器设备先进，科研成果世界领先。韩国在作物育种、人工授精、精液加工、胚胎移植、胚胎性别证别繁殖等技术方面十分先进。韩国十分重视农业投入，包括在生猪产业协作上的投入。

（2）重环境保护，发展环保型生猪产业

韩国人的环保意识很强，为了农业生产和自然生态系统的协调持续发展，很重视开发和普及环保型农业技术，制定适合农作物、土壤特性的施肥标准，开发家畜粪尿和废物资源的再利用技术。韩国的农业政策中很重要的内容是对农业污染实行严格的法律约束。为了防止农业生产对地下水造成污染，政府在有关法律中对化肥、农药、畜禽粪肥的使用都有严格要求。对畜牧业，国家法律法规要求：①家畜饲养必须对粪便做无害化处理；②地下、地表水不被污染；③空气不被污染，并有相应的技术指标要求。我们参观的研修院猪场，猪粪是经过脱水分离，干粪集中堆放发酵，粪水则进入密闭容器中贮存发酵。猪舍是全封闭式，采取底层通道吸风过滤，上层通风换气的方法，既保证了猪舍内空气清新，又保证了对外界不造成污染。

综上所述，日本的猪肉价格稳定机制值得借鉴。为了稳定猪肉价格，日本制定了三项政策：储备调节制度、指导猪肉回购及冷藏补贴制度、对生产者的

直接补贴制度。在这三项政策的保护之下，近五年来日本猪肉价格基本维持在460 日元/千克左右，最高价出现在 2008 年 3 月，为 602 日元/千克，最低价出现在 2009 年 7 月，为 388 日元/千克，由于政府补贴，养猪农户并没有因此遭受损失，从而稳定了生猪产业。日本的政府收购和抛售制度也值得借鉴。日本政府规定了猪肉上限和下限价格。当市场供求发生急剧变化，猪肉市场价格超出上限价格时，政府抛售其储备，增加市场供给，或依法减免进口税，扩大进口，以平抑物价。当市场价格低于下限价格时，政府从批发市场收购猪肉增加储备。政府指导猪肉回购及冷藏补贴制度是第一项政策的延续。政府按照农户养殖成本制定猪肉基准价格，在因猪肉供求失衡导致猪肉批发价格低于基准价格的情况下，为减少政府收购、存储的成本，在政府指导下，生产者团体（主要是农协全国联合会和畜牧专业农协）、猪肉加工行业协会（主要是火腿及火腿肠行业协会）等自主实施猪肉冷藏保存，控制投放市场的猪肉数量，政府将补贴其相关成本和损失（利息、加工费、运输费、仓储费）。与国家储备和商业进口相比，回购猪肉数量有限，但对市场买卖双方的心理影响很大，稳定价格作用十分明显。日本和韩国政府对生产者的直接补贴制度，这是日韩政府保护养猪农民利益的主要手段。政府和农户根据预计销售的生猪头数，按照 1∶1 的比例建立猪肉价格风险基金，由独立行政法人“农畜产业振兴机构”统一管理。当价格下降到基准价格以下时，养殖农户能从风险基金中得到 80% 的差额补贴。这项制度的补贴对象是养殖农户，特别是开展农畜联合经营的养殖大户。除此之外，日本和韩国政府非常重视发展规模养殖与用地、环境保护之间的矛盾，近年来在多地调整了土地利用规划，宜养区大幅减少。规模养殖用地难，加之规模养殖与规模种植不协调，畜禽粪污治理和环评等投入大，限制了产业增量发展和助农增收的空间。产业发展技术要求高与新型职业农民培养不足的矛盾突出。目前，农村劳动力转移量大，从业者素质总体上偏低，新型职业养殖农民培训不足，科学养殖技术的推广应用难度大。为了解决这一矛盾，日本和韩国积极促进高校与农户合作，积极开展讲座以及大学生下田。由此可知，要想发展生猪产业协作，首先要重视生猪产业的发展，稳定猪肉市场价格，也要有政府资金、技术和教育的支持，环境问题也不能忽视，只有这样，生猪产业协作的一体化水平才能提升。

第十一章

河北省不同类型生猪产业协作发展案例研究

河北省生猪现代农业产业体系生猪产业经济岗主要成员,通过实地走访、问卷调查、文献检索整理等方式,总结了河北省生猪产业协作发展的若干典型案例,并对案例模式进行了归纳梳理。在本章中,将河北省不同类型生猪产业协作发展的典型案例分为企业主导型产业协作发展案例和政府主导型产业协作发展案例。

一、企业主导型的产业协作发展案例

本节主要选取了河北裕丰京安养殖有限公司、河北双鸽食品股份有限公司、河北正农牧业有限公司、河北丰鑫实业有限公司等企业主导的生猪产业协作发展案例,并对案例中产业协作发展的协作主体、运行机制和结构模式进行归纳。

(一)河北裕丰京安养殖有限公司生猪产业协作发展模式

1. 企业基本情况

河北裕丰京安养殖有限公司位于河北省衡水市安平县,公司创立于1994年,起初仅经营商品猪育肥养殖,年出栏量约为3000头。历经近30年的发展,该公司现已成为以养殖为主要业务板块,饲料生产、种猪培育、能源环保、科技服务等产业环节有机衔接、协作发展的大型农牧企业。公司现有员工2000余人,占地3500亩,总资产16亿元,年产值达30亿元。该公司先后获得"农业产业化国家重点龙头企业""国家生猪活体储备基地""国家生猪核心育种场""国家生猪产业技术体系综合实验站"和"国家农业标准化示范区"等20多项国家级和省级荣誉称号。公司的养殖产品现已由河北省名牌产品上升为"中国品牌猪""中国驰名商标"产品。公司建有万亩有机农业生态园区,种养业全面推行绿色标准化生产,被列为国家农业标准化示范区,国家无公害农产品生产基地;被第29届奥林匹克运动会组委会授予供奥荣誉证书;被评为农业产业化国家重点龙头企业、国家引进国外智力成果示范推广基地、国家生猪标准化示范场。该公司还是率先通过ISO9001和HACCP认证的大型现代化养殖企业。

2. 产业协作发展概述

目前该公司生产形成了饲料供应、种猪培育、商品猪养殖、农户参与、能源环保、科技服务等各板块、环节协作发展的运行模式。

（1）饲料板块

饲料板块以河北京安饲料科技有限公司为主体，该公司饲料厂占地 40 亩，年销售收入 6 亿元，年产全价料、添加剂等生猪饲料 35 万吨，并配备满足 10 万亩粮食储备的 5 万吨仓储库，可满足 60 万头生猪饲料供给。该公司与养殖公司形成产业链协作发展联动机制，一方面为养殖公司的种猪培育和商品猪养殖供应饲料等生产投入品，使种猪培育和商品猪养殖获得了稳定的饲料来源，降低了饲料采购成本，同时也为参与该公司生猪产业协作发展链的养殖户统一供应优质饲料并提供技术指导，降低了农户采购饲料的成本和风险，并保障了产业链内的散养户生猪养殖质量，达到"量散而质不散"的效果；另一方面，面向市场其他生猪养殖主体销售饲料产品，增加了生产收益，与养殖板块形成资金链的相互支撑。

（2）种猪板块

河北裕丰京安养殖有限公司于 1999 年和 2010 年先后两次引进斯格配套系种猪 800 头。2012 年，投资 3000 万元从美国引进杜洛克、长白、大约克种猪。现今，该公司已拥有斯格配套系核心群和杜洛克、长白、大约克核心群选育场，还有 400 头规模的现代化种公猪站，下设 12 个种猪扩繁场和二元母猪生产场，形成了完整的斯格配套系和杜、长、大系列两大种猪繁育体系。公司成为国内品种齐全，规模一流的良种猪繁育推广基地，被列为河北省重点种猪场、国家生猪核心育种场、国家现代生猪产业技术体系综合试验站，国家生猪活体储备基地和国家冷冻肉储备基地。京安牌种猪被中国畜牧业协会评为"中国品牌猪"，其种猪行销全国 29 个省、自治区、直辖市，年产销量在全国名列前茅。

完整的种猪繁育体系和健全的种猪培育场保障了该公司商品猪的质量和数量，降低了外购育肥仔猪的经济成本，规避了外部引猪可能产生的疫病传播风险。同时公司培育的优质种猪畅销全国，也成为该公司增加经济收益、保障该公司运行及产业链协作发展的资金链基础。此外，公司培育的优质种猪也供应参与该公司生猪养殖的农户，保障农户商品猪养殖的种质基础。

（3）养殖板块

河北裕丰京安养殖有限公司现拥有 1 个年猪养殖场和 8 个商品猪育肥场，养殖场猪舍总面积为 151782.2 平方米，猪舍数量共 254 栋，每年可生产出栏商品猪 20 万头。2019 年，猪场育肥猪出栏 146371 头，仔猪销售 34650 头，生猪养殖收入为 25624.83 万元。截至 2020 年 11 月初，猪场能繁母猪存栏量为 8650 头，育肥猪存栏量为 55484 头。公司各猪场按分点式饲养和分胎式饲养模式设计和布局，采用自动饲喂、自动饮水、自动排污、自动通风、自动控温等全自动化设施和全进全出生产工艺，猪场粪污及污水经沼气发酵无害化处理和百乐克污水处理工艺处理后，生成有机肥和农业灌溉用水，形成种养业良性生态循环。

（4）农户参与

公司在产业协作发展中积极创新，发展出适应当地环境且具有推广价值的高效带动农户共同致富的机制。农户参与的主要路径如下：第一，农户参与的玉米等农作物种植为饲料生产提供原料。实行农户托管模式，农户托管模式的主要对象产物是农作物，已托管土地 1.5 万亩，拥有农机 128 台套。农户负责日常的生产经营，并享受绝大部分的收益，公司提供种植所需要的技术、农具等，农户缴纳一定的农机具租金。这种模式极大地调动了农户种植的积极性并提升了农户的收入水平。相较于"公司+农户"模式，由于种植业的低门槛，农户托管模式更为稳固，在与农户稳定合作的同时，极大降低了种植板块的人力、物力投入，为养殖经营活动提供充足的饲料供应与发展空间，既满足了企业的发展需求，也对周边农户的经济收益有辐射带动作用，达到共同致富的效果。第二，农户参与生猪商品猪养殖。公司规划了 1.8 万亩农牧结合循环发展区，辐射带动农户进行生猪养殖，成为安平县的支柱产业。公司以优种猪和优质饲料供应农户，以优质优价合同收购农户的商品生猪，通过"统一品种、统一饲料、统一防疫、统一技术指导、统一回收商品猪"的产前、产中、产后全方位的技术服务，扶持带动安平县及周边地区养殖户和中小养殖场发展生猪生产，有力地促进了全县瘦肉猪产业的发展。养猪业已成为安平县继丝网产业之后的第二大支柱产业，成为农民致富和农村产业结构优化调整的主导产业。第三，农户参与农林废弃物能源化利用。在农林废弃物能源化利用环节，带动 5000 户农民参与秸秆收集、加工、储存、运输、销售网络，全县秸秆综合利用率达到 98% 以上，新增产值 1.2 亿元，成为农民收入新的增长点。

（5）能源环保

公司紧跟产业发展要求，勇于承担社会责任，把产业发展和环境保护有机结合，把解决秸秆焚烧和畜禽养殖废弃物处理作为可持续发展的重大课题，建设了 1 个能处理 20 万头生猪粪污的 2 兆瓦沼气发电厂、1 个年产 22 万吨的有机化肥厂、1 个年发电能力达 2.4 亿度的生物热电厂、1 个日处理能力为 5 万吨的污水处理厂。初步形成了三种可复制、可推广的技术路线：一是畜禽废弃物资源化利用。沼气发电厂采取具有自主知识产权的制取沼气专利技术，成为北方第一家利用畜禽粪污并网发电的沼气发电企业。生物天然气提纯项目实现了沼气入户、车用加气、沼渣沼液生产有机肥等多元化利用。建立了粪污收储运机制，配建了病死猪无害化处理站，实现了病死猪全部无害化处理、全部资源化利用。二是农林废弃物能源化利用。生物质热电厂引进世界先进的丹麦热电联产技术，通过燃烧农作物秸秆等生物质，解决居民冬季取暖集中供热需求。三是污水处理、中水利用。污水处理厂采用政府购买服务、第三方运营的 PPP 模式，日处理污水 5 万吨，污水处理后达到国家一级 A 类处理标准，对缓解水资源短缺、减少地下水开采发挥了重要作用。

具体来看，公司践行以"县域内农业废弃物一律不剩、化肥使用量一律不增、场区内外部能源一律不用"为核心的"三个一律"发展模式，实现了"三增两减"的目标：①增加沼气供应。以畜禽粪便为主要原料的沼气项目，年产沼气 1800 余万方，可就近解决 3 万户约 10 万人的生活能。②增加电力供应。热电联产项目投产后，年发电 2.4 亿度，供热能力 55 万 GJ，可满足 1.5 万户居民用电。③增加有机肥供应。有机肥加工项目，年产有机肥 22 万吨，满足 30 万亩农作物的有机肥需求，可以满足种植板块的化肥需求。④减少污染排放。沼气项目年减排 COD11 万吨，年减排氨氮 0.6 万吨。热电联产项目年减少二氧化碳排放量约 52 万吨。污水处理厂项目年减排 COD 量 5219.5 吨、氨氮 534.85 吨。⑤减少燃煤使用。沼气项目产生的沼气和热电联产项目产生的热、电，可替代标准煤 21.1 万吨，占全县用标煤总量的 55%。

(6) 科技服务

公司还重视与产业外部的科技服务环节协作发展。长期以来，公司与中国农业大学、河北农业大学、北京农林科技学院、华东农业大学、国家饲料工程技术咨询服务中心等高等院校和科研单位建立了稳定的合作关系和良性的合作机制，聘请众多的专家学者担任公司技术顾问，根据顾问建议合理规划公司生产经营，提高生产技术应用水平和程度，积极参与相关领域技术研发。公司还投资建设种猪培育研究所、饲料研究所、兽药研究所等，逐年增加科研投入，孵化新型种猪、研发新的饲料、兽药品类，提升生猪生产质量，增强自身独有的核心竞争力。同时，公司学习比利时、荷兰、德国等国家的先进养猪技术、猪场粪污沼气发电技术，总结借鉴先进生产经验，组建了以德国、瑞士及国内专家、博士、专利持有人为核心的设计研发团队，研发了低浓度有机废水高效利用等具有自主知识产权的国家专利，确保了公司生产的科学技术水平在国内处于领先地位。公司采用先进的企业商品瘦肉猪规模化养殖高产技术、斯格配套系杂交商品猪生产配套技术、生猪健康养殖技术等，并持续推进对关键技术的研究与集成示范。公司沿用荷兰猪场学习考察得来的"周节律"等技术实施统一品种、统一饲料、统一技术指导、统一防疫、统一销售商品猪、统一粪污处理的"六统一"生产模式。在产品生产管理上，公司以农业科技为支撑，并建有产品质量追溯体系。聘请国内知名专家，开展"生猪健康养殖关键技术研究""斯格猪选育及生产繁育体系研究"等科研攻关，荣获省、市科技进步奖，拥有了现代生猪养殖的核心技术。借助科技优势和国家产业政策，与国内外知名企业合作，建立了原种场、扩繁场，形成了全省最大的瘦肉猪品种选育和扩繁基地。如今，公司已创建京安种猪、京安年猪肉、大红门肉食、京安饲料、养农牌复合肥、富硒黑小麦等一批知名商标和农业品牌。同时，在企业经营管理上，公司充分发挥产业集约效益，通过各板块协作发展形成了较为完整的产业链条，各板块相互支持，形成规模外溢效应，降低了各板块的供给成本，为各板块带来最大的经济效益。

3. 产业协作发展结构示意图

该公司生猪产业协作发展的结构模式如图 11-1 所示。

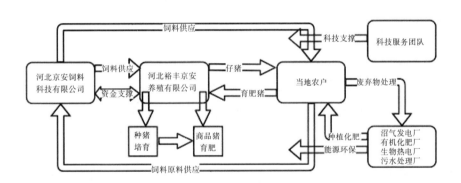

图 11-1　裕丰京安产业协作发展结构示意图

4. 总结

裕丰京安养殖有限公司作为河北省的龙头生猪养殖企业，现已构建起了以养殖为核心，饲料、种植、能源环保、生产研发领域多元发展，与当地农户协同发展的产业协作发展模式。该模式是集生产、经营、研发、环保等于一体的循环农业生产模式，在保障产业链资金链条安全、生猪种质优质、生猪养殖生物安全、产业能源环保、生产科技研发推广、带动当地农户增收等方面取得了显著成效，不仅带来了巨大的经济效益，也带来了巨大的生态、社会效益。该模式值得大部分生猪养殖企业借鉴。展望未来，裕丰京安有望成为华北地区最大的种猪繁育和商品猪生产基地，成为农业废弃物资源化利用、商业化运行的领跑者，成为带领农民增收的领军企业。

（二）河北双鸽食品股份有限公司生猪产业协作发展模式

1. 企业基本情况

"双鸽"这一品牌，历史已有六十年，其高品质、物美价廉的品牌形象也已深入人心。河北双鸽食品股份有限公司成立于 2005 年，注册资金 4750 万元。该公司是集种猪繁育、生猪养殖、屠宰加工、冷冻冷藏、连锁销售为一体的现代化食品加工企业。公司生产的猪肉产品于 2011 年通过了 28 项指标的系统检测与验证，获得河北省首家无公害猪肉产品认证，是农业农村部"三年 100 家无抗猪肉"入选单位之一。2019 年，出栏商品猪 19890 头，销售仔猪 35800 头；截至 2020 年 11 月初，能繁母猪存栏 2231 头，商品猪存栏 20850 头。公司年屠宰加工能力为 150 万头，肉制品加工能力为 5 万吨，冷冻冷藏容量达 8 万吨。此外，公司还拥有遍布周边县市的连锁销售网络及线上电商销售渠道。该公司先后荣获全国养猪行业百强企业、中国肉类食品行业 50 强企业、全国绿色食品示范企业、全国食品冷库标兵企业、河北省食品安全诚信单位等诸多荣誉，跨入了农业产业化国家重点龙头企业的行列。

2. 产业协作发展概述

从生猪产业全产业链来看，该公司主要在中游（养殖）、下游（屠宰加工）和终端（市场销售）等环节形成了闭环自繁自养、产品精深加工、冷链物流网络和线上、线下市场销售的稳定的生猪产业协作发展模式。

（1）闭环自繁自养

双鸽公司始终坚持"安全放心的品质来自绿色的猪源"这一生产理念。为此，该公司自 2005 年起在生猪养殖环节坚持打造全闭环的养殖模式，即在养殖领域实现了从原种到祖代、二元、商品代的生猪自繁自养闭环链条，保证了良种良育、安全高效养殖。公司重点建设了晋州养殖基地、无极生态养殖基地两大良种繁育和养殖基地。晋州养殖基地包括原种场及扩繁场 3 座，以及 1 座饲料加工厂。从英国引进高繁殖力的优良原种猪进行纯种繁育和扩繁。该养殖基地拥有集原种繁育、二元扩繁、示范推广、饲料加工、畜牧科技研发、沼气工程和污水处理工程于一体的现代化生态养殖园，实现了品种的良种化、硬件设施现代化、操作机械化、管理信息化、生态循环资源化，构建了完善的生产管理体系，通过带动扩繁场的建设，为深加工提供安全放心的猪源。2014 年，公司扩建了无极生态养殖基地，成为双鸽良种猪繁育基地的主要扩繁场。该养殖基地获得了无公害生猪产地认证，被评为河北省畜牧标准化小区、河北省畜牧业百强优秀企业、全国养猪行业百强优秀企业；2015 年，荣膺国家生猪核心育种场、农业部畜禽标准化示范场；2016 年，获中国美丽猪场北部赛区金奖。经过遗传种培育的优良种猪在河北省种猪拍卖会上多次蝉联综合测定第一，并在 2014 年第九届拍卖会上单届荣获八项大奖，荣登"猪王"宝座。两大养殖基地均采用闭环自繁自养的方式，在种猪培育、仔猪生产、育肥猪养殖与出栏等环节极大地降低了疫病发生的风险，降低了交易成本，并保障了养殖规划的科学性与生产效率。

（2）产品精深加工

公司基于"双鸽"这一老字号品牌，进一步完善产品系列，将双鸽品牌系列产品向中高端肉制品方向发展。在产品精、深加工环节主要依托位于晋州市的晋州加工基地，该加工基地占地 160 亩，年屠宰加工生猪 150 万头，日分割能力为 100 吨，年产肉制品 5 万吨，是河北省一级定点屠宰企业，先后通过了ISO9001 质量管理体系认证、ISO22000 食品安全管理体系认证。加工基地的硬件设施采用国内外先进生产线，实施同步检疫检验，精细分割，二次冷却排酸。该公司主打的"奥开"冷鲜肉荣获国家绿色食品认证，"奥开"和"双鸽"两个品牌均荣获河北省著名商标、河北省名牌产品，2012 年荣获中国肉类产业影响力品牌，2016 年获河北省农业厅颁发的"首届河北省十大农产品企业品牌"。此外，为适应新时代的消费变化和需求的多样性，公司将开始重点开发面向特定人群、特定需求的功能性产品，通过开发"椒麻猪皮"等适应市场的新产品，提高品牌知名度，开拓全新的消费市场，提高初级农产品的附加值。

（3）冷链物流网络

为了保障猪肉产品的新鲜度、安全性、物流效率和扩大市场占有率，该公司打造了 8 万吨的大型综合冷库，并配套建有信息系统和检验检测系统，保障了肉产品在冷链存储中的安全。这样就实现了从农场到餐桌，即对饲料、养殖、屠宰、初加工、深加工、商品流通全产业链条的覆盖，在抵御行业波动风险的同时，真正实现了对食品生产全链条的质量控制，切实保障了食品安全。该公司还建立了 4 万平方米的肉食水产品交易大厅，成为华北地区首屈一指的肉食水产品集散地，可辐射京、津、冀等一百多个地市。多年来一直承担着政府冻猪肉储备任务，在关键时期起到了调控市场的作用，同时还是大连商品交易所鸡蛋交割仓库。该公司以综合冷库和肉食水产品交易大厅为中心，构建了高效率、高标准、高质量的冷链物流网络。

（4）线上、线下市场销售

依托冷链物流网络，该公司产品在终端市场销售上已形成了线上、线下双线结合的销售体系。一方面，双鸽的连锁销售网络辐射河北省众多大型超市、农贸市场，传统冷、热鲜猪肉产品销售至各街道、社区等，成为消费者身边的"家庭厨房"；另一方面，从传统销售渠道扩展到电商领域，与京东、微商城等电商平台合作，销售面向电商渠道的适合年轻人消费习惯的小包装、即食、即烹、即热、即配产品。

3. 产业协作发展结构示意图

该公司生猪产业协作发展的结构模式如图 11-2 所示。

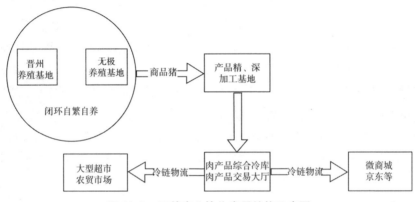

图 11-2　双鸽产业协作发展结构示意图

4. 总结

河北双鸽食品股份有限公司发端于国有企业改制，在改制之初就积极探索生产模式转变，适应产业发展趋势，探索产业协作实践，同时瞄准市场需求，研发适应市场的产品生产和经营模式。之后，双鸽在近二十年的发展历程中，逐渐累积了通过闭环自繁自养保障猪源质量安全，通过产品精深加工提升产品品质，通过完善冷链物流网络保障产品运输高效，通过线上、线下结合经营保障市场份额和拓展品牌知名度的成功经验和企业发展战略，在打造安全放心肉类品牌和高精端产品的可持续发展道路上走在行业前列，为生猪产业协作发展提供了可借鉴的典型案例。

（三）河北正农牧业有限公司生猪产业协作发展模式

1. 企业基本情况

河北正农牧业有限公司位于河北省辛集市，正式成立于 2010 年，注册资金为 503 万元，是河北省农业产业化重点龙头企业。该公司是一家集国家地方品种猪保种选育、杂交母猪培育、黑猪种猪销售、育肥猪生产、品牌黑猪肉销售经营于一体的现代化养殖企业，同时也是辛集市唯一一家参与地方黑猪养殖以及黑猪肉销售网络的养殖企业。2019 年，该公司猪场育肥猪出栏 7900 头，仔猪销售 290 头，同年该公司生猪养殖收入达 2730 万元。截至 2020 年 11 月初，公司现存栏能繁母猪为 490 头，育肥猪存栏 4670 头。公司主要产品包括黑猪肉、种猪繁育（黑猪保种）和土猪肉。经过多年发展，公司将黑猪品种保护、遗传育种、牧草作物种植、商品猪生产、冷鲜肉精细分割包装、冷链运输、终端产品销售经营等各个环节打通并有机衔接，做到了各个环节风险可控、质量可靠。2015 年，河北正农牧业有限公司的深县猪通过了农业部畜禽遗传资源委员会认定，2016 年 4 月 25 日被确定为河北省畜禽遗传资源保种场，承担国家深县猪保护任务。同时，公司积极参与、配合深县猪"五花头"与"黄瓜嘴"两个品系基础资料的编写及特征照片的拍摄。

2. 产业协作发展概述

（1）地方品种繁育

深县猪是目前河北省唯一的地方猪种质资源，具有悠久的养殖历史。深县黑猪具有繁殖力高、肉质好、抗寒耐热、耐粗饲、耐饥饿、抗病能力强等优良特质。深县黑猪的肌内脂肪含量达 11% 以上（市场上引进瘦肉型猪种的肌内脂肪含量一般仅为 1%~2%），而肌内脂肪含量基本代表了猪肉的风味，与我国其他地方猪种相比具有明显的优势，是不可多得的优秀地方品种。20 世纪 80 年代后，由于市场上国外品种猪的冲击，纯种深县猪逐渐被淘汰。20 世纪 90 年代末，纯种深县猪濒临灭绝。在市场中大量充斥国外生猪品种的环境下，该公司极具前瞻性地认准市场走向，提早开展瞄准地方特色生猪品种的保育和生产工作，以从民间购入深县猪群为基础，进行提纯复壮、恢复种群。

河北正农牧业有限公司历时 20 余年的精心呵护，使得深县黑猪这一优秀种质资源得以保存。目前全国唯一的纯种深县猪仅存在于该公司的保种繁育中心，由公司进行深县猪的保种、育种、科研开发以及商业化推广工作。该工作的开展在保护了物种多态性的同时，也弥补了河北省猪种质资源保护的空白。2016年深县猪遗传资源保种场获批成为河北省第一家地方黑猪遗传资源保种场，承担农业农村部深县猪品种保护任务。2016 年，深县黑猪被收录进由国家畜禽遗传资源委员会主编、中国农业出版社出版的《中国畜禽资源遗传志地方品种图册》。该公司通过多年经营，已形成了"五花头"和"黄瓜嘴"2 个品系共 10 个家系，宣告了深县猪这一濒临灭绝的地方黑猪品种的正式回归。深县黑猪品种源自国家级保护猪种，作为地方猪种资源，是一种珍贵的自然资源，其作为地方品种基因库，也是培育具有地方特色新品种的关键基础，一旦丢失，就丧失了其再生性。因此，保障深县猪珍贵地方品种种质资源的延续，对保证生物多样性和河北省畜牧业的可持续发展具有重要意义。

（2）绿色生态养殖

公司养殖场的猪舍总面积达11530平方米，猪舍数量共248间。公司与河北省畜牧兽医研究所、中国农业大学、河北农业大学、河北省畜牧良种工作站等科研院所紧密合作，聘请畜牧、兽医、遗传育种、运营等方面的专家，组建专家团队。建立了统一规划、统一防疫、统一标准、统一管理的全面标准化管理模式。

在养殖过程中，母猪不加药、微生态制剂，使用年限为7~10年。母猪在断奶后则采取小群养（5~7头），保证其抗病能力和高效发情生产。发情后定位栏养，待B超测孕后继续小群养殖。公猪单圈养，外设运动场，育种中后期圈养以减少运动，达到沉积肌肉、脂肪和提高抗病能力的目的。处于哺乳期的仔猪在30~35天内实行集约化养殖，断乳后进入保育舍。在保育后期至育肥前期重量可达30~50千克（夏季为25~45千克），仔猪可进入种满苜蓿的外设运动场，场地苜蓿根深达5米以上，可保证仔猪吃到青绿饲料，既锻炼肠胃又达到补充营养的目的，同时，半开放式养殖可以有效地防止呼吸道疾病的发生。所有猪舍内均实现自动通风，舍温20℃~25℃，仔猪配有保温灯，可使温度达到28℃~32℃。为保证猪肉的健康、鲜美，公司采用微生态发酵床与放养相结合的养殖方法，使猪增加运动量，接受新鲜空气和充足阳光。微生态发酵床是利用全新的自然农业理念，结合现代微生物发酵处理技术的一种环保、安全的生态养猪法，也是当今国际上最新的安全环保型养殖模式。发酵床上的猪身体整洁干净，圈舍无臭气，无蝇虫，给猪构建了一个舒适干燥的自然生态的生存环境。深县黑猪具有耐粗饲能力高、需粮少的特点，非常符合节粮型饲养的要求。因此该公司采取饲料自配自给的机制，从源头上保证饲料绿色、安全。经过多年生产目前已探索出适合黑猪四季均衡供应青绿粗饲的模式。通过抗病力超强的猪种、原生态的养殖方式、丰富多样的青绿食材、多种中草药、杜绝催肥饲料等"组合拳"，构筑起守卫黑猪健康的多道绿色屏障。

（3）加工销售联结

食品健康和安全问题越来越成为消费者关注的重点和消费选择的导向，为了更好地契合消费者对绿色有机猪肉的市场需求，该公司在生猪养殖过程中根据深县黑猪的生物特性，探索了一套适合黑猪四季均衡供应青绿粗饲的模式，以粮食及牧草、米糠等粗饲料为主，配合绿色生态的养殖方式，培育出品质突出的高端黑猪肉产品，在此基础上主打专注为消费者提供绿色、安全、美味的"宝蓄黑猪"品牌。口感香醇、安全健康的黑猪肉产品迅速得到了市场认可。"宝蓄黑猪"凭借全产业链优势和优秀的产品质量获得消费者青睐。

公司将黑猪品种保护、选育繁育、牧草作物种植、商品猪育肥、冷鲜肉精细分割包装、自有冷链运输、终端产品销售经营等各个环节打通并有机衔接，打造出了一条从种植、养殖到百姓餐桌的全产业链。该公司还拥有国家定点屠宰场，拒绝私屠滥宰，保证屠宰过程无人为污染。遵循宰前排毒、人道屠宰的原则，猪只宰前不紧张，屠宰不痛苦，最大限度地保障了猪肉品质。公司坚持以直营销售为主，拒绝经销，避免产品出现"以次充好"的问题，将产品从生产到加工直至销售的全过程联结起来，并建设了产品质量安全追溯体系，做到了各个环节风险可控、质量可靠，逐步形成产销区一体化的农产品质量安全追溯信息网络，让消费者买得放心，吃得安心。产品坚持走高端市场，面向中高端消费群体。公司的产品可精细化分割成 108 个部分。在品牌推广上，建立了自己的网站，以网站作为企业品牌营销的重要平台，向消费者很好地展示了企业产品与服务，同时配合媒体宣传，以报纸、电视等媒介宣传企业品牌。根据自身情况，在营销上选取饥饿销售模式，限量供应，控制铺货速度，拉高产品竞争力。产品销售渠道以线下大型商场超市、餐饮企业、专营店、集团采购为主，线上网络销售为辅，多渠道销售推广。产品基本实现了河北省全覆盖，辐射华北，面向全国多点开花的局面。

（4）外部力量支持

深县猪虽然肉质口感好、抗病力强，但由于其饲养周期长、瘦肉率低等缺点，让养殖户和消费者望而却步。由于国外猪种饲养周期短、瘦肉率高，大批养殖户为了追求经济效益，从国外大量引种，致使国外猪种在国内市场的占有率高达 90% 以上，但其抗病力及肉质口感远远比不上中国本土猪。在保护好深县黑猪这一种质资源的过程中，也面临着诸多困难，幸运的是，该公司在保护、开发深县黑猪的过程中获得了地方政府、科研院所的大力支持。在公司选种、育种初期，辛集市畜牧局等部门协助公司深入武强、武邑、饶阳、景县、宁晋等深县猪原产地，广泛收集了民间优秀深县猪素材，为种猪选育提供了关键基础。同时，在河北省畜牧站与河北农业大学等科研单位的专家学者指导下，设计了深县猪遗传资源保种场并制订了科学合理的保种选育方案。通过组建技术攻关团队、扩建场区、购置仪器设备、开展性能测定等措施，加强选育工作，为种猪培育打下了重要基础。同时，公司还对深县黑猪的优良特性加以研究、开发，培育兼具本土猪和引进猪优良特性的新的猪种，意义非凡。2022 年 3 月 4

日，河北正农牧业有限公司、中国农业大学和河北省畜牧良种工作总站就深县猪新品种培育项目在辛集市澳森酒店签署战略合作协议。河北省农业农村厅、辛集市政府、辛集市农业农村局及签约合作方等数十位领导、专家出席并见证了签约仪式。

　　3. 产业协作发展结构示意图

　　该公司生猪产业协作发展的结构模式如图 11-3 所示。

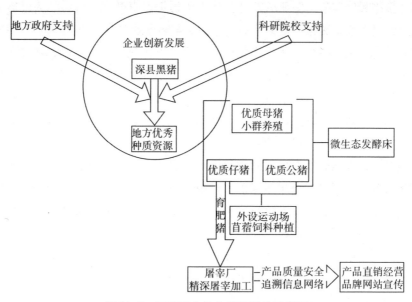

图 11-3　正农产业协作发展结构示意图

　　4. 结语

　　河北正农牧业有限公司的发展离不开对市场前瞻性的正确研判。在市场中过度追捧国外品种生猪的时候，该公司管理层具有强烈的市场需求意识和敏锐的市场发展嗅觉，通过理性研判市场走向，决定专注于为中国消费者提供安全、美味的食品，并根据深县猪的生物特性，探索适合黑猪四季均衡供应青绿粗饲的模式，精准地确定了走地方特色品种培育的路线。在此基础上，公司充分借助产业协作发展的助推动力，在生产中坚持绿色生态养殖，科学化、标准化管理；在经营上通过全产业链有机衔接保障产品质量，发展高端市场。其发展历程中的诸多模式、机制等很好地体现了"绿色农业""科技农业""品牌农业"等理念，也很具有借鉴价值与实践指导意义。

（四）丰鑫实业有限公司生猪产业协作发展模式

1. 企业基本情况

丰宁满族自治县丰鑫实业有限公司于 2006 年 4 月成立，位于河北省承德市丰宁满族自治县土城镇，是集绿色种植、生态猪饲料加工与生产、生态猪研发繁育与养殖、现代化生猪屠宰与加工、冷链物流与销售于一体的农业产业化经营综合性企业。通过产业集群式协作发展，一、二、三产业高度协作融合，直接支持、带动了种植、养殖、饲料加工、屠宰加工、仓储、冷链物流等 56 家企业和 1200 多户农民增收、脱贫、致富。产业集群为农民提供了 8600 个就业岗位。公司先后获得河北省"省级农业产业化经营重点龙头企业""河北省省级扶贫重点龙头企业""河北省省级畜禽养殖标准化示范企业""国家级生猪产能调控基地""国家一级生猪屠宰场"等荣誉称号。该公司秉承"源于生态、成于品质、胜于诚信"的经营理念，以"绿色发展、高质量发展"为核心，精心打造"安全、放心、营养、健康"的"满鑫"品牌生态冷鲜肉产品，产品分为两大系列（生态精品黑猪肉和生态放心白猪肉）六大类别（生鲜产品、餐饮产品、团餐产品、团购及定制产品、便民产品和料理产品），获"河北省著名商标""河北省名优产品""河北省中小企业名牌产品"，成为区域最具影响力的生态冷鲜肉产品品牌。公司产品的销售业务范围扩及北京、天津、承德、内蒙古、张家口及华南、华东等地。公司还大力发展直营店、加盟店、代理商、网商、电商，充分发挥生猪屠宰加工冷链物流的作用。

2. 产业发展协作概述

（1）"公司+合作社+农户"协作共建

丰鑫实业有限公司作为丰宁满族自治县生猪养殖龙头企业，通过产业集群式协作发展，直接支持带动了种植、养殖、饲料加工、屠宰加工、仓储、冷链物流等多家企业，上千户农民共同参与产业协作发展。以黑猪产业项目为核心环节，该公司牵头成立了覆盖全县范围的生猪养殖专业合作社（富兴养猪专业合作社），为合作社社员猪场及散养农户提供优良种猪和标准化规模养殖场养殖示范，并提供饲料配方和优质饲料，以生猪屠宰加工厂为依托回收商品生猪，支持带动 60 多家规模养殖场走规模发展、效益发展之路，通过入股分红带动了 211 个贫困户实现稳定增收。

在全县坝上及接坝各乡镇规划建立一个"公司+基地+农户"的覆盖全县范围的生态有机黑猪育肥基地，带动农户养殖生猪实现年增收 2 亿元以上，带动农户实现纯收入 4000 万元以上。通过带动发展生猪产业，促进生猪养殖饲料生产，解决农户卖粮（玉米等）难问题，间接带动了大批种植农户脱贫增收。

此外，公司聘请中国农业大学、河北农业大学等院校专家组成了高端师资队伍，聘请县农牧系统行业专家组建了专业技术师资团队，依托合作社和基地等载体面向一线养殖农户、技术人员广泛开展技术培训。通过"新型职业农民培训项目"的实施，在全市建立了包括400多名高端师资、行业师资、乡土人才的师资团队，对生猪养殖户进行培训；通过"基层农技人员知识更新"项目的实施，提高了基层农技人员的科技素质、技能水平，重点解决了生猪生产关键问题。

（2）生态农业综合园区产业协作发展

公司实施生态农场项目，建设集生态农业、美丽农业、品质农业、功能农业、生态休闲观光农业为一体的生态农业综合产业园区。在该项目中，生态农业综合园区种植项目在上游饲料生产中为生猪产业发展保障了饲料原材料的绿色、生态、安全，同时有效承接了中游养殖环节粪污资源转化后产生的有机肥料，为中游养殖环节提供了高标准、高质量的养殖园区。休闲观光项目中的餐饮消费则为终端产品销售环节拓展了市场。此外，该项目帮助村和村民（贫困户）实现长久稳定增收和脱贫致富，带动了周边地区和县域相关产业的发展，也为县域产业扶贫脱贫开创了一条新路，从外部保障了当地生猪产业的稳定发展。

3. 产业协作发展结构示意

该公司生猪产业协作发展的结构模式如图11-4所示。

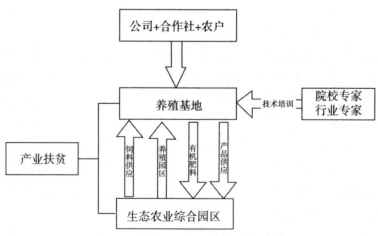

图11-4 丰鑫产业协作发展结构示意图

4. 总结

丰宁满族自治县丰鑫实业有限公司在生猪产业发展过程中秉承"绿色发展、

高质量发展"的核心理念，坚持"诚信务实、合作共赢"的经营合作之本，通过合作社、养殖基地等产业载体将农户、科研院校、行业组织等多方主体有机纳入产业协作发展框架内，共筑乡村经济振兴产业发展基础，实现了良好的经济效益和社会效益。

二、政府主导型的产业协作发展案例

在政府主导型的产业协作发展中，政府居于核心位置，与企业主导型的产业协作发展不同的是，政府除了追求经济效益外，还更加注重实现社会效益，如通过生猪产业协作发展实现产业扶贫。

（一）涞源县生猪产业协作发展模式

1. 涞源县生猪产业发展优势

优越的区位和便捷的交通保障了产业长远发展。涞源县隶属保定市，地处河北、山西两省，保定、张家口、大同三市的交界地，毗邻京津、雄安两大经济圈。过境的京原铁路，张石、荣乌、涞曲三条高速，108、112、207国道和京赞线、易定线、易保线组成境内主体交通干线，县乡公路纵横交错，村村相通，形成了高速公路、干线公路、地方道路、铁路全面协调发展的交通大格局，并成为京西生态高地上的区域性交通枢纽。

优良的资源环境夯实了产业发展基础。涞源县位于保定市西北部的太行山北端深山区，太行山、恒山、燕山"三山交汇"，聚马源、涞水源、易水源"三水同源"。全县森林覆盖率达38%，且空气通透性好。良好的自然环境和气候条件非常适宜畜禽产业的发展。另外，涞源县拥有耕地面积40万亩，山场面积305万亩，可利用山场面积193万亩，年产青草5790万吨，年产农作物秸秆1亿千克，载畜量能达到20万个羊单位，环境容量很大，能够保障畜禽产业规模化、生态化养殖。

良好的市场优势带来了发展机遇。涞源县毗邻我国人口密集的京津冀区域，500公里5小时车程经济圈可覆盖北京、天津、保定、太原等20座主要大中型城市。涞源县普通畜禽相关年产值逾百亿元，畜禽产品年产值可观。尤其是"雄安新区"的设立，给涞源县畜禽产业的全方位发展带来了前所未有的商机，未来市场容量和发展潜力巨大。

2. 涞源县产业协作发展概述

（1）政府主导

涞源县成立了由政府主要领导任组长，相关副县长任副组长、有关部门主要负责同志为成员的产业发展工作专班，制定了齐全的产业发展规划，全面强化组织推动，还编制了《涞源县特色养殖扶贫产业覆盖三年行动计划》等文件及《涞源县畜牧业发展总体规划》《涞源县生猪产业发展总体规划》等一系列规划。

同时，加大了涉农资金对生猪产业的投入力度。2017 年以来，县政府在宝迪养猪项目中累计投入 1.5574 亿元，其中包括涉农整合资金 1.5560 亿元，县级投入 13.97 万元。2019 年投入 4197.78 万元。扶贫资金 4665.2 万元入股宝迪养猪核心区，采取保底分红模式，共覆盖 98 个村。已建设完工的 77 栋猪舍，每栋猪舍预计年收入 20 万元左右，覆盖 63 个村庄，6156 户贫困户，13427 人，预计户均增收 2500 元左右。已出栏商品猪的 6 个贫困村共获得 1009796 元收益，各贫困村根据实际对贫困户进行了分红（亚家庄 1500 元、朱家庄 1000 元、南屯 1000 元、胡家庄 1000 元、上老芳 500~900 元）。

（2）企业带动

为实现"脱贫产业、集体经济、贫困户增收"三者有机结合，涞源县生猪产业龙头企业在县内建立了养殖加工核心区，县政府整合社会各类资金，在贫困村庄建设放养基地，建立起"龙头公司+放养基地+合作社+贫困户"的产业发展模式。宝迪公司提供仔猪、饲料、兽药疫苗、技术服务等，合作社负责代养，按保底收益约 200 元/头回收。这样既能将群众和市场紧密连接起来，保证销路、保证利润，又能从根本上将贫困群众与市场风险隔离开来，避免"谷贱伤农"。这种模式避免了自我摸索的弯路，保障了养殖扶贫产业的健康发展。

（3）农户参与

2018 年全县生猪饲养量达到了 5.8 万头，覆盖全县 177 个村，915 户贫困户，贫困人口 1926 人，户均增收 500~1500 元，已建成 93 个标准化养猪场、2 个养猪合作社、1 家生猪龙头企业。生猪产业占全县农业总产值的 18%，生猪产业的规模化程度达到 65%。另外，宝迪公司核心区直接带动当地 150 人就业，土地流转 640 多亩，农户可按每亩年产 1000 斤玉米的市场价取得土地流转费。

（4）科技帮扶

涞源县已经形成较为完善的技术推广体系，畜牧服务中心成立了养殖科技服务队伍。此外，涞源县长期接受来自中国农业大学、河北农业大学等高校专家的技术指导和培训，分阶段饲养管理技术、规范化饲养技术和规模化生产工艺等一些先进的技术得到应用，生猪产肉率、肉料比、死淘率等技术经济指标达到国内先进水平。同时，县畜牧局借助河北沃茂牧业有限公司等龙头企业，把先进适用的饲养管理、饲料加工、疾病防控等成套技术进行推广应用。

（二）怀安县生猪产业协作发展模式

1. 怀安县生猪产业发展优势

怀安县的自然资源条件适合生猪养殖。怀安县地形呈山区、半山区分布，劳动力富余，110 国道、G6 高速、207 国道、京新高速、京包铁路贯穿全境，交通运输方便。这里气候条件得天独厚，土地肥沃，昼夜温差大，光照时间长，雨热同季。独特的地形分布和特有的土壤适宜大面积玉米种植，是张家口地区玉米种植集中区，全年玉米总产量在 12 万吨以上，为发展畜牧养殖业提供了充足的饲料资源。2012 年，扶贫攻坚生猪养殖产业项目按照全县"两带两线"（洋河沿岸发展带、张同公路沿线发展带，西部水枳线纵向发展线、中部柴后公路和 207 国道沿线的纵向发展线）三年扶贫攻坚发展规划，引进优质种猪，发展生猪养殖规模户 79 户、新引进生猪 2104 头、新建圈舍面积 37870 平方米，补贴扶贫资金 664.84 万元，服务体系功能健全，群众基础牢固，农户养殖积极性高。

怀安县生猪产业基础优势明显。第一，养殖品种符合消费需求趋势。以"杜长大"为代表的瘦肉型商品猪三元杂交生产组合，正在逐步替代以本地母猪为母本的二元杂交生产组合。第二，生猪养殖向适度规模化发展。一家一户的分散饲养户不断减少，而中大规模的养猪专业户在不断增加，当前主要养猪场户（20 头以上能繁母猪饲养户）有 334 个，能繁母猪饲养量为 9522 头。第三，生猪产业化发展格局逐渐形成。生猪产业龙头企业宏都食品有限公司所属的屠宰加工厂，年屠宰能力可达 150 万头。2019 年前两季度，全县共屠宰生猪 19.28 万头（其中宏都 17.48 万头），养猪产业呈现出产业链雏形，生猪养殖业发展空间巨大。第四，猪肉产品销售渠道不断拓展。以加工企业、农民经纪人、营销大户、专业合作组织为主的市场网络体系已形成，生猪及其产品远销北京、大同、朔州、集宁、呼市等地。第五，养猪业协会作用日益明显。协会通过开展科技下乡、办讲座、发会刊等多种方式进行技术培训，受培训人数 1 万多人次，真正成了为企业、基地、农户提供技术服务的主体。

2. 怀安县生猪产业协作发展概述

（1）政府主导

怀安县根据工作实际和农民意愿出台了《关于强化政策扶持推进扶贫攻坚的实施意见》，该意见因地制宜规划了生猪产业科技园和生猪产业带。按照全县确定的扶贫产业发展规划，印发了《怀安县生猪产业发展规划》，以"两带两线"（洋河沿岸、张同公路沿线集中发展带，西部水枳线纵向发展线、中部柴后公路和 207 国道沿线的纵向发展线）片区规划为主战场，着力培育和发展以生猪养殖为主的特色产业，科学编制发展规划，明确各阶段发展目标，实行"一个产业、一名县级牵头领导、一套班子"机制，细化措施，责任到人，逐步构建县域精准扶贫特色产业体系。鼓励龙头企业、养殖大户建立养殖基地，鼓励畜牧科技人员到基层创业，带领一方百姓致富。以生猪养殖为主的特色畜牧产业将成为怀安实现"稳定脱贫，全面建成小康"的重要支撑。2015—2019年怀安县整合涉农资金用于生猪产业，扶贫入户资金达453.89万元。怀安县生猪产业扶贫目前基本采用"入股分红"形式，例如，通过"共富"协议入股宏都食品有限公司，通过入股保本、定额分红实现贫困户增收。

（2）企业带动

怀安县宏都食品有限公司作为河北省重点扶贫龙头企业和农业产业化重点龙头企业，具有很强的扶贫带贫能力，目前公司与10个贫困村、895户建档立卡贫困户建立了"共富"机制，签订了"共富"协议，让这些贫困户通过分红形式获得收益。公司安排贫困户64人直接就业，使他们获得稳定工作和收入，帮助促进他们脱贫致富。另外，公司通过经营活动间接带动了周边地区种植业、运输业和服务业的发展。正在建设的怀安县家育养殖项目，投资2亿元，占地2000亩，建成后可带动贫困户500户。

以宏都公司为龙头，提升复合带动能力：一是辐射带动周边更多养殖企业，有效提高屠宰量，充分利用企业产能；二是发挥产业上下游各环节带动功能，带动更多贫困户；三是注重开发，提高产业附加值，比如开发"熏肉+豆皮+一窝丝饼"健康套餐，延伸产业链，带动一、二、三产业融合发展。

（3）农户参与

2018年全县生猪存栏量达到了9.85万头，覆盖全县206个村，1668个贫困户，贫困人口2836人，户增收150~500元不等，生猪产业成为该县覆盖贫困户最多的养殖产业。规模化生猪产业初具规模，已建成10个标准化养殖示范场，1个大型生猪屠宰企业，家育种猪集团投资的年出栏种猪1万头的项目已经开工建设，建成后可带动贫困户500户。怀安县在生猪产业扶贫过程中注重激发贫困户的内生动力，提高贫困户参与度。例如，怀安县日壮养殖合作社吸纳5个贫困户，通过农村信用社扶贫小额贷款的形式，每个贫困户投资5万元到养猪场，养殖合作社在保证其本金不受损失的前提下，根据猪场盈利情况按比例分红。同时，这5个贫困户户主也在猪场工作，可获得工资性收入。

（4）科技帮扶

怀安县由市农业农村局协调指导，县农业农村局牵头组建了生猪产业专家团队，专家团队直接对接生猪产业扶贫。完善现有县级农业专家服务团队的工作制度，建立有效的运行机制。一是积极对接国家、省、市农业专家服务体系，充分借助"专家外脑"，为怀安县生猪产业发展建言献策；二是完善现有农业专家服务团队的生猪产业全产业链服务能力，不仅仅是动物疫病防治，更重要的是对养殖、生产、营销等各环节提供指导和帮助。

成立"农民专业合作社"，即依托专业养殖大户和技术能手，融人、融土地、融资金，整合贫困户资源，抱团成立养殖专业合作社，贫困户在专业合作社内工作，可就地获得工资收入。成立"村民合作社"，即以村集体为单位成立村民合作社，村集体和村民将产业发展资金入股村民合作社，村民合作社再采取"龙头企业+村民合作社+贫困户""养殖产业基地+村民合作社+贫困户"等产业化运作模式，入股地方龙头企业或与养殖产业基地合作发展，结成利益共同体，发展养殖产业，获取收益。

（三）蔚县生猪产业协作发展模式

1. 蔚县生猪产业发展优势

良好的产地环境为生猪养殖提供保障。蔚县位于京津冀、晋冀蒙两个经济圈和环渤海都市圈结合地带，总面积3220千米，耕地面积120万亩，其中玉米种植面积达40多万亩，为生猪养殖提供了充足的饲草资源。蔚县属暖温带大陆性季风气候，春夏凉爽，秋冬干燥，气候适宜，全年降雨量为380.0～682.7毫米，壶流河纵贯全境，是生猪养殖的天然保护屏障。充足的饲草资源和良好的气候条件，为蔚县生猪养殖提供了保障。

重要的交通枢纽地位为猪肉输出提供便利。蔚县北距张家口140千米，东距北京220千米，南距保定220千米，西距大同160千米，地处一县连二省（河北省、山西省）三市（大同市、保定市、张家口市）的重要位置，是西联东出、承北接南的重要枢纽。境内路网四通八达：国道109线、112（207）线、沙蔚铁路纵横交贯全境，张石高速纵贯南北、京蔚高速横通东西，形成贯通南北、连接东西的"十"字形高速路网。从蔚县乘车一个多小时就可到达北京，荣乌高速、涞曲高速的联通大大缩短了蔚县至保定、石家庄的行车时间。便利的交通运输条件，为猪肉的输出打下良好基础。

龙头企业技术支撑提升了产业竞争力。四方红农牧产业园的技术依托合作单位有中国农业科学院、中国农业大学、湖南农业大学、北京市农业学院，以及荷兰瓦格宁根大学、荷兰SFR饲料营养研究所和荷兰嘉实基因育种公司。强有力的技术支撑，为蔚县生猪养殖提供了技术支撑，并为猪肉质量安全提供了保障，提升了蔚县生猪产业的整体竞争力。

良好的生猪繁育体系保证了养殖品质。四方红农牧产业园以白猪育种为基础，引进英系猪系列品种，打造优秀的四方红种猪核心群，形成大白猪、长白猪、杜洛克、SF4 代终端父本种猪、泰欣福民 V5 系列 AI 种公猪的基因育种品牌，品种优良，有效保证了蔚县生猪养殖品质。

2. 蔚县生猪产业协作发展概述

（1）政府主导

蔚县在 2018 年发布了《打造六金扶贫新模式 开拓特色产业脱贫路》的扶贫报告，指出要打造四方红"金猪仔"帮贫模式。2018 年全县整合各类扶贫涉农资金 9307 万元，切实保障生猪产业，尤其是生猪养殖业方面的资金需求，在政策和资金支持下，形成了产业项目覆盖面相对较广的产业发展格局。在政府主导下，生猪产业项目覆盖全县 16 个乡镇、38 个村。截至 2018 年年底，共吸收贫困户入股 4036.657 万元，对接 7762 户。同时，积极探索突破一、二、三产业融合互动瓶颈的新模式，纵向延伸和横向拓展农业产业链条和功能，打造多业态、多功能的现代化农业产业体系，大力发展种养结合的生态循环，积极推进畜产品精深加工和废弃物综合利用，提高农产品附加值和资源综合利用率，对当地实现一、二、三产业融合具有示范和带动作用。

（2）企业带动

北京四方红集团现代化农业产业园于 2017 年 7 月落户蔚县，投资 5.5 亿元，建设百万头生猪养殖产业园，吸纳生猪产业资金入股分红。蔚县组织有劳动力的贫困户参加产业园生猪养殖技术系统化培训，提升养殖技能，增加贫困户收入。蔚县采用"公司+贫困户"统一合作的方式，按照四方红农务商品猪标准化饲养管理要求，将断奶后的仔猪交给贫困户饲养，实现以家庭为单位的"235"精准扶贫模式，真正做到既扶贫又扶智。

（3）农户参与

蔚县采用"公司+农户"的统一发展模式，充分发挥产业园的辐射效用，带动周边农村养殖户开展优良生猪品种饲养。一方面，为当地养殖户带来直接经济效益，利于促进农村剩余劳动力就业，实现农民增收；另一方面，利用生猪养殖废弃物生产有机肥，推动粪污还田施肥，在保护生态环境的同时，提升农作物产量和质量，实现农业增效。

（四）总结

通过对涞源县、怀安县、蔚县三个具有代表性的政府主导型生猪产业协作发展模式的梳理总结，可以发现，政府主导型的生猪产业协作发展模式，一方面，通常遵循"政—产—学—用—研"的产业发展协作体系机制，将政府、企业、高校科研单位、农户等主体纳入产业协作发展过程中，并通过政府政策文件、产业规划等主导建立有机融合机制，以政府财政资金（尤其是扶贫资金）和企业资金为经济基础，以高校科研院所等科技帮扶为支撑，充分调动农户的参与意愿和提升农户参与能力，最终实现地方生猪产业协作良性发展；另一方面，政府主导型的生猪产业协作发展更加注重社会效益，旨在通过推动当地生猪产业协作良性发展，实现农民增收的经济效益，最终保障生猪产业可持续发展、生态环境保护、反贫困和巩固脱贫攻坚成果等社会效益的实现。

附录一

河北省生猪养殖主体纵向协作情况调查问卷

尊敬的受访者：您好！

  非常感谢您抽出宝贵的时间参与此次调查。该问卷由河北省生猪创新团队产业经济岗成员提供，目的是了解养猪场与养殖龙头企业合作、与上下游企业协作情况。您回答的真实性对本研究十分重要，请不要有任何顾虑，此问卷中的所有信息，只作为学术研究使用，绝对不会以任何形式泄露出去。感谢您的参与，谢谢您的支持与合作。

  一、养猪场负责人基本情况

  1. 您的性别：○男　○女

  2. 您的年龄：

  ○18 岁以下　　　○18~25 岁　　　○26~30 岁　　　○31~40 岁

  ○41~50 岁　　　○51~60 岁　　　○60 以上

  3. 您的受教育程度：

  ○小学　　　○初中　　　○高中　　　○大专及以上

  4. 您的从业经历：［多选题］ *

  □合作社主要负责人 □普通农民 □企业管理层 □村干部（含大学生村官）

  □个体投资者（个体工商户）□进城务工返乡人员 □退伍军人

  5. 如果您有一笔闲置资金，现有两个养殖项目，第一个风险大、利润大；第二个风险小、利润小，您会选择哪个项目进行投资：

  ○投资第一个项目 ○两个项目都有风险，不进行投资 ○投资第二个项目

  二、养猪场基本情况

  6. 您的养猪场总投资额为＿＿万元，建场时间＿＿年，养猪场占地＿＿亩。

  7. 您的养猪场所占土地性质为：○自有地 ○租用地

  8. 您的养猪场的饲养方式为：○自繁自养 ○种猪场 ○只育肥 ○只繁育

9. 您的养猪场的基础母猪头数是：

○0~50 头 ○51~100 头 ○101~300 头 ○301~500 头 ○500 头以上

10. 您的养猪场年均出栏：

○0~100 头 ○100~500 头 ○501~2000 头 ○2001~3000 头 ○3000 头以上

三、生猪销售情况

11. 您养殖的生猪能不能及时地销售出去：

○能 ○不能 ○偶尔不能 ○和行情有关系

12. 您所养殖的生猪采用哪种途径销售：［多选题］*

□自己运往批发市场销售 □贩卖商收购 □通过中间人销售给贩运商

□合作组织统一出售 □屠宰企业

13. 您与收购商是否建立了长期稳定的合作关系：

○是（请跳至第 15 题）○否

14. 不建立长期稳定的合作关系的原因是：

○信息闭塞没有相关的合作企业

○自身规模不够条件

○根据市场信息调整合作对象，利润更高

15. 您所期望的合作方式为：

○与屠宰场直接合作 ○建设自己的加工企业

○与龙头企业进行合作 ○有收购商收购就可以

16. 在当前条件下，您与销售地的距离为：

○10 千米以内 ○50 千米以内 ○100 千米以内 ○100 千米以上

17. 您选择销售途径时主要考虑的因素（按照重要程度从高到低排序）：

［排序题，请在中括号内依次填入数字 1~7］*

［ ］买方价格高 ［ ］买方付款及时 ［ ］交易便捷简单 ［ ］买方信誉好

［ ］以前打过交道，感觉不错 ［ ］寻找长期合作 ［ ］熟人或者亲戚关系

18. 收购商是否对您的养猪场所生产的生猪进行质量检测：

○是 ○否（请跳至第 21 题）

19. 收购商的检测频率：○一月一次 ○3 月一次 ○6 月一次 ○交货时检测

20. 收购商是否可以及时付款：○可以 ○偶尔拖款 ○经常拖款

21. 您对生猪市场的信息获取来自：［多选题］*

□村委会 □相关政府部门 □合作社 □专业的市场分析人员

□电视、网络、报纸、新媒体 □ 其他____

四、养猪场与上下游协作情况（上游：饲料、兽药企业；下游：收购商、屠宰加工企业）

22. 您在养殖经营过程中与上下游的合作方式为：

○个人经营，根据价格选择饲料商、收购商、加工场

○企业提供饲料、仔猪、技术，您只从事肉猪育肥

○与屠宰加工企业签订收购合同或达成短期合作

○与收购商签订收购合同或达成短期合作

○参与合作社，集体销售，销售对象为_____

○自有生猪屠宰场，养殖加工一体化

23. 影响您选择合作对象的因素是（按照重要程度从高到低排序）：

[排序题，请在中括号内依次填入数字1~6] *

[ ]价格[ ]稳定供给[ ]公司规模[ ]信任程度[ ]质量水平[ ]是否可以及时付款

24. 您与兽药、饲料企业的合作方式为：

○不同时期，选择价格低的兽药、饲料企业

○与同一企业达成长期合作关系

○自有饲料、兽药场

25. 您选择兽药、饲料企业考虑的因素是（按照重要程度从高到低排序）：

[排序题，请在中括号内依次填入数字1~6] *

[ ]价格[ ]稳定供给[ ]公司规模[ ]信任程度[ ]质量水平[ ]是否可以赊销

26. 您对现在与饲料、兽药企业的合作关系是否满意：

○满意（请跳至问卷末尾，提交答卷）○不满意

27. 如果您对与饲料、兽药企业的合作关系不满意，原因是：

○合作关系不稳定 ○饲料、兽药企业存在质量问题

○饲料、兽药企业交货日期不准确 ○其他____

28. 2020年您的养猪场生猪养殖总成本为____万元，生猪销售总收入为____万元。

29. 2020年您的养猪场饲料费用为____万元，雇佣工人成本为____万元，仔猪成本为____万元，疫病防治费用为____万元，信息获取产生费用为____万元，其他费用为____万元，国家补贴收入为____万元，其他收入为____万元。（没有请填0）

附录二

河北省中小规模养猪场参与公司合作经营调查问卷

一、养猪场负责人基本情况

1. 您的性别：A：男　　　　　　　B：女

2. 您的年龄：

A：18 岁以下　　　　　　　B：18~25 岁

C：26~30 岁　　　　　　　D：31~40 岁

E：41~50 岁　　　　　　　F：51~60 岁

G：60 岁以上

3. 您的受教育程度：

A：小学　　　　　　　　　B：初中

C：高中　　　　　　　　　D：大专及以上

4. 您的从业经历：（多选）

A：合作社主要负责人　　　　B：普通农民

C：企业管理层　　　　　　　D：村干部（含大学生村官）

E：个体投资者（个体工商户）　F：进城务工返乡人员

G：退伍军人

5. 如果您有一笔闲置资金，现有两个养殖项目，第一个风险大、利润大；第二个风险小、利润小，您会选择哪个项目进行投资：

A：投资第一个项目　　　　　B：两个项目都有风险，不进行投资

C：投资第二个项目

二、养猪场基本情况

（一）生猪生产情况

6. 您的养猪场总投资额：_____万元；建场时间：_____年；养猪场占地面积：

＿＿＿亩。

7. 您的养猪场所占土地性质为：

A：自有地　　　　　　　B：租用地

8. 您的养猪场的饲养方式为：

A：自繁自养　　　　　　B：种猪场

C：只育肥　　　　　　　D：只繁育

9. 您的养猪场的基础母猪头数是：

A：0~50 头　　　　　　B：51~100 头

C：101~300 头　　　　D：301~500 头

10. 您的养猪场平均年出栏：

A：100~200 头　　　　B：201~500 头

C：501~1000 头　　　D：1001~2000 头

11. 2020 年您的养猪场生猪养殖总成本为＿＿＿万元，生猪销售总收入为＿＿＿万元。

12. 2020 年您的养猪场饲料费用为＿＿＿万元，雇佣工人成本为＿＿＿万元，仔猪成本为＿＿＿万元，疫病防治费用为＿＿＿万元，信息获取产生费用为＿＿＿万元，其他费用为＿＿＿万元，国家补贴收入为＿＿＿万元，其他收入为＿＿＿万元。（没有请填 0）

13. 您的养猪场采取了哪些生物安全防控手段：（多选）

A：严格把控种猪来源　　B：饲料来源及质量控制

C：车辆进出控制　　　　D：人员进出管理

E：工具物件使用控制　　F：建立严格的消毒制度

G：猪舍及周围的防虫灭鼠灭蚊蝇工作

H：猪群猪舍驱虫工作

I：定期免疫抗体水平和疫病检测

J：强化员工生物安全意识

K：其他

14. 您的养猪舍是否配置有自动化设备：

A：是　　　　　　　　　B：否

15. 您的养猪舍是否配置以下设备：（多选）

A：自动喂料　　　　　　B：自动饮水

C：自动清粪　　　　　　D：智能环控

E：都没有

（二）生猪销售情况

16. 您养殖的生猪能否及时销售出去：

A：能 　　　　　　　　　　B：不能

C：偶尔不能 　　　　　　　D：和行情有关系

17. 您养殖的生猪采用哪种途径销售：（多选）

A：自己运往批发市场销售 　　B：贩卖商收购

C：通过中间人销售给贩运商 　D：合作组织统一出售

E：屠宰企业

18. 您与收购商是否建立长期稳定的合作关系：

A：是 　　　　　　　　　　B：否

19. 不建立长期稳定的合作关系的原因是：

A：信息闭塞没有相关的合作企业

B：自身规模不够条件

C：根据市场信息调整合作对象，利润更高

20. 您所期望的合作方式为：

A：与屠宰场直接合作 　　　B：建设自己的加工企业

C：与公司进行合作 　　　　D：有收购商收购就可以

21. 在当前条件下，您与销售地的距离为：

A：10 公里以内 　　　　　　B：50 公里以内

C：100 公里以内 　　　　　 D：100 公里以上

22. 您选择销售途径时主要考虑的因素：（排序）

A：买方价格高 　　　　　　B：买方付款及时

C：交易便捷简单 　　　　　D：买方信誉好

E：以前打过交道．感觉不错 　F：寻找长期合作

G：熟人或者亲戚关系

23. 收购商是否对您的养猪场所生产的生猪进行质量检测：

A：是 　　　　　　　　　　B：否

24. 收购商的检测频率：

A：一月一次 　　　　　　　B：3 个月一次

C：6 个月一次 　　　　　　D：交货时检测

25. 收购商是否可以及时付款：

A：可以 　　　　　　　　　B：偶尔拖款

C：经常拖款

26. 您对生猪市场的信息获取来自：（多选）

A：村委会   B：相关政府部门

C：合作社   D：专业的市场分析人员

E：电视、网络、报纸、新媒体 F：其他

三、外部环境情况

27. 您认为当地环保政策压力：

A：非常大   B：比较大

C：一般   D：比较小

E：非常小

28. 非洲猪瘟疫情的出现对您的养猪场生猪养殖的影响：

A：没有损失   B：损失生猪数量较少

C：损失生猪数量一般   D：损失生猪数量较多

29. 非洲猪瘟疫情后，您的养猪场生物安全防控设施设备与技术的需求度：

A：非常小   B：比较小

C：一般   D：比较大

E：非常大

30. 非洲猪瘟疫情后，您的养猪场规避非洲猪瘟带来风险的迫切程度：

A：非常小   B：比较小

C：一般   D：比较大

E：非常大

31. 非洲猪瘟期间您的养猪场运营遇到了哪些困难和挑战：（按严重程度从高到低排序）

A：猪病严重   B：资金周转困难

C：环保压力大   D：生猪养殖水平低

E：土地政策制约   F：生猪销售困难

G：猪肉价格不稳定   H：招聘合适的技术人员及兽医难

I：其他

32. 您的养猪场采取的防范或化解非洲猪瘟带来风险的措施有：（多选）

A：购买生猪保险   B：生猪期货

C：与公司合作   D：加入合作社

E：自担风险   F：依靠政府补贴

G：其他

33. 政府现有补贴为：（多选）

A：生态补贴　　　　　　　　B：养殖补贴

C：其他补贴（如保险补贴、项目补贴等）

34. 您需要国家提供哪些政策和支持：（按照需求强烈程度从高到低排序）

A：养殖技术、经营管理培训　B：保险补贴或优惠

C：贷款贴息　　　　　　　　D：农业信贷服务/贷款担保

E：市场信息及时提供

F：生产性基础设施（道路、水利、仓储等）建设和维护等服务

G：其他

四、养猪场与公司合作经营情况

（一）养猪场参与公司合作经营行为意愿

35. 您对养猪场与公司合作相关政策与案例的关注程度：

A：非常低　　　　　　　　　B：比较低

C：一般　　　　　　　　　　D：比较高

E：非常高

36. 您的养猪场未来与公司合作经营的可能性：

A：非常小　　　　　　　　　B：比较小

C：一般　　　　　　　　　　D：比较大

E：非常大

37. 您的养猪场未来提升与公司合作经营紧密度的可能性：

A：非常小　　　　　　　　　B：比较小

C：一般　　　　　　　　　　D：比较大

E：非常大

38. 您对养猪场与公司合作的看法：

收益与风险方面	非常不赞同	比较不赞同	一般	比较赞同	非常赞同
您认为如果与公司合作，您能够获取更多的利润					
您认为如果与公司合作，您能享受到令人满意的服务					
您认为如果与公司合作，能够降低您猪场的养殖风险和市场风险					

续表

合作要求方面	非常 不赞同	比较 不赞同	一般	比较 赞同	非常 赞同
如果与公司合作，您认为双方合作相关制度安排应该公开透明					
如果与公司合作，您认为双方合作程序要简单、易操作					
如果与公司合作，您认为公司对合作对象的选择标准应该比较低（如对规模、设备要求低等）					
其他人的影响	非常 不赞同	比较 不赞同	一般	比较 赞同	非常 赞同
家庭成员支持您的养猪场与企业进行合作					
猪场员工支持您的养猪场与公司进行合作					
其他养猪场与公司合作的行为，促使您的养猪场与公司进行合作					

39. 政府在养猪场与公司合作方面发挥的作用：

政府作用影响	非常小	比较小	一般	比较大	非常大
当地政府在养猪场与公司合作相关政策制度等方面发挥的宣传作用					
当地政府在养猪场与公司合作中发挥的搭桥牵线作用					
当地政府为养猪场与公司合作提供的财政支持力度					

（二）养猪场参与公司合作经营行为

40. 您的养猪场与公司的合作形式为：

A：市场交易式（自由买卖）

B：合同式（养猪场去企业直接签订合同）

C：合作式（组成合作社，合作社与企业合作）

D：企业式（作为企业的生产车间，企业化管理）

E：股份式（以土地或生产资料等入股）

41. 您的养猪场与公司合作的交易关系为：

A：买卖关系   B：契约关系

C：合作关系   D：雇佣关系

E：股东关系

42. 您的养猪场与公司的合作期限：

A：1 年及以下   B：1~3 年

C：3~5 年   D：5~10 年

E：10 年及以上

43. 您的养猪场年总收入中有多少来自公司合作经营收入：

A：30% 及以下   B：31%~50%

C：51%~70%   D：71%~90%

E：91%~100%

44. 您的养猪场所享受到的公司提供的服务有：（多选）

A：提供仔猪   B：提供育种产品（精液等）

C：提供饲料   D：提供防疫服务

E：提供兽药   F：提供养殖管理指导

G：提供技术支持   H：组织人员培训

I：提供物流运输服务   J：提供屠宰服务

K：提供订单销售服务   L：提供猪肉产品加工服务

M：提供废弃物处理服务 N：其他

45. 与公司合作，您的养猪场得到了哪些方面的益处：（多选）

A：降低生产成本   B：解决资金难题

C：获得技术指导   D：解决销售问题

E：提高销售价格   F：其他

46. 在您的养猪场与公司合作过程中出现的交易纠纷情况：

A：没有   B：非常少

C：比较少   D：一般

E：比较多

附录三

河北省生猪养殖体生猪保险购买情况的调查问卷

尊敬的受访者：您好！

非常感谢您抽出宝贵的时间参与此调查。该问卷由河北省生猪创新团队产业经济岗成员提供，目的是为更好地了解养殖场（户）对生猪保险的认知和购买情况。您回答的真实性对本研究结果十分重要，请不要有任何顾虑。在此，我们郑重承诺，此问卷中的所有信息，只作为学术研究使用，绝对不会以任何形式泄露出去。感谢您的参与，谢谢您的支持与合作。

一、猪场经营者基本情况

1. 您的猪场所在地址（例如，××省××市××县）：_____

2. 您的性别：○男○女

3. 您的年龄段：○18～30 ○31～40 ○41～50 ○51～60 ○60以上

4. 您的受教育程度：○小学○中学○高中○大专○本科及以上

5. 您的风险投资偏好为：○低风险低收益○中风险中收益○高风险高收益

6. 您是否有其他保险购买经历（如车险、医疗保险、人身保险等）：○是○否

二、猪场经营情况

7. 您从事生猪养殖行业的年限：○3年以下 ○3～10年 ○10年以上

8. 您的猪场养殖规模为：○100头以下 ○100～500头 ○501～2000头○2000头以上

9. 生猪养殖收入占您家庭总收入的比重为：

○30%以下 ○30%～50% ○51%～80% ○80%以上

10. 您的猪场目前资金情况：○资金紧张○资金一般○资金充裕

三、生猪保险认知情况

11. 您了解生猪保险吗：

○非常不了解○了解较少○一般了解○了解较多○非常了解

12. 您是通过哪种渠道了解到生猪保险的（多选题）：

□村委会□保险公司□合作社□龙头企业□电视、报纸、网络、广播等媒体□政府组织的教育培训会□亲友或同行告知

13. 您认为购买生猪保险有必要吗：

○非常没必要○比较没有必要○一般○比较有必要○非常有必要

14. 您是否购买过生猪保险：○是○否

15. 您没有购买生猪保险的原因是（多选题）：

□投保程序太复杂□买保险不合算

□不相信、不了解生猪保险

□养殖规模小，没必要□风险较低，可以自己承担

□业务人员不专业、服务态度不好

16. 您投保的保险公司是：_____

17. 您购买的险种有（多选题）：

□能繁母猪保险 □育肥猪保险 □价格指数保险 □其他

18. 您购买生猪保险的原因是（多选题）：

□可放心增加养殖投入，利于扩大养殖规模

□合作社或龙头企业要求投保 □分散风险，减少损失

□保单可以抵押贷款 □政府强制购买 □跟随他人

19. 您对当前的投保程序满意吗：

○非常不满意○比较不满意○一般○比较满意○非常满意

20. 您对当前的保费满意吗：

○非常不满意○比较不满意○一般○比较满意○非常满意

21. 您对当前的理赔程序满意吗：

○非常不满意○比较不满意○一般○比较满意○非常满意

22. 您通过什么方式购买生猪保险：

○保险公司○村委会统一投保○合作社统一办理○龙头企业统一办理

23. 您是否获得过生猪保险理赔：○是○否

24. 您认为生猪保险赔款能够弥补多少损失：

○20%以下 ○20%~40% ○40%~60% ○60%~80% ○80%以上

25. 您认为目前生猪保险存在什么问题（多选题）：

□保费太高□保障程度太低，作用不大

□理赔程序复杂，耗时较长□生猪养殖保险品种太少

□宣传不到位，对生猪养殖保险的了解太少

□理赔款不公开不透明

26. 您期待政府出台哪些政策措施促进生猪保险发展：

_____

四、非洲猪瘟疫病认知情况调查

27. 您对非洲猪瘟疫情发病机理的认知情况：

○一点也不了解○不太了解○一般○比较了解○非常了解

28. 您对非洲猪瘟疫情传播途径的认知情况：

○一点也不了解○不太了解○一般○比较了解○非常了解

29. 您对非洲猪瘟疫情表现症状的认知情况：

○一点也不了解○不太了解○一般○比较了解○非常了解

30. 您对非洲猪瘟疫情防控的认知情况：

○一点也不了解○不太了解○一般○比较了解○非常了解

31. 非洲猪瘟疫情后，贵场对生物安全防控技术的投入是否增加：○是○否

32. 您对非洲猪瘟疫情发展形势判断及生猪保险购买意愿：

○在 1~2 年会得到控制，无须购买保险

○在 2~5 年内会存在，可以购买保险

○在未来会长期存在，有必要购买保险

附录四

河北省生猪产业集群竞争力专家调研问卷

尊敬的专家学者，您好！

感谢您抽出时间参与调查，我是河北农业大学的一名硕士研究生，现正在进行硕士学位论文的研究。这是一份旨在了解河北省生猪产业集群竞争力的调查问卷。请您就河北省生猪产业集群竞争力指标体系中的各指标重要程度做出相应评分比较。评分说明请见下表。衷心感谢您的帮助和支持！

第一部分

说明：请对各指标的重要性进行评分，如果指标 A/指标 B＝3，则说明指标 A 的重要性是 B 的三倍，反之，如果指标 A/指标 B＝1/5，则说明指标 A 的重要性是指标 B 的五分之一。判断重要性程度说明如下表：

分数	分数含义
1	一样重要
3	略微重要
5	明显重要
7	重要得多
9	极端重要
1/分数	含义相反

1. 一级指标重要性打分（例：基础/企业同等重要则分值为1；基础/企业稍微不重要则分值为1/3）

基础/企业：＿＿＿＿＿＿＿

基础/市场：＿＿＿＿＿＿＿

企业/市场：＿＿＿＿＿＿＿

2. 二级指标重要性程度打分

资源/设施：_____

企业结构、战略与竞争/供应商及相关辅助产业：_____

本地市场/外地市场：_____

3. 资源指标层级下各指标重要性程度打分

地理位置或区位/自然资源：_____

地理位置或区位/劳动力资源：_____

地理位置或区位/资本资源：_____

自然资源/劳动力资源：_____

自然资源/资本资源：_____

劳动力资源/资本资源：_____

4. 设施指标层级下各指标重要性程度打分

基础设施水平/行业协会社会服务水平：_____

基础设施水平/政府相关产业优惠政策：_____

基础设施水平/研发机构、高校产学研结合：_____

基础设施水平/法律法规完善度：_____

行业协会社会服务水平/政府相关产业优惠政策：_____

行业协会社会服务水平/研发机构、高校产学研结合：_____

行业协会社会服务水平/法律法规完善度：_____

政府相关产业优惠政策/研发机构、高校产学研结合：_____

政府相关产业优惠政策/法律法规完善度：_____

研发机构、高校产学研结合/法律法规完善度：_____

5. 企业结构、战略与竞争指标层级下各指标重要性程度打分

企业规模/企业劳动力数量及文化水平：_____

企业规模/企业科研创新能力：_____

企业规模/企业管理水平：_____

企业规模/企业品牌知名度：_____

企业劳动力数量及文化水平/企业科研创新能力：_____

企业劳动力数量及文化水平/企业管理水平：_____

企业劳动力数量及文化水平/企业品牌知名度：_____

企业科研创新能力/企业管理水平：_____

企业科研创新能力/企业品牌知名度：_____

企业管理水平/企业品牌知名度：_____

6. 供应商及相关辅助产业指标层级下各指标重要性程度打分

集群内原材料供应商数量及实力/集群内企业间的交流合作：_____

集群内原材料供应商数量及实力/集群内供应商的专业化程度：_____

集群内原材料供应商数量及实力/物流行业发展水平：_____

集群内企业间的交流合作/集群内供应商的专业化程度：_____

集群内企业间的交流合作/物流行业发展水平：_____

集群内供应商的专业化程度/物流行业发展水平：_____

7. 本地市场指标层级下各指标重要性程度打分

企业产品在本地市场占有率/企业产品在本地市场需求量：_____

企业产品在本地市场占有率/顾客对本地品牌的信任程度：_____

企业产品在本地市场需求量/顾客对本地品牌的信任程度：_____

8. 外地市场指标层级下各指标重要性程度打分

企业产品在外地市场占有率/企业产品在外地市场需求量：_____

企业产品在外地市场占有率/外地市场顾客对品牌的信任程度：_____

企业产品在外地市场占有率/企业产品出口率：_____

企业产品在外地市场需求量/外地市场顾客对品牌的信任程度：_____

企业产品在外地市场需求量/企业产品出口率：_____

外地市场顾客对品牌的信任程度/企业产品出口率：_____

第二部分　河北省生猪产业集群竞争力测评

其中分值对应情况如下：1——很差；2——较差；3——很有限；4——有限；5——较为及格；6——及格；7——不错；8——良好；9——优秀；10——非常好。

	分值
地理位置/区位	
自然资源	
劳动力资源	
资本资源	
基础设施水平	
政府相关产业优惠政策	
研发机构、与高等院校产学研结合	
法律法规完善度	
企业规模	

续表

	分值
企业劳动力数量及文化水平	
企业科研创新能力	
企业品牌知名度	
集群内原材料供应商数量及实力	
集群内企业间的交流合作	
集群内供应商的专业化程度	
物流行业发展水平	
企业产品在本地市场占有率	
企业产品在本地市场需求量	
顾客对本地品牌的信任程度	
企业产品在外地市场占有率	
企业产品在外地市场需求量	
外地市场顾客对品牌的信任程度	
企业产品出口率	

参考文献

［1］Abbasi Iffat Abbas, Ashari Hasbullah, Jan Amin, Ariffin Ahmad Shabudin. Contract Farming towards Social Business: A New Paradigm ［J］. *Sustainability*, 2021, 13（22）.

［2］Angela van der Heijden, Jacqueline M. Cramer. Change agents and Sustainable supply chain collaboration: A longitudinal study in the Dutch pig farming sector from a sensemaking perspective ［J］. *Journal of Cleaner Production*, 2017, 3（11）: 166.

［3］Aditya R Khanal, Ashok K Mishra, Joaquin Mayorga, Stefan Hirsch. Choice of Contract Farming Strategies, Productivity, and Profits: Evidence from High-Value Crop Production ［J］. *Journal of Agricultural and Resource Economics*, 2020, 45（3）.

［4］Bannor, Richard Kwasi, Gyekye, Yaw. Unpacking The Nexus Between Broiler Contract Farming and Its Impact in Ghana ［J］. *The European Journal of Development Research*, 2022（prepublish）.

［5］A. Taslim, M. R. Karim, M. S. Rahman. Factors Influencing Participation of Farmer in Contract Farming in Narsingdi District of Bangladesh ［J］. *Asian Journal of Agricultural Extension, Economics & Sociology*, 2021.

［6］Abebe G K, Bijman J, Kemp R, et al. Contract farming configuration Smallholders preferences for contract design attributes ［J］. *Food Policy*, 2013, 40: 14-24

［7］Ajzen I. The Theory of Planned Behavior ［J］. *ORGAN BEHAV HUM DEC*, 1991（50）. 179-211.

［8］Ajzen I. Constructing a TPB Questionnaire: Conceptual and Methodological Considerations ［EB/OL］. ［2006-01-01］. http: //www. people . umass. edu/

aizen/

[9] Bruce A. Babcock. Implications of extending crop insurance to livestock [J] . *Agricultural Outlook Forum*, 2004.

[10] Boger S. Factors influencing contractual choice and sustainable relationships in European agri‒food supply chains [J] . *European Review of Agricultural Economics*, 2001, 28 (3) .

[11] BMJ Publishing Group Limited. Focus on collaboration in pig supply chain [J] . *Veterinary Record*, 2011, 168 (23) : 604.

[12] Buragohain Debahash, Dubey J. P.. Contract Farming: Status and Effect on Socio‒economic, Psychological and Social Characteristics of Farmers in Assam [J] . *Journal of Community Mobilization and Sustainable Development*, 2021, 16 (1) .

[13] Choudhary S. K., Kumar Rajesh, Kumar Arun. Scope, Opportunity and Importance of Contract Farming in India [J] . *Journal of Community Mobilization and Sustainable Development*, 2021, 16 (1) .

[14] Esteve Nadal‒Roig, Lluís M. Plà‒Aragonès, Antonio Alonso‒Ayuso. Production planning of supply chains in the pig industry [J] . *Computers and Electronics in Agriculture*, 2019, 161 : 72‒78.

[15] Ezdin Sihem. Economic and Socio‒cultural Determinants of Agricultural Insurance Demandacross Countries [J] . *Journal of the Saudi Society of Agricultural Sciences*, 2017.

[16] Fishbein M, Ajzen I. Belief, Attitude, Intention, and Behavior: An Introduction to Theory and Research [M] . MA: Addison‒Wesley Publishing Co, 1975.

[17] Fuzzy Research. Recent Research from Shenyang Agricultural University Highlight Findings in Fuzzy Research (Game Analysis On Competition of Enterprises In Pig Breeding Supply Chain Under the Fuzzy Environment) [J] . *Journal of Robotics & Machine Learning*, 2019.

[18] Grannis J. L., J. W. Green, M. I. Bruch. "US Livestock industry's views on livestock disease insurance." [A] . The economics of livestock disease insurance: concepts, issues and international case studies [C] . UK: CABI publishing, 2007: 222‒232.

［19］ Hair J. F. , Anderson R. E. , Tatham R. L. , Black W. C.. Multivariate Data Analysis, 5th Edition ［M］. Upper Saddle River, NJ: Prentice Hall, 1998.

［20］ Hoang Viet. Impact of Contract Farming on Farmers' Income in the Food Value Chain: A Theoretical Analysis and Empirical Study in Vietnam ［J］. *Agriculture*, 2021, 11 (8).

［21］ Hu Kai. The Study of Trends in the Structure of the Pig Supply Chain Upstream View-Based Transaction Costs ［C］. Proceedings of 2009 IEEE the 16th International Conference on Industrial Engineering and Engineering Management, 2009: 574-578.

［22］ Huo Hong. Analysis of Supply Chain Model of Agricultural Products and Quality Safety—A Case Study of Heilongjiang Province ［J］. *Asian Agricultural Research*, 2011, 3 (10): 50-53+57.

［23］ John. H. Davis, R. A. Goldberg. A Concept of Agribusiness ［J］. *Americon Journal of Agriculturl Economics*, 1957 (1): 58-109.

［24］ Ker A. P. , B. K. Goodwin. Nonparametric Estimation of Crop Insurance Rates Revisited. *American Journal of Agricultural Economics*, 2000, 82. pp. 463 - 478.

［25］ Khiem N. T. , Emor S. Linking Farmers to Markets through Contract Farming ［R］. Markets and Development Bulletin, March 2005: 129-142.

［26］ Kulshreshtha S. , Thompson T. Economic Impacts of the Saskatchewan Agriculture and Food Cluster on the Saskatchewan Economy ［R］. Saskatoon: Department of Agricultural Economics, University of Saskatchewan, 2005 (7): 1 -64.

［27］ Leat Philip M. K. , Revoredo-Giha Cesar. In Search of Differentiation and the Creation of Value: the Quest of the Scottish Pig Supply Chain ［J］. *British Food Journal*, 2013, 115 (10) : 1487-1504.

［28］ Martinez S W. Vertical Coordination of Marketing Systems: Lessons form the Poultry, Egg and Pork Industries ［J］. *Agricultural Economics Report*, 2022, 4 (807).

［29］ Majid Farzaneh, Mohammad S. Allahyari, Christos A. Damalas, Alireza Seidavi. Crop insurance as a risk management tool in agriculture: The case of silk farmers in northem Iran ［J］. *Land Use Policy*, 2017: 64.

［30］ Mighell R. L. , Jones L. A.. Ertical Coordination In Agriculture ［J］.

U. S. Department of Agriculture: Economic Research Service, Agricultural Economic Report, 1963 (19).

[31] Martinez S. Vertical Coordination in the Pork and Broiler Industries: Implications for Pork and Chicken Products [J] . Agricultural Economics Reports, 1999.

[32] Patrick G. F., Baquet A. E., Coble K. H., Krught T. O.. Hog Risk Management Survey Summary and Preliminary Analysis [D] . Indiana: Purdue University, 2000.

[33] Patrick G., Cakir M., Baker T.. Evaluating Livestock Risk Protection for Hogs [J] . Purdue Agricultural Economics Report (PAER), 2008, 02.

[34] Petri Liesivaara, Sami Myyra. The Demand of Public-private Crop Insurance and Government Disaster Relief [J] . Journal of Policy Modeling, 2017, 39 (1): 19-34.

[35] P. Herold, et al. Breeding and Supply Chain Systems Incorporating Local Pig Breeds for Small-Scale Pig Producers in Northwest Vietnam [J] . Livestock Science, 2010, 129 (1) : 63-72.

[36] Porter M E. The Competitive advantage of nations [J] . Harvard Business Review, 1990, 68 (3/4): 73-93.

[37] Rajput Arjun Singh, Sharma Vikalp, Sharma R. C., Dileep B. K., Grover R. K., Rai K. N., Kale N. K., Navadkar D. S., Gavli A. V., Sale D. L., Kumar R., Kumar N., Dhillon A., Bishnoi D. K., Kavita, Malik A. K., Singh B., Singh R. K., Gupta R. K., Singh H., Kaur M., Sekhon M. K., Singh N., Sharma R., Kayastha R., Sivagami R., Alagumani T., Samsai T., Tripathi R. S., Singh R., Singh S.. Costs and Returns Structure in Bottle Gourd on the Contract Vis-a-Vis Non-Contract Farms in the Jaipur District of Rajasthan [J] . Economic Affairs, 2020, 65 (4) .

[38] Ray Nabati, Clarke Graham, Waley Paul. The Impact of Contract Farming on the Welfare and Livelihoods of Farmers: A Village Case Study from West Bengal [J] . Journal of Rural Studies, 2021, 86.

[39] Rhodes V J. The Large Agricultural Cooperatives as a Competitor [J] . American Journal of Agricultural Economics, 1983, 65 (5): 1090-1095.

[40] Ruml Anette, Qaim Matin. New Evidence Regarding the Effects of Contract Farming on Agricultural Labor Use [J] . Agricultural Economics, 2021, 52 (1) .

［41］ Saleem Shaik, Keith H. Coble, Thomas 0. Knight. Revenue Crop Insurance Demand ［J］. *Selected Paper Presented at AAEA Annual Meetings*, *Providence*, *Rhodelsland*, 2005, 7（1）: 24-27.

［42］S Boger. Quality and Contractual Choice: A Transaction Cost Approach to the Polish Hog Market. *European Review of Agriculture Economics* . 2001

［43］Shonhe Toendepi, Scoones Ian. Private and State – Led Contract Farming in Zimbabwe: Accumulation, Social Differentiation and Rural Politics ［J］. *Journal of Agrarian Change*, 2021, 22（1）.

［44］Simon H A. *Models of Bounded Rationality* ［M］. Cambridge: MIT Press, 1982: 408-423.

［45］ Singh Sukhpal, Harriss White Barbara, Singh Lakhwinder, Kaur Pavneet, Singla Naresh. Role of Contract Farming in Crop Diversification and Employment Generation: Empirical Evidence from Indian Punjab ［J］. Millennial Asia, 2021, 12（3）.

［46］Smith, V. H., B. K. Goodwin. Crop Insurance, Moral Hazard, Agricultural Chemical Use ［J］. *Journal of Agriculture Economics*, 1996 （78）: 428-438.

［47］ State of Oklahoma. Agriculture and Food Processing Cluster Analysis ［R］. Oklahoma, 2005: 1 -11.

［48］Steinle C, Schiele H. When do Industries Cluster? A Proposal on How to Assess an Industry's Propensity to Concentrate at A single Region or Nation ［J］. *Research Policy*, 2002, 31（6）: 849 -858.

［49］Technology – Green Technology: New Findings on Green Technology from University of Utrecht Summarized （Change Agents and Sustainable Supply Chain Collaboration: A Longitudinal Study in the Dutch Pig Farming Sector from A sensemaking Perspective）［J］. *Journal of Technology & Science*, 2017: 589.

［50］ Veldwisch Gert Jan, Woodhouse Philip. Formal and Informal Contract Farming in Mozambique: Socially Embedded Relations of Agricultural Intensification ［J］. *Journal of Agrarian Change*, 2021, 22（1）.

［51］ Vicol Mark, Fold Niels, Hambloch Caroline, Narayanan Sudha, Pérez Niño Helena. Twenty – Five Years of Living Under Contract: Contract Farming and Agrarian Change in the Developing World ［J］. *Journal of Agrarian Change*, 2021, 22（1）.

［52］Williamson O E. The Theory of the Firm as Governance Structure：From Choice to Contract［J］．*Journal of Economic Perspectives*，2002，16（3）：171-195.

［53］Wathne Kenneth H. and Heide Jan B.．Relationship Governance in a Supply Chain Network［J］．*Journal of Marketing*，2004，68（1）：73-89.

［54］Yazdanpanah M，Zamani G H，Hochrainer-Stigler S，et al. Measuring Satisfaction of Crop Insurance A Modified American Customer Satisfaction Model Approach Applied to Iranian Farmers［J］．*International Journal of Disaster Risk Reduction*，2013，5：19-27.

［55］Zhuo Ni，Ji Chen，Yin Nianchun. Supply Chain Integration and Resilience in China's Pig Sector：Case Study Evidences from Emerging Institutional Arrangements［J］．*Environmental Science and Pollution Research*，2020，28（7）：8310-8322.

［56］Zylbersztajn Decio. Tomatoes and Courts：Strategy of the Agro-Industry Facing Weak Contract Enforcement［J］．*School of Economic and Business*，2003.

［57］白献晓，温青玉，徐照学，毕鲁侠，岳世魁．河南省畜牧产业化集群发展与培育研究［J］．河南农业科学，2016，45（06）：137-142.

［58］卞子全．产业及产业集群竞争力评价模型概述［J］．现代营销（下旬刊），2017（12）：214.

［59］蔡华安，彭十一．"公司+农户"生猪养殖模式成本核算探析［J］．新会计，2020（12）：56-59.

［60］蔡建华，陈玉林，郑永山．对"公司+农户"组织模式的反思［J］．宁夏社会科学，2012，（06）：31-37.

［61］曹艳爱．"公司+农户"模式违约机理及影响因素分析——基于渠道权力理论的角度［J］．安徽农业科学，2014，42（15）：4880-4882+4908.

［62］陈江．粮食安全观视阈下粮食主产区利益补偿新思路［J］．学术交流，2016（10）：121-126.

［63］陈敏鹏，陈吉宁，赖斯芸．中国农业和农村污染的清单分析与空间特征识别［J］．中国环境科学，2006（06）：751-755.

［64］陈培琳，程克群．安徽生猪产业集群形成的因素及路径［J］．系统工程，2018，36（01）：63-68.

［65］陈晓亮，魏晓博，罗娇霞．基于资源价值流成本核算下生猪养殖生产效率的比较分析［J］．统计与决策，2019，35（16）：40-44.

[66] 陈彦蓉，曹靖然，陈杰，童曦，杜正威，华雅洁．生鲜农产品供应链体系研究——团风县农产品渠道优化 [J]．中国物流与采购，2021（18）：53-54.

[67] 陈厚涛，姜志德．退耕农户生态建设意愿与行为分析——基于安塞和米脂的调研数据 [J]．中国农业大学学报，2013，18（04）：224-231.

[68] 杨建利，靳文学．粮食主产区利益补偿机制研究 [J]．农村经济，2015（5）：9-13.

[69] 陈新华，方凯．农户参与农民专业合作社的影响因素及其经济效益研究——基于广东省 207 家水禽养殖户的调研分析 [J]．价格月刊，2016（05）：80-86.

[70] 陈曦，张启文．黑龙江省养殖户畜牧业保险需求意愿影响因素分析 [J]．黑龙江畜牧兽医，2020（02）：19-23.

[71] 陈雪梅．生猪保险的购买意愿分析——基于四川省乐山市夹江县吴场镇地区的研究 [J]．广西质量监督导报，2019（05）：234-237.

[72] 陈媛．山西省临猗县农户参与苹果产业化经营的意愿及其影响因素 [D]．华中师范大学，2018.

[73] 楚红红．茶叶合作社经营模式与绩效研究 [D]．天津财经大学，2015.

[74] 崔姹．我国肉羊产业链主要环节纵向协作关系研究 [D]．中国农业科学院，2018.

[75] 崔小年，乔娟．养猪场户对政策性生猪保险满意度影响因素分析 [J]．中国畜牧杂志，2013，49（20）：3-9.

[76] 戴迎春．猪肉供应链垂直协作关系研究——以江苏省为例 [D]．南京农业大学，2003.

[77] 丁力．农业产业化的实质、形式与政策 [J]．中国农村经济，1997，（02）：29-32.

[78] 杜吟棠．"公司+农户"模式初探——兼论其合理性与局限性 [J]．中国农村观察，2002（01）：30-38.

[79] 段佳利．农业产业集群的研究综述 [J]．产业与科技论坛，2013，12（21）：30-32.

[80] 费梦琪，许芳，徐国虎．"公司+农户"供应链中机会主义行为动因及其治理研究 [J]．农村经济与科技，2015，26（03）：47-49+60.

[81] 郭锦墉. 农产品营销中农户合作行为实证研究 [D]. 华中农业大学，2008.

[82] 冯春，方晓舒，廖海燕. "公司+农户"模式下的主体决策行为研究 [J]. 系统科学学报，2018，26（02）：117-120+130.

[83] 伏红勇，但斌. 基于天气期权的"公司+农户"型订单契约机制研究 [J]. 系统工程学报，2015，30（06）：768-778.

[84] 高阔，甘筱青. 双重道德风险下具有时间偏好的"公司+农户"价格设计与契约稳定性研究 [J]. Agricultural Science & Technology，2014，15（08）：1424-1427.

[85] 高瑛. 基于粮食安全保障的我国粮食产销利益协调机制研究 [D]. 南京：南京农业大学，2006.

[86] 高原. 农业产业化的经营模式演进——基于威廉姆森交易费用理论 [J]. 农村经济与科技，2019，30（20）：214-215.

[87] 关娜，张莉萍，辛建生. 产业集群竞争力指标评价体系研究 [J]. 经济研究导刊，2018（08）：3-4.

[88] 郭斌. 农业企业"公司+农户"的生产经营模式创新 [J]. 西北农林科技大学学报（社会科学版），2014，14（06）：76-82.

[89] 虢佳花. 武汉市蔬菜供应链主体纵向协作影响因素分析 [D]. 华中农业大学，2008.

[90] 郭辉. 基于钻石模型的产业集群竞争力研究 [J]. 商讯，2019（30）：141-142.

[91] 郭锦墉，徐磊，黄强. 政府补贴、生产能力与合作社"农超对接"存续时间 [J]. 农业技术经济，2019（03）：87-95.

[92] 郭翔宇，张美玲，刘从敏. 农户购买农业保险意愿的影响因素分析——基于巴彦县万发镇336个农户调查 [J]. 农业经济与管理，2015（02）：33-40.

[93] 郭利京，林云志. 中国生猪养殖业规模化动力、路径及影响研究 [J]. 农村经济，2020（08）：126-135.

[94] 郭志艳. 我国农业保险发展现状及问题分析 [J]. 前沿，2009（09）：81-83.

[95] 国务院办公厅. 国务院办公厅关于促进畜牧业高质量发展的意见 [EB/OL].［2021-08-17］.（2020-09-14）. http：//www.gov.cn/zhengce/

content/2020-09/27/content_ 5547612. htm？trs＝1.

[96] 韩振国，刘启明，李拾娣，汪力斌. 社会资本与治理视角下"公司＋农户"养殖模式契约稳定性分析［J］. 农村经济，2014，（08）：41-46.

[97] 郝倩，廖洪富. 流通产业集群对区域经济发展的影响——基于我国地级市面板数据的空间计量［J］. 商业经济研究，2019（20）：171-174.

[98] 郝彦娜. 资源禀赋、产业集聚对农业集群竞争力的影响［J］. 江苏农业科学，2019，47（20）：333-337.

[99] 贺群. 龙头企业和农户参与生猪供应链内部融资效益分析［J］. 安徽农业科学，2013，41（19）：8319-8320+8323.

[100] 侯守杰. 农业风险视域下确保国家粮食安全：问题甄别与应对之策［J］. 农业经济，2021（09）：3-5.

[101] 胡凯. 生猪供应链节点间的行为策略与契约研究［D］. 南昌大学，2007.

[102] 胡玲燕. 黄石市农户参与农民专业合作社意愿的影响因素分析［D］. 武汉轻工大学，2019.

[103] 胡新艳. "公司+农户"：交易特性、治理机制与合作绩效［J］. 农业经济问题，2013，34（10）：83-89+111.

[104] 胡祎，张德生，明建鸿. 芒果种植户生产和参与企业合作意愿——基于四川攀枝花的调研［J］. 中国热带农业，2014（03）：72-73.

[105] 黄福江，高志刚. 国内外农业产业集群研究综述［J］. 新疆农业经济，2016（3）：87-92.

[106] 黄海. 岳阳县生猪养殖产业集群发展问题研究［D］. 湖南农业大学，2013

[107] 黄建辉. "公司+农户"型订单农业供应链融资中的政府补贴机制研究［D］. 华南理工大学，2017.

[108] 黄建辉，林强. 保证保险和产出不确定下订单农业供应链融资中的政府补贴机制［J］. 中国管理科学，2019，27（03）：53-65.

[109] 黄小泳. 租赁合作模式下"公司+农户"农业供应链契约协调机制研究［D］. 华南理工大学，2018.

[110] 黄颖. 政府支持、保险认知对苹果种植户政策性农业保险参与影响研究［D］. 西北农林科技大学，2021.

[111] 侯欣悦. 大唐保险经纪发展战略研究［J］. 广西质量监督导报，

2019 (06): 154.

[112] 季柯辛, 乔娟, 耿宁. 养猪场户参与"公司+农户"模式的关键影响因素分析 [J]. 中国畜牧杂志, 2018, 54 (02): 118-122.

[113] 季柯辛, 孙世民, 彭玉珊. 优质猪肉供应链核心企业良好质量行为实施意愿的影响因素分析——基于 9 省 522 家生猪屠宰加工企业的调查数据 [J]. 物流科技, 2013, 36 (07): 5-10+16.

[114] 姜百臣, 吴桐桐. 偏好逆转下消费者生鲜鸡认知与购买意愿: 基于广东省问卷数据的分析 [J]. 中国农村观察, 2017 (06): 71-85.

[115] 降彩石, 王亚明. 政策性生猪保险开办的实践 [J]. 保险研究, 2008 (05): 60-63.

[116] 江光辉, 胡浩. 生猪价格波动、产业组织模式选择与农户养殖收入——基于江苏省生猪养殖户的实证分析 [J]. 农村经济, 2019 (12): 96-105.

[117] 姜睿清, 黄新建, 谢菲. 为什么农民无法从"公司+农户"中受益 [J]. 中国农业大学学报 (社会科学版), 2013, 30 (03): 54-60.

[118] 鞠光伟, 张燕媛, 陈艳丽, 高雷, 陈印军. 养殖户生猪保险参保行为分析——基于 428 位养殖户问卷调查 [J]. 农业技术经济, 2018 (06): 81-91.

[119] 康丽文. 湖南省生猪产业集聚现状与提升策略分析 [J]. 经济研究导刊, 2017 (02): 23-25.

[120] 匡昕, 吴剑, 夏帆. 基于结构方程模型的农户购买农业保险的影响因素分析 [J]. 农村经济与科技, 2015, 26 (07): 121-125.

[121] 孔祥浩, 许赞, 苏州. 政产学研协同创新"四轮驱动"结构与机制研究 [J]. 科技进步与对策, 2012, 29 (22): 15-18.

[122] 赖斯芸, 杜鹏飞, 陈吉宁. 基于单元分析的非点源污染调查评估方法 [J]. 清华大学学报 (自然科学版), 2004 (09): 1184-1187.

[123] 兰肇华. 政府在农业产业集群中的作用 [J]. 宏观经济管理, 2006 (4): 49-50.

[124] 雷仙云, 侯思远, 常毅, 等. 中国生猪产业集聚状况及其影响因素分析 [J]. 中国畜牧杂志, 2013, 49 (10): 7-9, 14.

[125] 雷玉明. 关于龙头企业与农户利益联结机制的研究 [D]. 华中农业大学, 2006.

［126］冷碧滨 . "公司+农户" 经营模式运行机制研究 ［D］. 南昌大学，2009.

［127］李彬 . "公司+农户" 契约非完全性与违约风险分析 ［J］. 华中科技大学学报（社会科学版），2009，23（03）：97-101.

［128］李二玲，李小建 . 论产业集群的网络本质 ［J］. 经济经纬，2007，(1)：66-70.

［129］李继红 . 对我国农业产业集群发展问题的思考 ［J］. 甘肃农业，2006（12）：150-151.

［130］李建华，许标文，陈志峰，郑百龙 . 福建畜禽产业集群发展现状与对策研究 ［J］. 福建农业学报，2012，27（07）：768-772.

［131］李露，伍鹤 . "公司+农户" 模式的运行困境及其改进思路 ［J］. 社会科学家，2005，(S2)：183-184.

［132］李美琪，季勇，胡晨沛，李辉尚 . 非洲猪瘟疫情对我国肉类价格影响的区域异质性研究 ［J/OL］. 中国农业资源与区划：1-12.

［133］李梦 . 国内外现代农业产业集群的特点比较及经验借鉴 ［J］. 当代经济，2019（03）：96-99.

［134］李清明，睢党臣 . 乡村振兴战略下 "公司+农户" 模式的风险及化解 ［J］. 云南行政学院学报，2020，22（01）：157-163.

［135］李铜山 . 论现代农业产业集群的形成机理及促进策略 ［J］. 中州学刊，2016（10）：37-43.

［136］李文瑛，肖小勇 . 价格波动背景下生猪养殖决策行为影响因素研究——基于前景理论的视角 ［J］. 农业现代化研究，2017，38（3）：484-492.

［137］李小建，李二玲 . 产业集聚发生机制的比较研究 ［J］. 中州学刊，2002（4）：1-4.

［138］李渝萍 . 农业产业集群自构的演化机理及其政策效应 ［J］. 求索，2007（7）：40-42

［139］李玥 . 河北省养殖户生猪保险满意度调查 ［D］. 河北经贸大学，2020.

［140］李哲，路剑，周勋章，王健，彭紫瑞 . 浅析河北省生猪养殖业发展现状 ［J］. 农村经济与科技，2019，30（17）：76-78.

［141］梁帆，路剑 . 非洲猪瘟影响下河北省生猪产业结构变化分析 ［J］. 黑龙江畜牧兽医，2021（14）：23-29.

[142] 刘博. 渝北区非洲猪瘟疫情防控工作现状与思考 [D]. 西南大学, 2020.

[143] 刘超, 尹金辉. 我国政策性生猪保险需求特殊性及影响因素分析——基于北京市养殖户实证数据 [J]. 农业经济问题, 2014, 35 (12): 101-105.

[144] 刘刚, 张晓林. "公司+农户"农产品供应链协同运行机制研究 [J]. 物流工程与管理, 2015, 37 (01): 137-139.

[145] 刘韩. 金融与政府支持下的"公司+农户"模式研究 [D]. 江西师范大学, 2019.

[146] 刘建. 核心企业主导的生猪供应链整合分析 [D]. 西南交通大学, 2016.

[147] 刘建徽, 张应良. 订单农业模式中主体纵向协作选择行为分析 [J]. 农业技术经济, 2017 (11): 104-114.

[148] 刘军国. 传统产业集聚中的报酬递增 [J]. 技术经济, 2001 (01): 57-59.

[149] 刘莉君. 浙江省生猪发展现状 [J]. 中国畜牧业, 2020 (01): 29-30.

[150] 刘依阳, 尹燕, 高健. 产业组织形式对大黄鱼养殖户养殖绩效的影响分析 [C] //2016 中国渔业经济专家研讨会论文集, 2016: 63-69.

[151] 刘勇, 李洋, 王波, 付亚萍. 我国生猪保险现状分析 [J]. 金融经济, 2009 (20): 52-55.

[152] 刘勇, 任大廷. 我国生猪保险现状分析 [J]. 保险研究, 2009 (09): 93-100.

[153] 刘小铁. 产业集群发展水平的评价模型及指标体系 [J]. 江西社会科学, 2013, 33 (10): 54-58.

[154] 刘勇, 李洋, 王波, 付亚萍. 我国生猪保险现状分析 [J]. 金融经济, 2009 (20): 52-55.

[155] 刘宇光. 对近年来生猪价格周期性波动加剧的思考 [J]. 商场现代化, 2007 (33): 164-165.

[156] 刘友金. 产业集群竞争力评价量化模型研究——GEM 模型解析与 GEMN 模型构建 [J]. 中国软科学, 2007 (09): 104-110+124.

[157] 卢冲. 农牧户乡村旅游经营决策行为及影响因素研究 [D]. 四川农

业大学，2017.

[158] 卢现祥，朱巧玲. 新制度经济学 [M]. 北京：北京大学出版社，2012：82-83.

[159] 陆迁，王昕. 农户参与订单农业的影响因素分析——以陕西省奶牛养殖产业为例 [J]. 华中农业大学学报（社会科学版），2012（04）：7-10.

[160] 罗建章. 农业保险购买意愿的影响因素分析——以广东省196户小规模兼业农户为例 [J]. 青岛农业大学学报（社会科学版），2019，31（03）：9-15+28.

[161] 罗丽华. 湖南农户农业保险需求研究 [D]. 中南林业科技大学，2013.

[162] 罗玉. 农业产业集群研究综述 [J]. 安徽农业科学，2012，40（09）：5187-5188+5520.

[163] 马红坤，毛世平. 欧盟共同农业政策的绿色生态转型：政策演变、改革趋向及启示 [J]. 农业经济问题，2019（09）：134-144.

[164] 马红坤，孙立新，毛世平. 欧盟农业支持政策的改革方向与中国的未来选择 [J]. 现代经济探讨，2019（04）：104-111.

[165] 马红坤，曹原，毛世平. 欧盟共同农业政策的绿色转型轨迹及其对我国政策改革的镜鉴 [J]. 农村经济，2019（03）：135-144.

[166] 马芹，柳晓明. 国外产业集群研究现状评述及对我国启示 [J]. 淮北职业技术学院学报，2009，8（04）：115-116.

[167] 麦琳娜. 养禽企业"公司+农户"产业化经营模式的研究 [D]. 华中农业大学，2008.

[168] 冒亚婷. 质量视角下生猪供应链治理研究 [D]. 西南交通大学，2017.

[169] 梅冰冰. 果农参与果业合作组织行为意愿及其对经济绩效影响的实证研究 [D]. 华中农业大学，2016.

[170] 梅运田，陈永富，陈宝明，王文奇. 浙江省诸暨市家庭农场经营效率及影响因素分析 [J]. 湖北农业科学，2017，56（14）：2793-2796+2801.

[171] 孟菲. "公司+农户"发展模式的变迁与政策建议 [J]. 企业经济，2007（07）：145-147.

[172] 苗利锋，李鲲鹏，赵彩玲. 生猪保险任重道远 [J]. 中国畜牧业，2016（01）：38-40.

[173] 穆可. 产业集群竞争力相关理论研究综述 [J]. 新西部（理论版），2014（14）：33-35.

[174] 宁攸凉，乔娟，王慧敏. 生猪产业链主体纵向协作行为研究——以北京市为例 [J]. 中国农业大学学报，2013，18（05）：189-197.

[175] 农业部畜牧业司. 全国生猪生产发展规划（2016-2020年）[J]. 中国农业信息，2017（01）：16-22.

[176] 欧阳昌民. "公司+农户"契约设计及价格形成机制 [J]. 经济问题，2004（02）：57-58.

[177] 潘刚. 建立粮食主产区利益补偿机制问题研究 [J]. 中国农业信息，2010（9）：4-6.

[178] 朋文欢，傅琳琳. 贫困地区农户参与合作社的行为机理分析——来自广西富川县的经验 [J]. 农业经济问题，2018（11）：134-144.

[179] 彭紫瑞. 河北省生猪养殖主体生猪保险购买意愿研究 [D]. 河北农业大学，2021.

[180] 浦徐进，岳振兴. 考虑农户信任的"公司+农户"型农产品供应链契约选择 [J]. 软科学，2019，33（07）：40-46.

[181] 邱正山. 基于"公司+农户"产业化模式的组织创新 [J]. 开发研究，2011（06）：48-50.

[182] 曲芙蓉，孙世民，王仁强. 优质猪肉供应链中超市良好质量安全行为的形成机制 [J]. 经济研究导刊，2011（21）：196-199.

[183] 任青丝. 我国农业产业集群研究综述 [J]. 农村经济与科技，2007（07）：33-34.

[184] 尚旭东，叶云. 农业产业化联合体：组织创新、组织异化、主体行为扭曲与支持政策取向 [J]. 农村经济，2020（03）：1-9.

[185] 申卓婕. 农业产业化组织模式："公司+农户"研究 [D]. 山西财经大学，2006.

[186] 石玲玲. 农地流出方契约的意愿选择 [D]. 华南农业大学，2018.

[187] 宋金田，青平，孙康泰，等. 规模化生猪养殖场户疫病防控措施采用影响因素分析：基于湖北生猪养殖场户调研数据 [J]. 中国畜牧杂志，2019，55（04）：115-120.

[188] 宋江飞，张劲松. 国内外产业集群理论研究综述 [J]. 现代商业，2010（23）：189-191.

［189］宋婷．高管团队异质性对 R&D 投入与企业绩效关系的调节效应［D］．西安：西安电子科技大学，2014：18.

［190］宋玉兰，陈彤．农业产业集群的形成机制探析［J］．新疆农业科学，2005（S1）：205-208.

［191］孙明．泰安市农户参与农业产业化经营组织影响因素及绩效评价［D］．山东农业大学，2018.

［192］孙世民，陈会英，李娟．优质猪肉供应链合作伙伴竞合关系分析——基于 15 省（市）的 761 份问卷调查数据和深度访谈资料［J］．中国农村观察，2009（6）：2-13.

［193］孙世民，李娟，张健如．优质猪肉供应链中养猪场户的质量安全认知与行为分析——基于 9 省份 653 家养猪场户的问卷调查［J］．农业经济问题，2011，32（03）：76-81

［194］孙中叶．农业产业化的路径转换：产业融合与产业集聚［J］．经济经纬，2005（04）：37-39.

［195］唐斌，雷丽君．湖南省农业产业集群的竞争力研究［J］．长沙民政职业技术学院学报，2020，27（01）：86-91.

［196］唐琼琼．供应链视角下菇农垂直协作方式选择及其参与意愿研究［D］．华中农业大学，2012.

［197］滕祖华，王慧．中外农业产业集群研究综述［J］．鲁东大学学报（自然科学版），2012，28（01）：81-87.

［198］涂国平，冷碧滨．基于博弈模型的"公司+农户"模式契约稳定性及模式优化［J］．中国管理科学，2010，18（03）：148-157.

［199］万俊毅．"公司+农户"的组织制度变迁：诱致抑或强制［J］．改革，2009（01）：91-96.

［200］王建华，刘茁，朱淀．生猪供应链生产环节安全风险识别与防控路径研究［J］．中国人口·资源与环境，2017，27（12）：174-182

［201］王晶，肖海峰．中国草食畜牧业标准化规模养殖经济效益影响因素研究——基于微观调研数据的实证分析［J］．农业经济与管理，2017（02）：62-70.

［202］王胜华．ZB 公司"公司+农户"生猪养殖模式的成本控制优化研究［D］．南昌大学，2018.

［203］王江寒，王胜华．"公司+农户"生猪养殖模式成本控制与优化——

基于 Z 公司的调查 [J] . 黑龙江畜牧兽医, 2019 (22): 24-27.

[204] 王欢, 乔娟, 李秉龙. 养殖户参与标准化养殖场建设的意愿及其影响因素——基于四省 (市) 生猪养殖户的调查数据 [J] . 中国农村观察, 2019 (04): 111-127.

[205] 王吉恒. 国有农场农业风险管理研究 [D] . 东北农业大学, 2003.

[206] 王郁林. 我国生猪产业发展影响因素分析及发展预测 [D] . 河南农业大学, 2018.

[207] 王刚毅, 陈思宇, 柏凌雪. 非洲猪瘟对生猪产业链协同的影响——基于生猪上市企业数据的实证 [J/OL] . 中国畜牧杂志: 1-10.

[208] 王海涛, 王凯. 养猪户安全生产决策行为影响因素分析——基于多群组结构方程模型的实证研究 [J] . 中国农村经济, 2012 (11): 21-30+43.

[209] 王琳娜. 社会化小农对农地多功能需求的响应路径分析 [D] . 华中农业大学, 2020.

[210] 王耀辉. 中国战略性新兴产业对经济高质量发展的影响路径研究 [D] . 山东财经大学, 2021: 24-36.

[211] 王玉婷, 李首剑, 张腾腾, 韩静. 农业保险购买意愿的影响因素研究——基于山西省279户农户的调查 [J] . 农村经济与科技, 2019, 30 (01): 118-121.

[212] 王克. 2016年生猪保险市场回顾及2017年展望 [J] . 中国猪业, 2017, 12 (03): 46-48.

[213] 王怀禹. 我国生猪保险发展现状、存在问题及对策探讨 [J] . 猪业科学, 2019, 36 (03): 30-32.

[214] 王善高, 周应恒, 张晓恒. 畜禽养殖环境效率及其污染物减排: 以不同规模生猪养殖为例 [J] . 中国农业大学学报, 2019, 24 (09): 232-247.

[215] 王善高, 田旭, 张晓恒. 生猪养殖产业集聚对环境效率影响的研究 [J] . 农业现代化研究, 2019, 40 (03): 459-469.

[216] 王洁蓉, 何蒲明. 粮食主产区利益补偿对粮食安全的影响研究 [J] . 农业经济, 2017 (2): 10-12.

[217] 王玉斌, 王丽明. 产业集群对农业企业技术效率的影响——基于农业产业化重点龙头企业数据 [J] . 农业技术经济, 2017 (03): 109-119.

[218] 卫华, 张派. 农业产业集群创新发展的制度环境研究 [J] . 北方经贸, 2020 (06): 31-33.

[219] 魏剑锋. 国外产业集群理论: 基于经典和多视角研究的一个综述 [J]. 研究与发展管理, 2010, 22 (03): 9-18.

[220] 魏腾达, 王克, 张峭. 后非洲猪瘟时代生猪保险保障产业健康发展的思考 [J]. 中国畜牧杂志, 2021, 57 (09): 259-263.

[221] 魏守华, 王缉慈, 赵雅沁. 产业集群: 新型区域经济发展理论 [J]. 经济经纬, 2002 (02): 18-21.

[222] 魏守华, 赵雅沁. 企业集群的竞争优势探究 [J]. 财经问题研究, 2002 (05): 51-56.

[223] 吴显亮. 基于 GEM 模型的黑龙江垦区农产品加工产业集群竞争力研究 [J]. 东北农业大学学报 (社会科学版), 2013, 11 (06): 10-15.

[224] 魏晓博. 中国生猪养殖的资源价值流成本核算研究 [D]. 重庆: 西南大学, 2018.

[225] 温忠麟, 侯杰泰, 张雷. 调节效应与中介效应的比较和应用 [J]. 心理学报, 2005 (02): 268-274.

[226] 吴碧波, 何初阳. 循环经济与农业产业集群组织结构演化研究 [J]. 农业现代化研究, 2008 (1): 53-56.

[227] 吴曼, 赵帮宏, 宗义湘. 农业公司与农户契约形式选择行为机制研究——基于水生蔬菜产业的多案例分析 [J]. 农业经济问题, 2020 (12): 74-86.

[228] 吴明隆. 结构方程模型——AMOS 的操作与应用 [M]. 重庆: 重庆大学出版社, 2010.

[229] 吴三忙, 李树民. "公司+农户" 型农业生产组织运行中的悖论及其化解 [J]. 贵州社会科学, 2007 (04): 111-116.

[230] 吴珍彩. 粮食主产区利益补偿的理论分析和政策建议 [J]. 农业经济, 2016 (3): 9-11.

[231] 夏兆敏. 优质猪肉供应链中屠宰加工与销售环节的质量行为协调机制研究 [D]. 山东农业大学, 2014.

[232] 肖开红. 基于组织结构演变的生猪供应链质量激励契约研究 [D]. 长安大学, 2012.

[233] 新中国金融大事记 [J]. 中国金融, 2019 (19): 174-184.

[234] 徐金海. "公司+农户" 经营组织的制度缺陷及其改进思路 [J]. 农业经济, 2002 (12): 34-37.

[235] 许烜，周磊．基于钻石模型对湖南农业产业集群竞争力研究 [J]．科技与管理，2011，13（06）：17-20.

[236] 许可．西方产业集群理论综述 [J]．商，2015（24）：252.

[237] 许可，汪荣明，蒋耘莲．农业保险购买意愿分析 [J]．中国统计，2016（04）：67-68.

[238] 徐立峰，金卫东，陈珂，等．生猪养殖适度规模：产出、效益与环境：基于全国 8 省份 1484 个养殖户数据的实证 [J]．中国环境管理，2020，12（05）：102-109.

[239] 许诺，王晓静．粮食主产区利益补偿问题研究综述 [J]．安徽工业大学学报（社会科学版），2021，38（01）：12-14.

[240] 鄢康．家庭农场的纵向协作模式研究 [D]．武汉工程大学，2019.

[241] 杨芳芳．"公司+农户"利益共同体的稳态均衡模式研究 [D]．福建农林大学，2013.

[242] 杨萌，蒋寒迪．"公司+农户"经济组织模式的违约行为与对策研究 [J]．科技进步与对策，2008，（09）：85-87.

[243] 姚云浩．农业产业集群识别及评价综述 [J]．中国农学通报，2014，30（11）：67-71.

[244] 杨瑞龙．建立现代化经济体系必须处理好政府与市场之间的关系 [J]．经济理论与经济管理，2018（01）：18-20.

[245] 杨欣然，陈志钢，孔祥智．养殖户生产规模变化、安全生产行为和绩效研究——基于生鲜乳质量安全视角 [J]．农业现代化研究，2019，40（03）：450-458.

[246] 杨艳，何蒲明．实施生猪目标价格制度的难点与对策分析 [J]．饲料工业，2015，36（13）：61-64.

[247] 姚真．政府干预理论视角下集中供暖过程中政府监管问题及对策研究 [D]．曲阜师范大学，2020.

[248] 叶航，汪丁丁，罗卫东．作为内生偏好的利他行为及其经济学意义 [J]．经济研究，2005，（08）：84-94.

[249] 俞道进．浅谈非洲猪瘟的几点认知 [J]．北方牧业，2018（16）：7.

[250] 于伟，孟祥萍，张学锋．关于建立粮食主产区利益补偿机制问题的探讨：以吉林粮食主产区为例 [J]．吉林农业，2014（20）：4-5.

[251] 姚文捷. 生猪养殖产业集聚演化的环境效应研究：以嘉兴市辖区为例 [J]. 地理科学, 2015, 35 (09)：1140-1147.

[252] 于晓华, 武宗励, 周洁红. 欧盟农业改革对中国的启示：国际粮食价格长期波动和国内农业补贴政策的关系 [J]. 中国农村经济, 2017 (02)：84-96.

[253] 袁艺, 茅宁. 从经济理性到有限理性：经济学研究理性假设的演变 [J]. 经济学家, 2007, (02)：21-26.

[254] 曾碧翼. 长沙市生猪供应链垂直协作研究 [D]. 湖南农业大学, 2008.

[255] 曾光. 农业产业集群动力机制研究：一个文献综述 [J]. 湖北经济学院学报, 2013, 11 (04)：37-42.

[256] 谌玲. 乡村旅游个体经营者参与行为意向影响因素研究 [D]. 湖南师范大学. 2020.

[257] 谌迎春, 汪茂军, 邱忠科. 国外产业集群理论综述 [J]. 知识经济, 2010 (01)：1.

[258] 赵汧. 优化我国政策性生猪保险制度的研究 [J]. 改革与战略, 2011, 27 (11)：68-70.

[259] 赵波. 中国粮食主产区利益补偿机制的构建与完善 [J]. 中国人口·资源与环境, 2011, 21 (1)：85-90.

[260] 赵长保, 李伟毅. 美国农业保险政策新动向及其启示 [J]. 农业经济问题, 2014, 35 (06)：103-109.

[261] 赵建敏. 生猪养殖保险在实际应用中的思考 [J]. 黑龙江畜牧兽医, 2016 (16)：91-92.

[262] 赵君彦. 河北省农业保险发展问题研究 [D]. 河北农业大学, 2012.

[263] 赵君彦.《农业保险模式创新与选择——以河北省为例》[J]. 河北学刊, 2017, 37 (05)：2.1

[264] 赵一丁. 基于结构方程模型的山东省城镇家庭金融资产配置影响因素研究 [D]. 山东财经大学, 2021.

[265] 赵学义, 王冬. 提高豫西农业产业化集群市场竞争力的对策 [J]. 创新科技, 2016 (10)：28-31.

[266] 张春丽. 河南省生猪产业垂直协作模式研究 [D]. 四川农业大

学，2014.

[267] 张德元，李静，苏帅. 家庭农场经营者个人特征和管理经验对农场绩效的影响 [J]. 经济纵横，2016 (04)：77-81

[268] 张海洋，蒋红，李录堂. 农户购买生猪保险意愿的实证分析 [J]. 贵州农业科学，2010, 38 (10)：228-230.

[269] 张金辉. 解读养猪扶持政策 [J]. 猪业科学，2015, 32 (01)：38-39.

[270] 张莉萍，王鼎. 基于农户参与视角的农业产业化经营组织绩效评价及优化研究——以贵州省为例 [J]. 中国农业资源与区划，2016, 37 (09)：205-209+224.

[271] 张谋贵. 建立粮食主产区利益补偿长效机制 [J]. 江淮论坛，2012 (3)：36-42.

[272] 张鹏飞，张斌，赵剑. 扬州市生猪产业集聚区建设研究 [J]. 畜牧业环境，2020 (11)：28-29.

[273] 张峭，汪必旺，王克. 我国生猪价格保险可行性分析与方案设计要点 [J]. 保险研究，2015 (01)：54-61.

[274] 张扬. 粮食安全下粮食主产区利益补偿新思路 [J]. 现代经济探讨，2014 (1)：70-73.

[275] 张涌，陈雪梅. 基于制度视角产业集群的形成机理分析 [J]. 暨南学报，2008 (2)：36-40.

[276] 张跃华，刘纯之，利菊秀. 生猪保险、信息不对称与谎报——基于农户"不足额投保"问题的案例研究 [J]. 农业技术经济，2013 (01)：11-24.

[277] 张燕媛，鞠光伟. 政策性生猪价格保险制度改革：现实困境与补贴策略 [J]. 农村经济，2019 (07)：89-94.

[278] 张燕媛，展进涛，陈超. 专业化、认知度对养殖户生猪价格指数保险需求的影响 [J]. 中国农村经济，2017 (02)：70-83.

[279] 张跃华，杨菲菲. 牲畜保险、需求与参与率研究——基于浙江省生猪养殖户微观数据的实证研究 [J]. 财贸经济，2012 (02)：58-65.

[280] 张伟，熊绍锦. 浅析生猪保险工作存在的问题及建议 [J]. 中国畜牧兽医文摘，2016, 32 (07)：29.

[281] 张伟豪，徐茂洲，苏荣海. 与结构方程模型共舞：曙光初现 [M].

厦门：厦门大学出版社，2020.

[282] 张晗，吕杰，景再方.农业产业集群成长模式分析——以辽宁省为例 [J].农业现代化研究，2 011, 32 (01)：36-40.

[283] 张梦.生猪供应链生产安全风险分析 [J].合作经济与科技，2020 (12)：66-69.

[284] 张树坤.核酸检测在猪病检测中的常见问题及分析 [J].中国动物保健，2021, 23 (05)：11-12.

[285] 张童朝，颜廷武，何可，张俊飚.利他倾向、有限理性与农民绿色农业技术采纳行为 [J].西北农林科技大学学报（社会科学版），2019, 19 (05)：115-124.

[286] 张郁，江易华.环境规制政策情境下环境风险感知对养猪户环境行为影响——基于湖北省 280 户规模养殖户的调查 [J].农业技术经济，2016 (11)：76-86

[287] 张占仓.国外产业集群研究走势 [J].经济地理，2006 (05)：737-741.

[288] 郑春继，余国新，李先东.风险偏好视角下棉农保险购买意愿差异性分析——基于新疆 1726 个样本农户的实证调查 [J].江苏农业科学，2017, 45 (02)：269-273.

[289] 郑军，周宇轩.农业保险服务乡村振兴战略的财政补贴制度创新——基于"农业经营主体—保险公司—政府"的博弈分析 [J].南京审计大学学报，2020, 17 (05)：61-71.

[290] 郑佑文.产业集群模式的理论综述 [J].法制与社会，2007 (10)：522-523.

[291] 钟搏.中国生猪标准化养殖发展：产业集聚、组织发展与政策扶持 [D].杭州：浙江工商大学，2018.

[292] 钟搏.湖南生猪养殖业产业集聚特征及影响因素研究 [J].湖南农业科学，2020 (12)：83-87.

[293] 钟搏，赵连阁.中国生猪养殖业产业集聚的增长效应研究 [J].农业现代化研究，2020, 41 (02)：341-350.

[294] 钟惠芸.中国服务业在全球价值链上的角色研究：基于行业上游度的视角 [J].重庆理工大学学报（社会科学），2018, 32 (05)：58-63.

[295] 钟林忆，孟祥宝，刘红刚，等.动物检疫证区块链应用系统设计与

实现［J］. 农业大数据学报, 2020, 2 (02): 84-93.

　　［296］钟琴. 基于计划行为理论（TPB）下农户参与农民资金互助合作社行为及影响因素研究［D］. 浙江大学. 2019.

　　［297］钟颖琦, 黄祖辉, 吴林海. 农户加入合作社意愿与行为的差异分析［J］. 西北农林科技大学学报（社会科学版）, 2016, 16 (06): 66-74.

　　［298］钟真, 涂圣伟, 张照新. 紧密型农业产业化利益联结机制的构建［J］. 改革, 2021 (04): 107-120.

　　［299］周勋章. 河北省家庭农场产业链延伸的水平测度、经济绩效和影响因素研究［D］. 河北农业大学, 2020.

　　［300］周勋章, 李广东, 孟宪华, 杨江澜, 路剑. 猪场生物安全体系建设对养殖户适度规模养殖决策行为的影响——基于河北省786个养猪户的调查［J］. 黑龙江畜牧兽医, 2020 (10): 12-17.

　　［301］周丕东, 黄婧. 欧美发达国家促进农业产业集群发展的主要做法及经验: 以美国、法国、荷兰为例［J］. 农技服务, 2019, 36 (06): 101-102.

　　［302］周新德. 先天禀赋、动力机制和内源产业集群发展［J］. 农村经济, 2008, (07): 62-64.

　　［303］周勋章, 李广东, 孟宪华, 杨江澜, 路剑. 非洲猪瘟背景下不同规模养猪户生物安全行为及其影响因素［J］. 畜牧与兽医, 2020, 52 (02): 133-141.

　　［304］周志国, 侯婧, 孟建锋, 续淑敏. 基于"钻石"模型在农业产业集群中的应用探讨现代农业示范区建设——以河北省永清县为例［J］. 农业经济, 2017 (05): 9-11.

　　［305］朱新华. 基于粮食安全的耕地保护外部性补偿研究［D］. 南京: 南京农业大学, 2008.

　　［306］朱增勇. 新形势下合作社带动中小规模生猪养殖户情况分析［J］. 中国农民合作社, 2020 (09): 12-13.

　　［307］朱增勇, 李梦希, 张学彪. 非洲猪瘟对中国生猪市场和产业发展影响分析［J］. 农业工程学报, 2019, 35 (18): 205-210.

　　［308］朱增勇, 马莹, 魏晶, 等. 我国生猪产业高质量发展路径研究: 基于生猪全产业链视角的分析［J］. 价格理论与实践, 2020（10）: 38-41, 177.

　　［309］朱增勇, 浦华, 杨春. 新冠肺炎对生猪产业影响及应对策略［J］.

农业经济问题，2020（03）：24-30.

　　［310］左志平，齐振宏，胡剑，游梦琪，邬兰娅．生猪供应链绿色运营模式演化路径及影响机理分析［J］．农业现代化研究，2017，38（02）：275-283.

后 记

　　生猪产业是我国农业的支柱产业之一，对于国民经济平稳发展至关重要。我国是世界第一养猪大国和猪肉消费国，2020年生猪养殖产业的产值为13293.7亿元，占同年全牧业产值的39.41%，生猪产值占农业总产值的11.6%、占畜牧业总产值的51%，猪肉消费占肉类消费的65%。随着集约化、规模化养殖趋势的不断增强，我国生猪产业发展趋势总体向好。河北省具有适宜的自然环境和社会环境，为生猪养殖活动开展提供了充分的条件。同时，作为京津地区猪肉的重要供给方，生猪产业得到了省委、省政府的大力支持，发展迅速。近年来，以"裕丰京安""汉唐牧业"等为代表的众多生猪养殖优势企业不断涌现，极大增强了河北省生猪产业的实力。

　　但在调研过程中，我们仍发现生猪产业各环节存在协作关系松懈、运行不畅等现实问题。一方面，养殖环节中广大养猪户，尤其是中小养殖户，盲目跟风扩张和减栏、盈利能力低、抗风险能力弱等现象较为突出，同时，处于相对垄断地位的生猪屠宰企业往往联合起来控制市场价格，再加上生猪经纪人的推波助澜，出现"压级压价"的现象，传统的简单一次性交易大量存在且占主导地位，产业各环节协作关系松懈；另一方面，生猪产业收益向下游环节转移，导致生猪养殖和销售环节的利益分配严重不平衡。生猪产业链各利益主体的利益分配不公平、不合理，不仅影响到生猪养殖主体的积极性，而且导致其他主体利益受损。饲料兽药企业产品销售乏力，屠宰企业产能空置，冷链物流量减退，致使整个生猪产业链条出现"梗阻"，进而导致生猪产业陷入"产能不足—产能过剩"反复交替出现的恶性循环怪圈，阻碍生猪产业的转型升级。因此，只有创新产业协作模式，完善协作保险机制，推动产业集群协作，协调产业链各利益主体的利益分配，使各主体都能得到合理收益，纵向协作发展才能真正落到实处。

　　本书得到光明日报出版社的支持，围绕河北省生猪产业发展实际情况，对生猪产业纵向协作发展行为、协作模式、协作发展竞争力、生猪产业协作发展数据库建设、保险保障机制、补偿措施和国内外发展经验进行了较为深入的分析和探讨。在实地调研过程中，从省厅到区县各级政府畜牧业主管部门，河北省现代农业产业体系生猪产业创新团队首席办、各试验站都提供了非常大的帮助，从生猪产业相关数据的收集，到深入基层组织进行访谈、调研，都为产业协作发展研究工作的顺利开展提供了便利条件，在此对各级政府畜牧主管部门和生猪产业创新团队的相关领导同志表示衷心的感谢！同时也感谢光明出版社对本书的大力支持！借此机会向所有帮助过我们的各位老师、同学和编辑人员一并表示衷心的感谢！

由于学术水平所限，很多地方研究浅显，不足之处有待今后继续完善，欢迎专家学者不吝赐教。

作者

2022 年 10 月